Aion is one of a number of major works that Jung wrote during his seventies that were concerned with the relations between psychology, alchemy and religion.

AION

RESEARCHES INTO THE PHENOMENOLOGY OF THE SELF

自 性 的 現 象 學 研 究

伊 雍

卡爾·古斯塔夫·榮格

CARL G. JUNG

推薦序

《伊雍》是公認榮格著作裡最難懂的「天書」之一，對一般讀者的挑戰極大。限於篇幅，本文只試著就架構重點，提出簡略的理解要式。

首先，構成現代西方文化的古希臘哲學科學理性主義、十八世紀末以來抗衡科學理性的浪漫主義感性，以及基督教文化靈性傳統等三大支柱中，前兩者於今日蓬勃發展，而靈性傳統卻在宗教改革後被貶抑成反動迷信，發展停滯。因此，榮格寫作本書的主要目的在於從回顧基督教歷史，追溯當代已然奄奄一息的靈性歷史當中，試圖為解放現代人心靈尋求活水源頭。

再者，不算上最後一章「結語」，該書分成三個部分。第一到四章是榮格的基礎理論，他在其他著作裡已經反覆論述，熟悉其理者，跳過無妨。五到十二章，可說是基督教的「暗黑史」，旨在論述占星術、煉金術這些被所謂正統教會斥為邪魔外道「伎倆」，其實蘊涵著靈性運作的道理，其源頭則可回溯到早期被斥作異端、逐出教會的諾斯替教派思想。榮格研究占星術、煉金術以及諾斯替的象徵與理論後，得出當中藏有心靈運作道理的心得，他帶著這個基礎論點，進入本書的核心重點，第十三章「諾斯替派的自性象徵」以及第十四章「自性的結構與動力」的高潮，回應書題《伊雍：自性的現象學研究》，提出他所建構的自性運作範式。

榮格的論述是多元龐雜的，本文無法全面概括，只嘗試從「萬物皆數」的古典希臘哲學神祕主義想法展開，就本書359頁「四元體」結合圖的形成，再轉變到次頁的「銜尾蛇」連結圖的內涵稍加解釋。事實上，這兩幅圖可說是榮格個體化運作象徵的全部，以及理論的濃縮，允為本書之要點精華。

榮格心理學始於心靈具二元矛盾、意識與無意識對立特性的觀點。因此，我們假定心理活動為一組以2為底的對數系統。歷史上，基督教義偏愛三分法的組合，也許這與三是個最穩固的結構有關，比如聖靈為三位一體。甚至在亞里斯多德那裡，他雖同意柏拉圖人由靈魂和軀體組成的看法，靈魂驅動軀體作工具使用，然軀體又可分為動物的感官作用，和植物輸送營養液的結構兩部分，成為一個二元論的三元說。不過榮格以大量文獻資料，包括宗教裡十字架的原型象徵、創世的水流地理結構、還有各種從原始人類、陰影、伊甸園、摩西家族關係……等等論證，提出無數支持他的以二元矛盾對立為基礎的四元數說心理學結構的證據。根據這樣的想法，從一個因為全善全美「獨一真神」而產生的「聖三」思想，必然會因缺少（或者否定）對立的惡的存在，而有所不足。然而如何解釋一個廣被意識所接受的3，轉變成完滿的4的結構呢？這讓榮格煞費苦心。事實上，古老的哲學家也許早有領悟。

公元前500年左右的古希臘哲學家畢達哥拉斯便將1、2、3、4等四個數，以幾何圖形的方式（如圖一），表達出一個從1到4和諧排列成邊長皆為4的四分體（tetras）正三角形，這是古希臘人所相信的土、水、氣與火的宇宙四元素，也代表四方、四季，以及環繞天堂的四條河流……等等的根據；而除了穩固；其和1＋2＋3＋4＝10，更被視為完美數字，數到10，就又回到了宇宙創始的1了。

（圖一）

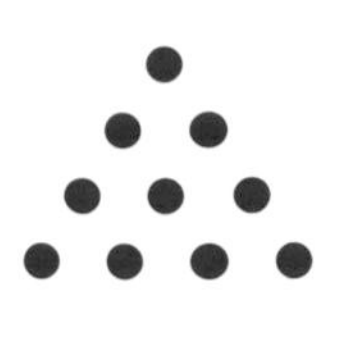

就此，我們可以開始詮釋本書359頁的圖，圖中由上而下連結接續了四個如菱形狀的四邊形，在二維平面上，它們其實是由各自兩個四分體三角形相連而成的，上半部從1遞增到4，然後接著遞減到1的下半。以榮格心理學二元對立的象徵看，上半可當作意識的象徵，下半就是陰影的無意識部分了，兩者組合成一個完整的心靈結構。

這個看似二維的平面圖，實際上是個三維的簡圖，菱形是個正八面體，上下交接處，從上而下分別是由摩西四元數、陰影四元數、樂園四元數以及轉化石（lapis，本書直接翻譯成「石」，但這並非一般之石，也不是眾所熟知、點石成金的哲人石，而是原初之青金石，是土、水、氣與火的組合體，在煉金術裡常以硫、鹽、汞三要素代表）四元數所組成十字結構，然後再轉變成正方形（圖形就分布在第十三章，書中有詳解）。這四元數，彼此間以對立補償原則分布，以兩兩一組的直線為底各自構成單獨的畢達哥拉斯四分體，四個四分體結合成一個正四面角錐體，上下四面角錐體再共用同一個四元數平面結合，變成本書稱為四元體的正八面柏拉圖立體，其對偶多面體為正六面柏拉圖立體。這個四元體最上方頂點「安索羅波斯（較高的亞當）」是沒有吃下分別善惡果實的原造屬靈人，但是往下方陰影區收斂到「人」時，「屬魂」的二元對立傾向越來越強大，帶著屬魂的精神，進入第二個陰影四元體後，已入塵世，具血氣，也相當於煉金術黑化階段的開始，繼續往下經既是基督也是魔鬼象徵的「蛇」的轉化，進到四河環繞的伊甸園，開始煉金術的白化階段，在樂園四元體下半部階段時，神的陰影、代表魔鬼那黑暗面力量越來越強大，迫使人通過原初四元素的轉化石，再進入最後一個太初混沌的四元素四元體，四大元素彼此衝突、猛烈撞擊，猶如創世之初，直到收斂至原初包含萬有的圓極（可視為宇宙大爆炸的奇點），方才「完結」。而360頁的圖將原初的人—安索羅波斯與圓極點相連，形成一個銜尾蛇象徵，下一個正八面四元體就是上一個的陰影，推動個體化為循環不斷的過程。

榮格在本書中引用了亞薩納修斯（pp. 385-386）所建立的數學四元體系，更簡單地詮釋了360頁這個個體化圖式：整體的圓的0001是為太一，就是神；第二個0010（1+2+3+4）為精神世界；第三個0100是靈魂；第四個1000則是所有具象之物。其數學構造為以10為底的對數系統，作為1時的對數是代表「無」的0，也就是太一；對數1時為圓滿數10，精神世界出現，作為太一的對立面，為二元性之始；2是靈魂，是10的平方數100的對數，代表圓滿精神思考，也就是理性；3則是肉體，10的3次方的對數，一切立體具象的顯現。而如果將這四個數看作無始以來的宇宙創始數、最早出現的「單子」（Monade，本書翻譯做「元點」），以持單子論的萊布尼茲一進位數換算，太一0001，1也是以2為底的對數0，沒有對立矛盾的統合體，是圓極；精神世界0010，對數是1，代表對立性（10是1和0的對立結合）；理性靈魂是0100，2是以2為底4的對數，為四元數；1000，一切具象的顯現，則3是以2為底8的對數，是三維空間裡所有的正八面柏拉圖立體單子。

本書看似難懂，但所引大量的象徵文獻材料，目的無非在論證359和360兩頁圖示的個體化過程，有了這個參照點，也許對讀者理解文本會有幫助。但在許多地方，如果能加入多元知識考量，也許會出現更多有意義的批判性思考的可能性。比如在四個八面四元體交接的人、蛇、石為兩個四元體的共點，可視為榮格心理學中作為轉化關鍵的「劣勢功能」，因此成為轉化的交點，但是安索羅波斯與圓極點相連後，這兩個點的關係和性質為何？合而為一嗎？這和0.999……是不是等於1的問題類似，在小學和高等數學裡的思考和「答案」是不同的。而又如榮格在文末稍提及，銜尾蛇象徵與中國煉丹術「周而復始之偉業這樣的概念」相似，但從拓樸學的觀點來看，四個正八面體首尾相連後，不只不再是個柏拉圖立體，和圓不同胚（Homeomorphism），當然不是同一拓撲空間的雙連續函數，也就是說人神終究有別嗎？這可能和其他宗教的看法就不同了，怎做教義類比？

總之，這是本知識性非常豐厚的鉅著，除非天縱英明、學富五車，切莫妄想一讀便懂；但若有志深入心靈奧祕？請下定決心，翻開它，耐心查照當中各種文獻，並加入更多元的知識思考，開始潛心——閱讀吧！

國立臺北教育大學心理與諮商學系副教授／洪素珍

＊註：本推薦文感謝魏宏晉老師提供意見與討論相關概念

審定序

《伊庸》是榮格理論的大成之作，本書副標雖名為現象學，但榮格卻在最終章裡展現了「自性」的圖示。為了讓讀者更容易親近他的理論，榮格還特地增寫前四章，分別介紹自我、陰影、及阿尼瑪與阿尼姆斯等重要概念，對於喜歡榮格的讀者來說，都可以在本書裡找到他本人對其重要術語最翔實全面的說明。

內文裡包含了大量的神話、宗教與占星學，目的是為了證成自性的普遍性，說明那並不是一個虛幻的假設或心理學的建構，而是可以從古今中外文獻中找到的共同意象。熟悉榮格的讀者很清楚，榮格習慣用這種方式來論證和支持個人的理論。不論那是伊庸還是雙魚座時代，都是一種象徵，語言的差異並不影響其內容，反映的是人類對內心某種經驗的投射。

榮格多次強調，他是以經驗主義的方式來研究心理學的，而不是形上學。關於自性與上帝意象他總是小心翼翼，以免涉及哲學與宗教上的紛爭。這本書同樣有著這樣的色彩與情緒，似乎只差那麼一步，榮格的理論就可以推演到宇宙學的層次。因此故，喜歡心理學的朋友必定會因為本書而開闊其視野，研究神祕學的讀者也會因為本書而深化其底蘊。

自性的圖示不僅可以用摩西、陰影、原人亞當，以及哲人石來表意，如本書所提的那樣，它同樣也可用四種心理功能來闡釋，此時只要把縱軸視為時間，那麼這個水晶狀的自性結構就可以被視為個體在時間軸中的移動。這一點雖未在本書裡提到，但榮格卻已在一九二五年的分析心理學講座中述及。由此可見，榮格頗將此高度凝縮的心理學模型視為一種微型的宇宙，和《易經》一樣，可用來解讀許多事物。

我這樣說，或許超譯了榮格的思想，並非他本人的初衷。但讀者可以想見，榮格就是這麼一位站在神祕學與心理學交界處的思想家，正因如此，我才殷切地關注著本書的出版。這本書的出版是國內榮格心理學愛好者的一次協力之作，衷心企盼有更多的榮格經典被翻譯上市，最終，是《榮格全集》能被國人一起共享。

感謝譯者俊豪優美的譯筆，而做為審閱者，我對本書負有最終責任。如果本書有任何錯誤，請不吝讓我知道問題所在，您可以在粉專「愛智者書窩」中聯繫到我，讓我們一起讓本書更好。願深度心理學的知識普及臺灣，使臺灣成為一個更開放、且更願意內省的公民社會！

愛智者書窩版主／鐘穎

中譯序

這本書最初並沒有讀者如今所見的前四章，它們是榮格後來為了對其理論不甚熟悉的讀者們額外撰寫的導論式文章，針對心靈中最重要的四大原型做一概括性的描繪。榮格原先是由本書的第五章〈基督：一個自性的象徵〉落筆，語重心長、開門見山地指出：

「世界與神聖的漸行漸遠、科學及科技駭人的過度發展、物質與道德的朽壞淪喪，這些都是第二次世界大戰的遺毒，而世人們一再將這種種事態與《新約聖經》的**末日預言**相提並論……」

「我們何以致此？」私以為，一九四五年以後的榮格，身在飽受兩次世界大戰摧殘的歐洲大陸，心中想必時時刻刻懷抱著這樣深切沉痛的叩問。何以一個兩千年來皆以基督宗教為尊，理應崇尚著神聖與光明的遼闊國度，會一而再、再而三地，一手造就世間最令人髮指的戰亂與暴行？榮格試圖釐清：人們既然遵循基督的道路，何以落入了魔鬼的手裡？為此，他穿梭於心理學、神學、歷史、占星學、煉金術，針對「基督」這一形象爬梳其歷時演變、對照其古今異同，而這本《伊庸：自性的現象學研究》，正是榮格對這番浩問的答覆。

這是一本談論世界末日的書，更是一本關於人們如何理解亂世、安頓己身的書，在 COVID-19 疫情於全球肆虐的此刻，翻譯這樣的著作，心裡著實五味雜陳。二〇二一年五月，臺灣本土疫情升溫，全國進入三個多月的三級警戒，本書半數篇幅的初稿，正是在居家隔離的這段期間完成的。二〇二二年五月，新一波疫情來勢洶洶，望著每日動輒上萬的確診數字，島內人心動盪，譯者與伴侶也於近期雙雙染疫，並於臥床安養期間提筆寫下這篇序文。根據世界衛生組織統計，自疫情爆發以來，全球感染人數已破五億，並有超過六百萬人病逝。於此同時，今俄羅斯與烏克蘭的戰事邁入第三個月，似是方興未艾，瞬息牽動著國際局勢，令因疫情疲於奔命的各國政府肩上的擔子顯得更為沉重。

瘟疫，戰爭，天啟的馬蹄聲步步驚心，隨著網際網路的推波助瀾，所有資訊都能在轉瞬之間傳送到千里之外，即時動搖著每一個人的內在狀態。在這樣的時代，榮格於七十多年前寫下的這本書，能給我們現代人什麼提醒呢？

榮格在書中提及一句古訓：「諸善源於神，諸惡源於人」，對此，他頗不以為然。這樣的訓誡將神明視為純然光明高尚的存在，認為人類才是萬惡的淵藪，需要為世間的一切苦難疼痛負起全責。但多數人總是寬以律己、嚴以待人，即便相信諸惡源於人，那也不是源於我，必然是源於那些可恨可憎的「別人」。是誰都好，只要壞人不是我都好——只要找到一群罪人，我就能理所當然地繼續相信著我心中那尊至善的神，相信自己既然是依照祂的形象受造，就必然如祂一般公義而正直，無須為了生活與生命中所受的苦捫心自問。

筆者認為，讀完本書，或可用「光暗源於神，善惡源於人」來總結。世間一切都由光暗、陰陽的永恆舞蹈所構成，雖然二元對立，卻無善惡之分。善／惡並非絕對，那條切分二者的線，僅存在於人類的意識場域與道德遊戲之中。我們能做的，是不斷不斷地提醒自己，不要相信斬釘截鐵的善惡之分，更不要依此決定我們如何看待自己與世界上的其他人；我們應當時刻回到心中那個微小而奧祕的「不可分割之點」，以它／祂作為立足之地、展望之巔，盡可能堅定而謙卑地，領略身周的一切。

正因這本書探觸到的領域如此廣闊，關注的議題又如此艱深，使得翻譯的過程十分艱辛。榮格引述的占星學或煉金術文獻，絕大多數在中文世界並無譯本可供參考，譯者僅能根據本書的英語版譯文再譯成中文，並盡力確保文字暢達、通順。書中引用的《聖經》經文、人名與地名，原則上遵照《中文和合本聖經》的譯法；部分段落必須參考其他譯本或根據文脈直譯，則在書末附註說明。拉丁文與希臘文部分，出現於正文者，除書名外，一律中譯並加註原文。

針對本書標題，奇怪的是，榮格雖在序言開宗明義說到本書的主題是***Aion***，全書卻未見他對這個字詞做出半點直接的闡述。綜觀全集各冊，像這樣把一個語焉不詳的希臘字當成論文標題的做法，這也是唯一一次。況且，全書談論的都是基督，為何卻將書名獻給另一尊神？

Aion，這個希臘字除了有「時代、紀元」的意思，還指涉一種相對於線性時間（過去—現在—未來）的環狀時間觀，即所謂「永恆」。在本書中，榮格花了不少篇幅討論占星學上的春分點歲差進動現象，指出自性原型的象徵會隨著春分點在黃道帶上的移動，以兩千多年為一單位，與黃道十二星座產生共時性的對應。此外，在本書的扉頁有一插圖，圖中那尊獅首人身的密特拉神祇便是名叫**伊雍**（*Aion*），祂是比克羅諾斯（Chronos）更為古老的時間之神，代表的正是那無始無終的永恆。在繪畫或雕塑中，祂若不是軀幹被蛇一圈圈地纏繞著，就是身在一個刻有十二等分的圓環之中，以銜尾蛇或黃道帶的意象，象徵著祂與宇宙大道循環之間的關係。

但是，除此之外，在諾斯替派的創世神話中，***Aeon*** 也被用來指稱那些從圓滿豐盈的普羅若麻（Pleroma）流溢出來的成對神祇。本書中，若在這層意義下提及這個字，一律譯為「溢湧之神」，一方面與永恆時間之神做出區別，一方面兩字皆從水部，乃強調諾斯替神話的流溢說色彩。

筆者認為，正因 ***Aion*** 這個字包含了如此豐富的意義，這些意義又從各個側面指向了榮格心目中的自性原型，這才被他選作標題，卻不將其明文說死。因此，雖然並不十分理想，我們最終擱置了「永恆紀元」、「基督教時代」、「基督紀元兩千年」等直譯或繞道的方法，選擇為這尊已被世人遺忘的神明留下音譯的名諱「伊雍」；至於作者未曾明說的深意，就留待讀者於書中各章細細咀嚼了。

非常感謝這一路上鼓勵我、欣賞我的每位朋友，以下恕我無法一一細數你們的名字，卻是點滴在心頭。

這版中譯本能順利完成，首先要感謝審定者鐘穎老師與楓樹林的編輯依萱，謝謝兩位給我莫大的信任與耐心，讓我能夠按著自己的節奏緩步邁進，並謹記身為譯者的本務與價值。感謝宏儒、文貞、憶嫺、柏瑋、昆翰、承逸，他們針對許多段落給出了寶貴建議，為本書的譯文增色不少；格外感謝張明強教授不厭其煩的耐心指教，針對最後三章，他特別參照德語原本，協助改正了多處錯譯或不盡周全之處。

感謝人權兄的巧手推拿，令在我醉心工作導致健康堪慮之時，還有力量繼續堅持。感謝以莉老師、淑薰老師一路以來的提攜與教導，讓我逐步清除心中的懷疑與恐懼，漸漸能與本心自性更加靠近。感謝南隆心理師，從深淵回返人間的途中萬分艱辛，所幸能有嚮導一路相隨。感謝摯友至剛，見證我人生路上所有的瘋癲與跌撞，卻仍然懂我、愛我。

感謝所有家人與火圈夥伴的肯定、支持，尤其感謝年近百歲的奶奶，埋頭翻譯的每一天，她都在我的身後靜靜織著毛線，溫柔守護著我。感謝伴侶冠淳，每一次當我失去信心因而動彈不得，是他陪我哭、陪我笑，提醒我重拾信仰，再一次次把我拎回桌前，才終於有了如今這個譯本。

對於多數中文讀者而言，本書涉及許多陌生費解的知識領域，譯者雖已竭力確保文章通順、內容正確，但因才疏學淺，若見錯漏訛誤之處，尚祈海涵，並請不吝指教。

譯者俊豪

2022年5月9日

導讀

《伊雍》一書，可以視為榮格一生中所發展的理論體系裡，幾個重要里程碑中，其中的一個重要論述之一，特別是關於自性（self）的集體性意義或宗教性意義。

在默瑞．史坦（Murray Stein）和許多榮格分析師的觀點裡，榮格的一生可以分成幾個階段：從一八七五年到一八九〇年，也就是從出生到進入中學，是他的童年期，也是榮格學派稱之為的母性階段（mother stage）；從一八九〇年到一九一三年，也就是一九〇〇年巴塞爾大學畢業為止的學生時期，和畢業以後追隨布魯勒（Eugene Bleuler，1857-1939）學習精神醫學和1906年開始與弗洛伊德學習精神分析，一直到一九一三年在理論上與弗洛伊德有所歧義的這一段學徒時期（apprentice）為止，是榮格的成年期，也是榮格學派所謂的父性階段（father stage）。一九一三年是他的中年危機，也是他過度進入自己的阿尼瑪階段（anima stage）。在這個階段，《紅書》一方面呈現出了他在中年危機階段對自己的觀察和反思而加以自行記錄的一切，另一方面也開啟了他對自己的認識論和方法論的確信，也因此完全離開了弗洛伊德和當時時代氛圍裡以科學主義為主導的心理學。

他離開的學徒的階段，結束了在精神醫學和精神分析裡沉靜而認真地吸收一切養分的訓練和思考，開始想要對自己所感受的一切，提出一個理論性的架構。這不是只有榮格才有的目的，這應該是當時所有主要關心心靈議題的思想家或科學家都在努力的，包括賈內（Pierre Janet，1859-1947）和弗洛伊德，

一九一三年弗洛伊德和榮格分道揚鑣以後，兩者也逐漸地將自己的理論體系慢

慢建立起來。在這個時間點的弗洛伊德，還是以第一拓撲學為主要的論述根據，也就是意識／前意識／無意識的地誌學，來思考「我」（Ich，自我）和無意識之間的種種現象和機置。到了一九二三年，呈現在《自我和本我》一書裡，將第一和第二拓撲學（本我／自我／超我）加以結合而提出的心靈架構的理論，才算是現在我們看到的佛洛伊德精神分析。

而榮格卻是將心靈的範圍拓展得更為寬闊。他拒絕科學主義的抽象化取向，希望重新回到浪漫主義對物自身的重視，並且對心靈的看法是採取一個開放式的結構，認為人和自然之間是不應該切割的，這樣一來如何去思考心靈，自然是複雜許多，所面對的挑戰也就更加的艱辛。在這過程裏，為了解決心靈結構的問題，在《精神分析的理論》（一九一五）總結了他的弗洛伊德階段以後，他重要的著作包括：《無意識心理學》（一九一六）、《心理類型》（一九二三）、《分析心理學講座》（一九二五）、《分析心理學二論》（一九二八）、〈論《金花的秘密》〉（一九三一）等作品，已經大致完成了他有關心靈結構的理論。

他在一九三〇年左右完成了主要的理論，再過來就是將這個理論持續地檢驗和擴充以外，就是繼續在這個理論上繼續闡述和精進。

他強調心靈（psyche）這個概念，用這個概念來取代包括弗洛伊德在內的所有科學心理學所侷限的個人心理。於是，以下這樣的心靈結構也就成為他理論中最基本的架構：

集體意識／外在現實

⇆

人格面具

⇆ 個體 ⇆ 阿尼瑪 ⇆ 集體無意識

如果我們在進一步檢視，榮格已經提出一套完全不同於佛洛伊德的心靈概念。在這樣的概念當中，個體化（individuation）、自性（self）、集體無意識（collective unconscious）、和原型（archetype），可以說是最重要的倡議。

《伊雍》這本書有個副標題：「自性的現象學研究」。對於自性這個概念，在榮格的著作中是漸漸浮現的，一直到了一九二八年版的〈論自我與無意識的關係〉（The relations between the ego and the unconscious）一文中，他才首度提出，並且加以論述。而正如英國當代榮格分析師科爾曼（Warren Colman）所指出的：「如果我們回到同一篇文章的一九一六年版本，可以看到榮格是用『個體性』（individuality）這個概念取代之後才使用的『自性』。」「他將人格面具和阿尼瑪放置在個體世界與集體世界之間，人格面具作為面對集體意識所掌理的外在世界的「朝外態度」（outward attitude），而阿尼瑪則是「朝內態度」（inward attitude），朝向的是集體無意識的內在世界。他將「個體性」定義為「可意識的意識自我／自我意識（ego-consciousness）的最內在核心，同時也是無意識的最內在核心」

(Jung 1916: § 507)。因此它與意識自我關係緊密（作為意識的中心），但又有別於意識自我，因為它也是無意識的核心。」

而個體是立足於集體心靈的意識與集體心靈的無意識之間的。榮格在這段時期（從《心理類型》一書可以看出），開始從東方哲學及宗教來思考，在自性發展以及對立矛盾的概念上，採取了東方傳統類似的思維，包括：佛教、中國哲學以及奧義書（Upanishads），這些都明白敘述了「對立調合」的內容。榮格之後承認受到東方哲思廣泛的影響，而他使用「自性」一詞，特別就是受到奧義書的啟發，藉以指稱人格之中有個「超凡」（supra-ordinate）或者「超個人」（supra-personal）的中心，這同時也是「人的整體性，涵蓋其意識及無意識的所有一切」(Jung 1938／1940: § 140)。

一九四七年，世界大戰結束的第三年，已經72歲的榮格第二次遭到心肌梗塞。上次是三年以前，一九四四年；而這一次卻是更嚴重，發作以後還持續著心律過快的症狀。然而，他還是堅持著在家裡養病，拒絕醫師的住院建議。對他家人來說，這是一個相當困擾的要求，畢竟艾瑪前一天才拔了六顆牙，嚴重的發炎和發腫，整個人還需要臥床休息，根本沒辦法扮演過去指揮家人照顧他的角色。然而，對他來說，有著相當重要的作品急著要完成，「是無意識心理學歷史性的另外一部分」，他可以感覺到「就在空氣中了」。

長期以來，為了了解心靈和天地之間的關係，他從一九一三年左右受到伊桑・艾倫・希區柯克（Ethan Allen Hitchcock）和赫伯特・西爾伯勒（Herbert Silberer，也是佛洛伊德學派的精神分析師）開創性工作的影響，就開始注意到煉金術，雖然真正的學習是從一九二九年才開始的。然而，煉金術與個體化的關係，一直都是沒辦法產生真正的對話，直到一九二八年讀了衛禮賢所翻譯的《金花的祕密》。在這個情況之下，他開始動筆寫了《移情心理學》（一九四五），這是他將煉金術和心理學結合起來的第一步，一直到八十一歲的《神祕結合》（Mysterium Coniunctionis，一九五六）為止。

然而，在這個知識旅程的過程，他必須要解決西文文化的基本問題，也就是基督教義。更何況，在這個時候，一九四七年，死海古卷發現了。死海古卷發現的時代，正值《聖經》的真確性受到質疑。在基督教的各教派內，對於舊約的真實性都存在很大分歧。畢竟現存舊約馬所拉文本當中，最早的都不過是公元九世紀的抄本，而不是原始版本。直到死海古卷的發現和校勘工作的展開，舊約聖經的準確性才被肯定。

因為如此，他動筆寫了《伊雍》（一九五一）和《答約伯》（一九五二）。《答約伯》相對來說，是更多榮格的個人性。如果我們還記得榮格是出生於牧師世家，就是必然就會理解為何他會比其他的心理學家，更敏感地注意到基督教義對西方文化的影響，再透過西方文化進而對心理學的影響。而心理學向來就是源自於西方文化，甚至是西方文化當中的個人主義，原本就是有一定的極限性。身為西方人的榮格，反而很敏銳的注意到這一點。

在基督交易當中，善惡分明、聖俗對立的一切，到了榮格的思想裡，在東方的對立結合概念下，又有了一層新的意義。

在一九二八年《分析心理學二論》的增補內容當中，自性最初的定義是指心靈的整體性（totality）；在這同時，他又繼續著個體化，以及達到個人的獨特性的角度來探討自性：「由於『個體性』包含我們最內在、最終以及無可比擬的獨特性，這也寓意著成為一個人自己本身。我們因此可以將個體化說成『朝向自性特質』（coming to selfhood）或者『自我／自性實現』」（1928: §66）。這個歷程也可以被視為與超越對立矛盾而抵達人格的核心關係密切；這個核心也被定義為自性（1928: § 389）。

他在《心理學與煉金術》（Psychology and Alchemy，寫於一九四四年）的導論中，他說：「我稱這個中心為「自性」（the self），而自性應該要被理解為心靈的整體性的整體性。自性不僅是中心，也是整個周邊，同時擁抱意識與無意識；它是這個整體性的核心，如同意識自我是意識的核心一般。」（Jung 1944: § 41）因此，對榮格來說，上帝是「一個中心無所不在、邊界廣大無垠的圓圈」（CW 6: § 791）。十七世紀的波蘭神祕主義者安格列斯．希利休斯（Angelus Silesius）優美地描寫這種矛盾，榮格在《伊雍》也加以引用了：「我以上帝為核心，當我擁抱他／我以上帝作周界，當我融入他」。

伊雍，Aion，代表的是永恆的、無限的、儀式性的和循環的時間：未來是過去的回歸版本。這種時間與克羅諾斯（Chronos）所代表的體驗的、線性的、進步的、歷史的時間，可以分為過去、現在和未來的時間，形成了對比。因此，伊雍是循環時代、年輪和黃道帶的神祇。這也就是為什麼他和塔羅牌或占星學有著一定的關係。而這樣的傳統，在西方全面基督教化以後就幾乎完全地消失了。榮格藉由這本書的書寫，重新思考基督教義，思考蘊釀出基督教義的這個更廣大的古文明（古代歐洲、兩河流域、埃及、甚至還有更遙遠的……），重新思考人類的心靈結構：從自我、陰影、阿尼瑪和阿尼姆斯，一直到自性。這樣的切入點，自然也重新反省了基督教以後才出現的所謂西方文明。

譯者周俊豪對這本書的翻譯確實是相當的用心，可能是目前華文世界當中榮格著作所有的翻譯作品當中，文筆最好的一本書，在這裡是要對這樣的翻譯者標示崇高的感謝！

精神科醫師／王浩威

目錄

英譯本初版編輯序

《榮格全集》的第九冊致力於研究集體無意識中的某些特定原型。第九冊第一部分的標題為《原型與集體無意識》（*The Archetypes and the Collective Unconscious*），是由多篇短篇論文集結而成；第二部分《基督紀元兩千年》（*Aion*）則是專論自性原型（the self）的長篇論文。本書的副標題「自性的現象學研究」，是經作者同意後修訂的；此書在瑞士曾出版過兩個版本，分別以「象徵史研究」（Researches into the History of Symbols）及「自性象徵的作用」（Contributions to the Symbolism of the Self）為副標題。本書的一到五章先前曾在紐約出版，收錄於一九五八年版的《心靈與象徵：卡爾．榮格選集》[1]一書，內容稍有出入。

英譯本二版編輯序

此次修訂，針對內文及注釋做了若干更正，並在參考書目附上《榮格全集》各篇的發表年分。先前翻譯榮格其他著作的經驗，為本次修訂指出了改進的方向。

英譯者序

在這本書的翻譯過程中，參考了許多前輩的譯文，在此，我要向他們致上最深的謝意：第二及第三章的部分內容，如陰影、阿尼瑪、阿尼姆斯，大量參考了威廉·肯尼迪先生（William H. Kennedy）一九五〇年於紐約分析心理學社群的譯文；希爾德嘉·納格爾博士（Dr. Hildegarde Nagel）原先發表在《愛諾斯年鑑》（*Eranos-Jahrbuch*, 1949）的譯文〈關於自性〉亦有助益，榮格在一九五一年春天將這篇文章的原稿擴寫為《Aion》的第四及第五章；芭芭拉·漢娜（Barbara Hannah）女士與瑪莉－路易絲·馮·法蘭茲博士則為其餘各章提供了珍貴的建言。此外，特別要感謝葛洛佛先生（A. S. B. Glover），他翻譯了全書的拉丁文與希臘文（例外處另有註記）。為求周全，譯者參考的出版品皆有羅列。

1 *A Selection from the Writings of C. G. Jung*, edited by Violet S. de Laszlo (Anchor Books, Garden City, New York, 1958).

序言

Foreword

這本書的主題[2]是關於Aeon（希臘文*Aion*，紀元／永恆）這個概念的。為了探明「基督紀元」（the "Christian aeon"）這兩千多年來心靈狀態的轉變，我試圖從基督教、諾斯替派、煉金術中的自性象徵著手進行研究。在基督教傳統的初始階段，它不僅飽含波斯人及猶太人對於時間之起始與終結的觀念，還處處暗含某種「物極必反」（enantiodromia）[i]的思想——我所指的是基督與敵基督之間的勢不兩立。而誠如《啟示錄》所示，對於大歷史時局的推測以及各時代的切分方式，影響最深遠者，應該就屬占星學的觀點了。因此，我的思路很自然地就聚焦到了**雙魚**（the *Fishes*）的象徵上頭，因為在雙魚座紀元和基督教兩千年來的發展進程之間，有著共時性的呼應關係。在這段時間中，「人子」安索羅波斯（Anthropos，the "Son of Man"）這個形象不僅象徵性地逐步擴大，並進而在心理層面上融合同化，人們心理態度的轉變也是隨之而來；早在預言敵基督將臨的古代文獻裡頭，就已經預料到這樣的轉變了。因為這些文獻將敵基督現身的日子放逐到時間的盡頭，我們於是理所當然地把這個時代稱作是「基督的紀元」，這個說法本身就預設了，這時代將會在基督再臨（the

Second Coming）時劃下句點。這個預言彷彿與占星學觀念裡的雙魚「大月」（the "Platonic month" of the Fishes）不謀而合。

我之所以試圖討論這些歷史性的問題，最直接的原因是：在無意識的諸般產物之中頻繁現身的全體原型意象（archetypal image of wholeness），在歷史事件中就可預先見其端倪。這些意象很早就和基督的形象合而為一，對此，我已在拙著《心理學與煉金術》（*Psychology and Alchemy*）[3]裡做過說明。一直以來，關於傳統基督形象以及全體之自然象徵——或稱其為自性（the self）——時常有讀者請我談談這兩者之間的關係。如今，我終於下定決心扛起這個擔子。有鑑於這項任務的難度非比尋常，這份決心對我來說著實不易。因為，若是要克服重重的難關、避免可能的錯誤，就勢必要具備一定的學識及謹慎才行；遺憾的是，這兩者恰恰皆是我所不足之處。我嘗試適度運用我對經驗材料的詳實觀察；然而，對於要將歷史證據帶進我的思索之中，我亦深知此乃冒險之舉。在此同時，當我一路追隨象徵交融同化的過程，將基督形象在象徵學及哲學層次上的各種擴大全都納入進來，於是讓基督的象徵被化約為心理學上的全體意象時，我想，我也非常清楚自己肩負著什麼樣的責任。然

---

2 英編按：在本書的瑞士版裡，這篇序言是這樣開頭的：「在這一卷裡，我呈現了兩篇作品，它們雖然有內在與外在的差異，但之所以會被放在一起，是因為它們都與本書的核心主題有關，也就是紀元（Aeon，希臘文*Aion*）的概念。合著者瑪麗－路易絲．馮．法蘭茲（Marie-Louise von Franz）博士在本書中，藉著分析聖蓓圖（St. Perpetua）的殉難來闡述從古典時代進入基督教時代的心理轉變。在她的協助之下，我自己的考究範圍則是試圖……」等，其餘如上。馮．法蘭茲博士的〈論聖蓓圖受難〉一文並未收入此卷。

3 英編按：參見本書第五章，石頭－基督的類比關係。

而，希望讀者永遠不要忘記這點：我並不是在做一份信仰上的宣告，也不是在寫立場偏頗的傳單，而是純粹在思索：以我們現代人的意識作為立足點，我們究竟應該如何理解某些特定的事物——那些我認為值得被理解，然而一旦墜入無人理解、無人記憶的無底深淵便會危機重重的事物；以及，那些一旦領悟了其中深意，就能為我們隱祕的心靈暗處與靈魂地窖灑落光芒，從而大大補救我們的無明與失序的事物。這本書的主要內容，是經過我許多年來與各年齡、各行業人士不計其數的談話，才一步步堆砌起來的；在我們的社會裡，這些人們感到迷惘困惑、失根漂泊，幾乎和歐洲的文化意義徹底斷了關聯，並且落入身不由己的狀態之中。這就是我們這個看似美好，實則虛無的集體精神失常時代的成因與後果。

我並非以改宗入教者之名寫作，而是以醫生的身分執筆，並秉持醫者應有的責任感提筆寫就此書。我也不是以象牙塔裡的學究之名而寫，否則，我大可聰明一點，在我學術專業的舒適圈裡好好地躲著；而不是在明知自己對於歷史所知寡陋的前提之下，仍然冒險令自己飽受批評，並讓學術聲譽遭人置喙。縱然我年事已高、病恙纏身，但我已竭力引援可信的材料，並盡可能詳列出處，以求論理有據、言之確鑿。

卡爾・古斯塔夫・榮格（C. G. Jung）

一九五〇年五月

第一章
自我
THE EGO

1

針對無意識（unconscious）的心理學研究促使我詳加闡述某些嶄新的概念，其中之一就是**自性**（*self*）。自性一詞，並非用來取代我們慣用的**自我**（*ego*），而是要將自我納入更完整而立體的概念裡，並以此加以審視。我們將自我視為與所有意識內容都有關聯的複雜要素。可以說，自我構築了意識場域的核心，且由於自我組成了經驗人格（empirical personality），它亦是個人所有意識作為的主體。心靈內容之於自我的關係決定了意識的認定標準：除非能被主體經驗到，否則沒有任何事物可以成為意識。

2

在此定義下，我們已描述並劃設出了主體的**疆域**。理論上，意識場域不受任何限制約束，因為意識具有無遠弗屆的擴展能力；然而，實際上每當意識與**未知**（the *unknown*）交逢，它便遭遇了自身的限制。所謂未知，即是一切我們未曾知曉、無法理解的事物，它們因此與意識場域的中心（也就是自我）涇渭分明。所謂未知的事物可被分成兩種：一是可以透過感官去經驗的外在事物，二是可被直接經驗的內在事物。前者構成了外在世界的未知；後者則是內在世界的未知，我們稱之為**無意識**（*unconscious*）。

3

自我是意識之中極為特殊的部分，它其實一點都不理所當然，反而相當複雜，絕非僅憑三言兩語就能說清的。經驗顯示，自我奠基於兩個看似相異的基礎：**肉體的**（*somatic*）與**心靈的**（*psychic*）。由所有體內知覺的總合即可推知自我具有肉體的基礎，而這些知覺已經具有心靈的性質，且與自我有關，因此屬於意識的範疇[ii]。體內刺激產生了各種知覺（perceptions），但僅有一小部分能夠跨越意識閾限，絕大多數的刺激無法被意識到，因而是閾下（subliminal）經驗。然而，這些經驗雖然未能跨越意識閾限，卻不能因此斷言它們僅僅是單純的生理狀態；同理，也不能輕易將其劃分到心靈的範疇。身體內部的各種刺激儘管有時能夠突破意識閾限並成為各種知覺，但其中大部分無疑並沒有此種能耐，那麼，想當然也就完全沒有理由賦予它們心靈的性質——但話說回來，如果有人主張「萬物有『靈』」[iii]的哲學觀點，那又得另當別論了。我之所以反對這種難以驗證的假設，主要是因為它將心靈（psyche）的概念擴張到無邊無際、包山包海的地步，同時又以無法據理實證的說法來詮釋世間萬物。這種太過廣泛的概念往往既曖昧又含糊，所以不能算是合格的研究工具。因此，我建議：只有在事實證明能憑藉意志去調節反射或本能的作用時，才使用「心靈的」（psychic）此一術語。在此，容我必須向讀者提及拙作《論心靈的本質》（*On the Nature of the Psyche*）[1]，我在文中以更長的篇幅討論了「心靈」的定義。

4

承上所述，自我的肉體基礎乃是由意識、無意識兩部分組成，其心靈基礎亦然：自我一方面立基於**整個意識場域**之上，另一面又立基於**所有無意識內容的總和**之中。無意識內容可以分為三類：其一是暫時低於意識閾限，但可以憑藉個人意願重新進入意識（也就是記憶）；其二是不能自主使其浮現的閾下內容；其三則是完全不可能成為意識的內容。上述的第二類內容，可以從部分閾下內容會自發性地漫入意識的現象推論得知；第三類則是假設性的，我們可以將第二類作為基礎，並以邏輯推論出它的存在，其中包含那些「還沒」湧進意識之中，或是永遠都不會被我們意識到的心靈內容。

5

方才提到自我「立基於」（rests on）整個意識場域之上，此話並非意指自我由後者所組成，否則，自我與意識場域二者就形同一體，難以區分了。事實上，自我只是整個意識場域的參照點，並且由前述的肉體基礎所支持、限制。

1 詳見本書段371。

6

雖然自我的基礎處於相對未知、沒有意識的狀態，然而，自我本身卻是極佳的意識要素。我們甚至可以從經驗中發現，自我，其實是個體終其一生逐步建構出來的。起初，它似乎是從身體與外在環境的衝突中萌芽；一旦自我茁壯成主體以後，它又從內在世界與外在世界的進一步衝突當中繼續發展下去。

7

儘管自我具有無法估量的遼闊基礎，但綜觀來看，自我相較於意識卻是半點不多、絲毫不少。自我作為意識中的要素，理論上它應該可被完整地描述出來；然而，事實上再怎麼詳盡完善地描繪，充其量也只能道盡**意識人格**（*conscious personality*）的部分，至於那些不為人知、渾然不覺（unknown or unconscious）的蛛絲馬跡則必定會被遺漏。但是一幅所謂的全景必須將這一切都包含在內。不過，完整描繪出人格全貌這件事，即便在理論上都是絕對不可能的，因為人格之中包含著根本無法以理智掌握的無意識部分，而豐富的臨床經驗告訴我們，無意識絕非無關痛癢的雞肋；相反地，人們對於自己身上最關鍵的那些品質往往都是當局者迷，旁觀者清，或者得要透過外力的協助，才可能刻苦艱辛地將之發掘出來。

8

作為總體現象的「人格」（*personality as a total phenomenon*），很顯然有別於「自我」一詞所指涉的意識人格（conscious personality），而是構成了另一個需要與自我有所不同的實體（entity）。誠然，只有接受無意識概念並與之周旋的心理學才有必要做此分別，且對這種心理學來說，兩者的區辨可謂至關重要。甚至法理學（jurisprudence）也應重視此一差異，譬如瞭解某些心理事實究竟是否是「有意」為之，以便在判決時釐清責任歸屬的問題。

9

走筆至此，即便讀者此刻還不能充分瞭解何謂完整的人格，我建議各位將它稱為**自性**（*self*）。根據定義，自我從屬於自性，有如部分之於全體。在意識場域中，存在我們所謂的「自由意志」（free will），在此，並不是要提出什麼哲學命題，我所指的是每個人對於自由的主觀感受，或是此一人盡皆知的心理學事實：「人有選擇的自由」。但是，就如同我們的自由意志會與外在世界的需求產生衝突，它也會在主觀內在世界之中意識不到的領域內遭遇自身的限制，並於此處和自性產生衝突。外在世界的種種際遇時常莫名其妙地「從天而降」（happen）並限制我們的自由；同樣地，自性強加在自我之上的也是一些**看似偶然的遭遇**（*objective occurrence*），而所謂的自由意志對此幾乎只能聽天由命。眾所周知，自我不僅無力違抗自性，實際上在人格發展的歷程中，自我偶爾還會被人格的無意識內容所同化（assimilated），因而產生巨大的轉變。

10

本質上，為自我所下的任何定義都只能是很表面的，想描繪出它的全貌根本就是不可能的事。除此之外的任何觀察方式，都必定要將一個人的**個體性**（*individuality*）納入考量，然而這非但與自我相關，還是它最主要的特徵。複雜難懂的自我是由為數眾多的元素所組成，它們雖然本質上大同小異，但每個人的思緒清晰度、情緒濃淡度以及意識拓展的尺度大小，都與彼此截然不同。可想而知，由這眾多因素集合而成的自我，必然是各自不同且獨一無二的，同時亦保有一定程度的同一性（identity）。但是自我的同一性並非絕對穩定不變，畢竟人格的深遠轉變也時有所聞。像這樣的轉變不一定總是病理性的，它們也可能是落在正常範圍內的發展性變化。

11

自我既然是意識場域的參照點，也就主宰了個體為適應外在世界所做的各種成功的嘗試，換言之，這些舉動都是由意志所成就，自我於是在心靈系統中扮演了極其重要的角色。正因自我有著如此重要的地位，也難怪會有人先入為主地斷定自我乃是整體人格的核心，或者，錯以為意識的疆域就等於人類心靈的全部。我們若是暫且不提萊布尼茲（Leibniz）、康德（Kant）、謝林（Schelling）、叔本華（Schopenhauer）這些人所提出的啟發性觀點，並低估卡勒斯（Carus）及馮哈特曼（von Hartman）兩人哲學見解的價值，那麼，一直要等到十九世紀末，現代心理學才以歸納法發現了意識的基礎，並以經驗證明在意識的疆界之外仍有心靈存在。經過這些發現，自我原本高踞在上的絕對地位便相形失色了；換言之，自我雖然仍舊是意識場域的核心，但，它究竟是否為人格的核心則有待商榷。

自我僅是人格的一部分，而非它的全部。誠如我前面說過的，我們不可能估算它的份量究竟有多少，亦不可能測量它到底在多大程度上受制於（dependent on）這些「溢出意識之外」的心靈內容，還是說自我其實是自由不羈的？我們只能說：自我的自由其實受制於無意識，並且，事實證明，後者對於自我往往有決定性的影響力。根據我的經驗，絕對不可小看自我對於無意識的受制程度。不過，對於那些已然將後者看得太過重要的人而言，我自然毋須贅述。過去對於這份受制性的錯估誤判在心靈上導致了某些後果，這令今日的我們明白對此應當如何看待，這點留待後文詳述。

12

前面已經提過，若從意識心理學的立場觀之，可以將無意識的內容區分成三大類；但若就人格心理學的角度而言，則可將這些「超越意識範疇」的心靈內容分為兩類，也就是**個人**無意識，以及**非個人**的**集體**無意識。前者構成了個體人格中不可或缺的重要成分，因此，也有機會成為意識的一部分；至於後者，則形塑了一種無所不在、永恆不變、普世皆然，且**從屬於心靈自身的品質或基質**（*quality or substrate of the psyche per se*）。這當然只是假設，但我們是總結了眾多經驗材料之後才推導出這個假設的，更何況世間所有人類的心理過程都呈現出普遍的相似性，極有可能是奠基於普世共通、非屬個人、猶如法則一般的原則。這原則就好比在每個人身上所展現出來的本能，其實只是由全人類所共享的本能基質（instinctual substrate）之部分彰顯而已。

第二章

陰影

THE SHADOW

13

個人無意識（personal unconscious）的內容由個體後天的生命經驗積累而成，而集體無意識（collective unconscious）之中卻蘊藏著許多自天地初開便已存在且亙古不變的原型（archetypes）。我已在別處討論過原型與本能之間的關係[1]。從經驗來看，某些原型擁有最為鮮明的特徵，它們對自我產生了最大且最頻繁的干擾與影響——也就是陰影（shadow）、阿尼瑪（anima）和阿尼姆斯（animus）[2][iv]。在這三者之中，陰影是最容易理解也最容易被經驗到的，因為陰影的性質在很大程度上取決於個人無意識的內容；不過凡有原則必有例外，例如在某些相對罕見的案例中，個案壓抑了人格中正面積極的品質，結果反而必須由自我來表現那些負面而不討喜的面向。

14

陰影是一個道德議題，而且倘若沒有在道德方面付出相當的努力，人們是無法意識到它的，因此陰影對於整個自我與人格而言都是一項挑戰。若想意識到陰影，就必須承認人格的陰暗面真實存在。這份承認，乃是任何自知之明的必要條件，且過程勢必會遭遇艱難的阻礙。誠然，當我們將自知之明視為具有心理治療效果的一種方法時，過程往往曠日費工，而且總令人吃足苦頭。

15

若是仔細檢視人格中構成了陰影的那些黑暗而低劣的部分，我們會發現它們的本質是**情緒化的／具動能的**（*emotional*），也就是本身帶有不受控制的自主性，因此具有強迫性（obsessive）或擄獲人心（possessive）的性質，而後者或許是更貼切的形容。順帶一提，情緒這種東西並非個人能夠有意為之的心理活動，而是某種莫名其妙發生在其身上的事物。一個人最無法適應現實的那些面向往往就是情緒反應升起之處，而這些情緒也同時揭露了適應力薄弱的原因：此處藏有一定程度的自卑感，並且棲身著人格中較為低下的部分。這些低下的人格部分伴隨著全然不受控制或幾乎無法控制的情緒，因此當一個人處在這類較低層次時，言行舉止往往就像個原始人似的，不僅被動地任憑情緒擺布，還絲毫沒有道德判斷能力。

1 參見《本能與無意識》（*Instinct and the Unconscious*）及《論心靈的本質》（*On the Nature of the Psyche*）段397。

2 本章及第二章的內容取自一九四八年在蘇黎世實踐心理學協會舉辦的演講。這份資料最初發表於 *Wiener Zeitschrift für Nervenheikunde und deren Grenzgebiete*, I(1948):4。

16

只要自知甚篤、誠心誠意，人們或多或少可以將陰影整合到意識人格之中；雖然如此，經驗卻又告訴我們：陰影裡有某些面向，總是特別頑固地抵抗所有道德規範的掌握，且我們幾乎不可能撼動之。這些頑抗的陰影面通常都與**投射**（*projections*）脫不了關係，但人們往往不認為是自己將陰影丟到了別人身上，因此承認自己的投射乃是出眾的德行。對於陰影的其他面向，人只要懷著自知與誠意，就能不太費力地指認出那些陰影都是自己人格的一部分，但在投射的作用下，自知與誠意全都派不上用場——因為感覺起來，那些情緒絕對都是**因別人而起**，與己無關，而且完完全全不需要懷疑。就算在一個立場中立的旁人看來，事情清清楚楚就是投射搞的鬼，但是要讓當事人自覺到這一點，簡直可說是希望渺茫。當事人必須要先被說服自己真的是把又黑又長的影子掛到了別人身上，才有可能願意從對方身上撤回那些充滿情緒基調的投射。

17

讓我們假設有這麼一個人：他完全沒有意願承認自己的投射，那麼，創造投射的那些內在因素就可以為所欲為，也許化身為外在的具體人物（如果有合適的對象的話），或是擁有了織造某些情境的力量。就我們所知，投射作用的發動者並不是意識主體，而是無意識，因此，並不是個體刻意創造了投射，而是無意間遭遇到這些投射。投射的效果是將個體與其所在環境孤立開來，從而使之與身周環境的關係不再真實，取而代之的是一個虛幻的世界。每個人都有自己渾然不知的面目，而投射作用將真實的世界掉包，偷換成了這張未知面孔的複製品。最終，投射導致個體沉浸在自閉甚至自淫（autcerotic）的狀態裡，成天夢想著永遠無法企及的世界。這種醉生夢死的狀態以及毫無生機的枯燥感受，都會被投射一概曲解為外在環境的毒害，於是，將個體孤立於真實世界的惡性循環只會越演越烈。拋擲到主體與環境之間的投射越多，自我就越難看穿這幢幢幻影。我有一位四十五歲的個案，自二十歲開始就受強迫性的精神官能症所苦，並且因此徹底斷絕與外界的聯繫。有一次他對我說：「可是，我已經白白浪費了人生中最美好的二十五年！我永遠沒辦法對自己承認這件事！」

18

我們時常聽聞這種慘事發生——某個傢伙分明就是親手把自己跟別人的生活搞得一蹋糊塗的元凶，但自己卻從來沒辦法看清原來整齣悲劇全因他而起，也永遠搞不懂自己是如何一而再、再而三地火上澆油，把所有事情越弄越糟。當然，他犯的這些蠢事全都**不是有心的**（not *consciously*），因為他的心裡向來只忙著咒罵怨怪這個與自己漸行漸遠的無良世界。想當然耳，某個無意識的因素暗地編織了重重幻幕，障蔽了他的世界。且這層障幕乃是一個編織不輟的繭，終有一天會將他徹底纏縛其中。

19

如此幻象，雖然並非完全不可能消解，但無論如何都是困難萬分的。人們可能會假設這些投射應該屬於陰影的範疇，也就是人格的陰暗面。不過，一旦跨越了某個門檻之後，這個假設就再也站不住腳了，因為屆時，象徵（symbols）將不再以與自我同性的形象現身，而是異性的：就男性主體而言，象徵將會是女性之姿；反之亦然。各種投射的源頭不再是永遠與主體相同性別的陰影，而是來自相反性別的人物形象。在此，我們遭遇到的是女人的阿尼姆斯、男人的阿尼瑪。這兩個原型彼此成對，它們的自主性與無意識特質可以解釋由它們而生的投射為何如此棘手而頑固。雖然陰影、阿尼姆斯／阿尼瑪這三者都是廣為人知的神話母題（motif），但是，由於個人無意識才是陰影最先，也最常表現的內容，所以要讓陰影跨入意識並不需要太過大費周章。相形之下，要指認並看穿陰影的效應十分容易，但阿尼姆斯／阿尼瑪可就大大不同了：它們與意識場域之間的距離比起陰影來得遙遠許多，且一般情況下極少有機會被意識到。只要律己稍嚴，人們就能看破陰影的把戲——目前為止，我們所討論的都還只是個人層次的陰影。然而，當陰影以原型的姿態現身，它將變得與阿尼姆斯／阿尼瑪一樣艱難棘手。換言之，人們或許有可能認清自身本性中的相對之惡，可是，當人們凝望著絕對之惡的面孔，那份罕有的經驗又會使人顫慄不已。

第三章

聖耦：阿尼瑪與阿尼姆斯[v]

THE SYZYGY: ANIMA AND ANIMUS

20

那麼，創造投射之幻影的，究竟是何方神聖呢？東方稱之為瑪雅（Maya）[1]，她是用舞蹈創造出各式幻象的「編織女神」。我們不久前才剛剛從夢的象徵系統中發現了投射作用的存在，而瑪雅這位源自於東方國度的女神賞賜了我們一條得以循跡探祕、略窺堂奧的線索——上一章末尾所說那種包覆的、緊擁的、吞噬的元素，顯然無疑指向了「母親」[2]的意象。換句話說，指向兒子與生母的關係、他與生母形象的關係，也指向那位為他懷孕生子的女人的關係。他的愛若思（Eros）[vi]就跟小孩子一樣被動，他希望被捕獲、被吸收、被包裹、被吞沒。他四處尋覓屬於母親的魔法咒圈（charmed circle），期望它能像過去一樣保護自己、餵養自己。他渴盼著

1 Erwin Rousselle, "Seelische Führung im lebenden Taoismus," Pl. I, pp. 150, 170。魯塞爾將編織女神稱為「動物之靈」（animal soul）。有句話是這麼說的：「織者致動萬物。」（The spinner sets in motion.）我將阿尼瑪定義為人格化的無意識內容。

2 此處以及下文中的「母親」都不是字面上的意思，而是指功能有如母親一般的廣泛象徵（a symbol of everything）。

能像小嬰兒那樣，用不著對任何人負責任何事，於是全世界都得臣服於他，甚至不得不將幸福快樂奉獻給他。正因如此，難怪真實世界在他眼裡蕩然無存！

21

無意識時常會有戲劇一般的表達，如果我們也效仿無意識，將上述情況形容為一齣戲，那麼，在這心理劇場的舞台上呈現在你眼前的，將會是一個越活越孩子氣的男人（regressively，退行），他苦苦尋找他的童年、他的母親，並且遠遠逃離這處處與他作對的冷酷世界。通常，與他相伴的母親很顯然絲毫不認為她的乖寶寶有朝一日應該成為男子漢，反倒是無所不用其極地限制他長大成人的可能，剝奪他與人婚配的機會。請你睜大眼睛看仔細了，看看母親與兒子是如何聯手策劃這整起陰謀，又是多麼合作無間地共同背叛生命本身。

22

究竟誰才是罪魁禍首呢？錯在母親，還是錯在兒子？或許，雙方都得負責。兒子心中對於生命與世界的渴望未能得到滿足，這件事應當慎重看待。他其實發自內心地渴望觸碰現實、擁抱世界，並且闖出一番大事業；然而，他所做的一切，往往不是淺嚐即止就是半途而廢。那是因為他的決心與耐心都被隱密的記憶絆住了雙腳，那就是：他的世界、他的喜樂，全部都是母親的恩賜。就像其他芸芸眾生一樣，他勢必得要反反覆覆與這個破碎了的世界狹路相逢，因為天下從來就沒有白吃的午餐，從不輕言讓人稱心如意；世界總是維持頑抗的姿態，它必須被征服，且唯有力量才能使它屈從。凡此種種，皆要求男人必須擁有男子氣慨與滿腔熱血，更重要的是，當世界要令他功成名就的時候，他要能勇敢而且果決。為此，他需要的是一個不忠的愛若思，好讓他能夠將母親拋諸腦後，並且克服生平首次失戀時的心痛。但，有先見之明的母親早早就將忠心耿耿、犧牲奉獻這類美德灌輸給她的孩子，為的就是要保護他不被日常生活中遭遇到的種種威脅給敗壞了品性。而他偏偏把這些教導學習得太好了，於是只為自己的母親效忠。這自然而然導致了母親心中最深切的焦慮（比方說，當兒子因為媽媽對他的大恩大德而成了一位男同志時），同時卻又令她無意識地感到心滿意足。這種滿足感無疑充滿了神話色彩。此時，在這樣的母子互動當中，其實圓滿表達了母親與兒子相結合的**聖婚原型**（*hieros gamos*），這是自古以來最為神聖的原型。相對而言，尋常男女之間的結婚登記、薪俸餉條、租金貸款——這些柴米油鹽雞毛蒜皮豈能與神聖婚配的偉大奧祕相提並論？俗世間平凡無奇的新娘子，怎麼能比得上那被惡龍脅迫、頭戴群星冠冕的婦人？天底下又有什麼樣的婚禮，可以與神祕虔敬的羔羊婚筵同日而語？[vii]

23

聖婚的原型，遠比任何神話母題都更能描繪出集體無意識的本質。在集體無意識的層次中，母親是既年老又青春的，她既是狄米特（Demeter）又是波西鳳（Persephone）；至於兒子，他一方面要扮演母親的配偶，一方面又得分飾酣睡吃奶的嬰兒角色。現實人生不僅充斥種種缺憾，還得應付刻苦的生計，忍受無盡失望，這一切，若與那言語不能盡表的完滿豐足相比，自然是天差地遠了。

24

對兒子而言，投射作用的成因與母親意象（mother-imago）極為相似，投射於是會由現實中的母親所接收。這份投射，唯有當兒子在他的心靈世界中看見母親以外的意象之後才可能化解——他的心房除了母親之外，還住著女兒、姊妹、戀人、天上與地下的諸位女神。在現實世界中，每一位母親、每一位女伴，都被迫成為這些意象的容器與化身。這些意象呼應著男人內心最深處的真實，無所不在、永亙長存。這個集合所有女人與女神的意象（image of Woman）雖是屬於男人的，但又極其危險。當男人有時不得不放棄心中的熱情，她即代表著對生命不渝的忠貞；而當男人踏遍萬水千山、嚐盡苦辣酸澀，最終所有的犧牲竟然只為他換來滿腹的失望時，她，又是男人不可或缺的補償。她是生命中一切悲苦的慰藉。同時，她卻也是出神入化的幻影、狐魅，她會用親手羅織的幻象將男人引入生命之中——不僅帶領他們進入生活中那些美好而實用的面向，也將他們席捲至生命中矛盾弔詭而曖昧莫測的詭異境地裡，善與惡、成與敗、希望與絕望……都在那裡彼此抗衡、消長。而正因為她是男人最大的危險，她要男人將一切最好的都獻給她，並且不管男人心裡藏有多少積蓄，她將全數收下。

25

這個意象，若用詩人施皮特勒（Spitteler）的詩句形容，就是「我的靈魂女郎」（My Lady Soul）；但我建議使用「阿尼瑪」這個術語來指涉特定的概念，畢竟「靈魂」一詞實在包含太廣而且過於模糊。在阿尼瑪這個概念之下匯總的許多經驗事實，共同構成了相當戲劇化的無意識內容。我們固然可以用理性、科學的語言來闡述阿尼瑪，但如此一來，又會將她的鮮活靈動徹底說死了。因此，在描述各種活生生的心靈過程時，我有意且刻意地偏好使用戲劇式、神話式的方法進行思考與表達，因為這種方式不僅比較生動活潑，也比抽象的科學術語要來得更加貼近無意識的本質。科學家總是癡心妄想：有朝一日，他們可以用理論化的各種公式，將世間的一切都拆解成一串串代數的等式。

26

阿尼瑪（或說，是那些由阿尼瑪所代表的無意識）便是投射的創造者。無論阿尼瑪出現在夢境、幻覺，還是空想中，她都是以人格化的相貌示人，由此可見，由她所代言的無意識因素乃蘊藏著諸般女性之中最為顯著的那些特徵[3]。阿尼瑪並不是意識捏造而成的，她是由無意識自發生成的產物。阿尼瑪也不是什麼母親意象的替代品，反而，她化身千萬，出現在每個小男孩的心中；而母親意象之所以會這麼強大而危險，很有可能正是從集體無意識中的阿尼瑪原型那裡汲取了力量。

3 當然，她是純文學（*belles-lettres*）中的經典形象。近期與阿尼瑪有關的作品包括 Linda Fierz-David 的《The Dream of Poliphilo》，以及拙著《移情心理學》（*Psychology of the Transference*）。最早將阿尼瑪視為心理學觀點的是十六世紀的人文主義者 Richardus Vitus。另見拙著《神祕合體》（*Mysterium Coniunctionis*）第 91 段及其後。

27 由於阿尼瑪是在男人的無意識中發現的原型，因此，可以合理假設：在女人的無意識中，必定也有一個與其相應的原型存在；正如同男性的意識會由女性元素補償，女性的意識則由男性元素補償。然而，我並不希望此番論點讓讀者感覺這些補償關係只是我個人的臆測。事實上，必須耗費漫長的時間，累積豐厚的經驗，才可能對阿尼瑪／阿尼姆斯的本質有扎實的把握。於是，我接下來對於這兩者所說的一切，都是可以耐得住直接驗證的說法，或者，至少是事實佐證下極有可能的推論。在此同時，我個人非常清楚：我們此刻所討論的都是前所未有的內容，往後隨時可能有所更動。

28 我們先前提過，男孩子的母親似乎是他無意識投射成因的第一個承載者；同理，女孩的父親也扮演著相同角色。不論是母子關係、父女關係，兩者都有許多實際的個案可供參考。這些經驗雖然基本主題大同小異，但其表現方式卻各有千秋，因此，我只能以扼要的描述簡單勾勒出兩者的輪廓。

29 女人的意識既然是由男性元素所補償，因此我們可以說，女人的無意識中銘印著男性的特質（has a masculine imprint），這導致了男女兩性之間巨大的心理差異。基於這點，我將女性內在的投射創造者稱之為阿尼姆斯（animus），這個拉丁文意指心智或者精神（mind or spirit）。阿尼姆斯與父性的邏格式（the paternal Logos）相應，而阿尼瑪則與母性的愛若思（the maternal Eros）相應，但我並不打算對這兩個直觀的概念做出太過精確的定義。我之所以使用愛若思與邏格式這兩個詞彙，僅僅是為了在概念上更貼切地描述下列這些事實而已——愛若思傾向使事物彼此產生關聯，邏格式則是較具識別、區辨的認知能力，而女性的意識特徵與前者較為相近。對於男人，與關係功能有關的愛若思往往不像他們的邏格式那麼發達；反觀女人的情況，愛若思是她們天性的寫照，但她們的邏格式往往令人不忍卒睹。發展不良的邏格式使得女人時常在家人與朋友之間引起諸多誤會、上演惱人劇碼，這是因為她們的邏格式是由各種意見所組成，這些意見卻往往未經深思熟慮；在此，我所說的「意見」指的是一些明明未經檢驗，卻又自詡為絕對真理的臆測。你我都很清楚，這種臆測假設簡直煩人透頂。如果在某場爭執之中，兩派人馬都堅信自己才是正確的一方，此時就是觀察阿尼姆斯把戲的最佳時機。此外，當男人被阿尼瑪擄獲（anima-possessed）時，他也就搖身一變成了她的阿尼姆斯，這時候，男人就可能用一種非常女人的方式（a very womanish way）爭論不休。對這些男人而言，他們變得如同女人一般虛榮易怒；而被阿尼姆斯擄獲的女人則會執迷於關於權力的議題：諸如真理、正義、這種主義那種主義的問題——畢竟，彩妝師與髮型設計師早就已經把她們的虛榮心照顧得服服貼貼了。在女性的爭執戲碼之中，由所有傳統觀念凝聚而成的「父親」（the "Father"）總是扮演著重要角色。當女人被阿尼姆斯牽著鼻子走的時候，無論她平日裡多麼和善客氣、熱心助人，這時天底下沒有任何人能夠跟她好好講道理；這種時候，男人常會有種感覺（而且這感覺並不完全是錯誤的），彷彿他只有以色誘之、拳腳相向，甚至霸王硬上弓（seduction or beating or rape），才能獲得足夠的力量來說服她。這男人並沒有意識到，只要他選擇退出戰局，並讓另一個女人接手這場爭執，這齣灑狗血的拖棚歹戲就會馬上結束（舉例來說，假如他的妻子不算太過潑辣，就可以讓她接棒演出）。這種明智的選項幾乎從來不曾出現在他的腦海裡，因為任何男人只要和附身在眼前這個女人身上的阿尼姆斯交談短短五分鐘，他自己心中的阿尼瑪很快就會將他玩弄於股掌之間。誰要是吃飽沒事幹想在一旁仔細聽聽他們接下來的對話，就會吃驚得合不攏嘴，因為他們根本只是天花亂墜地說著各式各樣的陳腔濫調、流言蜚語，而那些全都是貽笑大方的誤引錯用、空穴來風的胡謅瞎扯，其中還時不時穿插一些俗不可耐又毫無邏輯可言的傷腦廢話。其實這種兩人「對話」根本就是一人「獨白」，他們滔滔不絕地說了又說、講了又講，簡直都要把全天下的所有口水都說乾了，但是永遠說來講去也不過就是那麼兩三件事。

30

這種詭異的情況之所以會發生，乃是因為：當阿尼姆斯與阿尼瑪狹路相逢，阿尼姆斯就會二話不說將他的理智之劍抽拔出鞘；阿尼瑪則會天女散花、遍灑她的迷幻媚藥。但兩者的決鬥不必然都是悲劇收場，譬如所謂的一見鍾情就是一項特例。放眼世間，關於愛的箴言千篇一律，不外乎就是「犧牲奉獻」、「忠貞不二」這類老生常談，而那些將此道奉為圭臬的戀人有福了，他們將會與前人一樣，在這場老掉牙的集體大戲中找到自己。雖然他們表面上與彼此相伴，但，所謂「彼此」其實只是錯覺，他們事實上是各自以一種最單獨的姿態（a most individual way）活在這場幻象裡。

31

阿尼瑪和阿尼姆斯之間不論是正面或負面的方式互動，總是對彼此充滿「敵意／動能」

animosity），也就是說，兩者之間的關係是情緒化的／具動能的（emotional），並且是集體性的。這種情況會降低人際關係的層次，並且逐漸將其帶往人類共通的本能基礎，至此，所有的個體性都將不復存在。而這種狀態經常在不知不覺間自動自發地運作，即便事過境遷，人們也往往搞不清楚自己身上到底發生了什麼事。

32　這份「敵意／動能」，在男人身上主要表現為多愁善感、怨懟不甘，而女人則以各種一己之見、曲意誤解、冷嘲熱諷來表達，兩種方式都有一個共同的目標：那就是要割裂兩個人之間的關係（而且有時候還真的成功了）。不是只有男人會被阿尼瑪的幻影綢緞層層包纏住，女人也會被她的壞心男伴迷得暈頭轉向。那樣的女子就像一個對父親唯命是從的寶貝女兒（爸爸是對的，爸爸說什麼都是對的）——這樣的她形同被人放牧在草地上的小綿羊，而緊盯在後的，正是她靈魂的牧者：阿尼姆斯。

33　阿尼瑪有正反兩面，阿尼姆斯亦然。阿尼姆斯藉由父親意象（the figure of the father）來表達他自己，而他所表達的不僅僅是傳統守舊的價值觀念，同時也表達了那些我們稱之為「精神」（spirit）的事物：譬如哲學或宗教方面的各種觀念；或者更確切地說，阿尼姆斯表達的乃是源自於哲學或宗教的態度。因此，阿尼姆斯其實有如一名引路神（psychopomp）[viii]，他是穿梭意識與無意識之間的中介者，也是無意識的人形化身。另外，正如阿尼瑪可以透過整合（integration）而成為意識層面的愛若思，阿尼姆斯也同樣可以成為意識的邏格式；正如阿尼瑪可以對男人的意識帶來建立關係、創造連結的能力，阿尼姆斯也同樣能賦予女人反躬自省、深思熟慮、自我認識的能力。

34

原則上，阿尼瑪／阿尼姆斯對自我的效應是相同的，而要消解這些效應極其困難：首先，它們[ix]一旦出手，就會立即與自我人格（ego-personality）緊密難分地貼合在一起，並給人天意使然、義無反顧的感受；再者，創造這種效應的源頭早已被主體投射到外在世界的對象與環境上，彷彿事不關己。我認為，這兩個因素都可以歸結到原型的特性，因為原型想當然是以**先驗的**方式存在。這點或許可以用來解釋，這些顯然真實存在的情緒與見解為什麼經常無法以理性駕馭；又，因著阿尼瑪與阿尼姆斯那充滿強大暗示性的效應是出自於原型之手，也就無怪乎會如此牢不可破。這種效應往往會將人的意識迷得神魂顛倒，就像被催眠似的，這常常讓自我隱隱約約感覺到道德上的挫敗感，因此採取處處提防、桀驁不馴且自以為是的態度；但這只會形成一個惡性循環，使得個體的自卑感越來越重。最終，人際關係將會因此土崩瓦解，因為自卑感與自大狂（megalomania）其實是一體的兩面，它們會讓關係中的雙方不再能夠看清彼此，而一旦缺少了這份彼此之間的相互認識，關係也就不復存在了。

如我所說，比起看穿阿尼瑪／阿尼姆斯的效應，要看穿陰影是相對容易的。從小到大的教育都試圖告訴我們「人無完人」的道理，因此，在面對陰影的時候，我們或多或少都有些心理準備，當聽到「內心陰暗面」、「心裡的小惡魔」這類話時，我們也馬上就能明白那是什麼意思，這即是一項優勢。而且，就算他不小心忘記了自己的這些黑暗面，主日佈道、家中太座，甚至稅務人員都會輕而易舉地讓他回想起來。但是，阿尼瑪／阿尼姆斯可就沒有那麼好對付了——首先，我們並沒有受過這方面的道德教育；其次，大多數人都自以為是，與其認清自己的投射，他們更喜歡對旁人說三道四（這點才是最糟糕的！）確實，不論是男人懷抱著非理性的情感，或是女人持守不理性的觀點，兩者似乎都是相當自然的事。也許這個情況根植在本能的基礎上，而且必須一直本能地運作著，如此一來，才能確保恩培多克勒（Empedoclean）的四大元素與愛恨遊戲[x]有機會永垂不朽、與世長存。人自然的本性是守舊的（conservative），她不允許自己運行的軌跡遭到更動，並且總是用最頑抗的姿態守護著她那神聖不可侵犯的禁地，而阿尼瑪與阿尼姆斯便是在這片世外桃源中棲身、晃蕩。因此，指認／承認個人層次的陰影相對容易，但若想要讓由阿尼瑪／阿尼姆斯創造出來的各種投射成為意識的一部分，想當然是難上加難。在面對陰影的過程中，個體理所當然得要穿越重重的道德阻礙，譬如虛榮心、抱負心、自大感、憤恨感……然而，面對阿尼瑪／阿尼姆斯的投射，情況就不僅僅只是令人手足無措那麼簡單，那還是一份遠遠超出人類理解範圍的挑戰。此外，有個發人深省的問題從這一切之中浮現出來，那就是：當我們將意識之光深深射入無意識世界的時候，我們是否對自然本身太過冒犯了？是否，繼續將意識留在沉睡的狀態，才是更好的選擇？

36

根據我的經驗，有少數人用不著冰雪聰明，也不必德行出眾，就能夠理解阿尼瑪和阿尼姆斯是什麼意思；但我發現絕大多數的人其實非常難用具體的方式理解與掌握這組由經驗觀察所歸結出來的概念。這正說明了，這組原型稍稍落在尋常的經驗範圍之外。而它們之所以不受歡迎，正因為世人對它們並不瞭解。其結果就是它們在世人心中激起偏見，淪為禁忌，一如世上所有不如人意、出人意料的事物那樣。

37

所以假使我們同意「不管怎麼說，將這些無意識投射消解、破除才是更好也更健康的選擇」，那麼，我們就步入一塊嶄新的天地了。在此之前，當任何人開口說出「我的爸爸」和「我的媽媽」這類的話，他們理所當然相信自己所說的爸爸媽媽實實在在反映了真實父母的所有特徵，所以當某個人說起「我的爸爸」時，他以為他所指涉的不多不少就是他父親本人。但這僅僅只是他的自以為。他嘴巴上雖然是這麼說，但實際情況卻不是如此——這正是所謂的「蒙紗者謬論」（*enkekalymmenos*）[4]。假設有一位路人甲想要解開某個心理學方程式，其中的未知數代表他父親的形象，但是他卻用現實世界的真實父親來代入這個未知數，那麼，這個等式將無法成立。因為「現實世界裡的真實父親」與「在他心中的父親形象」兩者並不相等。這位路人甲之所以破解不了這道方程式，是因為他忽略了下述兩項事實：其一，他對一個人的印象很可能打從一開始就是由一些非常不完整的圖像拼湊而成，與真實並不全等；其二，他的印象很可能經過主觀的變造，真實的父親其實只佔了這個未知數的冰山一角，此外的絕大部分都是由兒子自己腦補上去，而且後者可能為數眾多、數不勝數。所以事情的真相是：每當路人甲用一根手指頭指著他的父親，對其批評或者讚揚的時候，其餘的四根指頭都反過來指著他自己，同時無意識地褒／貶自己。這種情況會在一些人身上導致某種心理結果，使得他們將自己誇捧得高高在上，或是將自己貶低得一無是處。然而，若是路人甲將自己的種種反應跟現實情況仔細對照，他就有機會察覺到：自己長久以來都誤解了父親的所作所為，因此他對於父親的印象其實並不真實。但是按照慣例，路人甲深深相信自己是正確的，如果有任何人出了差錯，那肯定都是他本人以外的某個傢伙。若是路人甲的愛若思發育不良，他要嘛就是冷眼旁觀他與父親之間相敬如冰的關係，要嘛就是對他那出爾反爾、蠻不講理，又與他的內心期待大有落差的父親感到十分厭煩。因此，路人甲覺得自己就算感覺被傷害、被誤解、被背叛，那也都是天經地義的事。

38

像這樣的案例中，我們不難想像路人甲有多麼渴望消解這份投射。這種時候，總是會有些生性天真樂觀的人跳出來，這些樂天派認為：只要用三言兩語為那些受苦受難的人指引一條明路，過去的美好歲月就會再度降臨。那好，就讓這些樂觀的傢伙去向對方解釋，他們的所做所為就像一條追著自己尾巴打轉的狗吧。若想要讓一個人看見自己意識態度的不足之處，只靠旁人在一旁說三道

4 這個謬論出自於古希臘麥加拉學派的歐布里德（Eubulides the Megarian）——「你認識你的父親嗎？」「認識。」「你認識眼前這個蒙著面紗的人嗎？」「不認識。」「但他就是你父親。所以，你既認識你的父親，又不認識你的父親。」

四是沒有用的，因為情況遠比一般的老生常談所能涵蓋的更為複雜。在此，我們面對的是一種覺得「明天只會更慘、不會更好」的誤解，一般來說，這種觀念永遠不會有撥雲見日的一天。要說服這些人看開一點，其難度就好比期望一個平日裡奉公守法的好公民向人坦承他其實是個通緝犯一樣。

39

我前面所說的這些，只是用來描繪阿尼瑪／阿尼姆斯的投射究竟具有什麼樣的尺度，又得要花費多少道德與知識上的努力才能將其破除。然而，並不是所有阿尼瑪／阿尼姆斯的內容物都會被投射到外界。許多內容會自發性地出現在夢境及其他地方，更多的則是可以透過積極想像（active imagination）使其成為意識的一部分。透過積極想像，我們會發現思想、感受與情緒其實都活生生地存在於我們之內，這是我們原先說什麼都不會相信的事。想當然，對那些從來不曾親身經驗過這些事的人來說，這樣的可能性似乎是一大福音，因為所謂的「正常人」總認為自己早已「對自己的心靈瞭若指掌」，而且這種幼稚的態度還是所謂「正常」的一部分。因此，我們不能期待一個在這方面全無經驗的人真正瞭解阿尼瑪／阿尼姆斯的本質。藉由這些內在工作（reflections），個體將會獲得煥然一新的心理經驗，並透過練習成功瞭解這些經驗的意義。至於那些已經有所領悟的人，他們無不對於那些意識自我並不瞭解，甚至對向來一無所知的種種感到印象深刻。這種對於自我認識的增長之道，如今仍舊相當稀少，其後果便是與日俱增的精神官能症患者，甚至於更嚴重的疾患。

40

藉著阿尼瑪／阿尼姆斯的投射，我們可以觀察到集體無意識的自主性。它們將集體無意識的內容以人格化的形式表現出來，而當投射被主體從外界撤回，那些內容就可以被整合到意識之中。某種程度上，阿尼瑪／阿尼姆斯擔負著有如濾網一般的**功能**（*functions*），負責篩選自集體無意識流向意識層次的心靈內容。但是，它們唯有在意識與無意識這兩者的傾向還沒有出現太過巨大的分歧時，才會表現或執行這樣的功能；若是有任何內在張力升起，這些原本無害的功能就會以人格化的形式與意識分庭抗禮，並表現得像是從人格之中分裂出來的系統，或像靈魂的碎片（part souls）。不過這種「分裂、破碎」的形容其實不甚理想，因為原先屬於自我的部分並不會真的從中剝落；相反地，這兩個人物倒像是一種惱人的組織增生。阿尼瑪／阿尼姆斯之所以會如此行事，其實是因為：能被意識整合的只有它們的「內容」而已，它們「本身」則是無法被整合的原型。它們都是原型，是心靈結構的基石，而心靈的整體遠遠超出意識的疆界，因此永遠無法成為意識直接認知的對象。雖然阿尼瑪／阿尼姆斯產生的效應可以被意識納入，但其本身卻超越意識，也非人的知覺與意志所能掌握。因此，就算它們的內容已被整合，本身卻仍然保有自主性。這點對於治療是非常重要的，必須時時刻刻記在心上；因為持續地觀察無意識就像是在向它獻禮、納貢一樣，或多或少可以確保它的合作意願。如我們所知，無意識從來都無法被一勞永逸地「處理掉」；事實上，若想要做好心靈保健，最重要的任務莫過於持續關注無意識的內容與其過程是如何演變出各種症狀，因為我們的意識小腦袋時時處在陷入偏頗、重蹈覆轍、鑽牛角尖的風險中。這些風險在精神官能症中顯得格外嚴重，而無意識的補充（complementary）與補償（compensating）功能多少可以確保這些情況不會發生。當人的生命仍然十分簡單而且足夠無意識的時候，人們可以既不猶豫，亦不擔憂地聽命於本能，蜿蜒曲折地向前行；唯有處在這種理想狀態下，補償功能才有可能發揮全然的功用。一個人越是文明，他就越有意識且越複雜，也就更加無法順從自己的本能。生活的紊雜、環境的濡染，兩者都太過喧囂，以至於淹沒了寂靜的自然之聲。各式各樣的教條、信念、理論、主流價值在在充斥著人的意識心智，使其產生偏差；這時，刻意對無意識投以關注就可以促使補償功能正常運作。因此，特別重要的是，我們在描繪無意識的各種原型時，不應將它們看作是虛幻的海市蜃樓，而應如實地將其視為恆常且自主運作的要素。

41

誠如經驗所示，阿尼瑪／阿尼姆斯這兩個原型都帶有死亡的氣息，有時可能會導致悲劇發生。它們長久以來都被世人視為一切災難與糾葛的始作俑者，且當兩者並列，即構成一組神聖的對偶（a divine pair）[5]。其中，阿尼姆斯遵照他的邏格式本質行事，且以**精神**（*pneuma*）與**智性**（*nous*）[xi]為其特徵，此外他的形象又像天神赫密士（Hermes）那樣千變萬化；至於阿尼瑪，她則奉行她的愛若思本質，化身為阿弗羅黛提（Aphrodite）、海倫（Helen／Selene，塞勒涅）、波西鳳，以及黑卡蒂（Hecate）——與其說阿尼姆斯與阿尼瑪只是無意識的兩股「力量」，事實上它們更像「諸神」（gods），古人對此的認識可謂非常正確。我之所以在這裡用「諸神」之名來稱呼這組原型，是為了表達它們具有重要的心理學價值，而且無論我們對於這點有沒有意識，這份重要性都絲毫不損；同時，我們越是任其停留在無意識之中，它們的神威就越是強大。誰若是沒有看見其存在，就會被玩弄於股掌之間，就好比流行傳染病總在病因尚不明朗的時候最為肆虐。即便在基督宗教裡，這組神聖對偶也沒被廢棄，而是佔據了最崇高的位置，也就是基督與教會[6]。這些彼此相似的佐證非常有助於我們恰當地評估這對原型的重要性。若只在意識層面探索它們，就只能發現一些微不足道的渺小線索；唯有將意識之光照進心靈的幽暗深淵，並遊走於人類命運那詭譎曲折的荒徑之間，才有可能一步步釐清掌握那股被諸神握在掌心，與意識心靈互補的影響力量究竟有多麼遼闊而巨大。

42

總括而言，我想強調的是：陰影的整合（也就是對個人無意識的瞭解）乃是心理分析歷程的第一階段，若缺少這一步，就不可能認識阿尼瑪與阿尼姆斯。要瞭解陰影，必須透過同性夥伴的協助；要瞭解阿尼瑪與阿尼姆斯，則需要異性夥伴的幫忙。唯有在這樣的關係中，它們的投射才能奏效。對男人來說，對阿尼瑪的瞭解將會形成三元體（triad），且其中一元是超越性的（transcendent）：男性主體、女性客體，以及具有超越性的阿尼瑪；女人則與之相反。要使三元結構成為四元體

5 這並非心理學或形上學的定義。正如我在《論自我與無意識的關係》（*The Relations between the Ego and the Unconscious*）段296指出的，聖耦（the syzygy）包含了三部分：其一是屬於男人的女性要素／屬於女人的男性要素，其二是男人心中與女人有關的經驗／女人心中與男人有關的經驗，其三則是男女兩性的原型意象（archetypal image）。第一部分可以在意識發展的過程中被整合到人格裡，第三部分卻不可能被整合。

6 《革利免二書》（*Second Epistle of Clement to the Corinthians*）十四章二節：「因為聖經上說：上帝造了男人與女人，男的是耶穌基督，女的則是教會。」在圖畫象徵中，聖母馬利亞（Mary）的形象經常用來代替教會。

（quaternity），還缺少第四項要素，那就是男人的智慧老人原型（the Wise Old Man，此前尚未提及）與女人的地府之母原型（the Chthonic Mother）。四者共同組成了一個一半屬於內在世界、另一半則超越內在的四元體，我將這個原型命名為「婚姻四元體」（marriage quaternio）[7]。它不只描繪出了自性的簡圖，同時也勾勒出原始社會中姑舅表婚（cross-cousin marriage）及結婚組（marriage classes）[xii]的結構，原始部落的住宅區域也常劃分為四個等分。另一方面，自性的原型乃是上帝意象（God-image），或至少與之密不可分，早期的基督教教義並未忽略這一點，否則，亞力山卓的革利免（Clement of Alexandria）也不會說出「認識自己，便是認識上帝」[8]這樣的話了。

7 參見《移情心理學》段425，以及本書段358的納塞內四元體（Nassene *quaternio*）。

8 參見本書段347。

第四章 自性[1]

THE SELF

43

若將非個人層級的投射撤回（換言之，即將集體無意識的內容整合到意識中），個體對自身的瞭解就會有所增長，但這是否會對自我人格的結構產生特定的影響呢？此即接下來要探討的問題。如果被整合的內容屬於**自性原型的某部分**，可以預期這將會造成相當大的影響：自性與意識的融合不僅僅會拓展意識場域的疆界，還會抬高自我的重要性，尤其是當自我對無意識沒有抱持小心謹慎的態度時——這種狀況經常發生。在這種情況下，自我很容易被過大的力量淹沒，並且被它先前吸納的內容同化；例如，一名男性個案的意識可能會被阿尼瑪的力量壓制，甚至被她擄獲（possessed）。

44

我已在別處更廣泛地討論過整合無意識內容的其他效應[2]，這裡便不再贅述細節。在此我只想強調：被自我吸納

1 本章內容取自論文《論自性》（Über das Selbst），曾發表於一九四八年的《艾瑞諾斯年鑑》（*Eranos-Jahrbuch 1948*）。

2《論自我與無意識的關係》（The Relations between the Ego and the Unconscious）。

進來的無意識內容越是大量、越是重要，自我就越能趨近於自性，即便這必然是永無止境的過程。除非在自我與眾多無意識人物之間劃出一道嚴謹的分界線，否則，此過程將不可避免地導致自我膨脹（inflation）[xiii]。但是，這條線一方面必須為自我劃設合理的疆界，一方面又要能夠允許自性、阿尼瑪／阿尼姆斯、陰影都能擁有相對的自主性與心靈的真實性，唯有如此，才可能發揮實際的功效。若想要單靠心理的努力就抹消這份真實性的存在，註定是徒勞無功的，或者只會加劇自我的膨脹。即便一個人再怎麼宣稱原型的力量並不存在，也絲毫不能改變事實；舉例來說，投射成因的存在就是鐵證如山的真相。人們表面上越是極力否認些什麼，實際上就越是與之相像；況且，這種宣稱本身不僅不堪一擊，對於個體的福祉更是危害甚大。只要曾經遇過自我膨脹的案例，任誰都知道那是極端危險的情況，只要一點毫不起眼的風吹草動就可能對其造成致命的打擊。這不只是心理問題，也會連帶影響身體，而除了「驕兵必敗」（pride goeth before a fall）這句箴言以外，還有其他方法可以減輕這種棘手的膨脹現象。自我膨脹不能解讀為有意識的裝腔作勢，它是徹底超乎尋常的狀況。一般而言，我們完全無法直接意識到膨脹的發生，充其量只能間接透過各種症狀來推測，例如觀察個案對於周遭環境的反應。自我膨脹會將一個人的盲點越擴越大，並且，人們與投射成因的同化程度越高，就越是傾向於認同那些無意識內容。這時典型的症狀是：我們會漸漸對外在世界的反應不感興趣，甚至漠不關心。

45

當自我被自性同化，那必然是一場心靈浩劫。如此一來，**全體**（wholeness）的意象將會繼續留在無意識裡面，所以，它一方面傳遞了無意識的古老性質，另一方面又在無意識這個以心靈相對時空連續體（psychically relative space-time continuum）為特徵的領域裡找到了它自己。此外，嚴格來說這個連續體亦只有無意識的性質[3]。這兩點同樣具有撼動心靈的力量，因此會對自我－意識造成無限巨大的決定性影響。自我－意識是從無意識之中分化（differentiated）——或說區隔（separated）——出來的，並且存在於絕對的時間、絕對的空間之中。這種分化非常重要、不可或缺，也應當如此。反過來說，假如自我被無意識的力量喧賓奪主，不論時間是長是短，它對外在世界的適應功能都會失常錯亂，同時也將門戶洞開，允許各種意外事故有機可趁。

46

因此，自我應該深深錨定在意識的世界中，也應該非常腳踏實地地適應外在世界，藉以鞏固意識的強度。為此，專心、耐心、責任心等美德都極具道德方面的意義；同理，對於無意識症狀的詳實觀察、自我警惕，也都極具知識價值。

47

然而，這麼強調自我人格與意識世界的重要性，可能容易讓人有此誤解：所謂的無意識人物不過只是心理學編造的產物，而且**自性會持續被自我同化**。雖然這跟剛才討論的狀況恰恰相反，兩者卻是殊途同歸，其結局就是自我膨脹；此時，意識世界必須收斂鋒芒，才能與無意識世界平起平

3 參見《論心靈的本質》段414及其後、段439及其後。

坐。當自我被自性同化，自我的現實感必須受到保護，以抵抗那古老、原始、**泯除時空界限**的夢幻狀態；當自性被自我同化，意識世界則必須做出退讓，好為夢幻騰出一些空間。針對前者，須動用前段所述的各種美德；對於後者，則必須以道德挫敗[xiv]來澆熄自我的氣焰，否則個體就永遠無法企及謙遜的中庸之道，但那卻是維繫心理平衡的不二關鍵。讀者或許會認為這是在道德方面有所怠慢的問題，但事情並非如此，只不過是付出道德努力的方向有所不同罷了。比方說，一個輕忽散漫的人若想達到道德高尚的水準，就必須嚴以律己才辦得到；但對一個自立自強、積極入世的人而言，他若能折損自己的美德，那才是高尚的道德實踐。為此，他必須鬆綁自己與世界的牽連，使自己的表現不再那麼合乎世俗的要求。（這令人聯想到現已封聖的聖徒克勞斯[xv]。他為了讓自己的靈魂得著拯救，將妻子與眾多子嗣拋諸腦後。）

48

真正的道德問題全都是發生在三不管地帶，因此，既無法援引先例來解決它們，也不能指望法律規章來管束。真正的道德問題，乃是源自於各種**責任衝突**（*conflicts of duty*）。人們只要足夠謙虛或個性隨和，必定可以倚靠外在權威的幫助做出決定；但要是有誰既不信任別人、也不相信自己，那他就永遠拿不準主意，只能任憑英美普通法（Common Law）中所謂的「天意」[xvi]來為他做打算——《牛津字典》（*The Oxford Dictionary*）將其定義為「不可抗力之自然力量的作為」。在像這樣的情況裡，有個無意識當權者（an unconscious authority）直接為此人創造了一個**既成事實**，藉此終結他的優柔寡斷。（歸根究柢，那些聽命於更高權威做決定的人也是如此，只是形式比較隱微罷了。）人們可以將這個無意識當權者形容成「神的旨意」（will of God）或「不可抗力之自然力量的作為」，但在心理學上，這兩種解釋會讓人們對它的理解大有不同。理性主義將這個內在的當權者詮釋為「自然力量」或者「本能」，這雖滿足了現代人的聰明腦袋，但壞處卻也不小：此種說法顯然讓本能遠勝於我們，因而冒犯了我們的道德尊嚴，所以我們才會試圖說服自己「唯有意志的理性運作才能役使萬物」。文明人對那些企圖顛覆理性國度之權威的力量[xvii]心懷恐懼，因此，他隨時都對上述的說詞念念不忘、耽溺其中，藉此掩蓋遭受道德打擊的痛苦。文明人自認為無所不能、人定勝天，且對他們所謂的自我控制能力相當自豪，同時鄙視那些被區區自然騎在頭上的人。

49

另一方面，若是人們將這位內在的當權者看作是「上帝的旨意」（亦即暗示「自然力量」就是神的力量），這又讓我們的自尊占了便宜，因為如此一來，人所做的決定彷彿是一種順服的舉動、一份神聖的安排。用這樣的角度來看待這個當權者雖然也有幾分道理，但卻未免太過方便省事，同時還以美德的外衣掩蓋了道德上的頹靡。不過，只有當一個人刻意用冠冕堂皇的言辭來包裝他自私自大的想法時，這種質疑才能成立——但這情況並不普遍，因為多數時候，本能的傾向都會自顧自地煽動／抵制主體的各種喜好，不管外在的權威作何感想；而且此過程不需先向內在權威請益，因為早在各方勢力為了做出決定彼此纏鬥的最初，該權威就已經存在了。在此纏鬥之中，個體從來就不只是個旁觀者，而是或多或少「心甘情願」地參與其中，並將自己的道德自由感（feeling of moral freedom）當成砝碼，置於決策的天秤之上。但此處仍有一個疑問：他那看似自由的決定，究竟在多大程度上只是被某個（可能是無意識的）動機所驅使的結果？說不定這問題的答案就像任何自然災害一樣，皆是「天意使然」（an "act of God"）。但對我來說，這似乎是一個無法回答的問題，因為我們並不曉得道德自由這種感覺究竟根植何處，偏偏它的存在又幾乎和本能同樣地理所當然，且這兩者都具有驅策人心的力量。

50

總而言之，若將所謂「神的旨意」解釋為以本能之姿浮現在我們心中的自然力量，對我們不僅更有好處，在心理學上也更為「正確」。如此一來，我們會發現自己仍然保有與遠古祖先的心靈生活一致的**習性**（*habitus*），並以此和諧地生活；也就是說，我們如今運作的方式，就會與古往今來、四海八方的所有人類一模一樣。此習性的存在恰恰證明了它本身有利於生存，若非如此，長久以來所有依此過活的個體早就因為適應不良而絕跡了；反過來說，如果它是有益維生的習性，遵其而行的個體便能擁有合理的預期壽命。若慣用的思維方式確實能夠保障生存，它的正確性與正當性就顯得無懈可擊，人人心裡都會同意它是真理、是王道，不會有人另作他想。所謂的心理真實（psychological truths）並非什麼形而上的高見，它們只是各種思考、感受、行為表現的模式，且不僅成了習性，其恰當性與實用性也已由經驗所證明。

51

所以，當我主張將在我們身上發現的各種衝動理解為「神的旨意」時，我想要強調的是：不應該將它們視為任意妄為、我行我素的理由，反而必須學會如何正確地掌握這些獨立自主之物。人的意志無法徹底淩駕於它們之上——或許可以短暫壓制，但卻無法改變其本質。何況，凡遭鎮壓者，必定會在改頭換面以後懷抱著憤恨之情捲土重來，且這股憤恨將使其他原先不具傷害性的自然衝動轉而與我們為敵。另外，這裡所謂的「神」不應以基督教的方式來理解，我指的乃是迪奧提瑪（Diotima）[xviii]所說的意思。她曾說：「親愛的蘇格拉底啊，愛若思是一位強大的神明（daemon，代蒙）。」希臘字詞 *daimon* 與 *daimonion* 所指的便是神意或命運這種從外界臨到人類身上的決定性力量，雖然道德的抉擇（ethical decision）還是得落在人的身上。然而，他仍然必須明白他此刻正在決定的是什麼，正要去做的又是什麼。如此一來，他若順服，就不單單是聽從一己之見；他若違逆，毀壞的便也不只是自個兒的創見。

52

若僅使用純粹的生物學、自然科學觀點來看待心理學，必然是不足的，因這兩者基本上都是智性的（intellectual）。雖然這並非什麼缺陷，畢竟事實證明，自然科學的方法在心理學的研究上頗具啟發價值；只不過智性的方法終究無法全然掌握心靈的現象，因為這些現象不僅包含了**意義**（*meaning*），也涵藏著**價值**（*value*），而這兩者又取決於與之相伴的情感基調（feeling-tones）的強度。因此，對於任何給定的心靈內容，我們都至少需要思考與情感這兩個「理性」功能（"rational" functions）[4]，才可能繪製出一幅完整的心靈地圖。

4 參見《心理類型》（*Psychological Types*）書中對於「理性／非理性」的定義。

於是，一個人在處理各種心靈內容時，若能同時兼顧智性判斷與價值判斷[xix]，不僅能為這些謎樣的內容繪出更完整的圖景，還能更清楚地掌握它們在整體心靈之中所在的位置與層級。對心理學而言，情感量值（feeling-value）是非常重要而且不可或缺的判準，因為它在很大程度上決定了某一內容究竟會在心靈系統中扮演什麼樣的角色。換句話說，一個概念所蘊藏的情感量值多寡，決定了它的能量或張力究竟是強是弱，也決定它到底擁有多少可能產生實際影響的潛力。舉例來說：陰影往往具有強烈而負面的情感量值，阿尼瑪／阿尼姆斯則通常比較正面積極；陰影往往伴隨著多少可被釐清與理解的情感基調，阿尼瑪／阿尼姆斯吐露的卻是比較模糊難辨的情感品質，且多半令人感到目眩神迷，或是深受震撼。後者時常圍繞著纖柔細膩、敏感易怒、神祕隱晦又曖昧得令人痛苦的氛圍，甚至給人某種註定感（absoluteness）——化身為「她／他」的阿尼瑪／阿尼姆斯，正是透過這些氛圍展現出其所具有的相對自主性。依情感階層（affective rank）的次序來看，它們與陰影緊緊相鄰，而陰影又與自我意識密切相關。自我意識看似握有情感的主控權，因此它無論如何都要使盡渾身解數壓抑自己的陰影，哪怕只能壓制片刻也好；然而，風水輪流轉，要是哪天讓無意識占了上風，陰影與其他無意識形象的能量位階就會按比例增長，於是顛覆原先的階層次序。那些距離清醒的意識狀態最遙遠的無意識內容，可以說是最恐怖嚇人的；在「自我意識、陰影、聖耦、自性」這個次序中，排序越後面的就握有越高的情感量值。上述次序屬於清醒的意識，它會定期在每晚由醒入夢之際進行翻轉，屆時，那些大白天裡無知無覺的一切都將粉墨登場、活靈活現。每當**意識層級下降**（*abaissement du niveau mental*）時，都會相對伴隨價值階層的翻轉。

54　我在此說明的乃是**主觀的**情感量值，也就是上述那種翻轉變化（多少是有週期性的）的主角。但在諸如倫理、美學、宗教這類的**集體共識**（*consensus omnium*）之中，我們仍可發現若干**客觀的**價值，這些都被視為普世共通的理想，或是具有情感基調的集體意象（collective ideas），也就是列維布留爾（Lévy-Bruhl）[xx]所提出的「集體表徵」（représentations collectives）[5]。要判斷主觀情感基調的性質，或者情感量值的多寡其實並不困難，只要從它們產生的失調症狀[6]著手，或觀察心理情結的種類、數量即可。集體性的理想往往不具主觀的情感基調，但仍擁有它們自身的情感量值——因此，其情感量值無法透過主體的症狀來表現，卻有可能透過專屬於這些集體意象的屬性（attribute）或其特有的象徵系統來展現，尤其是透過集體意象的暗示作用來展現。

55　這是一個很常發生的實際問題。即便某個集體意象本身非常重要，但卻因其缺乏主觀的情感基調，所以只能以比較低階的屬性出現在夢中，比方說，某位神祇會表現出祂半人半獸的屬性，諸如此類。反過來說，這些意象也可能出現在沒有恰如其分地重視自身情感的意識之中，這時，它們就必須轉移陣地、退回到原型的脈絡中——這項任務往往由詩人與先知來擔負。例如，賀德林

5《低級社會中的智力機能》（*Les fonctions mentales dans les sociétés inférieures*）。

6《論心靈能量》（*On Psychic Energy*）段14、段20及其後。

（Hölderlin）在他的〈詠自由〉（*Hymn to Liberty*）一詩中讓「自由」這個因濫用及誤用而陳舊不堪的意象，得以重拾昔日的光輝燦爛：

出塵玉臂，振我軀體，
Since her arm out of the dust has raised me,
此心砰然，卻感靜謐；
Beats my heart so boldly and serene;
頰仍震顫，佳人唇跡，
And my cheek still tingles with her kisses,
櫻桃落處，紅泛光漪。
Flushed and glowing where her lips have been.
伊人清音，媚似奇蹟，
Every word she utters, by her magic
妙語造物，完美無匹；
Rise new-created, without flaw;
諦聽女神，聆賞聲息，
Hearken to the tiding of my goddess,
諦聽我主，愛慕至極！

Hearken to the Sovereign, and adore![7]

56　從這首詩裡不難看出，自由的意象經過轉變之後又回到了它原本的戲劇化狀態，搖身化作阿尼瑪的亮麗面目；她褪盡塵世的庸俗，掙脫感官的專橫，化作領人前往至福樂土[xxi]的引路之神。

57　集體意象以其較低層次的面向顯現在夢中——如女神化身成黑貓、上帝示現為**樸石**（*lapis exilis*，不值錢的石頭）——也就是前述的第一種情況，顯然比第二種更常見。若要針對夢中的這些形象進行詮釋，動物學或礦物學方面的知識並不是最重要的，瞭解從古至今關於它們的**集體共識**才是關鍵。這些「神話式的」意象即便在某些案例中是無意識的，但它們永遠都在；例如，當一個人在考慮到底要把花園大門粉刷成白色還是綠色的時候，雖然他並沒有意識到綠色是生命與希望的顏色，但象徵層面的「綠色」仍以一種無意識的**隱晦暗示**的形式存在著。可見，有些事物對無意識生命來說重要非凡，但卻落在意識之價值排序的最底端；反之亦然。陰影人物已是屬於無形的幻影領域，阿尼瑪／阿尼姆斯就更別提了，除非它們投射到其他人類身上，否則根本就是無影無蹤。至於自性，則全然落在個人範圍之外，即便真有現身，也是化作各種具有宗教性的神話母題，並且涵蓋

7 *Sämtliche Werke*, I, p.126.

最高階到最低階的各種象徵。白晝與黑夜其實等長，而所有意識顯然都奠基於無意識、根植於無意識，它甚至每晚都在無意識之中消散幻滅。此外，精神病理學（psychopathology）對於無意識能對意識動些什麼手腳仍是一知半解，並且因此對無意識格外關注，但外行人對此卻往往很難理解。比方說，我們知道白天渺小的東西到了夜裡就會變大，反之亦然；所以我們也知道，就算是小到白天幾乎看不見的細微之物，也會在暗夜裡越滾越大、漸成禍害。但即便如此，若有誰認同白晝那半的心靈生活，他仍會宣稱夜裡的夢境毫無價值、一無是處。

58

前段所言，對於任何整合過程都是必要的先決條件——也就是說，若要整合一組心靈內容，就必須將它的正反兩面都納入意識；同時，不僅要在智性上將其掌握，還要以感受明瞭它的價值。然而，理性與感受天生就是死對頭，根據定義，兩者本就互相衝突。對於認同智性立場的人，他那宿敵般的情感將會在阿尼瑪的喬裝之下與他狹路相逢；另一方面，智性的阿尼姆斯則會對情感立場祭出重劍猛攻。因此，若有誰渴望同時在智性上理解某物，同時又想在情感上體會某物，為成就這番艱苦偉大的功業，他勢必要對阿尼瑪／阿尼姆斯的問題有所把握，如此才有可能開闢一條通向更高統合的康莊大道，這個過程便是所謂的**對立物的接合**（*coniunctio oppositorum*）。此乃究竟圓滿之路上不可或缺的考驗。

59

雖然所謂「全體」（wholeness）乍看之下不過是個抽象的概念（如同阿尼瑪／阿尼姆斯），但心靈會在意識有能力理解它之前就預先以自發、自主的各種象徵將其呈現出來，因此它某種程度上是可以被經驗到的。四元結構、曼陀羅（mandala）就屬此類象徵，它們不僅會浮現在從未聞其大名的現代人夢境中，也廣泛散布在各族群、各時代的歷史記載裡，而它們作為**統合體之象徵**、**完整體之象徵**[xxii]的重要性，也早已被歷史學與實證心理學證實了。那起初看似抽象的概念，實際上卻彰顯了某種確實存在且可被經驗的真實，只不過它是自發地以**先驗的**方式存在。因此，全體乃是一個能與主體對峙的獨立、客觀因素，就像阿尼瑪／阿尼姆斯那樣；另外，就如聖耦（syzygy）的位階高於陰影，全體的地位與量值也凌駕在聖耦之上。但話說回來，即便全體並非真的由這對高貴的皇室兄妹一人一半拼湊而成，但它們至少代表其中至關重要的某個部分，作為統合體象徵的聖童（thte divine child）[8]便是從這股對立的張力之中誕生的。

60

統合體與完整體位居客觀價值尺度的最高點，是因它們的象徵已經無法與**神的面容**（*imago Dei*）做出區隔。因此，實際上所有關於上帝意象（God-image）的陳述，都可以套用在全體的各種象

8 參見拙作《孩童原型的心理學》（*Psychology of the Child Archetype*），另見《心理學與煉金術》（*Psychology and Alchemy*）索引中的詞條：「哲人之子」、「孩童」、「雌雄同體」（filius Philosophorum, child, hermaphrodite）。

徵上。經驗顯示，個人的曼陀羅象徵**秩序**／**飭令**（*order*）；原則上，它們會在心靈混亂失序或重整秩序（disorientation or re-orientation）的時期浮現。曼陀羅就像是一個魔法咒圈，能夠圈圍、降服屬於黑暗世界的無序力量，同時描繪或創造出一股能將虛空混沌轉化為創生宇宙的秩序。[9]曼陀羅初初浮現在意識心智時，只是一個毫不起眼的小圓或小點（point or dot）[10]，此後必須經歷過無數困難且艱辛的內在工作，整合許多投射，這個象徵才會全幅開展，也才有可能獲致全然的了悟。不過，倘若那純粹是智性上的洞見，要有所領會就並非難事，因為世間充斥著各式各樣的宣言：關於我們內在的神性、天國的上帝，關於基督和**聖體**（*corpus mysticum*），關於個人與超個人的阿特曼（atman）[xxiii]等。諸如此類的教條，聰明絕頂的智性三兩下就能背得滾瓜爛熟，這就產生了普遍的錯覺，彷彿人們從此以後就能把萬事萬物牢牢握在掌中。比方說，自古以來就有迷信認為：事物之名玄妙地代表著事物之本身，故而只要開口說出事物的名諱，就可以操弄它的存在——但事實上，人們手裡除了事物的名字以外，什麼也沒抓著。幾千年來，理智頭腦曾有過無數機會去看破自己的狂妄自傲實際上根本徒勞無益，但這終究無法阻止智性對萬物緊抓不放，也無法阻止它用膚淺的眼光來數算事物的價值。我們在心理學上的經驗無比清楚地昭示：即便智性再怎麼想要「掌握」各種心理事實，充其量也只能抓取到一些概念罷了；況且這些概念不過是一個名目、一個**空名**（*flatus vocis*）[xxiv]，除此之外別無一物。這些智性的籌碼[xxv]可以隨隨便便地一傳十，十傳百，因為它們既無重量、亦無實質。它們乍聽之下頭頭是道，裡頭卻空空如也；它們口口聲聲說要對我們委以重任，卻都是徒託空言。智性在它自己的領土之內擁有無庸置疑的實用性，但每當它企圖插手價值之事，它就只是一個耍老千的大騙子罷了。

61

人們或許可以運用智性從事任何科學研究，但心理學卻不在此列，因為心理學的研究對象——即心靈——除了由感官知覺與理智思考這兩個功能所調節的部分以外，還有更多。負責價值判斷的情感功能，是構成意識定向能力（conscious orientation）不可或缺的部分，因此任何範疇的心理評估都不應將其忽略，否則我們試圖為真實歷程建構的模型便不完整。所有心靈過程都具有各自的價值屬性（value quality），也就是它的情感基調。從這份基調就可以看出，某個心靈過程帶給一個人的**感動**（***affected***，受影響）程度，或者它對個人而言具有多重要的意義（假如這個心靈過程已經進入意識的話）。正是因為有這樣的「感動／影響」，主體與現實之間的關係才會開始變得親密，並開始真正感覺到現實的重量。箇中差異大概就像是把一種在醫學教科書上讀到的嚴重疾病，與真實患者身上的該種病症兩相比較那樣。心理上，除非一個人對某件事有過親身的實際經驗，否則他在這件事上便算是一無所有。因此，人們單單倚靠純粹智性的理解是不夠的，那只能得其名目，卻不能從事物內在瞭解它的本質。

9 參見《心理學與煉金術》第二部第三章。

10 英編按：參見本書段340。

62 對無意識感到害怕的人多得超乎我們所想像。他們甚至連自己的陰影也怕。而當阿尼瑪／阿尼姆斯現身時，這份這份害怕就變成了恐懼，因為在嚴重精神疾患的案例中，聖耦確實會表現為那些氾濫進意識的心靈內容（最明顯的例子就屬妄想型思覺失調症〔the paranoid form of schizophrenia〕）[11]。若能戰勝這份恐懼，往往是一項不同凡響的道德成就，但在真正經驗到自性之前，沿途所要克服的可不只這些。

63 對於陰影、聖耦、自性這些心靈要素，唯有透過相當紮實的親身經驗，方可描繪出貼切的圖景；正因這些概念提取自現實經驗，唯有用更進一步的經驗才能詳加闡述。除非哲學能夠體認到它所關注的是各種**事實**（*facts*），且體認到「概念」僅僅是對這些事實的粗略描述或定義，並由此展開哲學式的批評（Philosophical criticism），否則它將發現萬事萬物與其本質都是自相矛盾的；那麼，這種批評就很難對它的對象產生什麼影響，就好比動物學家去批評一隻鴨嘴獸那樣。概念並非關鍵，它們只是用來代表特定經驗總合的一組字眼、一堆籌碼，而那就是它們唯一的意義與用處。我無法將我的經驗傳遞給諸位讀者，對此我深感遺憾。我曾在多本作品中，藉助案例材料來呈現這些經驗的本質及其取得方法。不論我的方法被實際應用在何處，它們都已被證實。即便某人生在伽利略（Galileo）的時代，只要願意拿他的望遠鏡下一番苦功，便能親眼看見木星的那幾顆衛星[xxvi]。

64 只要走出心理學專家的小圈子，任何對比較神話學（comparative mythology）稍有研究的人都能理解這些形象。他們可以毫無困難地認出陰影乃是地下幽深世界的陰暗化身，此特徵普世皆然；也能立刻瞭解阿尼瑪／阿尼姆斯就是所有神聖伴侶的心靈原版；最後，自性的經驗特質證明，它就是藏身於統合體、完整體崇高意象背後的**理型**（*eidos*）[xxvii]，而且為所有一神論與泛神論體系所本具共有。

65 我認為這些平行的類比是重要的，藉此，便有可能重新將那些已經與其自然經驗斷根，所謂**形而上的**概念（*metaphysical* concepts），與各種生動鮮活、普世共通的心靈過程聯繫起來，如此一來，便可望恢復它們真實而原初的意義。藉此方式，就可以在自我與那些如今已被公式化為「形而上」理念[xxviii]的投射內容之間，重新建立連結。可惜的是，就像我們已經談過的，這些形而上的概念雖然確實存在且為人所信，但這並不能證明其中的內容也同樣存在，亦無法證明它們指涉對象的真實性。雖然在某種特殊的心靈狀態，即天時地利人和的狀態（state of grace）下，就算主體沒有辦法憑藉自已的意志去驅使心靈世界與現實世界彼此呼應，但這樣的巧合卻並非毫無可能。事實證明：形而上學的概念若是再也無法喚回、激起它們起初所代表的經驗，那麼它們不僅會變得毫無用處，還會

11 有個經典的案例可見於內爾肯（Nelken）的《Analytische Beobachtungen über Phantasien eines Schizophrenen》一書。另見史瑞伯（Schreber）的《Memoirs of My Nervous Illness》。

淪為更廣闊的發展之路上的絆腳石。人們總是死命守著那些曾經擁有豐富意義的事物；但當這些東西變得越來越無效、費解、死氣沉沉的時候，人們卻更是執著不放（他們執著的當然只是一些了無生氣的意象，因為生機盎然的意象擁有足夠的心靈內容與豐富性，所以根本就無須執迷）。因此，隨著時間流逝，富有意義的也將變得毫無意義，這就是形上學概念的悲慘宿命。

66

這些概念如今究竟意味著什麼？這成了一大問題。今時今日，我們的世界雖然尚未徹底棄絕傳統，但我們早已不再渴望諦聽任何**福音**（message），反而寧願有人直接告訴我們那是什麼意思。迴盪在布道壇上的話語令人百思不得其解，它們更哭求著得到一番解釋。如果我們無人感受得到救贖，基督的死又怎麼能償還我們的罪？耶穌為何是神與世人的橋樑，聖子又是什麼樣的存在？聖三位一體代表著什麼？處女生子、領聖餅、飲聖血，還有其他所有的一切，究竟意義何在？這些概念所在的那個世界，和我們行住坐臥的這個世界，又有什麼關聯？哪一個世界裡面的事物才是自然科學心心念念的真實？一天二十四小時當中，我們至少有十六個小時都只活在這個日常世界，剩下的八小時，我們則寧可讓自己徹底不省人事。究竟要發生什麼事，才能夠使我們憶起天使、聖餐、至福、死者復生⋯⋯諸如此類遙不可及的現象？它們又該何時發生、何處發生？正因人們抱持各種大哉問，因此，當我們探索到在睡眠的無意識狀態下，這兩個世界之間會出現裂隙，那可真是一大發現。這道間隙，世人稱之為「夢」。夢中場景偶爾會蘊藏神話式的主題，而這種相似性並非無足輕重，因為，神話乃是諸般神跡的記載、一切疑難的解方，而這些問題往往都與信仰有關。

67

這些情況很難存在於意識的日常世界中；更精確地說，人們一直到一九三三年才發現精神病患心中懷著栩栩如生的神話碎片。此後，屬於英雄與妖魔的世界便如野火燎原一般，在全球各國災難性地延燒開來，這證明了：即便歷經數百年理性與啟蒙的摧殘，神話的奇幻世界仍然保持蓬勃的生機。如果形而上的各種概念不再擁有如往昔那般令人渾然忘我的影響力，這當然不是因為歐洲人的心靈已經脫離原始，而僅僅是因為：如今，這些象徵不再能夠表達無意識湧現的內容了。而這正是基督教意識（Christian consciousness）發展千百年以後的結果。最終，它將淪為**靈魂的贗品**（*antimimon pneuma*）[xxix]；這個冒牌貨不僅傲慢自大、歇斯底里、粗野糊塗、為非做歹、盲從且狂信，還四處向人兜售粗劣的靈性產品、仿冒虛假的藝術、結結巴巴的哲學，以及來自理想國度的糖衣謊言（the Utopia humbug），只適合一股腦地塞進現代尋常大眾的嘴裡[xxx]。這就是後基督教精神（post-Christian spirit）的模樣。

第五章

基督：自性的象徵

CHRIST, A SYMBOL OF THE SELF

68

世界與神聖的漸行漸遠（dechristianiztion，去基督化）、科學及科技駭人的過度發展（Luciferian development，路西法式發展）、物質與道德的朽壞淪喪，這些都是第二次世界大戰的遺毒，而世人一再將這種種事態與《新約聖經》的**末日預言**相提並論。誠如我們所知，這都與敵基督的到來有關：「不認父與子的，這就是敵基督的。」[1]「凡靈不認耶穌，就不是出於神；這是那敵基督者的靈。你們從前聽見他要來，現在已經在世上了。」[2]《啟示錄》中也充斥著這樣的預示：在羔羊婚娶以前、時間終結以後，將有許多駭人的災禍發生。很顯然，**基督的靈**（*anima christiana*）不僅對勁敵的存在瞭然於心，也明白祂的權柄將在未來遭到篡奪。

69

諸位讀者想必會問：我為何要在此大談基督與祂的敵手——敵基督呢？先前的論述不可避免地將我們帶向基督，因為在我們的文化中，基督仍是一個生動鮮活的神話；姑且不論祂在歷史上的存在，祂是我們文化的英雄人物，祂體現了神聖原初之人（divine Primordial Man），亦即神祕亞當（mystic Adam）的神話。在基督宗教的曼陀羅裡，位居中心的正是基督本尊，祂亦是四聯像（Tetramorph，即四位門徒的象徵）[xxxi]的主，而他們就如同基督王座的四根寶柱。基督在我們之中，我們亦在祂之內。祂的王國是價值連城的珍珠、是田野埋藏的至寶、是那終將長成巨樹的芥菜種子，亦是天上的城邦（the heavenly city）[3]。基督的天國在我們之中，就如祂在我們之中[4]。

---

1 《約翰壹書》二章二十二節。

2 《約翰壹書》四章三節。教會的傳統看法是建立在《帖撒羅尼迦後書》二章三節及其後，此處提及叛教之事：大罪人（*ἄνθρωπος τῆς ἀνομίας*）和那預示著主之到來的沉淪之子（*υἱὸς τῆς ἀπωλείας*）。這個「大罪人」將自己的地位捧得比神還高，但最終「主耶穌要用口中的氣滅絕他」。他將以撒但的方式（*κατ> ἐνέργειαν τοῦ σατανᾶ*）顯出各種異能。到頭來，他將暴露出自己的**虛偽與狡詐**，《但以理書》十一章三十六節及其後被視為此段落的雛型。

3 關於「城邦」，參見《心理學與煉金術》，頁104及其後頁。

4 'Η *βασιλεία τοῦ θεοῦ ἐντὸς ὑμῶν ἐστιν* ——神的國度就在你們心裡（within you，或作你們中間〔among you〕）。「神的國來到，不是眼所能見的。人也不得說：看哪，在這裡！看哪，在那裡！因為他就在人內中，無所不在。」（《路加福音十七章二十節》及其後）。「我的國不屬這（外在的）世界。」（《約翰福音》十八章三十六節）神之國度與人的相似性，清楚地體現在撒種人（sower）的比喻中（參見《馬太福音》十三章二十四節、十三章四十五節、十八章二十三節二十二章二節。俄克喜林庫斯（Oxyrhynchus）的紙莎草卷殘片記載：天堂的國度在你心中，自知之人即可尋著。認識你自己吧。參見James, *The Apocryphal New testament*, p. 26, and Grenfell and Hunt, *New Sayings of Jesus*, p. 15。

70　單靠這些廣為人知的寥寥數語，便足以清楚顯明基督象徵在心理學上的地位：**基督乃是典型的自性原型**[5]。祂代表神聖的人，位在天上的、充滿榮耀的人，祂是未曾受罪染汙的上帝之子，祂是完整體（totality）的代表。祂是**第二亞當**（*Adam secundus*），對應尚未墮落的第一亞當（the first Adam），後者在墮落前仍舊是純粹的上帝的形象（image of God），對此，特士良（Tertullian，西元二二二年卒）[xxxii]曾說：「因此，這可被看作世人之中的上帝形象，人的靈擁有與上帝同樣的舉止與感受，但人類與上帝擁有它們的方式卻不同。」[6]俄利根（Origen，西元一八五－二五四年）[xxxiii]所言則更加直白：**上帝的面容**（*imago Dei*）是銘印在人的靈魂，而非肉體[7]。那只是一個形象的形象（an image of an image），「因為我的靈魂雖非直接等同上帝的形象，卻是依著與前人相似的形象造的。」[8]另一方面，基督乃是上帝的真正形象[9]，依著祂與上帝的肖似，我們裡面的人便被造成無形無狀、純潔不朽的模樣[10]。在我們之內的上帝形象透過「謹慎、公義、自制、剛毅、睿智與紀律」[11]顯現祂自身。

71　聖奧古斯丁（St. Augustine，西元三五四－四三〇年）區分了兩種上帝形象，其一便是基督，其二，則是為了讓我們日漸肖似上帝，而作為一種手段或可能性埋藏在人之內的[12]。上帝的形象並不在有形的軀殼裡，而是在**理性靈魂**（*anima rationalis*）之中，人類正因有它才與動物有別。「上帝的形象在我們之中，卻非在肉身之中……了悟所在之處、理性所在之處、追尋真理的力量所在之處，在

5 我對作為原型的基督的評論，參見《三位一體教義的心理學考究》（*A Psychological Approach to the Dogma of the Trinity*）段226及其後。

6 "Et haec ergo imago censenda est Dei in homine, quod eosdem motus et sensus habeat humanus animus, quos et Deus, licet non tales quales Deus" (*Adv. Marcion.*, II, xvi; in Migne, *P.L.*, vol. 2, col. 304).

7 *Contra Celsum*, VIII, 49 (Migne, *P.G.*, vol. 11, col. 1590): "In anima, non in corpore impressus sit imaginis conditoris character."「造物主形象的特徵是銘印在靈魂，而非銘印在肉身。」（參見 trans. by H. Chadwick, p. 488。）

8 *In Lucan homilia*, VIII (Migne, *P.G.*, vol. 13, col. 1820): "Si considerem Dominum Salvatorem imaginem esse invisibilis Dei, et videam animam meam factam ad imaginem conditoris, ut imago esset imaginis: neque enim anima mea specialiter imago est Dei, sed ad similitudinem imaginis prioris effecta est."「如果我認為上帝與救主即是不可見之真神的形象，我便明白：為了使我的靈魂成為一個形象的形象，它乃是依著造物主的形象所造的；因為我的靈魂雖非直接等同上帝的形象，卻是依著與前人相似的形象造的。」

9 *De principiis* I, ii, 8 (Migne, *P.G.*, vol. 11, col. 156): "Salvator figura est substantiae vel subsistentiae Dei"「救世主是上帝之存在或其根本的化身」。*In Genesim homilta*, I, 13 (Migne, *P.G.*, vol. 12, col. 156): "Quae est ergo alia imago Dei ad cuius imaginis similitudinem factus est homo, nisi Salvator nosier, qui est primogcnitus omnis creaturae?"「所以，人類是仿照上帝的形象而造，若非如此，還能如何呢？而救世主，萬物中的頭生者，又當如何？」Selecta in Genesim, IX, 6 (Migne, P.G.f vol. is, col. 107): "Imago autem Dei invisibilis salvaior."「然而眼不可見的上帝的形象便是救世主。」

10 *In Gen. hom.*, I, 13 (Migne, *P.G.*, vol. 12, col. 155): "Is autem qui aci imaginem Dei factus est et ad similitudinem, interior homo nostcr est, invisibilis et incorporalis, et incorruptus atque immortalis"「而那依著上帝的形象與肖似而造的，是我們裡面的人，他無形、無狀、聖潔、不朽。」

11 *De princip.*, TV, 37 (Migne, *P.G.*, vol. 11, col. 412).

12 Retractationes, I, xxvi (Migne, *P.L.*, vol. 32, col. 626): "(Unigenitus) ... tantummodo imago est, non ad imaginem" (The Only-Begotten ... alone is the image, not after the image).

此，上帝有著祂的面容。」[13]所以，聖奧古斯丁說，我們應當提醒自己：我們乃是依著祂的樣貌所造的，並且「……當人類知曉自己乃是依著神的形象所造，他便知曉神在他之內賜予了比獸類更多的某種事物。」[14]由此可見，上帝意象（God-image）顯然與**理性靈魂**別無二致。後者是一種更加屬靈的人，也就是聖保羅（St. Paul）所說的**天上之人**（*homo coelestis*）[15]。如同墮落前的亞當，基督乃是上帝形象的化身[16]，聖奧古斯丁特別強調基督的整體性，他說：「道（the Word）昭顯了完整的人性，也可以說，道充盈在人性的圓滿之中：即人的靈魂與肉身中。如果你要我說得更仔細些——畢竟野地裡的獸類也有『靈魂』與肉身——我所說的人類靈魂、人類肉身，指的是人在自身之中體現的完整靈魂。」[17]

72

人類內在的上帝意象並沒有因墮落而毀滅，僅僅只是受損、敗壞（或「變形」〔deformed〕）罷了，而這可以藉由上帝的恩典得到復原。**落入陰間**（*descensus ad inferos*）一詞指的是基督的靈魂下降到地獄之中，而祂靈魂所施行的救贖甚至將亡者也擁抱在內，這即暗示了整合所涵蓋的範圍。心理學上，此過程等同於對集體無意識的整合，而這是個體化歷程（individuation process）不可缺少的一環。聖奧古斯丁曾說：「於是我們必定終於我們的完美，而我們的完美便是基督」[18]，因為基督正是完美的上帝意象。因此祂也被稱為「君王」（King），而祂的新娘（*sponsa*）便是人類的靈魂；它「是一藏匿在內中的屬靈奧祕，與道相繫，兩者也許同在一具肉身中」，這呼應到基督和教會的神祕聯姻[19]。同時，教會的教義與儀式將這個**聖婚原型**綿延傳續，到了中世紀，其象徵又發展為煉金術中的對

13 *Enarrationes in Psalmos*, XLVIII. Sermo II (Migne, *P.L.*, vol. 36, col. 564): “Imago Dei intus est, non est in corpore ... ubi est intellectus, ubi est mens, ubi ratio investigandae veritatis etc. ibi habet Deus imaginem suam.” 同此出處：Psalm XLII, 6 (Migne, *P.L.*, vol. 36, col. 480): “Ergo intelligimus habere nos aliquid ubi imago Dei est, mentem scilicet atque rationem.”（因此我們便能明白：我們擁有某種名之為理智與理性的東西，上帝的意象便在其中。）Sermo XC, 10 (Migne, *P.L.*, vol. 38, col. 566): “Veritas quaeritur in Dei imagine”（真理是在上帝的意象中尋著的），然而 *Liber de vera religione* 卻有與此不同的看法：“in interiore homine habitat veritas”（真理棲居於人的裡面），由此，上帝的面容顯然與內在之人兩相暗合。

14 *Enarr. in Ps.*, LIV, 3 (Migne, *P.L.*, vol. 36, col. 629): “... ubi autem homo ad imaginem Dei factum se novit, ibi aliquid in se agnoscit amplius esse quam datum est pecoribus.”

15 《哥林多前書》十五章四十七節。

16 *Joannis Evangelium*, Tract. LXXVIII, 3 (Migne, *P.L.*, vol. 35, col. 1836)：文中提到，「基督是神，是理性的靈魂、亦是身體」（Christus est Deus, anima rationalis et caro）。

17 Sermo CCXXXVII, 4 (Migne, *P.L.*, vol. 38, col. 1124): “(Verbum) suscepit totum quasi plenum hominem, animam et corpus hominis. Et si aliquid scrupulosius vis audire; quia animam et carnem habet et pecus, cum dico animam humanam et carnem humanam, totam animam humanam accepit.”

18 *Enarr. in Ps.*, LIV, 1 (Migne, *P.L.*, vol. 36, col. 628).

19 *Contra Faustum*, XXII, 38 (Migne, *P.L.*, vol. 42, col. 424): “Est enim et sancta Ecclesia Domino Jesu Christo in occulto uxor. Occulte quippe atque intus in abscondito secreto spirituali anima humana inhaeret Verbo Dei, ut sint duo in carne una.” 參見聖奧古斯丁《駁摩尼教徒浮斯土斯》（*Reply to Faustus the Manichaean*, trans. by Richard Stothert, p. 433]）：「神聖的教會亦是主耶穌基督祕密的伴侶，而因為它是祕密的且掩藏在聖靈的深處，因此人類的靈魂便與上帝的道結合，於是，他們二者實為一體。」聖奧古斯丁在此引述了《以弗所書》五章三十一、三十二節：「為這個緣故，人要離開父母，與妻子連合，兩人成為一體。這是極大的奧祕，但我是指著基督和教會說的。」

立物之統一，或稱「化學婚配」（chymical wedding），後者一方面催生了代表完整體的**哲人石**（*lapis philosophorum*）意象，另一方面則衍生出了化學上的化合作用概念。

73

人類內在的上帝意象雖遭原罪損毀，卻可透過上帝的協助來「重塑」（reformed）[20]，就如《羅馬書》十二章二節所說：「你們不可與此世同化，反而應以更新的心思變化自己，為使你們能辨別什麼是天主的旨意。」在個體化歷程中，無意識產生的各種完整體意象與某個先驗原型所進行的重塑作用非常相似，也就是曼陀羅[21]。正如我已強調過的，此一由自性自發生成的象徵，實務上無法與上帝意象做出區隔。儘管上述經文的古希臘文本用的是「轉化」（μεταμορφουσθε，be transformed）一詞，但心智的「更新重塑」（*ἀνακαίνωσις*，*reformatio*）並非意識有了實際的改變，而是恢復到原初的狀態，亦即萬物復興（apocatastasis）[xxxiv]。這與心理學的實證發現如出一轍：心靈中有一個永恆存在的全體原型[22]，它很容易從意識的視域消失，甚至永遠無法被察覺到；直到意識在皈依領受啟蒙後，才會在基督的形象中認出它來。藉著這種「紀念」之舉（anamnesis）[xxxv]，人們便得以恢復到與上帝意象合一的原初狀態。當人格因為諸多本能各自為政而產生裂痕時，此舉能帶來某種整合，並橋接崩裂的各個部分。唯有在人像一頭動物那樣對自己的本能生命理所當然地無知無覺時，這種崩裂才不會發生；但事實證明，當某種人為的無意識狀態（也就是壓抑）不再能夠反映本能生命時，那便是對人有害且無法忍受的。

74 由基督所體現的上帝意象對於最初的基督教而言，其意義是一個包羅萬象的整體，就連人的動物性也涵納在內。儘管如此，基督象徵缺少了現代心理學意義上的整體性，因為它並不包含各種事物的黑暗面，而是特別以敵手路西法的形式將其排除在外。雖然基督教的意識清楚知道自己排除了邪惡的力量，但實際上它所失去的乃是不具實體的陰影，因為，透過俄利根首先提出的**善的缺乏**（*privatio boni*），邪惡僅僅被看作是善的匱乏，進而剝奪了惡的實體性。根據教會的教義，邪惡只不過是「完美的偶然欠缺」（accidental lack of perfection），所謂「諸善源於神，諸惡源於人」的觀點便由此而來；另一個必然結果則是某些新教教派對於魔鬼（devil）的拒斥。

75 多虧**善的缺乏**這個教義，全體性似乎在基督的形象中得到了確立，然而，在經驗心理學的層次上，人們必須將邪惡看得更加具體才行：惡，其實就是善的對立面。古代諾斯替教派（Gnostics）的觀點深受心靈經驗的影響，針對惡的問題，其立論基礎也比教會內諸位教父更為寬廣。例如，他們

20 Augustine, *De Trinitate*, XIV, 22 (Migne, *P.L.*, vol. 42, col. 1053): "Reformamini in novitiate mentis vostrae, ut incipiat ilia imago ab illo reforman, a quo formata est."（在你心智的嶄新之中得著重塑；此意象重塑的開始勢必來自於那第一個形塑它的人。）

21 參見《關於曼陀羅象徵》（*Concerning Mandala Symnolism*）第九卷第一部分。

22 《心理學與煉金術》段323及其後。

的教導之一是：「基督將自己的影子從祂身上褪棄了。」[23]若給予此觀點應有的重視，我們便可輕易從敵基督的形象中認出這個被割除的對立面。在傳說中，敵基督是基督生命的惡意仿冒者，他是貨真價實的邪神，亦步亦趨地模仿基督的一切，如影隨形。對光明但片面的救世主的補償作用——我們甚至可以在新約中找到蛛絲馬跡——必定具有特殊的重要性。確實，人們很早就對此極為關切。

76

若我們將傳統的基督形象視為自性在心靈中的顯現，那麼敵基督便對應於自性的陰影，也就是整體人性中黑暗的那一半，對此，不應太過樂觀看待。據經驗而言，光明與黑暗勢均力敵地散布在人類的本質裡，因此，人類心靈的整體至少可以說是在晦暗朦朧的微光中浮現的。自性這個心理學概念，一部分衍生自我們對完人（the whole man）的瞭解，其餘的部分，自性會透過無意識自發生成的四元結構來自行描繪。此種四元結構是原型式的，並由內在各種二元對反的原則（antinomies）所構成。我們不能忽略自性之中那些屬於光明形象的暗影，因為一旦缺少陰影，此形象就會失去它的軀體與人性。根據經驗，自性的光明與黑暗共同構成了弔詭矛盾的統合體，另一方面，基督教的觀念卻令人絕望地將自性原型撕裂成無法和解的兩半，最終導致某種形而上的二元論——也就是天堂國度與烈火地獄的分裂。

77

敵基督的問題，對任何一個對基督宗教抱持正面態度的人而言，都是燙手山芋。這不啻是由上帝的道成肉身（Incarnation）所激起的魔鬼反擊，因為正是基督教興起之後，魔鬼才獲得了足以與基督為敵、與神為敵的權柄；即便遲至《約伯書》著成之時，魔鬼都還是神的子嗣之一，且與耶和華關係甚篤[24]。這情況在心理學上很好理解，因為教條化的基督形象是如此崇高、無瑕，以至於除祂以外的一切都轉而遁入黑暗之中。事實上，偏頗片面的完美需要某種心靈上的補償作用才能恢復平衡。這不可避免的對立局面很早就引出了「神有二子」的教義，其中的長子便是撒但耶爾（Satanaël）[25]。敵基督的來臨不只是先知的預言，更是勢不可擋的心理學法則，它的存在雖然不為《約翰書信》的作者所知，卻向他清楚諭示了正在逼近的極後反償作用（enantiodromia），於是，他寫

23 愛任紐在《駁異端》第二卷五章一節記載了諾斯替教派的教誨：當基督作為工匠般的造物主創造出了他母親的存在時，他就「將她逐出了普羅若麻——也就是說，他將她與智識斷絕開來了。」因為創造的過程是在普羅若麻之外發生的，也就是發生在陰影與空無之中。根據瓦倫廷（Valentinus）所言（見《駁異端》第一卷十一章一節），基督並不是從普羅若麻中的永恆神祇（Aeons）身上流溢而出，而是出於他那身在普羅若麻之外的母親。瓦倫廷說：她生下了他，「並非全無陰影的」。但他「作為陽性者」，將陰影從他自身排除在外，並歸返至普羅若麻」（*καὶ τοῦτον [Χριστὸν] μὲν ἅτε ἄρρενα ὑπάρχοντα ἀποκόψαντα ἀφ' ἑαυτοῦ τὴν σκιάν, ἀναδραμεῖν εἰς τὸ Πλήρωμα κτλ.*），他的母親卻被留在陰影裡面，且被剝奪了靈性的質地。她在陰影中生下了真正的「低層世界的造物者（Demiurge）與君王（Pantokrator）」，但就如我們從福音書上所得知的，那盤踞在世界之上的陰影乃是這個世界的主宰者（princeps huius mundi），也就是魔鬼。參見《愛任紐文集》第一卷段45及其後。

24 參見R. Schärf, "Die Gestalt des Satans im Alten Testament"。

25 《神靈墨丘利》（*The Spirit Mercurius*）段２７１。

作時彷彿有意識到這種反向變化的內在必要性，雖然，我們大可確定這個觀念對他而言似乎就是個神聖的啟示。實際上，每一次對基督意象的加劇分化（differentiation）都會相應地導致無意識補償物的增強，也就是強化了高上與低下之間的緊張。

78

我們完全是以基督教的心理學與象徵系統來論述這些內容的，然而，在此有個出乎所有人意料的因素，也就是基督教本質中與生俱來的悲劇宿命，這不可避免地領向基督教精神的顛覆，而這種翻轉並非由於難以理解的偶然，而是服膺心理學的法則。奮力攀向高處的靈性理想，註定會與醉心塵世、企圖征服物質並掌管世界的唯物慾望兩相抵觸。此一變化在「文藝復興」（Renaissance）時期就已顯露出來，renaissance 一詞意指「重生」，並指涉古代精神的復甦。如今我們已然知道，這所謂的精神多半是個幌子，真正重獲新生的並不是上古時代的精神，而是歷經各種陌生異教洗禮轉變之後的中世紀基督教精神，它對天堂的願景，在那之後被改換成俗世的欲求，而垂直向上的哥德式風格亦被水平的視野所取代（譬如地理大發現對於世界與自然的探索），其後的種種發展催生了啟蒙運動、法國大革命，又導致今日某種全球性的局面，我們只能將其稱為「敵基督的」（antichristian）時代。某種意義上，這印證了早期基督教所預言的「世界的末了」，彷彿隨著基督的再臨，那些長久潛藏的對立面終於漸漸浮上檯面，又好比一個鐘擺，原先氣勢洶洶地盪向一方，如今正要往相反的方向做出補償運動。常言道：「根若不入地獄，無樹可及天堂」。此一運動的雙重意義正寓於鐘擺的本質之中：基督是完美無瑕的，但祂卻在生涯之初便碰上了撒但[xxxvi]，基督的降臨意味著在世界心靈中有，股巨大張力，祂的敵手則代表這股力量的另一極端。撒但即是「惡的奧祕」（mysterium iniquitatis），祂與「公義的太陽」（sol iustitiae）伴隨左右，恰恰如同影子從屬於光明那般，如此密不可分，所以伊便尼派（Ebionites）[26]與猶奇特派（Euchites）[27]皆認為這對兄弟彼此忠信，兩者都奮力求取一個王國：一個謀求天堂的國度，另一個則欲做「這世界的主宰」。我們都聽過「千年」的統治，也聽過「敵基督的到來」[xxxvii]，彷彿在這對王族兄弟間發生了一場世界與時代的分治，因此，基督與撒但的遭逢並非純屬偶然，而是道途必經的關卡。

79

正如我們必須憶起古代諸神，才懂得鑑賞阿尼瑪／阿尼姆斯的心理學價值那樣，基督乃是自性本身及其意義最為貼切的類比。此一論題當然非關人為捏造、妄下判斷的某種集體價值，而是攸關於確實存在且**不證自明**的集體價值，不論主體對其有無意識，都不影響它存在的事實。不過，雖然基督本身的屬性（祂與聖父同質、永恆共存、從屬於父、童貞受孕、十架受難、對立面之間的羔羊獻祭、將 分為多……等）毫無疑問地標示出祂乃是自性的體現之一，但以心理學的角度來看，祂僅僅對應這個原型的其中一半，另一半則顯現在敵基督身上。兩者同樣體現了自性，只不過後者是

26 成立融合了諾斯替教義團體的猶太基督教派。

27 伊皮法紐曾提過一個諾斯替教派。*Panarium adversus octoginta haereses*, LXXX, 1–3, and in Michael Psellus, *De daemonibus* (in Marsilius Ficinus, *Auctores Platonici [Iamblichus de mysteriis Aegyptiorum]*, Venice, 1497).

以各種黑暗的面向所組成；兩者都是基督教的象徵，其意義就好比在耶穌受難的場景中，救世主與兩名盜賊同死在十字架上[xxxviii]——這個偉大的象徵告訴我們：意識的進步發展與分化導致了某種對於衝突與日俱增、致人於險境的覺知（menacing awareness），其中亦恰恰包含了自我的受難（crucifixion of the ego），自我痛苦萬分地懸吊在兩個無從調解的對立面之間[28]。自我當然不可能徹底抹消，因為那會毀滅意識場域的焦點，結果就是完完全全的無意識。唯有當某些責任衝突無從解決時，自我遭受的相對廢黜才會影響到那些終極而至關重要的抉擇，換句話說：在此情況下，自我是受折磨的旁觀者，它無權做主，只能唯命是從，並且無條件地臣服；然而，擁有最終決定權的乃是人們的「守護神靈」（genius）[xxxix]，亦即一個人身上更崇高、更廣袤，且無可限量的那部分。因此，若用基督教傳統透顯出的光芒細細考察個體化歷程的各種心理學面向，是頗有益處的，儘管基督教中的自性意象（基督）缺少了理應屬於自性的陰影面，它依然能為我們描述出個體化的歷程，且能提供我們力有未逮的精確度與深刻性。

80

誠如前述，基督意象之所以缺乏其陰影面，乃是由於**上帝至善**（Summum Bonum）的教義。愛任紐（Irenaeus）[xl]在駁斥諾斯替教徒時，確切指出：「他們的父的光明」是必須反對的，因為那光「甚至連它自身之內的事物都無法照亮與盈滿」[29]，亦即陰影與虛無。對愛任紐而言，若假設在光明的普羅若麻（pleroma）[xli]中存有一個「黑暗而無形的虛空」，不啻是駭人聽聞的無稽之談；對基督教來說，不論是上帝還是基督，兩者都不可能是矛盾的命題，祂們必須只有單一種意義，這即便到了今日也仍被奉為圭臬。有件事古來無人知曉，今日顯然也鮮為人知（僅少許幾位值得嘉許者除外）——思辨性智識的狂妄自大早已令古人變得膽大包天，致使他們對上帝提出了哲學定義，並或多或少迫使上帝成為至善。某位新教神學家甚至曾經魯莽斷言「上帝**只可以**是善的」，如果他無能看清自己的小聰明僭越冒犯了上帝的自由與全能，那麼，耶和華是應該給他一點顏色瞧瞧。至善教義的強取豪奪自然有其道理，由來更是淵遠流長（請恕無法在此詳述），無論如何，**惡是善的缺乏**的觀念乃是至善教義開始發揮效力的源頭，它掏空了惡的實質性，且最早可追溯到大巴西略（Basil the

28 "Oportuit autem ut alter illorum extremorum isque optimus appellaretur Dei filius propter suam excellentiam; alter vero ipsi ex diametro oppositus, mali daemonis, Satanae diabolique filius diceretur."（但這與此相符：兩個極端之間的那個最好者，因其超凡卓越，應當被稱為上帝之子；另一個直接與祂相對立者，則是邪魔之子、撒但之子、魔鬼之子）（俄利根《駁克理索》〔*Contra Celsum*〕VI, 45; in Migne, *P.G.*, vol. 11, col. 1367.）對立的兩面甚至互為條件："Ubi quid malum est ... ibi necessario bonum esse malo contrarium. ... Alterum ex altero sequitur: proinde aut utrumque tollendum est negandumque bona et mala esse; aut admisso altero maximeque malo, bonum quoque admissum oportet."（凡有惡處……必定需要有與惡相對的善……彼此亦步亦趨；因此我們要不就是離這兩者遠遠的，否認善與惡的存在；或者，如果我們承認其一，尤其是承認了惡，我們就勢必也要承認善。）（Contra Celsum, II, 51; in Migne, *P.G.*, vol. 11, col. 878; cf. trans. by Chadwick, p. 106.）與此清晰且合乎邏輯的陳述相反地，俄利根又忍不住在別處宣稱：「力量、寶座、權柄」乃至於邪靈、不潔的魔鬼「大體上來說，全都沒有與之相反的美德，而且它們並非被造之惡，而是憑著它們自己的自由意志選擇了放蕩的境地。」（De principiis, I, vm, 4; in Migne, P.G., vol. 11, col. 179.）俄利根已經允諾過，或至少暗示過上帝乃是至善的，並且因此背叛了將邪惡的實質性予以剝奪的偏好。當他說出以下的話時，他與奧古斯丁善的缺乏的概念便非常靠近：「此事確然：為惡，意味著善遭到剝奪。」但與這個句子緊鄰的上文如下：「與善背離不是他物，恰是罪大惡極。」（De principiis, II, ix, 2; in Migne, P.G., vol. 11, cols. 226–27.）這清楚顯示了其中一者的增長意味著另一者的消退，於是善與惡代表的是一組對立面的兩半。

29《駁異端》第二卷四章三節。

Great，西元三三〇—三七九年）、亞略巴古的丟尼修（Dionysius the Areopagite，四世紀下半葉），後由奧古斯丁充分發展。

81 隨後有許多專家鑽研「諸善源於神，諸惡源於人」的公理，他提安（Titian，西元二世紀）乃是箇中權威，他說：「諸般邪惡皆非上帝所造，我們自己才是萬惡的造作者」[30]；安提阿的提阿菲羅（Theophilus of Anitoch，西元二世紀）也在其論著《致奧托尼加書》（*Ad Autolysum*）[31]中採納了此一觀點。

82 巴西略說：

> 你們斷不可認為惡的存在是出自上帝之手，也斷不可認為邪惡自身具有任何實質，因為惡並不像活物那般存在，我們也不曾在惡之中親眼見過什麼實體。這乃是因為惡就是善的缺乏……因此，惡的本身是沒有任何實質性的，而是源自於靈魂的殘缺（mutilation，πηρώματων）[32]。惡並非如某些異端所說的那樣，是自天地初開就在的……但惡亦非神所造。畢竟，若萬事萬物都屬於神，惡又怎麼可能源於善呢？[33]

另有一段引文應可讓此一論述的思路更顯清晰。在《創世六日》（*Hexaemeron*）的第二布道中，巴西略又說：

> 若說惡是源於上帝，這是同樣褻瀆的，因為對立之物不可能從其對立之物中生成。死亡並非出自生，黑暗亦非光之母，康健非由病痛所造……那麼，若惡既非本自存在，亦非上帝造物，惡的本性又從何而來？惡是確實存在的，所有世人都不會為此辯駁，那麼，我們又該如何言說？惡，並非栩栩如生的實體，它乃是與美德相對的靈魂狀態，當輕浮之人因其墮落而遠離了善，惡於焉誕生……我們人人都當承認：己身之惡的始作俑者，正是我們自己。[34]

30 *Oratio ad Graecos* (Migne, *P.G.*, vol.6, col. 829).

31 Migne, *P.G.*, vol. 6, col. 1080.

32 巴西略認為世間的黑暗乃是源於天堂之體（the body of heaven）所投下的陰影。參見 *Hexaemeron*, II, 5 (Migne, *P.G.*, vol. 29, col. 40)。

33 *Homilia: Quod Deus non est auctor malorum* (Migne, *P.G.*, vol. 31, col. 341).

34 *De spiritu sancto* (Migne, *P.G.*, vol. 29, col. 37). Cf. *Nine Homilies of the Hexaemeron*, trans. by Blomfield Jackson, pp. 61f.

84

當你說到「高」，你就立刻預設了「低」的存在，這原本是再自然不過的事實，然而，這在此卻被扭曲成先因後果的關係，並被貶斥為信口胡謅，只因為黑暗很顯然產生不了光明，而光明也孕育不出黑暗。即便如此，善與惡的概念卻是一切道德判斷的前提。兩者在邏輯上是一組對立的等價物，因此，亦是所有認知行動的**必要條件**，以實證的立場而言，我們所能說的也不過如此而已。同樣據此立場，我們必須斷言：善與惡乃是道德判斷中共存的兩半，它們誰也不衍生出誰，而是始終並存。惡，就與善一樣，都屬於人類的價值分類，而各種道德價值判斷也操之於我們手中，但僅僅針對那些臣服於我們道德判斷的事物，我們才握有一定程度的主導權。許多事對某個人來說是善，對另一個人而言卻是惡，只有在可被判處死刑的刑案上，才會出現「普遍共識」這種東西。如果我們接受巴西略的想法，認為人才是惡的造作者，那麼我們等於同時接受善也是由人所造，但其實人們首要的身分僅僅是那做出道德判斷者；而關係到那些被判斷的事物，要想釐清人的責任（responsibility）就不是那麼容易的了。為此，我們勢必得要清楚定義人類自由意志的範圍，但精神科醫師都知道這是多麼艱鉅困難的苦差事。

85

正因如此，心理學家才會從形而上學的各種主張中撤退出來，並不得不對那些被**善的缺乏**教義視為理所當然的人性基礎加以批評。那麼，既然巴西略一方面聲稱惡的本身不具有實質性，而是源自於某種「靈魂的殘缺」，另一方面，他卻又深信惡乃是真實存在，如此一來，惡的相對真實性正是根植於靈魂真正的「殘缺」，而這殘缺必然有同等真實的根源。倘若靈魂最初是被創造成善的，那它確實已被腐化了，而且是被某種真實存在的東西所腐化，即便那充其量只是輕忽散漫、漠不關心的態度。就如 ῥαθυμία 這個字所言。我必須盡我所能加以強調：當我們將某樣事物一路追溯到心理狀態或心理事實的時候，這絕對不會將其化約為無，並因此遭到抹消，而是會將它移轉到**心理現實**（psychic reality）的層面上。比起在教義上宣稱魔鬼乃真實存在，在經驗上確定這個心理現實要遠遠容易得多，並且，根據可信的資料來源，魔鬼根本就不是人類虛構出來的，祂的存在遠遠早於人類的發想。如果魔鬼是遵照自己的自由意志才從上帝身旁殞落的，這就證明了兩點：首先，惡在人類之前便已存在於世，因此邪惡不可能單由人類一手創造；再者，魔鬼的靈魂已有了某種「殘缺」，我們必須確信那才是邪惡真正的源頭。巴西略的論述有個根本瑕疵，那就是**乞題謬誤**（*petitio principii*）[xiii]，這使他陷入不可解決的矛盾之中：即便教義宣稱魔鬼永生不死，我們仍然必須打從一開始就徹底否認魔鬼的獨立存在。此一情況的歷史原因，在於摩尼教二元論（Manichaean dualism）的威脅，這點在波斯特拉的提多（Titus of Bostra，約歿於西元三七〇年）的論著《駁摩尼教》（*Adversus Manichaeos*）[35]中格外清楚，他在書中如此反駁摩尼教徒：就其本質而言，根本沒有所謂的惡。

35 Migne, *P.G.*, vol. 18, cols. 1132f.

86 金口若望（John Chrysostom，約西元三四四—四〇七年）並不使用「缺乏」（στέρησις）這個字眼，而是用 ἐκτροπὴ τοῦ καλοῦ 來表述，意指行為與善偏離或背離（deviation or turning away）。他說：「惡無非是一種與善的背離，因此，相形之下，惡乃是次要的。」[36]

87 丟尼修在《論聖名》（*De divinis nominibus*）的第四章對邪惡做了一番詳細的闡述，他說：惡不可能來自於善，因為若惡由善而來，那惡就不是惡了。不過，因為一切存在的事物都源於善，且世間萬物皆有某種善在其中，所以「惡根本就不存在」（τὸ δὲ κακὸν οὔτε ὄν ἐστιν）。

88

> 惡在本質上既非實物，亦不會產出任何事物。
> 惡根本不存在，所以它既非善，亦非善的產物
> （οὐκ ἔστι καθόλου τὸ κακὸν οὔτε ἀγαθὸν οὔτε ἀγαθοποιόν）。
> 世間萬物，正如其所是的那般，皆為善，亦皆源於善；倘若事物之中的善遭到剝奪，它們就不是善，亦不存在。

那不存在之物並不全然是惡，因為絕對的不存在就形同虛無，除非我們認為它超越本質（κατὰ τὸ ὑπερούσιον）存在於善之中。那麼，善既是絕對的存在，又是絕對的不存在，善就

居於最崇高而重要的位置（*πολλῷ πρότερου ὑπεριβρύμενου*），另一方面，惡則既不在存在裡，也不在不存在裡（*τὸ δὲ κακὸν οὔτε ἐν τοῖς οὖσιν, οὔτε ἐν τοῖς μὴ οὖσιν*）。[37]

89

這些引文顯示：不論是什麼強調了惡的真實性，教會的教父都會加以否定，如前所述，若將這種情況與教會對摩尼教二元論的態度擺在一起看，那就說得通了，這在奧古斯丁身上也顯而易見，在與摩尼教、馬吉安教派（Marcionites）論戰時，他做了以下聲明：

> 因此緣故，萬物皆善：因為有一些事物比其他事物更善，而相形之下較不善者的善則增添了那些更善者的榮光……我們名之為惡的那些事物，乃是善中的瑕疵，因此無法自存於善的事物之外……但這些瑕疵恰恰證明了萬物本然的善，因為所謂惡者是源於善的瑕疵，其本質必定顯然是善的。因為瑕疵乃是事物本質的相反物，且會毀壞該物的本質——唯一的毀壞方式便是減損該物的善。**因此，惡無非就是善的缺乏**，也因如此，惡僅僅存在於某些善的事物之中，此外別無他處……所以某些善的事物可能是全然無惡的，譬如上帝本身，或高尚的天堂存有；但若沒有善，惡也不可能存在。這是因為惡如果沒有對任何事

36 *Responsiones ad orthodoxas* (Migne, *P.G.*, vol. 6, cols. 1313–14).

37 Migne, *P.G.*, vol. 3, cols. 716-18. Cf. the *Works of Dionysius the Areopagite*, trans. by John Parker, I, pp. 53ff.

物造成損害，它就不是惡，而它若是確實損害了某物，它便是削減該物的善。若某物的善仍持續減損，這表示該物的善仍有被惡減損的餘地；若惡將善全數吞吃下肚，該物的本質便絲毫不剩，也就無物可損了。此時，善中將不再有惡，善也不再能被毀壞，因為該物的善之本質已經蕩然無存，也就沒有任何傷害能夠將其折損了。[38]

90

根據《奧古斯丁語錄集》（*Liber Sententiarum ex Augustino* [CLXXVI]）所載：「惡不是實物[39]，因為上帝並非惡的創造者，因此惡並不存在；故而那墮落的瑕疵無非就是一股慾望，或是錯用了意志的作為。」[40]奧古斯丁是贊同這觀點的，譬如他曾說：「鋼鐵非惡，但若有誰將鋼鐵挪作犯罪之用，那人才是惡的。」[41]

91

這些引文清楚例示了丟尼修與奧古斯丁的立場：邪惡本身既無實質、亦不存在，因為惡僅僅只是善的減損，善才具有實質。惡乃是一種**墮落**（*vitium*）[xliii]，是因著意志的各種錯誤決定（譬如源自於不良慾念的盲目）而對諸般事物的濫用。偉大的教會神學家阿奎納（Thomas Aquinas）在引用丟尼修上述的語句時曾說：

38 "Nunc vero ideo sunt omnia bona, quia sunt aliis alia meliora, et bonitas inferiorum add it laudibus meliorum. ... Ea vero quae dicuntur mala, aut vitia sunt rerum bonarum, quae omnino extra res bonas per se ipsa alicubi esse non possunt. ... Sed ipsa quoque vitia testimonium perhibent bonitati naturarum. Quod enim malum est per vitium, profecto bonum est per naturam. Vitium quippe contra naturam est, quia naturae nocet; nec noceret, nisi bonum eius minueret. *Non est ergo malum nisi privatio boni.* Ac per hoc nusquam est nisi in re aliqua bona. ... Ac per hoc bona sine malis esse possunt, sicut ipse Deus, et quaeque superiora coelestia; mala vero sine bonis esse non possunt. Si enim nihil nocent, mala non sunt; si autem nocent, bonum minuunt; et si amplius nocent, habent adhuc bonum quod minuant; et si totum consumunt, nihil naturae remanebit qui noceatur; ac per hoc nec malum erit a quo noceatur, quando natura defuerit, cuius bonum nocendo minuatur." (*Contra adversarium legis et prophetarum*, I, 4f.; in Migne, *P.L.*, vol. 42, cols. 606–7.) 奧古斯丁雖然不是《Dialogus Quaestionum LXV》這部作品真正的作者，但它非常清晰地反映了他的立場。Quaest. XVI: "Cum Deus omnia bona creaverit, nihilque sit quod non ab illo conditum sit, unde malum? Resp. Malum natura non est; sed privatio boni hoc nomen accepit. Denique bonum potest esse sine malo, sed malum non potest esse sine bono, nec potest esse malum ubi non fuerit bonum. ... Ideoque quando dicimus bonum, naturam laudamus; quando dicimus malum, non naturam sed vitium, quod est bonae naturae contrarium reprehendimus."（既然上帝創造了一切善，且萬物無非都是由祂所造，惡是從何處誕生的呢？答案是：惡並非一自然之物，其毋寧只是安在被減損之善身上的名詞罷了。因此，沒有惡仍然可以有善，但沒有了善就不可能有惡，無善之處亦不可能有惡……因而，當我們稱呼某物為善，我們就是在讚美它本具的本性；當我們稱呼某物為惡，我們咒罵的並非它的本性，而是某種與其本性相違背的瑕疵，這個本性就是善。）

39 「背德之物並無實質。」（CCXXVIII）「世上有一種內中無惡的本性，在其中，確實不可能有惡。但內中無善的某種本性卻是不可能存在的。」（CLX）

40 *Augustini Opera omnia*, Maurist edn., X, Part 2, cols. 2561–2618.

41 *Sermones supposititii*, Sermo I, 3, Maurist edn., V, col. 2287.

對立面是藉著另一個對立面才被瞭解的，猶如黑暗是透過光明被瞭解的。因此，必須透過善的本質才能瞭解什麼是惡。我們已經說過：善乃是一切可愛可欲之物（everything appetible）；同時，由於每種事物的本質都渴望自己能夠存在、能夠完美，我們便不得不說：一切造物的本性與完美皆乃天性本善（essentially good）。而因為惡不能顯出某種存在，亦不能顯出任何形式或本質，凡名之為惡者，必然是善的缺乏。[42]

惡並不是一種存在，而善卻是。[43]

之所以每個能動者都為著某個目的做工（every agent works for an end），顯然是因為每個能動者都關切著某種明確的事物。能動者所關切之物，勢必得合適於能動者本身，若非如此，能動者就不會對它有所關切了。能合適於某樣事物者，對其而言便是善的，因此，所有能動者皆是為善做工的。[44]

92 阿奎納本人曾想起亞里斯多德所言：「顏色越白之物，越少為黑所染」[45]，然而他卻沒有提到這句話的否命題「顏色越黑之物，越少為白所染」，此語不僅與前者有同等的正確性，兩者在邏輯上也是等價的。此外，阿奎納說黑暗透過光明被瞭解，他還應該再補上一句：反之，光明亦透過黑暗被瞭解。

93 唯有那做工的才是真實的（only that which works is real），所以據阿奎納所言，唯有善才能說是真實**存在**的。然而，他的此番論述，無異是將「善」等同於「方便、有效、恰當、合適」，於是我們就可以將「諸善源於神，諸惡源於人」的古訓轉譯為「所有能動者皆為對自己合用的做工」，但眾人皆知，魔鬼也是如此：祂同樣「可欲」某些事物，並且為了完美盡心竭力——並非完美的善，而是完美的惡——即便如此，人們也很難認定魔鬼的努力奮鬥乃是「天性本善」的表現。

94 邪惡雖然表現為善的缺乏，但以此邏輯，人們同樣可以說：北極的嚴寒低溫雖然把我們的鼻子耳朵都凍僵了，但它跟赤道地區隨處可見的酷熱相比起來也只不過稍微冷了一點，因為北極的氣溫很少會跌破攝氏零下二三〇度。照這麼說，地表上任何一處都可以說是「暖和」的，因為沒有哪裡的氣溫會是絕對零度，就連逼近絕對零度也不可能。以此類推，萬事萬物或多或少都是「善」的，因為就如同寒冷無非只是溫暖的流失，邪惡同樣無非只是善的減損。無論邪惡被看作較為稀少的善，還是造物的受限與有限所產生的結果，**善的缺乏**的論點仍然都是委婉的**乞題謬誤**。這種錯誤的結論必然源自於「上帝＝至善」的前提，因為「邪惡是由完美的善所創造」根本就是駭人聽聞的想

42 *Summa theologica*, I, q. 48, ad I (trans. by the Fathers of the English Dominican Province, II, p. 264).

43 Ibid., I, q. 48, ad 3 (trans., p. 268).

44 "... Quod autem conveniens est alicui est illi bonum. Ergo omne agens agit propter bonum" (*Summa contra Gentiles*, 111, ch. 3, trans. by the English Dominican Fathers, vol. III, p. 7).

45 *Summa theologica*, I, q. 48, ad 2 (trans., II, p. 266, citing Aristotle's *Topics*, iii, 4).

法。上帝僅僅創造了善，以及較稀少的善（一般人都是簡單將後者稱為「惡化的」〔worse〕）[46]。正如區區攝氏零下二三〇的低溫就可以將我們凍得悽慘又狼狽，同樣地，有些人、有些東西雖是上帝親手創造的，卻只擁有最微小的善、最巨大的惡。

95

「諸善源於神，諸惡源於人」的古訓，很有可能正是源自於這種否認邪惡真實性的傾向。若有誰創造了熱，寒冷（「較不善者的善」）也是由他一手造的，但上述古訓卻與這個道理相牴觸。我們當然可以同意奧古斯丁「萬物本質皆善」的主張，然而，萬物內中的善顯然不足以阻止其中的惡與之並駕齊驅。

◆

96

對於獨裁國家的集中營裡那些已經發生，且仍在繼續發生的事情，一個人簡直無法宣稱那是什麼「完美的偶然欠缺」，這聽起來就像是一種嘲諷。

97

心理學並不瞭解善與惡的本質，而只能將其看作是對於諸般關係的各種判斷（judgments about relationships），並藉此瞭解善惡。所謂的「善／好」（good）是那些看似合適的、可接受的，或某種意義上有價值的事物；惡則與之相反。如果我們稱為善／好的東西是「真的」善／好，那麼，想必有某些邪惡的東西也同樣是「真的」。顯然，心理學或多或少涉及主觀的判斷，換句話說：在為各種價值關係命名時，不可避免地會涉及心靈的二元對立（psychic antithesis）：「好」意味著某種不壞的東西，「壞」則代表某種不好的東西。某種意義上來說，世上有某些事物極端邪惡，而且危險；在人類的本性之中也有某些非常危險的東西，不論是什麼人親上火線與之交鋒，它都是如此邪惡。去掩飾這些邪惡之物毫無意義，因為那只會使人麻木，陷入虛假的安全感裡。人性有能力涵納無窮無盡的惡，而人類所能做出的種種惡行就如各項善行同等地真實，以人類經驗來看是如此，以心靈在善惡之間做出的判斷與區別來看亦復如是。只有無意識會對善與惡一視同仁，在心理學的領域中，人們真的不曉得善惡何者才是這世界的統治者，我們盼望，僅能盼望：世界是由善主宰，也就是由那些適合我們之物主宰。世上無人能夠說出什麼才是放諸四海皆準的善。人類道德判斷的標準浮動且極容易犯錯，即便對這種缺陷有再多的洞見，我們都無法從中逃脫，而那些自認超越善惡的人，往往為世間帶來最險惡的苦難，因為這些人早已被自身病態之中的痛苦及恐懼給扭曲了。

46 在第四屆拉特朗大公會議頒布的教令上，我們讀到：「魔鬼，以及其他同樣由上帝所造的惡魔，本來都是善的，但卻因他們自己的舉止而漸成邪惡。」（Denzinger and Bannwart, *Enchiridion symbolorum*, p. 189.）

98

今日，有件事乃是前所未有的重要：人們萬萬不可對潛藏於己身之邪惡的危險性掉以輕心。令人遺憾的是，這份惡的危險太過真切，於是心理學必須堅持主張惡的真實性，也必須駁斥任何將惡看得無足輕重，甚至視為無物的說法。心理學是一門經驗的科學，它負責處理各種實際狀況，因此，身為心理學家，若要我跟形上學瞎攪和，我既無意願也沒能力，但是，當形上學擅闖經驗的領域，並用毫無道理、偏離經驗的方式詮釋各種經驗時，我就必須挺身為經驗辯護。我對**善的缺乏**的批評僅僅止於心理學經驗的範疇，而想必諸位讀者必定已然清楚：從科學角度來看，**善的缺乏**乃建立在**乞題謬誤**上，由此謬誤中所證得的結果，永遠都是那一開始就隱藏在前題裡的預設。雖然用這種方式得出的論點絲毫不具說服力，但事實是：這種說法不僅有人信以為真，還對其深信不疑，此事並非三兩下就能解決的。這情況說明：有某種打從一開始就存在的傾向，為「善」賦予了優先性，且無論這麼做究竟恰當或者不恰當，我們都會殫精竭慮地把善放在第一優先。所以，基督教的形而上學之所以對**善的缺乏**如此執著，正是在表現那股永遠都要增善、減惡的傾向，於是，對形上學而言，**善的缺乏**乃是真理。對此我不予置評，我只不過必須堅持主張白與黑、光與暗、善與惡，都是彼此平起平坐、互依互存的對立面。

99

所謂的《克萊門布道集》（*Clementine Homilies*）[47]是一本諾斯替－基督教（Gnositc-Christian）文集，約著於西元一五〇年，書中對於這項基本事實有正確的認識。不知名的作者將善與惡理解為上帝的左右兩手，並用聖耦（*syzygies*）或對偶之對立面（pairs of opposites）的說法來看待造物全體。與此類似，巴德薩尼（Bardesanes）與馬利諾斯（Marinus）的追隨者亦將善視為「光」，並與右手（βεζιόν）有關；將惡視為「暗」，並與左手有關（ἀριστερόν）[48]。左側也對應到陰性（feminine），因此，愛任紐（*Adv. Haer.*, I, 30, 3）便曾將墮落的索菲亞（Sophia Prounikos）稱為左手（Sinistra）[xliv]。克萊門發現：若將這些概念綜合起來，就與上帝的統一性（God's unity）若合符節。如果某人心中有一個似人的（anthropomorphic）上帝意象——且任何上帝意象或多或少都帶著擬人化的特質——那麼克萊門的觀點就十分合乎邏輯，且自然得無可辯駁。此一觀點的年代可能比前述各段引文早了兩百年之久，這證明邪惡的真實性並不一定要走向摩尼教的那種二元論，也並不會威脅到上帝意象的統一性。事實上，這種說法在舊教耶和華與基督教上帝兩者形象的懸殊差距之間另闢蹊徑，從而保全了神的統一性。耶和華不公不義（unjust）的臭名人盡皆知，而不公不義並不是善；另一方面，基督教的上帝卻只有善。克萊門的神學主張有助於我們解決這項矛盾，它也無庸置疑地符合心理學上的各種事實。

47 哈奈克（Harnack, *Lehrbuch der Dogmengeschichte*, p. 332）將《克萊門布道集》上溯至西元四世紀初，並主張其中「沒有任何確鑿的西元二世紀特徵。」他認為這種神學遠不及伊斯蘭教。耶和華與阿拉都是無法進行反思的上帝意象（unreflected God-image），但在此書中卻可見到心理學的、可反思的神靈（spirit）作用。

48 *Der Dialog des Adamantius*, III, 4 (ed. by van de Sande Bakhuyzen, p, 119).

因此，我們值得更加貼近地跟隨克萊門的思路。他說：「上帝安排了兩個王國（βασιλείας）、兩個時代（αἰῶνας），並決定應將這個現世交託給惡（πονηρῷ），因為它既渺小又轉瞬即逝。但祂承諾要將未來留給善，因為那是宏偉而永恆的世界。」克萊門繼續說道，這種二元區分對應人類的結構：身體來自於富於感性的女性；精神則來自捍衛理性的男性。他將肉體與精神稱為「兩個三元體」（two triads）[49]。

> 人類是女性與男性這兩種混合物（φυραμάτων，字面上指「麵糰、漿糊」）的結合體，因此，人類面前鋪設著服從律法或反叛律法兩條道路，且有兩個王國在他面前開創，其中一個是名為天堂的國度，另一個則屬於那些此刻在地上稱王的……兩國彼此大動干戈。此外，這兩國的統治者乃是上帝的一雙迅捷之手（swift hands of God）。

這可與《申命記》三十二章三十九節互為參照：「我使人死；我使人活。」祂以左手殺人，又用右手救人。

> 這兩個原則一旦來到上帝之外，便不具實在性，因為除上帝以外，再無別的本源（ἀρχή）。上帝也未曾將他們當作動物差派出去，因為他們乃與上帝同心一意（of the same mind [ὁμόδοξοι]）……但上帝差派了最初的四種元素：冷、熱、乾、濕，如此的結果便是：

上帝乃是萬物（every substance，οὐσίας）之父，至於由各項元素混合所生的知識，其父卻非上帝[50]，因為當這些元素在上帝之外相結合時，選擇（προαίρεσις）便如孩子一般從中誕生了。[51]

也就是說，四種元素的混合造成各種不均衡（inequalities），這導致了不確定性，也使得各種決定或選擇之舉成為必須。這四元素構成了肉體的四重性質（the fourfold substance of the body，τετραγενὴς τοῦ σώματος οὐσία）、惡的四重性質（τοῦ πονηροῦ）。此種性質是「從上帝那裡仔細區分、派生出來的，但是，當其遵照那差派它的神的旨意，並在祂之外結合時，此一結合最終衍生出對邪惡欣喜萬分的偏袒之情（the preference which rejoices in evils，ἡ κακοῖς χαίρουσα προαίρεσις）。」[52]

101

最後一句話可以這麼理解：四重性質乃是永恆（οὖσα ἀεί）是神之子，但邪惡的傾向卻是在上帝的旨意下從外在加入這混合物之中（κατὰ τὴν τοῦ θεοῦ βούλησιν ἔξω τῇ κράσει συμβέβηκεν）。因此，惡既不

49 女性或肉體的三元體包含慾望（ἐπιθυμία）、憤怒（ὀργή）、悲傷（λύπη）；男性則包含反思（λογισμός）、知識（γνῶσις）、恐懼（φόβος）。參見《童話故事中的靈性現象》書中各種功能的三元體。（*The Phenomenology of the Spirit in Fairy-tales* Part I of vol. 9, pars. 425ff.）

50 P. de Lagarde (*Clementina*, p. 190) 在此說的是……πάσης οὐσίας...οὔσης γνώμης。在我看來，讀成 οὐ τῆς 似乎比較合理。

51 第三章：*τῆς μετὰ τὴν κρᾶσιν*。

52 *The Clementine Homilies and the Apostolical Constitutions*, trans. by Thomas Smith et al., pp. 312ff. (slightly modified).

是由上帝或任何人所造，也不是從上帝投射而出，更不是自行誕生的。對此番沉思致力鑽研的彼得（Peter），顯然不太清楚事情究竟是如何發展的。

102

如此看來，四元素的混合物似乎在上帝無意為之（且可能一無所知）的情況下產生了某種差錯，雖然這點很難與克萊門的看法——上帝對立的兩隻手「彼此大動干戈」——兩相吻合。這個議題的先驅彼得顯然心知肚明：其實很難一口咬定造物者就是惡的淵藪。

103

布道書的作者支持彼得式的基督教（Petrine Christianity），顯然具有「高教會派」（High Church）的氣息，或說格外重視儀式傳統。若將此點與他所主張的上帝雙面性教義擺在一起，便能看出他與早期猶太基督教教會（Jewish-Christian Church）的關聯。在當時的教會裡，根據伊皮法紐（Epiphanius）的證言，我們發現伊便尼派有此主張：神有二子，其長者乃是撒但，其幼者則是基督[53]。彌迦（Michaias）是該場對話的其中一人，他在字裡行間盡可能地暗示：倘若善、惡是以同種方式誕生，那麼，兩者必定是兄弟。[54]

104

在（疑似是猶太基督教的）啟示文學〈以賽亞升天〉（*Ascension of Isaiah*）的中間段落，我們可以右見那令以賽亞全神貫注的七重天意象（vision of the seven heavens）[55]。他首先在蒼穹中見到薩麥爾（Sammaël）正與敵手戰得不可開交，隨後，天使帶他飛上一重天，來到一個寶座面前。站立在寶座右側的諸位天使遠比左側的更為美麗。右側的天使「**同聲**（*one* voice）齊唱讚美」，左側的則**在其後**才唱和（sang *after*），但祂們所唱的卻與前者不同。二重天的天使遠比一重天的更加漂亮，且祂們彼此沒有任何差異，二重天如此，其上的每一重天亦然。很顯然，薩麥爾對於一重天仍有不容小覷的影響，因為寶座左側的那些天使並不十分美麗，同樣地，雖然每一重都比前一重更加燦爛輝煌，但較低重天的光輝相形之下畢竟遜色不少。魔鬼和諾斯替教派的執政官阿爾亢（archons）[xlv]一樣，都棲居在天空中，因此祂與祂的天使想必對應於占星學的諸神，其影響也相仿。天堂的光輝從下到上依層漸變，直達天堂的最高處，這說明魔鬼的勢力範圍與三位一體的神聖領域彼此貫通，後者的光芒逐層黯淡，直到天堂最底層。這描繪了一幅對立面之間彼此補償、相互平衡的圖像，如同左手與右手。極為重要的是：此番異象和《克萊門布道集》一樣，都屬於前摩尼教時期（pre-Manichaean period，西元二世紀），當時的基督教還不需要與摩尼教的競爭者分庭抗禮。這個異象很可能更貼切地描述了陰與陽的關係，且比**善的缺乏**更加貼近實際的真相。此外，它並不會對一神論造成絲毫毀壞，因為它只是統合了對立的兩面，就如道家的陰與陽（耶穌會士將「道」〔Tao〕翻譯為「神」

53 *Panarium*, ed. by Oehler, I, p. 267.

54 *Clement. Hom.* XX, ch. VII。並無跡象顯示偽克萊門（pseudo-Clement）對摩尼教二元論持有防禦性的態度，而這種態度卻是後世寫作者特有的，因此，《克萊門布道集》可能可以上溯至西元三世紀初，甚或更早。

55 Hennecke, *Neutestamentliche Apokryphen*, pp. 309ff.

〔God〕，這是十分合理的）。看樣子，摩尼教二元論讓教父首次意識到：自己原來始終堅信著惡的實質性，只是從未清楚自知。這份突如其來的領悟，很可能促使他們得出了危險的擬人化假設，即：凡是人類無法統合之物，上帝亦無能為力。反觀早期的基督徒，多虧他們的無意識更為廣大，才得以免犯此錯。

105

我們或許可以大膽假設：在《約伯書》以後，耶和華的上帝意象就匯聚為人類心中的情結，並在諾斯替教派圈內、持調和論的猶太教社群中（**syncretistic Judaism**）得到普遍的持續討論。對此問題，基督教徒的回應聲浪最為熱烈——他們眾口一聲主張上帝的善[56]，但這無法滿足守舊保守的猶太人。因此，此處有一點非常重要：上帝有兩位彼此截然相反的子嗣的教義，正是源自於生活在巴勒斯坦的猶太基督教徒。在基督教內部，這個教義散播到波格米勒派（**Bogomils**）、純潔派（**Cathars**）之間；在猶太教內，它影響了宗教思想，並在卡巴拉生命之樹（**cabalistic Tree of the Sephiroth**）的左右兩端找到自身的永恆表達，名為**愛**（*hesed*）與**公義**（*din*）。承蒙拉比學者韋伯洛斯基（**Raphael Judah Zwi Werblowsky**）的好意，他曾經從希伯來文學中為我蒐集了許多段落，正好與此議題相關。

106

這位拉比曾經教導：「這節經文是什麼意思呢？『你們誰也不可出自己的房門，直到早晨。』（《出埃及記》十二章二十二節）[57]一旦毀滅者獲得了允許，人們就無從分辨他是正是邪，事實上，他的出發點甚至就是公義。」[58]《出埃及記》三十三章五節寫道：「我若一霎時臨到你們中間，必滅絕你們」，猶太學者對此語的解釋是：「耶和華的意思是，祂將會發起片刻即逝的烈怒，因為祂的怒意就是如此短暫，好比《以賽亞書》二十六章二十節所說：『隱藏片刻，等到忿怒過去』——並將你滅絕。」在此處，耶和華是在警告人們祂那難以抑止的易怒性子，任何咒詛要是在神聖之怒發作的期間脫口而出，那都必將應允。正因如此，當那「明白至高者的意旨」的巴蘭（Balaam）[59]被巴勒（Balak）派去咒詛以色列時，他是令人膽寒的敵手，因他知曉耶和華發怒的時辰。[60]

107

上帝的愛與憐憫取決於祂的右手，左手則代表公義、施行公義。因此我們在《列王記上》二十一章十九節讀到：「我看見耶和華坐在寶座上，天上的萬軍侍立在他左右。」猶太經注（midrash）如此評注：「天上豈有左右之分？這其實是說，仲裁者居右，控訴者在左。」[61]另外，《出埃及記》十五章六節說：「耶和華啊，你的右手施展能力，顯出榮耀；耶和華啊，你的右手摔碎仇敵」，此處的

56 參見《馬太福音》十九章十七節、《馬可福音》十章十八節。
57 這是關於屠殺埃及頭生子的引文。
58 *Nezikin* I, Baba Kamma 60 (in *The Babylonian Talmud*, trans. and ed. by Isidore Epstein, p. 348.（以下簡稱為 *BT*，略有修改。）
59 《民數記》二十四章十六節。
60 *Zera'im* I, Berakoth 7a (BT, p. 31).
61 Midrash Tanchuma Shemoth XVII.

經注則是：「當以色列的子民奉行神的旨意，他們就讓神的左手成了右手；但他們若不照神的旨意行，即便神的右手都要變為左手。」[62]「神的左手，碎物為渣滓；神的右手，救人以榮光。」[63]

108

耶和華的公義有其危險的一面，譬如以下段落：「即便是至聖的唯一神也如是稱福道：倘若我僅僅依著憐憫造了世界，它將罪孽深重；但是，若我僅僅依著公義造這世界，它又無法存在。於是，我要以公義、憐憫一齊創造世界，並要它屹然而立！」[64]亞伯拉罕（Abraham）在《創世紀》十八章二十三節為了所多瑪城（Sodom）向上帝求情，此節的經注寫道：「〔亞伯拉罕說〕祢若欲讓這世界存續，世上就無絕對的公義；祢若渴盼絕對的公義，這世界便斷不能留。然祢卻將兩端齊握在手，既要世界留存，又要絕對公義。除非祢稍有取捨，否則，這世界便無法存續。」[65]

109

比起義人，耶和華更喜愛悔改的罪人，出於祂的公義，祂還以手遮蔽他們，或將其藏在祂的寶座之下，藉此保護他們。[66]

110

拉比約拿單（R. Jonathan）引《哈巴谷書》二章三節（「因為這默示有一定的日期……雖然遲延，還要等候」）說道：「你們應當如此說：**我們**等候著〔祂的來臨〕但**祂**卻並不等待。因為《以賽亞書》三十章十八節是這麼寫的：『耶和華必然等候，要施恩給你們』……然而，既然我們與上帝同在等待，又是什麼耽誤了祂的到來？乃是神聖的公義將之耽誤了。」[67]我們必須在此意義上來瞭解拉比約哈南（R. Jochanan）的這段禱詞：「願這是祢的旨意：主啊，我們的神，求您垂顧我們的不堪，保守我們罪惡的困境。請以祢的憐憫為衣，以您的大能覆體，請以祢的慈愛包裹自己，又以榮美圍繞自己；願祢的和善與慷慨行在祢的跟前。」[68]這是以良言相勸，好讓上帝記起祂那些良善的品質。傳言上帝甚至會對自己禱告：「願這是我的旨意：我的仁慈抑遏我的憤怒，願我的慈愛戰勝我其他的性格。」[69]此一傳言是源於以下的故事：

---

62 Cf. *Pentateuch with Targum Onkelos ... and Rashi's Commentary*, trans. by M. Rosenbaum and A. M. Silbermann, II, p. 76.

63 《雅歌》二章六節的猶太經注。

64 *Bereshith Rabba* XII, 15 (*Midrash Rabbah translated into English*, ed. by H. Freedman and M. Simon, I, p. 99: slightly modified).

65 Ibid. XXXIX, 6 (p. 315).

66 Mo'ed IV, Pesahim 119 (BT, p. 613); *Nezikin* VI, Sanhedrin II, 103 (*BT*, pp. 698ff.).

67 *Nezikin* VI, Sanhedrin II, 97 (*BT*, p. 659; modified).

68 *Zera'im* I, Berakoth 16b (*BT*, p. 98; slightly modified).

69 Ibid. 7a (p. 30).

以利沙（Elisha）之子，拉比以實瑪利（R. Ishmael）曾說：有一次，我走進聖堂的最深處奉獻薰香，我在那裡看見Akathriel[70] Jah Jahweh Zebaoth[71]端坐在雄偉崇高的寶座上。他對我說，以實瑪利，吾兒，賜福於我！而我回答他：願此乃您的意旨，您的仁慈抑遏您的憤怒，願您的慈愛戰勝您其他的性格，於是您能以慈敏的性格對待您的子民，不再僅有嚴酷的公義。而他對我點了點頭。[72]

111

從這些引文之中，不難看出約伯（Job）矛盾的上帝意象其效應為何。它在猶太教內部成為其宗教思想的主體，並且，透過卡巴拉的中央就能清楚看見它對雅各．波墨（Jokob Böhme）的影響。在他的文章中，我們可以發現一種相似的矛盾性，也就是上帝的愛與「怒火」（wrath-fire），路西法即是永世受此火燒。[73]

112

因為心理學並不是形上學，所以任何形而上的二元論述都不能從心理學推演出來，也不能歸咎到它的頭上，對立面之間的等值性（equivalence）才是心理學的論述所關切的[74]。心理學明白：等價的對立面對於認知（cognition）這個舉動而言，本質上是不可或缺的；若非如此，就無法進行任何的區別分辨。這樣的設想是不太可能的——某個東西一方面和認知主體本身緊密難分，同時卻又是認知行為的對象。比較合理的假設應該是：根本來說，其實是我們的意識在為各種事物賦予名稱、評判差異，甚至，它搞不好還無中生有地揑造出了各種區別。

113 我之所以花了這麼長的篇幅探討**善的缺乏**的教義，是因為它導致人們對人性之中的邪惡抱持太過樂天的想法，又對人類的靈魂過度悲觀。為抵銷此影響，早期的基督教徒用敵基督來與基督相抗、平衡，這是非常正確的想法。畢竟，若無「低」怎能說「高」，若無「左」怎能說「右」，若無「惡」怎能說「善」？更遑論它們皆真實存在。唯有藉著基督，魔鬼才能真正以上帝的對立面之姿走進這世界，且如前所述，早期的猶太基督教社群將撒但視為基督的兄長。

---

70 "Akathriel" 是由 ktr = kether（王座）和 el（上帝之名）組合成的複合詞。

71 一串神聖的上帝名諱，通常被譯為「萬軍之耶和華」（the Lord of Hosts）。

72 *Zera'im* I, Berakoth 7 (*BT*, p. 30; slightly modified).

73 *Aurora*, trans. by John Sparrow, p. 423.

74 維克多．懷特（Victor White）是我一位博學的朋友，在他所著的《道明會研究》（*Dominican Studies* II, p. 399）中，他認為他可以在我身上發現摩尼教的蛛絲馬跡。我無心投入形而上學，但無疑熱愛基督教哲學，基於這點，我勢必得要發問：如果地獄、天譴、魔鬼這些東西都是永生不死的，那我們所做的到底是什麼？理論上來說，他們形同無物（consist of nothing），但這個說法要如何跟永世受罰（eternal damnation）的教義相一致呢？然而，如果他們確實是由某些東西組成（consist of something），那些東西幾乎不可能是善的。那麼，二元論又有什麼危險可言？此外，我的批評者應該清楚我有多麼強調自性的統合體這個核心的原型，它是**對立結合體**（complexio oppositorum）的絕佳範例，因此，我的思想傾向實與二元論背道而馳。

不過，還有另一個原因致使我必須極力批判**善的缺乏**。我們早在巴西略那裡就看到將惡歸咎於靈魂之性情（disposition，διάθεσις）的傾向，且將「不存在」的屬性安在惡的頭上。因此，根據他的說法，邪惡源自於人類的輕浮愚昧（frivolity），於是惡之所以能夠存在不過是出於疏忽過犯，也就是說，惡僅僅形同某種心理疏失的副產品，其真實性也就在煙塵之中化為烏有了。輕浮愚昧作為惡的成因，當然是值得嚴肅看待的因素，但它卻可以透過態度的轉變而消除。只要願意，我們的舉止**確實可以**有所不同。心理因果關係（psychological causation）是某種太難捉摸又似非真實的東西，因此，不可避免地，一切被化約為心理因果關係的事物都顯得毫無用處，或純屬意外的錯誤，其重要性從而被極盡所能地縮減到最小。這種偏見究竟在多大程度上導致我們現代人對心靈的低估輕看？這是懸而未決的問題，而當心靈被視為萬惡之淵藪時，這種偏見就益發嚴重。教父很難想像他們把多麼致命的力量歸咎到靈魂的頭上。只有徹底盲目之人才會對邪惡在世上搬演著的龐大戲分視而不見。誠然，人們必須仰仗上帝本身的干涉，才可能擺脫惡的咒詛，因為祂若不插手，人類恐將迷失。惡的此種至高力量若是被歸給人的靈魂，必然導致負面的膨脹（也就是一種對無意識部分魔鬼般地渴求），這會使惡變得更加恐怖難纏。此一無可避免的後果在敵基督形象中可見一斑，也反映在當代的各種事件上，這些事件本質上與即將邁入尾聲的雙魚座基督教時代（Christian aeon of the Fishes）彼此吻合。

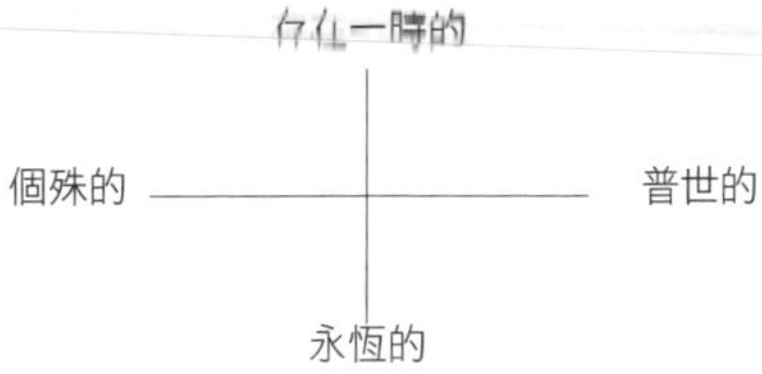

存在一時的

個殊的　　　　普世的

永恆的

115

在基督教的觀念世界中，基督毫無疑問地代表自性[75]。自性作為個體性的神格化（the apotheosis of individuality），具有與眾不同的特性，並總是曇花一現。然而，由於心理學上的自性是超驗的概念，用以表達意識與無意識內容的整體性，它只能以二元對反的術語來描述[76]；也就是說，上述的特性必須讓其對立面加以補充，才能正確描述這超驗層面的特色。最為簡單的方法是以四元對立（quaternion of opposites）的形式來描述。

116

這個公式表達的不僅僅是心理學的自性，也是教義中的基督形象。作為歷史名人的基督是存於一時的、個殊的；作為神，基督則是普世而永恆的。自性亦然：若作為個體的核心本質，自性是存於一時、個殊的；若作為原型式的象徵，自性乃是上帝意象，因而是普世

75「基督不會是自性的象徵，這說服不了人」或者「祂只是虛幻的自性替代品而已」這些說法都已被駁斥了，只有在其嚴格地指涉現在這個時代時，我才同意這種看法，心理學批評在此時已然成為可能，在尚無心理學的時代則不然。基督並不僅僅是**象徵著**（*symbolize*）全體；實則，作為一個心靈現象，祂**正是**全體本身。這點已經由各種象徵以及過去的現象學所證明，後者指的是——如前所述——邪惡是**善的缺乏**。在任何給定的時間裡，完整體的概念就像「一個人就是他自己」那樣的完整（as total as one is oneself）。誰能保證，我們對完整體的概念就不等同於我們對完整的需要呢？無論如何，區區一個完整體的概念是無法為此斷言的。

76 就如光的超驗性質只能藉著波動**與**粒子來表達。

善的

靈性的 —— 物質的或屬於地下世界的

惡的

且永恆的[77]。如今，神學如果僅僅用「善的」、「靈性的」來描述基督，就勢必會在相反的另一面產生某些「惡的」、「物質的」——或「屬於地下世界的」（chthonic）的東西，藉此代表敵基督。因為自性不能僅僅被看作是「善」而「靈性」的，由此產生的四元對立便在心理學上被統合起來，這會讓自性的陰影顯得不那麼漆黑。進一步地，這又使得「善」與「靈性」的對立面不再需要被排除在全體之外。

117

這種**四元結構**（*quaternio*）表達了心理學上的自性。根據定義，自性既然是一個完整體，它就必須同時包含光暗兩面；同理，自性也必須同時擁抱陽性及陰性，因此，**四元**聯姻可作為自性的象徵[78]。最後這點並非什麼新鮮事，因為根據希波律陀（Hippolytus）所言，納塞內派（Naassenes）的信徒早已明白此事[79]。因此個體化乃是一種「神祕結合」（mysterium coniunctionis），於此過程中，自性會以對立兩半之婚姻般的統合被經驗到[80]，或在病患自發繪製的曼陀羅中被描繪成將不同部分綜攝起來的全體。

118

馬利亞之子耶穌乃是**個體化的原則**（*principium individuationis*），此事早被知曉與論述。因此巴西里德（Basilides）[81]才會記下希波律陀所說的：「如今，耶穌在萬物天性（φυλοκρίνησις）的區判中成為首個犧牲，而他的受難與復活（Passion）僅僅是為了將混為一體的事物做出區隔。為此目的，他說，他那必須留置在一種無形無狀的境地（ἀμορφία）中的神子身分……需要被拆解為其組成分子（components），同此方式，耶穌亦被拆解了。」[82]巴西里德的說法則更加複雜，他說，「不存在的」上帝乃是三重神子（sonship，υἱοτῆς）之父。第一位「兒子」的本質最為美好、微妙，他留在天上與父同在。第二子的本質較為粗糙，雖其地位略低一些，但卻獲得了「某種羽翼，如同柏拉圖……在他的《斐德羅篇》（*Phaedurs*）中賦予靈魂的那種羽翼。」[83]至於第三個「兒子」，因其本性需要被淨化（ἀποκαθάρσις），他在「無形混沌」（formlessness）之中跌得最深。因著第三子的不純淨，他顯然是最受塵染也最沉重的一個。在源自於這個不存在上帝的三種流溢（emanations）或顯化（manifestations）之中，不難看出精神（the spirit，πνευματικόν）、靈魂（the soul，ψυχικόν）與肉體（the body，σαρκικόν）的三分法。其中，精神是最精微而崇高者；靈魂作為**精神與肉體的繫帶**，則比精神更粗糙些（grosser，

---

77 參見《心理學與煉金術》段323及其後、《自我與無意識的關係》（*The Relations between the Ego and the Unconscious*）段398及其後。

78 參見《移情心理學》段425及其後。

79 *Elenchos*, V, 8, 2 (trans. by F. Legge, I, p. 131). Cf. infra, pars. 358ff.

80 《心理學與煉金術》段334、《移情心理學》段457及其後。

81 生活在西元二世紀的巴西里德。

82 *Elenchos*, VII, 27, 12 (cf. Legge trans., II, p. 79).

83 Ibid., VII, 22, 10 (cf. II, pp. 69–70).

παχυμερέστερα），但因為靈魂擁有「鷹之羽翼」[84]，所以能托起自身之重，直上天際。精神與靈魂的本質都比較「精微」（subtle），它們就像乙太（ether）和老鷹一樣棲居在光之境地中或其左右；至於被剝奪了光芒的肉體，則是沉重、晦暗，又不純粹的，但依然保有第三子的神聖種子，只是它仍然**無知無覺亦無形無狀**（*unconscious and formless*）。這種子彷彿是被耶穌喚醒，又因耶穌藉著受難與復活（或說是透過他一分為四），使二元對立在他之中拆解開來的此一事實獲得淨化，並得著升天（ascension，ἀναβοή）[85]的能力[86]。耶穌因此是一個能將神之第三子身分從人性的黑暗沉眠之中叫喚起來的榜樣。他是「屬靈的內在之人」（spiritual inner man）[87]。因為馬利亞之子耶穌是道成肉身的人，他本身完整擁有三分法中的每個部分，但耶穌的直接前身是第二基督，也就是七大執政官（hebdomad）之首的兒子，且耶穌的第一個預表（prefiguration）乃是基督，即造物者耶和華（demiurge Yahweh，雅威）——八大執政官（ogdoad）中的最高位者——之子[88]。安索羅波斯形象（Anthropos figures）的三分法恰恰對應到不存在之上帝的三位神子，也對應到人類本性的三個部分。我們因此有了以下三組三分法：

一	二	三
第一神子	七元的基督	精神
第二神子	八元的基督	靈魂
第三神子	馬利亞之子耶穌	肉體

84 Ibid., VII, 22, 15 (II, p. 70)。老鷹在煉金術中也有同樣的重要性。

85 這個字眼同樣出現在關於佐西默斯（Zosimos）陶製調酒杯（*krater*）的著名文章裡：Berthelot, *Alch. grecs*, III, li, 8: ἀναδραμε ἐπι τὸ σόν。（中譯注：佐西默斯是著名的煉金大師，約生活於西元三至四世紀羅馬統治時期的埃及，著作等身，對後世煉金術影響深遠；*krater* 是古希臘時期用來調和酒水的陶製容器，常有雙耳造型。另見本書第十三章注釋19。）

86 在此，我必須概述一下瓦倫廷派的 *horos* 學說，根據愛任紐（*Adv. haer*, I, 2, 2ff.）的記載，「赫洛斯」（*Horos*，邊界、限制）乃是「力量」或等同於基督的神性（numen，或至少是出自於祂）。它有以下這些同義詞：ὁροθέτης（boundary-fixer，邊界修護者）、μεταγωγεύς（he who leads across，領路跨越者）、καρπιστής（emancipator，解放者）、λυτρώτης（redeemer，救贖者）、σταυρός（cross，十字架）。在此身分下，祂是宇宙的調節者與支柱，如同耶穌。當索菲亞「無形無狀，宛若胚胎之時，基督憐憫她，便用祂的十架將她舒展開來，又用祂的大能給了她形狀」，因此，她至少獲得了實體（*Adv. haer.*, I, 4）。同時祂也為她留下「成為不朽的暗示」（intimation of immortality）。十字架與荷羅斯，或十字架與基督之間的同一性在以下這段文本當中也很清楚，這是聖保林（Paulinus of Nola）所言：

"... regnare deum super omnia Christum,
qui cruce dispensa per quattuor extima ligni
quattuor adtingit dimensum partibus orbem,
ut trahat ad uitam populos ex omnibus oris."

（基督如同上帝，主宰萬物，祂在挺立開展的十字架上，藉著木架的四端向外探去，探入這遼闊世界的四方，如此，祂便能拉拔所有地方人們的生命。）（*Carmina*, ed. by Wilhelm Hartel, Carm. XIX, 639ff., p. 140.）關於十字架如同上帝的「閃電」，參見《個體化歷程研究》，段535及其後。

87 *Elenchos*, VII, 27, 5 (Legge trans., II, p. 78).

88 Ibid., VII, 26, 5 (II, p. 75).

119

正是在肉體這晦暗又凝重的領域內，我們必須尋找 ἀμορφία，即第三神子躲藏其中的「無形混沌」。如前所述，此無形性實際上似乎等同於無意識。奎斯博（Gilles Quispel）曾經對伊皮法紐的 ἀγνωσία[89] 和希波律陀的 ἀνόητον[90] 這兩個概念相當關注，兩者最好的譯名就是「無意識」（unconscious）。ἀμορφία、ἀγνωσία、ἀνόητον，這三個詞都指涉萬物初始的狀態、無意識內容的潛能，巴西里德恰當地將其分別闡述為無存在者（non-existent）、千變萬化者（many-formed）及為萬物賦予力量的世界種子（all-empowering seed of the world）。[91]

120

第三神子的此一圖像某種程度上可以類比中世紀的**哲人之子**（*filius philosophorum*）、**大宇宙之子**（*filius macrocosmi*），這兩者同樣象徵沉睡於物質之中的世界靈魂（world-soul）[92]。即便是對巴西里德來說，肉體仍然具有獨特且超乎意料的重要性，因為在肉體本身及其物質性中，寄寓了著三分之一顯露的神格（revealed Godhead）。這無非說明人們深信物質之中蘊含相當份量的聖祕性（numinosity），而我將這視為對「神祕」（mystic）意義的先見之明，隨後的煉金術及後世的自然科學都假設物質之中藏有這種意義。有一件事從心理學的角度來看格外重要：耶穌對應到第三神子，且是「喚醒者」（awakener）的典型，因為二元對立在耶穌裡面透過受難與復活被拆分開來並進入意識層面，於此同時，第三神子內在的對立面卻長久停留在無意識中，既無形貌亦無分別（formless and undifferentiated）。換言之，人類的無意識裡有一顆休眠的種子，對應著耶穌的模式。生而為人的耶穌只有藉著更崇高的基督所散發的光，才能獲致意識，並擺脫他內在的本性，如此這般，人類無意識中的種子也必須仰賴耶穌流洩出來的光將之喚醒，並因此被驅向一種類似對立面的分隔區辨。此觀點完全符合心理學上的下列事實，亦即：就算作夢者的意識心智當中完全沒有這類概念存在，自性的原型意象仍然會顯現在其夢中。[93]

89 *Panarium*, XXXI, 5 (Oehler edn., I, p. 314).

90 *Elenchos*, VII, 22, 16 (Legge trans., II, p. 71). Cf. infra, pars. 298ff.

91 Ibid., 20, 5 (cf. II, p. 66). Quispel, "Note sur 'Basilide'."

92 關於諾斯替派學說的心理學本質，可參考奎斯博《Philo und die altchristliche Háresie》第432頁，他在此處節錄愛任紐（Adv. haer., II, 4, 2）：「Id quod extra et quod intus dicere eos secundum agnitionem et ignorantiam, sed non secundum ocalem sententiam」（說到何謂外在，何謂內在時，他們指的並不是空間，而是什麼是已知，什麼是未知。）（參見Legge, I, p. 127.）緊接在這之後的句子是：「但在普羅若麻中，或在那已被天父包含在內的事物中，造物者或天使曾經創造過的所有一切都被妙不可言的偉大所涵容，猶如圓內的中心」，這句話因此被視為對無意識內容的描繪。我需要對奎斯博對於投射的看法提出批評：投射並沒有將某個心靈內容的真實性（reality）棄之不顧，同時也不能僅僅因為它只能被描述為「心靈的」，就將其稱為是「不真實的」（unreal）。心靈正是最卓越的真實。

93 參見《心理學與煉金術》段52及其後、段122及其後，與《個體化過程研究》（*A Study in the Process of Individuation*）段542、段550，與段581及其後。

♦

121 我不願草草結束本章，因為我們至今談及的素材非常重要，必須對此多做一番闡述。心理學賴以立足的主體是心靈的現象，顯然既不容易掌握，亦時常遭到誤解。因此我寧願冒著重複的風險，也要一再回到基本原理上，此舉僅僅是為了提前防範我的論述可能導致的錯誤印象，也為讀者免去不必要的麻煩。

122 我在基督與自性之間描繪出的類比，僅僅是心理學的，除此之外別無他意，同理，基督和魚的類比也僅僅是神話學的。我絕對無意擅闖形上學領域，也就是信仰之境，這點毫無疑問。由人類宗教幻想投射出來的上帝與基督意象，不可避免帶有擬人的特徵，且眾所公認，因此，它們就如其他各種象徵一樣，可以用心理學來闡明。正如古人相信他們用魚的象徵道出了基督的某些要義，煉金術士似乎也相信：以石頭類比基督，可以闡明、深化基督意象的意義。隨著時間推移，魚的象徵已經蕩然無存，**哲人石**亦不再重要。然而，仍可發現有許多陳述將後者置於獨特的光輝之中——這些觀點與概念將石頭看得如此重要，讓人不禁懷疑：說到底，也許基督才是石頭的象徵，而非反之。這標識出一種發展過程——幸虧有約翰書信與保羅書信的幫助——這種發展將基督包含在切身的內在經驗中，並使基督以完人的形象現身。基督與石頭的關係也直指心理學上的此一證據：心靈中有一種原型式的內容，它擁有基督意象在上古時代與中世紀所表現出的所有獨特品質。因此，現代心理學遭遇的問題與煉金術士面對的問題十分相像：究竟自性是基督的象徵？或者基督才是自性的象徵？

在目前的研究中，我斷定答案是後者。我已試圖呈現傳統的基督意象如何集自性的原型特徵於一身。我們不妨如此形容：原則上，我的目的與方法有如藝術史學家，努力對那些形成、形塑出獨特基督意象的各種影響追本溯源，因此，我們在藝術史、哲學以及文本批評中都發現了原型的概念。心理學的原型與其他領域的原型只有一個面向有所不同：它指涉的是栩栩如生、無所不在的心靈事實，因此，心理學原型很自然地以頗為不同的光芒彰顯了整體的情況，於是人們將那直接而鮮活的原型看得比歷史上的耶穌基督更為重要。如我先前所述，某些煉金術士同樣傾向於將石頭看得比基督更重。因為我的旨趣與宣教相距甚遠，我必須特意強調：在此我無意關注宗教的信條，只在乎已被證實的科學事實。若是有誰傾向將自性原型視為真正的成因，並因此把基督看作自性的象徵，他就必須將此牢記在心：**完美**（*perfection*）與**完整**（*completeness*），這兩者是截然不同的。基督意象幾近完美（至少它本來應是如此）；反觀原型，據目前所知，它意味著完整，卻與完美相去甚遠。這是一個悖論，是對不可描述、超越經驗之物的表述，因此，自性的實現在邏輯上得要先對自性的至高地位有所瞭解才有可能，而自性的實現會造成根本的衝突，即對立面之間的真正懸置（**suspension**）（這使人想起受難的基督被懸吊在兩個盜賊之間），同時營造出近乎完整的狀態，其中卻缺少完美性。在此意義上，整全之後力求完美就不僅合情合理，還是人類與生俱來的特性，它為文明提供了最強健的根基。這份冀求如此強烈，強烈到甚至可以化為一股能將萬事萬物捲入其中，為其服務的激情。原型自然而然會以各種各樣的方式尋求完美，並在完整之中實現它自身，而這是一種相當不同的完全（τελείωσις）。凡是原型主宰之處，它就會遵照其古老的本性將完整性**強加**在我們身上，並對抗一切我們有意識的掙扎。個體也許會力求完美——「所以，你們要完全（τέλειοι），像你們的天父完全一樣。」[94]——但為求完整，他卻勢必會苦於那與自身意圖相悖的對立面。「我覺得有個律，就是我願意為善的時候，便有惡與我同在。」[95]

124

基督意象與下列情況完全相應：基督是那被釘死在十字架上的完美之人。關於成就德行的奮發努力（ethical endeavour），人們恐怕想不出比這更真切的圖像了。話說回來，自性的超驗概念作為心理學上的假設，卻永遠無法與此意象吻合，這是因為雖然它是個象徵，卻缺少具有啟示性的歷史事件所擁有的特質。就像**阿特曼**和**道**這些與此相似的東方概念一樣，自性的概念或多或少是認知的產物，既非根植於信仰，亦不具形上學思想的根柢；僅是因為經驗顯示無意識會在特定條件下自發產生原型式的全體象徵，才有了自性的概念。由此，我們必須斷定某些這樣的原型是普遍發生的，且天生帶有某種聖祕性。事實上，數量龐大的歷史證據及現代案例材料皆可證明這一點[96]。這些象徵原汁原味的圖像式表達揭示了：之所以此種象徵會被賦予最核心、最崇高的重要性，恰恰是因為它們代表著對立面的結合。這種結合想當然只能被理解為矛盾的悖論，因為在人們的想像中，對立之物的結合只可能通向彼此的消亡湮滅（annihilation）。所有超驗的情況都帶有悖論的性質，因為唯有悖論才能充分表達它們無法被言說的本質。

125 每當原型位於主導地位時，衝突的狀態就是心理學上不可避免的結果，此基督教的十字架受難象徵就是鮮活的例子——那未蒙救贖的急迫狀態，唯有在那句「成了」（consummatum est）道出以後才告終結。因此，無論如何，接受原型的說法都不會削減基督教的神祕性，反而強而有力地創造了一個心理學上的先決條件，若少了它，「救贖」便顯得毫無意義。「救贖」並非意味著某人肩上從來無意承受的重擔就此被拿走了，只有「完整」的人才能明白自己對自己而言是個多麼難以忍受的傢伙。據我所見，對於那些被本性迫使而接受個體化任務的人來說，基督教的觀點完全不會與此產生任何排斥；而對於那些將我們的整體性與完整性視為個人必然使命的人來說，也不會有所齟齬。如果這些人帶著意識與自覺如此為之，他們就能免於壓抑個體化歷程所導致的種種悲哀結局。換句話說，如果人們心甘情願肩負起完整自身的重擔，完整性便不需要違逆個人意志以負面的姿態「降臨」在人們頭上。此話就好比是說：若是某人命中註定要墜入深淵，那他與其冒著四腳朝天落入坑中的風險，倒不如為此提前備妥所有必要的防範措施。

94《馬太福音》五章四十八節（DV）。
95《羅馬書》七章二十一節（AV）。
96 參見第九冊第一部分的最後兩頁。

在基督教的心理學中，對立的兩面之所以無從調解，乃是因為它們對道德的極力主張。雖然這種主張在我們看來十分自然，但觀其歷史，這卻是沿襲自那以律法之眼格外看重公義的《舊約聖經》的遺緒。在東方，如此這般的影響相當罕見，在印度與中國的宗教哲學中皆無跡可尋。雖然對立面衝突的日趨惡化會增長人的苦痛，但說到底，它是否對應著某個更高的真相呢？在此番討論告終以前，我只應該表達這樣的希望：現今世界的情況應當用前面間接提過的那些心理學原則來仔細觀照。今日的人性已然分裂為顯然無法彌縫的兩半。心理學原則告訴我們，若內在局勢並未被意識到，它就會發生在外部，猶如命運。也就是說，當個體安於未分化（undivided）的狀態，且未能意識到自身內在的對立面時，這世界勢必得將衝突宣洩而出，並被撕裂為彼此相抗的兩半。

第六章

雙魚的象徵

THE SIGN OF THE FISHES

基督的象徵並不像人們所以為的那麼簡單與明瞭。我並非指基督在對觀福音與《約翰福音》中的懸殊差距，而是指涉這個異乎尋常的事實：回溯早期基督教會教父的詮釋書寫，其中的基督擁有一些象徵或「寓意法」（allegories），而魔鬼亦是如此。其中，我想談的是獅子、蛇（*coluber*，毒蛇）、鳥（魔鬼＝夜行鳥類〔*nocturna avis*〕）、渡鴉（基督＝夜鷺〔*nycticorax*〕）、鷹，以及魚。另外值得一提的是，路西法——也就是晨星（the Morning Star）——不僅意指基督，同時也指魔鬼[1]。與蛇不同的是，魚乃是寓意解經法最古老的例子之一。今日的我們比較偏好稱之為象徵（symbol），因為這些指涉相同意義的不同詞彙所包含的往往不僅是寓意法，對此，魚之象徵就是特別鮮明的例子。但這有別於基督魚（Ιχθῦς）的情況——基督魚單純是一組縮寫的字謎：「耶穌－基督－神

1 此種類比的早期集結可見於伊皮法紐的《Ancoratus》及奧古斯丁的《Contra Faustum》二書。夜鷺（*nycticorax*）及鷹（*aquila*）可見於Eucherius, *Liber formularum spiritalis intelligentiae*, cap. 5 (Migne, *P.L.*, vol. 50, col. 740)。

的－兒子－救世主」（I[ησοῦς] X[ριστὸς] Θ[εοῦ] Υ[ἱὸς] Σ[ωτήρ]）[2]——而是遠遠比這更為複雜的象徵性代指之物（symbolical designation）（就如我已在其他著作中頻繁指出的，我並不將象徵視為一種寓意法或是符號，象徵乃是用來描述與闡明那些無法被徹底瞭解之事物的最上策。宗教的信條也是因此才會被稱為symbolum）。這幾個字母的排序還給人一種印象，彷彿它們之所以被排列在一起，是為了要解釋某種現已存在且廣為流傳的「魚」（Ichthys）似的[3]。關於魚的象徵，近東與中東地區擁有格外淵遠且鮮明的史前史——從巴比倫的魚神俄內安（Oannes）和祂那些身披魚皮的祭司，到崇拜腓尼基女神得爾希多－阿塔嘉蒂絲（Derceto-Atargatis）時享用的神聖魚餐，以及模糊難辨的亞伯西斯墓誌銘（Abercius inscription）[4]；從最遙遠的印度那條拯救了摩奴（Manu）的魚，一直到羅馬帝國的「色雷斯騎士」（Thracian riders）舉行聖餐禮時享用的魚之盛宴[5]。考量到本文的目的，在此並不需要更進一步細究這麼大量的材料。誠如多爾格（Doelger）和其他人曾發表過的，原初而純粹的基督教概念世界中有為數眾多的魚之象徵。我只需要略提領洗盆中的重生（regeneration）即可，沐浴在盆中的受洗者就如魚一般。[6]

128

魚之象徵遍布四海，它在世界史的特定時間、特定地點凝聚成形都不足為奇；但此象徵的驟然活化，以及它與基督的同一性（即便是早期的教會亦然），都引人推測它還有第二個根源，那便

2 奧古斯丁在《天主之城》中提過，他與曾任羅馬總督的范治奴（Flaccianus）對談有關耶穌的事，范治奴於談話中拿出一本冊子，其中有厄文特里亞女先知西比拉（Erythraean Sibyl）的詩；還給他看了冊子裡的一首藏頭詩，那是西比拉的一則神諭，詩中各句的第一個字母合在一起就是Ιχθῦς。神諭如下：

"Iudicii signum tellus sudore madescet,
E coelo Rex adveniet per saecla futurus:
Scilicet in carne praesens ut iudicet orbem.
Unde Deum cernent incredulus atque fidelis
Celsum cum Sanctis, aevi iam termino in ipso.
Sic animae cum carne aderunt quas judicat ipse..."

（審判之日將至，全地都要膽寒。有一君王將要在天上寶座永遠主宰，審判一切百姓。在時間的終末，虔信者與不信者都要站到這神的面前，與聖徒一同高高仰望祂。祂將坐擁肉身〔corporeal shall he sit〕，因而祂的審判也要含括眾靈魂……）（出處同上，頁437。）

希臘語原文取自John Geffcken 所編的《西比拉神諭》（*Oracula Sibyllina*, p.142）。（中譯注：此段神諭翻譯自英譯本，*City of God.* trans. by J. Healey, II, p. 196。）

3 參見Jeremias, *The Old Testament in the Light of the Ancient* East, I, p. 76, n. 2。

4 我只想引用此份墓誌銘的中間這段：「無論去向哪裡，我總有旅伴相隨，因保羅就坐在我的馬車上。但這處處都是信心（Faith）領我前往，而保羅也總在每一處先我下車去餵那魚。這條魚來自美妙純淨的水源地，有人還在那兒見過一位聖潔的處子。保羅將這魚分給朋友吃，還有美酒佳釀和麵包。」參見Ramsay, *The Cities and Bishoprics of Phrygia*，頁424。

5 參見Goodenough, *Jewish Symbols in the Greco-Roman Period*, V, pp. 13ff. 的材料。

6 Doelger, ΙΧΘΥΣ: *Das Fischsymbol in frühchristlicher Zeit.*

是占星學，而弗里德里希．穆恩特（Friedrich Muenter）似乎是最早對此投以關注的人[7]。耶利米亞（Jeremias）[8]亦持相同看法，並提及一段寫於十四世紀，關於《但以理書》的猶太經注，其預言彌賽亞將會在雙魚座（the sign of the Fishes）中降臨。穆恩特在隨後的出版品中提到此段經注[9]，認為它是出自唐．以撒．阿布拉瓦內爾（Don Isaac Abarbanel）筆下；後者一四三七年生於里斯本，一五〇八年死於威尼斯[10]。此文闡述了雙魚宮乃是正義與耀眼輝煌的居所（木星在雙魚宮）。此外，在《舊約聖經》的創世紀年二三六五年[11]，土星與木星在雙魚座發生了一次木土大會合（great conjunction）[12]。作者說道，這兩顆行星不僅巨大，更是對於世界命運最為重要的星體，對猶太人的命運更是如此。此次合相發生在摩西（Moses）誕生前三年。（這當然是個傳說。）阿布拉瓦內爾預測，當木星與土星在雙魚座合相時，彌賽亞便會降臨，而他並非第一個表達此種預測的人。我們可在四百年前找到與此相似的表述，例如約莫死於一一三六年的拉比亞伯拉罕．本．海耶（Abraham ben Hiyya）據說就曾收到這樣的教令：彌賽亞將在一四六四年到來，亦即雙魚座出現木土大會合之時；無獨有偶，所羅門．本．蓋比魯勒（Solomon ben Gabirol，西元一〇二〇—一七〇年）[13]亦有此說。只要我們想到土星乃是以色列之星，而木星代表「君王」（正義之王），這些占星學上的概念便很容易理解了。美索不達米亞、巴克特里亞、紅海、巴勒斯坦，都是雙魚座的掌管領域，而木星是雙魚座的主宰[14]。《阿摩司書》五章二十六節提到偶像的龕（chiun，土星）時將其稱為「你們的神星」（the star of your god）[15]。色魯格的詹姆斯（James of Sarug，西元五二一年卒）曾說以色列人崇拜薩杜恩（Saturn，即土星）。示巴人（Sabaeans）稱薩杜恩為「猶太之神」[16]。安息日是在星期六（Saturday），也就是薩杜恩的日子。阿爾布馬薩（Albumasar）[17]曾證言道，土星就是以色列之星[18]。在中世紀占星術裡，人們相信土星是魔鬼的棲居之地[19]。薩杜恩及亞它伯（Ialdabaoth，即阿爾亢之首、造物者），兩者都是獅面。俄利根引述克理索（Celsus）的圖示指出，創世者的第一位天使米迦勒（Michael）有著「獅子的外貌」[20]。誠如俄利根所

---

7 穆恩特於《Sinnbilder und Kunstvorstellungen der alien Christen》（一八二五）一書頁49提到了阿布拉瓦內爾，並說他「竭盡所能地援引了古老的典籍」。

8 Op. cit., p. 75.

9 *Der Stern der Weisen* (1827), pp. 54ff.

10 阿布拉瓦內爾，耶胡達（Jehuda）之子；一五五一年的《拯救之源》（*Ma'yene ha-Yeshu'ah*）有段關於《但以理書》的論述。

11 對應西元前一三九六年。

12 實際上，這次合相是發生在射手座。西元前一八〇〇－一六〇〇年及前一〇〇〇－八〇〇年的土木大會合，才發生在三個水象星座（巨蟹、天蠍、雙魚）。

13 Anger, "Der Stern der Weisen und das Geburtsjahr Christi," p.396, and Gerhardt, *Der Stern des Messias*, pp. 54f.

14 Gerhardt, p. 57。托勒密及其之後的中世紀占星家，都視巴勒斯坦和牡羊座相關聯。

15 《阿摩司書》五章二十六節：「你們抬著為自己所造之摩洛的帳幕和偶像的龕，並你們的神星。」司提反（Stephen）在他的辯詞（《使徒行傳》七章四十三節）中提到：「你們抬著摩洛的帳幕和理番神的星」。理番（Rampham，*Ρομφά*）其實是克汪（Kewan，土星）這個神名的錯譯。

16 Dozy and de Goeje, "Nouveaux documents pour l'étude de la religion des Harraniens," p. 350.

17 阿爾布馬薩（Albumasar 或 Abu Ma'shar），八八五年卒。

18 Gerhardt, p. 57. 另見 Pierre d'Ailly, *Concordantia astronomie cum theologia*, etc., fol. g4 (Venice, 1490)：「不過就如麥撒哈里（Messahali）所說，土星的意義也和猶太人或猶太信仰有關。」

19 Reitzenstein, *Poimandres*, p. 76.

20 *Contra Celsum*, VI, 30 (trans. by H. Chadwick, p. 345).

示[21]，顯然，米迦勒與亞它伯同立一處，後者又與薩杜恩沒有分別。納塞內派的造物者是一名「火爆的神，位列第四」[22]。阿佩萊斯（Apelles）與馬西安派互有來往，據他的說法，當時有「第三位神對摩西說話，祂的性格火爆；此外還有第四位，祂是惡的主宰者。」[23]納塞內派的神與阿佩萊斯的神，兩者顯然有著密切關聯，更甚者，這似乎也與《舊約聖經》的造物者雅威（Yahweh，即耶和華）有關。

129

土星是顆「黑色的」星體[24]，在古代有「凶煞」（maleficus）之稱。布西．勒克列克（Bouché-Leclercq）[25]曾說：「惡龍、大蟒、蠍子、毒蛇、狐狸、貓、鼠、夜鴞，和其他行蹤詭祕者皆是土星的代表。」值得注意的是，土星的代表動物還包含驢子[26]，其被認為是猶太神祇的獸化形式，關於這點，帕拉丁（Palatine）山丘上嘲諷的驢首人身受難像[27]就是最著名的圖像化表達。在普魯塔克（Plutarch）[28]、狄奧多羅斯（Diodorus）、約瑟夫斯（Josephus）[29]、塔西佗（Tacitus）[30]的著作中都可以找到類似的教義傳承。位列第七的阿爾亢撒巴歐斯（Sabaoth，萬軍）就形如驢子[31]。特士良曾經引述這些傳言，他說：「你們以為我們的上帝長著一顆驢頭，這是錯覺」且「我們所敬拜的不過是隻驢子。」[32]誠如前述，驢子對埃及的賽特神（Set）而言是神聖的[33]；然而，驢子在早期的文本中歸屬於太陽神，後來才成為黑暗與混沌之神阿佩普（Apep）與邪惡（即賽特）的化身。[34]

21 *Contra Celsum*, VI, 31：「不過他們說，這尊像似獅子的天使和薩杜恩之星之間必有關聯。」參見 *Pistis Sophia*, trans, by Mead, p. 47, and Bousset, *Hauptprobleme der Gnosis*, pp. 352ff.

22 Hippolytus, *Elenchos*, V, 7, 30 (Legge trans., I, p. 128).

23 Ibid., VII, 38, 1 (cf. Legge trans., II, p. 96).

24 因此，據說示巴人用以崇拜土星的塑像就是用鉛塊或黑色的石頭做成的。（Chwolsohn, *Die Ssabier und der Ssabismus*, II, p. 383.）

25 *L'Astrologie grecque*, p. 317.

26 有個經典的「詞源分析」認為，**克羅諾斯**（*Kronos*，土星）一詞包含了**驢子**（*onos*）；布西．勒克列克猜測（p. 318）這是針對麥加拉學派哲學家迪奧多羅（Diodoros）的揶揄。不過，土星－驢子的類比可能還有更深層的原因，因為根據布西．勒克列克引述的希臘動物寓言，驢子本身就被視為天性「冷漠、冥頑、駑鈍的長壽動物。」我在普利曼（Poleman）的動物寓言裡，找到以下關於野驢的描述：「生性畏縮、膽小、笨拙、不馴、好色、善妒，雄驢會殺其配偶。」（*Scriptores physiognomici graeci et latini*, I, p. 182.）

27 這可能是在模仿埃及傳統裡的賽特受難，丹答臘神廟裡就有描繪。畫中的賽特長著一顆驢頭，還被綁在一根「奴隸柱」（slave's post）上；荷魯斯則站在他的跟前，手裡拿著一把刀。（Mariette, *Dendérah*, plates vol. IV, pl. 56.）

28 *Quaestiones convivales*, IV, 5.

29 *Contra Apionem*, II, 7–8 (80ff.). (Cf. trans. by H. St. J. Thackeray and R. Marcus, I, pp. 325ff.)

30 *The Histories*, trans. by W. H. Fyfe, II, pp. 204ff.

31 Epiphanius, *Panarium*, ed. Oehler, I, p. 184.

32 *Apologeticus adversus gentes*, XVI (Migne, *P.L.*, vol. 1, cols. 364–65; cf. trans. by S. Thelwall, I, pp. 84f.).

33 Plutarch, *De Iside et Osiride, in Moralia*, pp. 77, 123。在該書第三十一章，普魯塔克論及：賽特騎驢飛天，以及他育有兩子（Hierosolymus 與 Judaeus）的傳說，都並非源自埃及，而是和 Ιουδαϊκά 這個地方有關。

34 在《阿尼紙草書》（the Papyrus of Ani, ed. E. A. W. Budge, p. 248）裡有一首獻給拉神的讚美詩：「願我在地上橫掃千軍；願我能重傷那驢子；願我能粉碎那邪魔（Sebau）；願我能在阿佩普的時間裡將牠毀滅。」

根據中世紀傳統，猶太人的宗教起源自木星與土星合相，伊斯蘭教是木星與金星合相，基督教是木星與水星合相，敵基督則是木星與月亮合相[35]。與土星不同，木星是仁慈之星（a beneficent star）。在伊朗人眼裡。木星代表生，土星代表死[36]。兩者合相因此便代表**極端對立面的統一**。在西元前七年，這個著名的合相至少在雙魚座發生了三次。同年五月二十九日，土木星彼此最為接近，兩星之間只有〇．二一度的距離，比滿月的半徑還要更短[37]。這次合相發生在聯合交會處（commissure）的正中央，「靠近那條將雙魚座的兩尾魚繫在一起的帶子。」以占星學的觀點來看，此次合相必然彰顯出極為特別的重要性，因為彼此靠近的兩顆星體不僅格外巨大，亮度也非比尋常。此外，這次合相若以日心說來看（helio-centrically），乃是發生在春分點（equinoctial point）的附近，而春分點當時位在牡羊座與雙魚座之間，也就是說，合相發生在火、水之間[38]。此合相之所以這麼重要，是因為火星當時與木星、土星呈對分相，亦即在占星學上，這顆行星和與其有敵對關係的行星在本能上相關聯，這是基督教的一大特徵。如果我們接受格哈特（Gerhardt）的計算，即該合相發生在西元前七年五月二十九日，那麼，基督誕生時，太陽（對一個人的出生特別重要）就落在雙子座這個具有雙重性質的星座上[39]。人們自然而然會想起荷魯斯（Horus）與賽特這對彼此為敵的古埃及兄弟，兩者分別是獻祭者與被獻者——賽特的「被獻」（martyrdom）參見本章注釋27——祂們在某種意義上預示了基督教的神話戲碼。在埃及神話中，是邪惡的一方在「奴隸的位置」（slave's post）[40]上遭到獻祭。大賢者荷魯斯（Heru-ur，Horus the Elder）與賽特常被描繪為同一個身體的兩顆頭。水星是和賽特相關的行星，頗有意思的一點是，傳統上認為基督教是在木星與水星合相時創立的。在

35 Albumasar, Lib. II, *De Omagnis coniunctionibus*, tract. I, diff. 4, p. a8r (1489)：「若與土星合相的是木星，那就代表百姓信仰的會是猶太教……若是月亮與土星合相，則代表懷疑、革新與轉變，這是因為月亮缺蝕得快，運行也快，不會在星座裡逗留得太久。」另見里普利爵士筆下的《Concordantia》等書。J. H. Heidegger (*Quaestiones ad textum Lucae VII, 12–17*, 1655) 也在書中第九章談到，阿爾布馬薩在其第六本論著《Introductio maior》中，將基督與穆罕默德的生平與星辰相連結。卡丹則認為水木合相屬於基督教，水土合相屬於猶太教，水火合相屬於伊斯蘭教，至於水星與金星的合相，據他所說則代表偶像崇拜（"Commentarium in Ptolemaeum De astrorum Judiciis," p. 188）。

36 Christensen, *Le Premier Homme et le premier roi dans l'histoire légendaire des Iraniens*, part 1, p. 24.

37 Gerhardt, *Stern des Messias*, p. 74.

38 此處的推算是根據 Peters 和 Knobel 合著的 *Ptolemy's Catalogue of Stars*。

39 中世紀的占星家以各自推算的出生時間為基督繪製了許多星盤。阿爾布馬薩和馬格斯認為基督的上升點落在處女座；皮耶爾．戴伊（西元一三五六—一四二〇）和卡丹則認為是上升天秤。皮耶爾．戴伊說道：「因為天秤座是人類的星座，也就是說，它是人們的解救者（Liberator），亦是謹慎、公正的星座、屬靈之人的星座。」（*Concordantia*, etc., cap. 2）克卜勒則在一六二三年出版的《Discurs von der grossen Conjunction》頁701提到，上帝親自標誌出了「這般偉大的合相，令這些非凡而瑰麗的星子在高遠的天上為人所見，好讓祂那神聖的安排昭顯出來。」他繼續寫道：「於是上帝差派他的兒子，即我們的救主基督，恰恰降生在這個偉大合相發生在雙魚座與牡羊座之間的時刻，而這次合相就在春分點的附近。」以日心說的觀點來看，這個合相剛好發生在春分點前面，因此在占星學上具有重大而特殊的意義。皮耶爾．戴伊（Concordantia, etc., fol. br）說道：「不過，偉大合相指的是發生在牡羊座起始點的土木合相。」土星與木星每二十年就會合相一次，每兩百年才會在同一組三宮組（trigon）中再度合相；不過，相同位置的合相，得要相隔八百年才會發生一次。至於那些最重要的合相，都是發生在兩個三宮組之間的。阿爾布馬薩（*De magnis coniunc.*, tract. 3, diff. 1, fol. D 8r）說，它們會「在時局與政事的轉變之中、律法的轉變之中……在眾先知的到來之中，在關於邦國時局與政事的預言和神蹟之中」體現出它們自身。

40 十字架釘刑曾是針對奴隸施行的著名刑罰。有蛇（而不是受刑人）在十字架上的意象，在中古世紀相當常見（參見《心理學與煉金術》圖217）；在對這項傳統一無所知的現代人的夢境或白日夢意象裡也很常見。這類夢境的典型特徵是：**夢者在劇院裡觀賞一齣耶穌受難的戲。在前往各各他山**（Golgotha）**的路上，飾演救世主的那位演員，忽然就變成了蛇或鱷魚。**

古埃及新王國第十九王朝時，賽特以蘇塔克（Sutech）的形象出現在尼羅河三角洲。在拉美西斯二世（**Rameses II**）建造的新國都中，有一個地區專屬於阿蒙（Amon），其餘則歸給蘇塔克[41]。被奴役的猶太人有可能就是在此地付出勞力。

131

有關基督的雙重面向，可能出自於西元三世紀的《皮斯蒂斯·索菲亞》（*Pistis Sophia*，信仰－智慧）的傳說，其同樣發源自埃及。馬利亞（Mary）對耶穌說：

> 當你還是個孩子，當聖靈降臨於你之前，當你身在約瑟（Joseph）的葡萄園中，聖靈從高處降了下來，降到在屋裡的我身上，如同降到你身上，我雖不認識祂，卻心想祂就是你。而祂對我說：「我要去哪裡才能見到我的兄弟耶穌呢？」當祂對我這樣說的時候，我心持疑，以為這是幻影在逗弄我。我將祂抓來，綁在我房中的床腳上，直到我出去田裡找到了你，你和約瑟在一起；我又在葡萄園中找到你，約瑟正在那兒搭掛著葡萄藤。這事發生後，當你聽聞我向約瑟說起這事，你就明白了，且滿心歡喜，那時你說：「祂在哪裡？我能在哪裡見到祂？」後來，當約瑟聽你說了這話，他便不安。我們一齊上去，進到房裡，找到那被綁在床畔的靈，我倆凝視著你與那靈，發覺你與祂十分相像。被綁在床畔的祂得了鬆綁，便擁抱你、親吻你，而你也著實吻了祂，於是你倆成了一。[42]

132

這段文本的前後文稱耶穌是「從地裡萌發的真理」，那與他肖似的靈則是「自天上俯瞰的公義（justice，δικαιοσύνη）」。該文本說道：「真理就是那在你身處混沌的低處時由你所生出的力量。這使你的力量像大衛（David）曾說的『真理已從地裡長了出來』，因為你乃身在混沌的低處。」[43] 據此，耶穌被認為具有雙重性質，一部分的他從混沌或**物質**（*hyle*）中浮升而出，另一部分的他則是從天而降的靈氣（pneuma）。

133

若要說明所謂的φυλοκρίνησις，或那些令諾斯替派的救世主顯得獨特的「各種本質上的不同」，人們很難找到比占星學對時間的測定更為圖像式的例子了。在古代相當具有公信力的那些占星論述全都指出，誕生在這個特定時刻的人具有顯著的雙重性質[44]，而人們也可以理解，當占星學對基督－敵基督的神話所做的那些詮釋在諾斯替派時代一一應驗的時候，它們多麼有說服力。某部相當古老的權威典籍（估計成書於西元六世紀前）對雙魚座的二元對立性質有相當引人注目的見證，這部典籍便是《塔木德》。書中有言：

---

41 Erman, *Die Religion der Ägypter*, p. 137.

42 *Pistis Sophia*, Mead trans., pp. 118ff., 稍有更動。

43 參見奧古斯丁所言「從深處捕撈來」的魚。

44 論及這點，就不得不提到《皮斯蒂斯．索菲亞》裡的「雙生子救世主」（σωτῆρες）。

創世後四二九一年（西元五三〇年），這世界將成為孤兒。隨之而來的便是**坦寧**（*tanninim*，大海怪）之間的戰爭、歌革和瑪各（Gog and Magog）的戰爭[45]，其後則是彌賽亞的時代；唯有七千年以後，那被賜福的聖者（Holy One）才能建造起他的新天地。熱巴（Raba）之子，拉比阿巴（R. Abba）曾說道：「傳道有云：五千年後」。[46]

《塔木德》的評注者所羅門．本．艾薩克（Solomon ben Isaac）又名拉什（Rashi，西元一〇三九—一一〇五），他指出**坦寧**是魚類，此說很有可能是根據更為古老的資料，因為他向來不會自說自話。他指出的這點相當重要，首先，此說將群魚之戰視為末世事件（有如比蒙〔Behemoth〕和利維坦〔Leviathan〕的爭鬥）；再者，這可能是魚類的二元對立性質最早的證言。而且大約與此同時（十一世紀），出現了一份稱為〈約翰創世紀〉（*Johannine Genesis*）的偽經文本，其中提到了兩條魚，並無庸置疑地以占星學的形式提及它們（詳見本書段225及其後）。這兩篇文獻都出現在相當關鍵的時期，也就是基督教時代初初邁入第二個千禧年之際，關於這點，我會在恰當的時候多加闡述。

134 西元五三一年在天文學上別具意義，因為木星與土星在雙子座合相。這個星座代表著一對兄弟，他們同樣有某種二元對立的本質。希臘人將雙子座描述為迪奧斯庫里（Dioscuri），即「宙斯的雙生子」，這兩人是從變為天鵝的麗妲（Leda）所生的一顆蛋中誕生出來的。波魯克斯（Pollux）永生不死，但卡斯托爾（Castor）只有人類的陽壽。另一種說法則認為雙子座是阿波羅與海克力士

（Heracles），或阿波羅與戴奧尼索斯（Dionysus）。兩種說法都暗示了某種兩極性。無論如何，以天文學來說，屬風象星座的雙子座和發生在西元前七年的合相產生了四分的相位，因此會帶來衝突不適的面向。雙子座內在的兩極性或許能夠闡明有關坦寧之戰的預言，也就是拉什所說的群魚之爭。若以傳言中的基督誕生日期推算，太陽當時位於雙子座，而「兄弟」的母題與基督之間的關聯可以追溯到相當早期，如猶太基督教和伊便尼派。[47]

---

45 塔巴里（Tabari）的《編年史》（*Chronique*, I, ch.23, p.67）也有提到。和歌革、瑪各一起現身的敵基督乃是猶太人的王。這可能是暗指《啟示錄》二十章七節以後的內容：「那一千年完了，撒但必從監牢裡被釋放，出來要迷惑地上四方的列國，就是歌革和瑪各，叫他們聚集爭戰。」（中譯注：此處譯文引自中文和合本，英文版下半句原文如下：the nations which are in the four corners of the earth, Gog and Magog, to gather them together to battle。和合本譯文額外插入「就是」，將歌革與瑪各與四方列國等同。詳見本條後文。）

葛拉夫・馮・維克巴斯（Graf von Wackerbarth, Merkwürdige Geschichte der weltberühmten Gog und Magog, p.19）提及一本一七六〇年在日耳曼付梓的英語版「世界史」，此書的阿拉伯作者寫到：「亞柔」（Yajui）的「身形遠遠超乎尋常」，瑪柔（Majui）則是「身高不及三步之長」。這則故事雖然出處不詳，但卻指出了歌革與瑪各的成雙對立性質，因此，他們也和雙魚有著平行對應的關係。奧古斯丁將「地上四方的列國，歌革與瑪各」這句話分開來詮釋，歌革（Gog）是房子或屋頂（*tectum*），瑪各（Magog）則是「他從屋中出來」（*de tecto*）：Ut illae sint tectum, ipse de tecto。也就是說，列國即是房子，而魔鬼就住在裡面並從中出來。一四九二年出版於威尼斯的 *Compendium theologicae veritatis* 一書出自阿爾伯圖斯・麥格努斯（Albertus Magnus）、斯特拉斯堡的休（Hugh of Strasbourg）及巴黎的約翰（John of Paris）之手。這是我們瞭解敵基督傳說的主要來源。書中引用奧古斯丁所言，提到歌革的意思是「隱瞞、藏匿」（occultatio），瑪各則是「揭露、啟示」（detectio），此語證明至少在中世紀時，歌革與瑪各就已經是成雙對立的了。這也是相仇兄弟母題的又一個實例或翻版。阿爾布馬薩（Albumasar, tract. 4, diff. 2, f. 8r）將第六個「傾角」（clima，斜向天極的角度）稱為歌革與瑪各，並將它和雙子座、處女座相關聯。

46 *Nezikin* VI, Sanhedrin II (*BT*, p. 658)。這個預言出自拉比漢納・本・塔利法（R. Hanan ben Tahlifa）口中，他生活於西元二世紀，名列亞摩念（Amoralm，教授《塔木德》的專家）之一。

47 Epiphanius, *Panarium*, XXX (Oehler edn., I, pp. 240ff.).

135 綜合上述，我們可以大膽推測：《塔木德》的預言乃是奠基在占星學的前提之上。

136 晝夜均分點（equinoxes）的歲差現象（precession）[xlvi]是古代占星家廣為熟知的事實。希巴克斯（Hipparchus）[48]的觀測與計算對俄利根來說是一個有利的論據，讓他得以反駁那種建立在所謂「實際星座」(morphomata）上的占星學[49]。當然，這無關乎古典占星學在實際的各個星座與想像的黃道星座（*ζῳδια νοητά*）之間已然做出的劃分[50]。如果我們將前述預言中的七千年看作是《舊約聖經》創世紀年的七〇〇〇年，那麼，這年便是西元三二三九年。此時的春分點（spring-point）將會從現在的所在位置移動十八度，進入寶瓶座，也就是屬於汲水者（Water Carrier）的下一個紀元。在西元二或三世紀時，占星家應當對歲差知之甚詳，我們於是可以推測：這些年分都是根據占星學推算出來的。在中世紀的所有事件中，**土木近合**（*coniunctiones maximae*）與**大合相**（*magnae*）的計算備受關注，就如我們從皮耶爾．戴伊（Pierre d'Ailly）和卡丹（Cardan）得知的一樣[51]。皮耶爾．戴伊認為世界被創造之後第一次的土木近合（土星與木星在牡羊座合相）發生在西元前五〇二七年，卡丹也推算出第十次合相將是在西元三六一三年[52]。他們兩人對合相發生在同一星座的時間間隔都估算得太長了，天文學上正確的間隔大約是七百九十五年，據此，卡丹的合相應當發生在西元三二三四年才對。以占星學的理論來說，這個年分想當然是至關重要的。

至於所謂的「五千年」，我們推算出的年分是西元一二三九年。這個時代是以靈性的動盪、異端的猖獗及千禧年主義式的（chiliastic）懸想而聞名，此外，托缽修會（mendicant orders）也是在這個時期成立，並為修道院制度注入了新的生命。在高喊「靈性新紀元」的眾聲喧嘩中，斐若拉的約雅敬（Joachim of Flora）所言乃是其中最強而有力也最具影響的，他的教義在一二一五年第四屆拉特朗大公會議上被宣判罪應處死。他預期第七道封印會在不遠的將來開啟，進而迎來「永恆福音」（everlasting gospel）及「屬靈理性」（intellectus spiritualis）的統治，那是屬於聖靈的時代。他說，這個第三紀元早在聖本篤（St. Benedict）那時便已開始了，他正是本篤會的開山祖師（據傳，該會第一座修道院大約是在西元五二九年後不久落成的）。波哥聖多尼奧的傑瑞德（Gerard of Borgo San Donnino）是方濟會修士，也是

48 希波律陀被認為是歲差現象的發現者，參見 Boll, Sphaera, p. 199, n. 1。

49 Origen, *Commentaria in Genesim, tom.* III, i, 14, 11 (Migne, P.G., vol. 12, col. 79)：「確實有一種理論認為：黃道帶（zodiacal circle）就如同眾行星一般，在它從地表隱沒到升起（或說是從西到東）的過程中，一個世紀會移動一度……因為第十二個部分（一個黃道上的動物）在我們的腦袋構想裡是一回事，在我們的感官覺受中則是另一回事；然而，正是從這些僅由心智構想而出，幾乎不能或根本不能確切把握的事物中，才顯現出了物質的真理。」因此，一個歲差年（Platonic year，或譯大年、柏拉圖年）被認為是三萬六千年。第谷・布拉赫（Tycho Brahe）認為應是兩萬四千一百二十年。歲差運動的常數是50.3708秒，運行一周（三六〇度）耗時25725.6年。

50 Bouché-Leclercq, p. 591, n. 2; Knapp, *Antiskia*; Boll, *Sphaera*.

51 大約在西元九世紀中葉，就有阿拉伯學者記載了合相的理論，更精確地說是由馬薩哈拉（Messahala）所載。參見 Strauss, *Die Astrologie des Johannes Kepler*。

52 據皮耶爾・戴伊估算，兩次土木近合之間會相隔九六〇年，因此也會得出西元三六一三的結果。

約雅敬的追隨者之一，他有一本名為《永恆福音導論》的著作在一二五四年出現於巴黎，書中宣稱約雅敬的三篇專題論文就是《永恆福音》，並且它將會在一二六〇年取代耶穌基督福音書的地位[53]。據我們所知，約雅敬將修道院制度視為通向聖靈的不二法門，基於這個原因，他在推算新紀元那不為人知的起始點時，所根據的就是聖本篤的生平，由他一手創建的本篤會乃是西方修院制度的濫觴。

138

對於皮耶爾．戴伊而言，教宗依諾增爵三世（Pope Innocent III）的在位期間就已經顯得意義重大。據他所言，大約在一一八九年時，土星完成了又一次的公轉週期。他抱怨道，這位教宗不只是將修道院院長約雅敬判了死罪[54]，還將亞馬利克派（Almaricus）的教義視為異端邪說[55]。後者即是神學哲學家，貝納的亞馬利克（Amalric of Bene，西元一二〇四年卒），他在那個時代相當盛行的聖靈運動（Holy Ghost movement）中亦佔有一席之地。另外，皮耶爾．戴伊說，道明會與方濟會的修院制度也是在那之後才逐漸成形，「此乃基督教教會之一大盛事、幸事。」因此，皮耶爾．戴伊也很強調同樣的現象（也就是那個時代帶給我們的強烈印象），並進一步認為那是個早已被占星學所預言的時代。

139

卡西諾山（Monte Cassino）上的修道院建立日期非常接近西元五三〇年，這在《塔木德》的預言中是非常關鍵的一年。在約雅敬看來，這一年不單單只是一個全新年代的起始，更是一個世界嶄新局勢的開端——也就是修道院隱修主義的時代、聖靈統治的時代。這個時代剛起步時仍是在聖子

(the Son)的領域之內，但約雅敬用一種在心理學上相當正確的方式推測出：在一開始，這個新的局勢——或者我們可以將其稱為一種新的態度——多多少少是處於潛伏蠢動的狀態，而所謂的「**開花結果**」(*fructificatio*)就緊接在這個狀態後頭。在約雅敬的年代，這顆果實尚未完全長成，但人們已經可以在各個地方人們的精神之中觀察到不尋常的激騰與躁動。這股精神世界的疾風，每一個人都感受到了；這個年代富有煥然一新、史無前例的各種觀點，如純潔派、孔科李奇派(Concorricci)、帕塔里亞運動的支持者(Patarenes)[xlvii]、瓦勒度派(Waldenses)[xlviii]、里昂的窮人(Poor Men of Lyons)、貝居安會(Beguins and Beghards)[xlix]、自由之靈兄弟會(Brethren of the Free Spirit)[l]、「神賜食糧」(Brod durch Gott)[56]，以及其他打著五花八門名號的各種運動，都將這些觀點廣為宣揚；而這些運動可被明確追溯的起始點，約莫是在十一世紀的早期。哈恩(Hahn)蒐集了同時代的許多文獻，藉此我們得以對當時這些圈子內部的諸般觀點一探究竟：

53 以占星學的觀點來看，西元一二四〇年左右這段時間的最大特色，乃是木星與土星一二四六年在天秤座的合相。天秤座和雙子座一樣，是另一個具有靈性／風象性質(pneumatic)的風象星座，而皮耶爾．戴伊正是基於這個理由，將天秤座視為耶穌基督的上升星座。

54 在一二一五年的拉特朗大公會議上。參見Denzinger and Bannwart, *Enchiridion symbolorum*, pp. 190ff。

55 該教令說道：「他的教義與其說是異端邪說，毋寧說是瘋言瘋語。」

56 Hahn, *Geschichte der Ketzer im Mittelalter*, II, p. 779：「有些人身在徒有虛名的宗教組織裡，老百姓稱其為貝居安、史維特隆(Schwestrones)或『神賜食糧』，但他們卻稱自己是與自由之靈會和志願窮人派為伍的小弟兄、小姊妹。」

此外，他們相信自己本質上即為上帝，無有分別……而且他們永生不朽……

此外，他們不需要上帝，也不需要神性。

此外，他們建造了屬於天堂的國度。

此外，他們在新的磐石之中永不動搖，既無可歡欣，亦無所憂慮。

此外，由於一個人勢必會跟隨他內在的本能，而非跟隨每日布道的福音書中的真理……他們聲稱自己相信福音書，乃是為了包藏那些華美而不實之事。[57]

這幾個例子也許足以說明是什麼樣的精神推動了這些運動。這些運動的發起者是一群自認為（或被認為）是上帝的人，他們自許是超凡之人（superman），對福音書抱持批評態度，跟隨內在之人（inner man）的驅策，並認為屬於天堂的國度就在人的裡面。因此，在某種程度上，他們的外表看上去很現代，但折磨他們的乃是一種宗教性的自我膨脹，而不是現代人那種理性主義式、政治上的精神錯亂。雖然約雅敬置身在這場大型的靈性運動中，並且扮演了相當重要的角色，但我們不應該將這些極端思想歸咎到他頭上。我們有必要捫心自問，是什麼樣的心理衝動可以驅使約雅敬和他的支持者去擁護這種膽大包天的設想，比如想用「永恆福音」取代基督的福音，或者想用「聖父、聖子、聖靈」中的第三者來廢黜第二者，並主張由其統御全新的時代。這是如此離經叛道的異端思想，他若是不曾被時代當下的革命浪潮席捲、支持，可能永遠都不會冒出這樣的念頭。他覺得那是聖靈的啟示，而聖靈的生命力與創造力是沒有任何教會能夠阻擋的。這種感受的聖祕性會被「共時性」（synchronicity）所增強，也就是被發生在他們所身處的時代，與雙魚座的範圍內那一條「敵基督之魚」之間的時間性巧合（temporal coincidence）所增強。其結果便是，人們可能會感受到一種誘惑力量，使其將聖靈運動和約雅敬的核心觀念看作是當時正在嶄露頭角的敵基督心理學的直接表達。無論如何，教會對此的譴責完全可以理解，畢竟從各方面來看，約雅敬對耶穌基督之教會的態度就算不是徹底判教，至少也是公然造反。不過，若是我們願意相信這些革新者堅信的看法乃是受聖靈感召而生，那麼，另一種詮釋就不僅有機會為真，甚至相當有可能。

141

換句話說，就如同約雅敬所假設的那樣，聖靈主宰的新局勢從聖本篤那時就悄悄揭開序幕了，所以我們可以大膽假設：在約雅敬的心中，也有一個嶄新局面正在悄然揭幕。當然，在意識的層次上，他認為自己是在將聖靈的新局帶到現實之中，就像聖本篤的心中除了為教會打下穩固的基礎，並透過修道院制度深化基督徒的生命意義之外，別無他想；然而，在無意識的層次上——同時這也

57 "Item credunt se esse Deum per naturam sine distinctione ... se esse aeternos ...

"Item quod nullo indigent nec Deo nec Deitate.

"Item quod sunt ipsum regnum coelorum.

"Item quod sunt etiam immutabiles in nova rupe, quod de nullo gaudent, et de nullo turbantur.

"Item quod homo magis tenetur sequi instinctum interiorem quam veritatem Evangelii quod cottidie praedicatur ... dicunt, se credere ibi (in Evangelio) esse poëtica quae non sunt vera." (Hahn, II, pp. 779f.)

是心理學上很有可能發生的情況——約雅敬當時可能被靈的原型（archetype of the spirit）給掌握了。他的各項活動都建立在聖祕經驗上，這點無庸置疑，而這也確確實實就是那些受到某個原型控制的人會有的特徵。他用教義的形式將聖靈視為上帝神格中的第三位格，因為除此之外別無辦法，畢竟他也不可能用根植於經驗的方式來理解原型。這個原型並沒有整齊劃一的意義，反而向來都是二元矛盾的[58]；這原型先是在聖靈運動之中顯化為最矛盾的樣貌，之後又在煉金術關於靈的概念中捲土重來。諾斯替派的信徒早在他們的時代就已經對這個二元矛盾的形象有了清楚的諭示。因此，在一個恰好對應到雙魚座第二條魚的開端時代（換句話說，就是被迫進入模稜難辨的時代），擁護以基督教形式現身的聖靈，應當同時也是在幫助靈的原型從它自身的模糊性之中破霧而出。雖然聖靈運動在許多地區都變調為革命浪潮與無政府主義式的騷亂，但我們若將約雅敬歸類為這一切狂熱的始作俑者，那也並不公道。我們毋寧假設：他是在不知不覺間被招引到全新的「局勢」中，那是一種宗教性的態度，它註定要來橋接、彌合基督與敵基督之間那道在十一世紀就已經綻裂開來的恐怖裂隙。敵基督時代致使靈性不再靈性，也讓能夠賦予生命活力的原型逐漸淪為理性主義、唯智主義（intellectualism）及教條主義，凡此種種，都直接導致了當今時代的悲劇，如同一柄高懸在我們頭上的達摩克利斯之劍（sword of Damocles）。誠如約雅敬所知的，傳統的三位一體教義並沒有為魔鬼保留一席之地，於是，就像今日一樣，祂的存在始終成謎，並以**惡的奧祕**之姿遊走於神學的形上學理論邊緣。我們何其有幸，因為魔鬼降臨的威脅早在《新約聖經》裡就有預言了——之所以說是幸運，因為人們對祂認識越淺，祂的危害就越深。公共福利、終生保障、世界和平……誰能料想到，魔鬼竟就藏身在這些華美動聽的話術之下呢？祂藏身在理想主義之下，在五花八門的各種主義之下，而在這所有的主義之中，危害為甚者非教條主義莫屬，它是所有與靈性有關的造作之物中最無靈性的一個。即便艱難，當今世代的人們仍然必須坦然接受這個事實：極端的對立面不僅僅在政治上將整個世界撕裂成兩半，也在人類心中埋下了割裂信仰的種子。我們需要尋路重返那原初的、鮮活的神靈（spirit），正因著它的模糊性，它亦是對立面之間的協調者與統合者[59]，也就是那個令煉金術士潛心鑽研了許多世紀的理念。

142

雙魚紀元（aeon of the fishes）看似很有可能是由相仇兄弟（hostile brothers）這個原型母題所主宰，若真如此，那麼下一個柏拉圖大月（Platonic month）的逼近將會促使對立面統一的問題浮上檯面，而這個大月名為寶瓶（Aquarius）。這時，就再也不可能將邪惡看成是區區的善之缺乏並將其抹殺；惡之存在的真實性必須得到認可。這個問題無法透過哲學、經濟學、政治學解決，而必須倚靠全人類的個體化，透過人類對那鮮活神靈的經驗；它的火焰始自約雅敬等人，雖然歷經同時代人的諸般誤解，仍然代代傳衍，直至後世。我們這個時代經歷過**聖母升天**（*Assumptio Mariae*）的莊嚴宣告，這便是象徵歷經數百年發展的一個例子。此事背後的推動力量並非來自教會的權威人士，他們猶豫不決

58 參見《童話中的神靈現象學》（*The Phenomenology of the Spirit in Fairytales*）段396及其後。

59 《神靈墨丘利》段284及其後；《三位一體教義的心理學考察》段257及其後。

地將這道教令拖延了將近一百年[60]，此即明證；反之，這是由天主教教眾所推動的，他們對此一發展的堅持態度一次比一次強烈。在他們堅持的最底層，乃是原型正催逼著要將它自身化為現實。[61]

143

聖靈運動餘波盪漾，在其後的數年間不斷擴散，影響了四位對於後世至關重要的人物。他們是阿爾伯圖斯．麥格努斯（Albertus Magnus，西元一一九三—一二八〇年）及其學徒托馬斯．阿奎那，師徒兩人既是教會哲學家，也精通煉金術；羅傑．培根（Roger Bacon，約西元一二一四—一二九四年），歸納法的英國先驅；最後是艾克哈特大師（Meister Eckhart，約西元一二六〇—一三二七年），獨立的宗教思想家，過去始終默默無聞，直到六百年後的今日才受世人景仰。有些人將聖靈運動視為宗教改革的前奏曲，此言甚是。我們發現拉丁煉金術的起源約莫也是在十二、十三世紀左右，我在拙著《心理學與煉金術》裡頭試圖闡明其哲學與靈性的內涵。本書前述（段139）的「在新的磐石之中永不動搖」和煉金術哲學的核心概念有非常驚人的相似性，也就是**哲人石**（*lapis philosophorum*），其被視為基督的類比，或等同於「磐石」（rock）、「石頭」（stone）、「房角石」（corner stone，基石）。普利西里安（Priscillian，西元四世紀）有言：「我們視基督為磐石，視耶穌為房角石。」[62]某段煉金術文獻則說：「以摩西之杖擊石三下，水當潺潺自流。」[63] *Lapis* 被稱為「聖石」，且據描述，其有四個部分[64]。聖安博（St. Ambrose）說磐石中流出的水乃是代表從基督肋間流淌而出的鮮血[65]。另一段煉金術的文本在提到「磐石之水」時將其等同於萬能溶劑（universal solvent），也就是**永恆之水**（*aqua permanens*）[66]；昆哈特（Khunrath）則用他那多少有點藻飾的文風將其稱為「智者的石油」(Petroleum sapientum)[67]。至於納塞內派的信徒，則將亞當稱為「磐石」及「房角石」[68]。這兩種與基督有關的類比在伊皮法紐的《真理之錨》(*Ancoratus*)書中都曾提過，費爾米庫斯．馬特爾努斯(Firmicus Maternus)亦然[69]。這個意象在教會與煉金術的語言中都相當常見，可一路追溯至《哥林多前書》十章四節及《彼得前書》二章四節。

---

60 英編按：雖然教宗庇護九世已於一八五四年頒布了〈莫可名言之天主〉(*Ineffabilis Deus*)這封詔書，宣告馬利亞的聖母始胎無染原罪(Immaculate Conception)是**關乎信仰的**(*de fide*)，但聖母升天卻直到一九五〇年才被正式認可為聖傳(divine revelation)的一部分。

61 參見《心理學與宗教》段122與《答約伯》段748及其後。

62 *Opera*, ed. G. Schepps, p. 24.

63 參見*Aurora Consurgens*(馮．法蘭茲編)頁127：「廣大遼闊的海重擊了岩石，那些金屬般的水就流出來了。」

64 *Musaeum hermeticum* (1678), p. 212：「我們的石頭被稱為聖石，且被人用四種方式來理解或表示。」參見《以弗所書》三章十八節。法老佩皮一世(Pepi I)的金字塔銘文提到一位有著四張臉孔的復活之神：「偉大的四面之神啊，我們崇敬祢……祢生來便有靈魂，又(宛如太陽)自小舟中升起……帶著佩皮與祢同行，將他領入祢的船屋，因這佩皮乃是聖甲蟲(Scarab)之子啊。」(Budge, *Gods of the Egyptians*, I, p.85.)

65 *Explanationes in Psalmos*, XXXVIII：「在那影子裡，有著出自石中的水，一如出於基督的血。」

66 Mylius, *Philosophia reformata* (1622), p. 112：「由此，哲人從石(rock)中引出水，並從硬石(flinty stone)裡頭取出油。」("Whence the philosopher brought forth water from the rock and oil out of the flinty stone.")

67 *Von hylealischen Chaos* (1597), p. 272.

68 Hippolytus, *Elenchos*, V, 7, 34f. (Legge trans., I, p. 129)。此處也參照了《但以理書》二章四十五節的「非用人手從山裡鑿出來的石頭」，煉金術士將此當作隱喻。

69 *De errore profanarum religionum*, 20, 1.

144

如此一來，新的磐石取代了基督，就如同永恆福音註定要將基督的訊息取而代之。聖靈降臨並棲居於人之內，藉此，神子的身分（υἱότης）就注入到每個個體之中，因此，每一個擁有聖靈的人都將成為新的磐石，如同《彼得前書》二章五節所載：「你們來到主面前，也就像活石，被建造成……」[70]關於聖靈與聖父聖子之間關係的教導，這是合乎邏輯的發展，就如《路加福音》六章三十五節所說：「你們也必作至高者的兒子，」及《約翰福音》十章三十四節：「你們的律法上豈不是寫著『我曾說你們是神』嗎？」如同我們所知，納塞內派早已熟爛了這些典故，並藉此預示了歷史發展的脈絡——這條脈絡從修道院制度通向聖靈運動，從《日耳曼神學》（*Theologia Germanica*）直指馬丁．路德，並從煉金術指向現代科學。

145

言歸正傳。且讓我們回到將基督視為魚的這個主題上。據多爾格所言，基督魚的象徵最早約莫在西元前兩百年出現在亞力山卓（Alexandria）[71]，與此相似的是，領洗池在相當早期就被形容成**魚池**（*piscina*）。之所以會有此形容，代表信眾都是魚，而事實上福音書中也確實有此暗示（如《馬太福音》四章十九節）。其中，基督要讓彼得與安德烈（Andrew）成為「得人的漁夫」（fishers of men），而那一大網令人吃驚的漁獲（《路加福音》五章十節）也被基督本人作為彼得傳教事工的示範。

我們可以在《馬太福音》第二章直接讀到基督誕生的占星學線索。東方三博士（The Magi from the East）是三位觀星家，他們觀察到一個不同凡響的星象，便推斷有位同樣非凡之人即將誕生。這則軼事證明了，縱然在使徒時代，人們也有可能是用占星學的眼光來看待基督，或者多多少少將占星學的神話與基督聯想在一塊。當我們想起聖約翰的末日預言時，後者就顯得格外真切。因為這個無比複雜的問題已經被許多遠比我更為優秀的學者討論過了，於是，我們可以用這些久經考察的內容來支持此論點：在救贖之主（Redeemer）的俗世生平與超凡生命背後，我們也許得以一窺占星神話的堂奧。[72]

70 參見《赫馬牧人書》中，以「活的石頭」打造無縫石塔（教堂）的過程。

71 Dogler, *IXΘΥΣ: Das Fischsymbol*, I, p. 18。雖然亞伯西斯墓誌銘可以上溯至西元三世紀初期（晚於二一六年），且與此有重要關聯，但它是否源於基督教卻有待商榷。Dieterich 在《Die Grabschrift des Aberkios》一書中有段才華洋溢的論辯，指出墓誌銘提到的那位「神聖的牧羊人」其實是阿提斯（Attis）這位聖羊之主、閃爍群星的千眼牧人。阿提斯有個特殊的形式，即羅馬皇帝赫利奧加巴盧斯（Heliogabalus）的神——艾美拉的厄羅戈伯（Elogabal of Emera）。這位皇帝和迦太基的尤蕾妮雅（Urania of Carthage）一同慶祝阿提斯的**聖婚**，而她又名**神明的處女**（*Virgo coelestis*）。赫利奧加巴盧斯是大母神的祭司（*gallus*）之一，只有祭司才可以享用大母神的魚，且這魚必須要讓處子之身來捕撈。據推測，亞伯西斯寫此銘文，是為了紀念他去參加這場偉大**聖婚**的羅馬旅行，此事約在西元二一六年以後。基於同樣的理由，歐坦（Autun）的佩克托里奧墓誌銘（Pectorios inscription）與基督教的關聯也令人存疑；銘文中也有魚的意象：「吃……（字跡斑駁），將魚握在手裡。此刻我心盼望，救世的主啊，以這魚帶來滋養。」字跡可能是 *πεινάων* 而不是 *πινάων*。參見 Cabrol and Leclercq, *Dictionnaire d'archéologie chrétienne*, XIII, cols. 2884ff. 之詞條「佩克托里奧」（Pectorios）。該銘文的前六行即是基督魚（Ichthys）的藏頭對句。年代不明（約三到五世紀）。參見 Doelger, I, pp. 12ff。

72 我特別參考了 Boll, *Aus der Offenbarung Johannis*。亞瑟．德魯斯（Arthur Drews）的文章以一種剛愎自用的態度（此話不算過分）來看待這些占星學的類比，絲毫不顧這個觀念的有益之處。參見 *Der Sternenhimmel in der Dichtung und Religion der alten Völker und des Christentums*。

最重要的是，基督與雙魚座時代的關聯是由魚的各種象徵所證實的，既是被與祂同時代的福音書本身所證實（「得人的漁夫」、第一位門徒是漁夫、五餅二魚的奇蹟），也是被緊接而來的後使徒時期（post-apostolic era）所印證。這些象徵表現為：基督及信奉祂的人都是魚、愛筵聚會（Agape）上被吃下的餐食也是魚[73]、領受洗禮就彷彿浸泡在魚池中，諸如此類。乍看之下，這一切都指向了一個事實，那就是：魚的各種象徵和早已存在的那些神話主題將救贖之主的形象同化了；換句話說，這是基督被當時盛行於世的諸種意象同化之後所呈現的樣貌。然而，如果將基督看作是新的溢湧之神（aeon），那麼對於任何一個熟悉占星學的人而言，基督生來就等同雙魚座時代的第一條魚，也就註定要在即將落幕的牡羊座時代以最後的公羊（the last ram，ἀρνίον，羔羊）[74]身分死去[75]。在《馬太福音》二十七章十五節及其之後的經文中，就以對季節神（seasonal god）的古老獻祭形式記載了這個神話主題。饒富意味的是，耶穌在這個儀式之中的夥伴名為巴拉巴（Barabbas），指的是「父親的兒子」。若將早期基督教心理學中對立兩面之間的張力，類比於黃道十二星座的雙魚座那兩尾游往相反方向的魚，或許也有幾分道理，但，唯有首先證明這兩條魚的分道揚鑣發生在基督時代以前，或至少與基督同時期，此一類比才能成立。關於這些魚的位置，遺憾的是，據我所知此時期並沒有任何繪畫與圖像（pictorial representation）可以提供我們任何線索。雅典的小密特羅波利斯教堂（Little Metropolis）中，有精緻的黃道十二宮動物浮雕，其中卻沒有雙魚座和寶瓶座。另有一個和雙魚相關的圖像，約莫出現在我們這個紀元的開端，所以絕對未曾受到基督教的影響，也就是那不勒斯的阿特拉斯擎天像（Farnese Atlas）上那顆世界天球（globe of the heavens）。第一條魚是垂直的，雕刻在天球赤道的北方，魚頭指向天球北極；第二條魚則是水平的，位於天球赤道南方，魚頭朝西。這個圖像遵循人文學的結構，因此帶有自然主義的色彩[76]。丹答臘的哈托爾神廟（the temple of Hathor at Denderah，西元前一世紀）中的黃道動物有將雙魚呈現出來，但兩條魚面朝同一方向。希巴克斯曾經提過提摩克雷斯的活動星座盤（the planisphere of Timochares）[77]，它在應該是雙魚座的位置上**只有一條**魚。在帝王時代的貨幣與寶石上，以及在密特拉教的石碑[78]上，這兩條魚若不是面朝同個方

---

73 宗教性的餐食。根據特士良的說法（*Adversus Marcionem*, I, cap. XIV; Migne, P.L., vol. 2, col. 262），魚肉代表的是「更聖潔的食物」。另見 Goodenough, *Jewish Symbols*, V, pp. 41ff.。

74 Origen, *In Genesim hom.* VIII, 9 Migne, *P.G.*, vol. 12, col. 208)：「我們說……以撒生來有基督的樣式（form），不過**公羊**（*ram*）似乎也一樣擔負著基督的樣式。」奧古斯丁（《天主之城》XVI, 32, 1）問道：「誰是被當作祭品宰殺、灑血為證……」還有人將審判日到來（Apocalypse）時的那隻羔羊視為牡羊座，參見 Boll, *Aus der Offenbarung Johannis*。

75 艾斯勒（Eisler），《漁人奧菲斯》（*Orpheus—The Fisher*, pp. 51ff.）。艾斯勒的另一篇論文《魚，一種性的象徵》（*Der Fisch als Sexualsymbol*）裡頭也有相當豐富的材料，雖然文中內容對於詮釋魚象徵的幫助非常有限，因為這個論題是本末倒置了。人們很久以前便知道，**心靈中的所有本能趨力**都被各種象徵性的意象包含在內了，性的趨力也是如此。性並不是在這些意象裡「被象徵化」（symbolized），而是如艾斯勒的材料清楚揭示的那樣，是自發性地躍然眼前（leap to the eye）。無論一個人和什麼事物糾纏不清，他的性驅力都在其中參了一腳。聖彼得是由石頭、木材、金屬所組成——這個陳述無疑是正確的，但卻絲毫無助於我們詮釋它的意義；同理，魚類的象徵意象和其他所有意象一樣，當中都具有明顯的性成分，但人們若是繼續對此大驚小怪，那也無助於領略箇中深意。關於術語，我們務必留意：已知的事物永遠不會「被象徵化」，而只能透過**比喻**或**符號**來表達（expressed alleogorically or semiotically）。

76 Thiele, *Antike Himmelsbilder*, p. 29.

77 Boll, *Sphaera*, Pl. I, and Eisler, *The Royal Art of Astrology*, Pl. 5, following p. 164.

78 Gaedechens, *Der Marmorne Himmelsglobus*.

向，就是往相反的方向移動[79]。兩條魚後來之所以有了這樣的兩極性，可能是因為天文學的星座事實上將第一條魚（北方）垂直呈現，而將第二條魚（南方）水平呈現。牠們的移動方向幾乎成九〇度角，因此形成了一個十字架。這個交互運動在最古老的文獻中多半沒有記載，卻在基督教時代備受強調，這讓人不禁懷疑其中有著某種強烈的關聯性。[80]

148

雖然基督的形象與占星學雙魚紀元的開端之間並無任何已被證實的連結存在，然而，救贖之主的魚類象徵系統和新紀元的占星象徵是同時發生（simultaneity）的，在我看來，這證據的重要性已經足以支持我們對此所做的強調。如果我們試圖追溯這組對應關係的複雜神話學分枝，我們心中就得帶著這樣的意念一探究竟：原型在顯化它自身（manifests itself）的時候，會有五花八門的各種面貌，而這些面貌一方面出現在**個體人格**中，另一方面則是早在基督誕生之前的某個時刻，就已經共時性地（synchronistically）提早現身了。確實，在基督誕辰的許久以前，這個原型就已經被投射作用摹寫在重重天界之中（written in the heavens），在那之後，「當時機成熟之時」，由新紀元所產生的各種象徵就會與原型彼此吻合。雙魚座恰如其分地屬於多雨的冬季，就跟寶瓶座和摩羯座（αἰγόκερως，羊魚）[81]一樣。因此，作為黃道十二星座之一，它絲毫不會引人注目；它只有在春分點隨著晝夜均分點的歲差運動而踏進這個星座時，才會一鳴驚人。此時，春分點揭開了新時代的序幕，而「魚」被用來當作那位化身為人的上帝之名，祂曾如魚一般地被產下，又如羊一般地被獻祭；祂曾收了漁夫當門徒，且又要他們得人就如得魚一樣；祂曾施行奇蹟將兩條魚變為眾多，餵飽許許多多的人；

祂自己就像魚一樣被人吃下，祂是「更聖潔的食糧」；而追隨他的人們乃是一群小小的魚，也就是*pisciculi*。若您高興，您大可以假設有一種相當廣為流傳的占星學知識可以或多或少用來解釋這些諾斯替派基督教特定社群[82]中的象徵系統，但是，當這個假設來到對觀福音書中的見證者面前時，它就不再適用了。此種說法毫無根據可言。我們完全沒有理由假定這些故事骨子裡都是各種占星神話；但反過來說，我們卻又有種印象，覺得這一連串和魚有關的經歷完全是理所當然的事，且其背後再也沒有什麼需要去細究的了。這些都是「本來就這樣」的故事，如此簡單、如此自然，人們不禁會猜想：或許這一整個基督教的魚之象徵系統並非出自於偶然，而是經過深思熟慮的。於是，人們同樣也可以說，這些象徵和新紀元名字之間的巧合似乎純屬偶然，何況雙魚紀元在東方各個

---

79 Cumont, *Textes et monuments*, II.

80 參見《羊泉之書》（*Mus. herm.*, p. 343）中的兩條魚，牠們同時呈現出對反面相統合的狀態。阿拉托斯（Aratus, *Phaenomena*, Mair trans., p. 401）只有提到北魚的位置高過南魚，但並沒有強調兩者的二元性或對立性。不過，牠們的雙重性質在現代的占星學說中備受強調（E. M. Smith, *The Zodia*, p. 279）。瑟娜德（Senard, *Le Zodiaque*, p. 446）說道：「從上往下游的這條魚……象徵著靈性在物質中的退化過程；另一條從下往上游的魚……代表的則是靈／物交融以後，重返不二之道（Unique Principle）的進化過程。」

81 摩羯座的符號有兩種。

82 在《Pistis Sophia》的經文中可以發現一段對於占星學的清楚引用，文中耶穌和一群「司掌聖誕者」（ordainers of the nativity）交談：「但耶穌回了話，並向馬利亞說：若是這些司掌聖誕者發現黑馬門尼（Heimarmene）和斯菲爾（Sphere）；透過他們的第一次循環轉向了左邊，那他們說的就是真話，而他們所說的事也必將發生；不過，要是他們發現黑馬門尼或斯菲爾轉向了右邊，他們就不會說出半句真話，因為我已經將他們的作用力、他們的四方形、他們的三角形以及他們的八個象限都給改變了。」（參見Mead 譯本，頁29。）

文化中也未曾留下什麼特別清楚的痕跡；但我絲毫不能斷定這個説法是正確的，因為我對印度和中國的占星學實在所知太淺。與此相反的是，傳統中的魚類象徵讓一個可被證明的預言（a verifiable prediction）得以存在，而且此預言在《新約聖經》中就已經出現了，這個説法雖是事實，但多少令人有點難以接受。

149

大約在我們這個紀元的一開始，春分點進入了那條北方（或東方）的魚[83]，而牠和南方（或西方）的魚是由所謂的繫帶（commissure）連結在一起。這條帶子包含幾顆晦暗的恆星，構成了雙魚座中央的扇形區域，春分點正是沿著此繫帶的南緣緩步推移。黃道和子午線交會於第二條魚尾端的時間點粗略是在十六世紀，也就是宗教改革的時代，如我們所知，這個時代對西方的各種象徵有非比尋常的重要性。從那之後，春分點就一路沿著第二條魚的南緣移動，並且將會在第三個千禧年期間跨入寶瓶座。[84]以占星學的角度來詮釋，若將基督對應到雙魚的其中一者，那祂對應的是垂直的那條魚。敵基督在時間的盡頭尾隨基督而來。邏輯上來説，極後反償作用（enantiodromia）會在這兩條魚的中途開始發生，而我們也已然如此見證了：文藝復興時期就是肇始於非常靠近第二條魚的時候，而文藝復興所帶來的那股精神在現代世界中發展到了巔峰。[85]

83 根據 Peters 和 Knobel 在《Ptolemy's Catalogue of Stars》一書中的計算，雙魚座繫帶上的Ο星與α113星的子午線分別會在西元後一一年與西元前一四六年穿過春分點。

84 由於各星座位置的劃定向來都沒有定論，所以這個日期是非常不確定的。它涉及的是恆星在星空中的實際位置，而不是將黃道帶劃分成若干三〇度區塊的所謂**黃道星座**。以占星學而言，根據你選定的起始點之不同，下一個紀元的開端就可能會落在西元二〇〇〇到二二〇〇年之間。若是以Ο星為起點，並假設二一四三年為大年，那麼寶瓶紀元將會在西元二一五四年到來；不過若是以α113這顆星為起點，就會落在西元一九九七年。後者的年分與托勒密《天文學大成》（*Almagest*）中的星辰經度相符。

85 現代占星學的理論也是將雙魚座和基督彼此關聯：「魚類……乃是水族，妥切地象徵了那些性命與基督一起藏在上帝裡面的人，他們從審判之水裡出來，未被毀滅（榮格注：此處用典，當大洪水〔Deluge〕來時，雙魚**並沒有**被溺斃！），還要找到他們真正的歸宿，那裡生機盎然，毫無死氣：此處永世被活水環繞，並受活水源頭的澆灌，他們『不致滅亡，反得永生』……誰若永遠住在這活水裡，就永遠與神的兒子永生者耶穌基督同在。」（Smith, *The Zodia*, pp. 280f.）

第七章

諾查丹瑪斯預言

THE PROPHECIES OF NOSTRADAMUS

150 藉由晝夜均分點在雙魚座區域內的歲差運動，多少可以精確地預測出我們的宗教史歷程，以及人類心靈發展的基本要素，無論時間點或事件都是如此。如同我們所見，這樣的預測事實上在十六世紀時就得到了印證，並對應到天主教會因宗派分裂而嚐的苦頭。在那之後，一場物極必反的補償運動就此展開：它與奮發**向上**往高處去的「哥德式」（Gothic）相反，可以說是一種水平式、**向外**的運動，也就是地理大發現，以及對自然世界的征服。垂直者被水平者攔腰劃過，而人類的靈性與道德發展也往顯然越來越傾向於敵基督的方向邁去，於是，今日的我們正面對著西方文明的危機，其結果似乎風雲莫測。

151 在此背景下，我想提及諾查丹瑪斯（Nostradamus）的占星預言，此預言寫在一五五八年六月二十七日致法王亨利二世（Henry II of France）的書信中[1]。在詳述了某個以木星合相水星、火星四分水星[2]為特徵的年分，並兼述其他事情之後，他

又說道：

> 而在那一年的開頭，我們將會看到基督教教會遭逢一場更大的宗教迫害，比非洲過去的那次還要嚴重[3]；這將是西元一七九二年，屆時，人人都會將這場迫害視為時代的革新（renovation of the age）……此時期諸國之內，地獄的力量將要興起，與耶穌基督的教會為敵。此乃第二敵基督（the second Antichrist），祂將利用俗世君王的權力迫害方才提到的教會，以及其中真正的神職者（true vicar），因著這些君王的無知，他們將遭受如簧巧舌的勾引，它遠比瘋癲之人拿在手裡的任何刀劍都來得更為鋒利……當北國諸王（the Northern Kings）的權力與東方諸王聯合時，對神職者的迫害就開始了，而這場迫害將會綿延十一年之久，或是稍短一些，屆時，北國諸王的統帥將會敗下陣來。[4]

1 印刷在阿姆斯特丹版的 *Vrayes Centuries et Prophéties de Maistre Michel Nostredame* (1667), pp. 96ff.

2 如前所述，根據古代傳統，木星與水星的合相正是基督教的代表。火星與水星之間的九〇度相位，會讓水星因著火星的「火之武力」（"martail" violence）而「受傷」。照卡丹的說法，水火合相代表「穆罕默德的律法」（*Comment. In Ptol.*, p. 188）。因此，這個相位指涉了一場由伊斯蘭教發動的攻擊。阿爾布馬薩對木火合相的觀點也與此一致：「而若是火星將要與它〔木星〕合相，那代表的就是火爆熱情的文明與異教的信仰。」（*De magn. coniunct.*, tract. I, diff. 4, p. a8r）根據歷史慣例，即將到來的災殃都被認為是新月惹的禍；不過，人們萬萬沒想到，基督教的頭號勁敵居然就藏身在歐洲人的無意識裡。歷史總是一再上演。

3 在此，羅馬基督教世界的勢力敗給了伊斯蘭教。

4 *The Complete Prophecies of Nostradamus*, trans. and ed. by H. C. Roberts, pp. 231ff.

152 然而，諾查丹瑪斯認為有一位「南方聯合王國之君」（a united Southern king）會比北方的統帥多活三年。他看見異教的回歸（「被異教摧毀的聖殿」）、《聖經》被焚毀，以及將要發生的血腥大屠殺：「那是一場巨大的苦難，就和基督教會初初創立那時所發生的一樣」，而這將殃及所有拉丁國家。

153 或許有某些歷史因素促使諾查丹瑪斯將一七九二這一年視為新紀元的起點。例如，樞機主教皮耶爾·戴伊在撰寫《一心向主》（*Concordantia*）[5]時是以阿爾布馬薩為基礎的，其著於第八次土木近合（土星與木星合相於牡羊座）時，根據計算，這次合相是在一六九三年：

> 而在那之後的一七八九年，土星將會完成十次公轉，這將會發生在剛剛說過的合相以後，過程約莫是九十七年左右……如此一來，若是這世界到了那時還依然存在（這只有上帝才曉得了），屆時世界將會發生為數眾多、浩大而驚人的變動與轉化，尤其是在法律制定與宗教的方面。因為前述的合相以及土星的數次公轉將會與天球更上層（也就是第八重天〔the eighth sphere〕）的運行或逆行彼此呼應，在此及其他前提之下，各個教派的變革將會為人所知……由此，結論或許會是：這很有可能是敵基督將臨的時代，祂將帶來祂的律法，帶來祂當受咒詛的各個教派，這些都將徹底與基督的律法勢不兩立；而祂將到來的時代、時辰，對於生而為人的我們來說都是完全無從捉摸的……不過，就算沒辦法說準祂何時將要

來臨，但還是有可能根據種種天文跡象得出可能的假設、可信的推測。因此，若是天文學家說各教派約莫會在那時發生變革，那麼，據他們所言，在穆罕默德之後將會有位大能者（Mighty One）到來，他將設立一套邪惡而不可思議的律法。於是我們可以合理推測：會在穆罕默德的教派之後到來的，唯有敵基督的律法，別無其他。[6]

在與一六九三這一年的測算相關段落中，皮耶爾．戴伊引述了阿爾布馬薩的說法：土星與木星的第一次近合發生在《舊約》創世紀元的三二〇〇年。在此，阿爾布馬薩又加了九百六十年，其結

5 D 7v to 8r , div. 2, cap. 60 and 61. Cf. also Thorndike, *A History of Magic and Experimental Science*, IV, p. 102.

6 "Et post illam erit complementum 10 revolutionum saturnalium anno Christi 1789 et hoc erit post dictam coniunctionem per annos 97 vel prope. ... His itaque praesuppositis dicimus quod si mundus usque ad illa tempora duraverit, quod solus deus novit, multae tunc et magnae et mirabiles alterations mundi et mutationes futurae sunt, et *maxime circa leges et sectas*, nam cum praedicta coniunctione et illis revolutionibus Saturni ad hoc concurret revolutio seu reversio superioris orbis, id est, octavae sphaerae per quam et per alia praemissa cognoscitur sectarum mutatio ... Unde ex his probabiliter concluditur quod forte circa illa tempora veniet *Antichristus* cum lege sua vel secta damnabili, quae maxime adversa erit et contraria legi Christi; nam licet de adventu sui determinato tempore vel momento haberi non possit humanitus certitudo. ... Tamen indeterminate loquendo quod circa illa tempora venturus sit potest haberi probabilis coniectura et verisimilis suspicio per astronomica iudicia. Cum enim dictum sit secundum astronomos circa illa tempora fieri mutationem sectarum et secundum eos post *machometum* erit aliquis potens, qui legem foedam et magicam constituet. Ideo verisimili probabilitate credi potest, quod post sectam machometi nulla secta veniet, nisi lex antichristi."

果便是發生第八次土木近合的西元一六九三年[7]。在這本書的第三部第十七章，皮耶爾．戴伊批評了這個觀點，並斥之為「錯誤的推論」。在他發表於一四一〇年的論著中，他駁斥那些「迷信的占星家」，並主張基督教信仰不應該被占星學法則所箝制。他特別影射了羅傑．培根，因為基督教被籠罩在水星這顆行星的影響力之下的說法，就是拜他所賜才死灰復燃的。皮耶爾．戴伊主張：只有迷信之談、異端邪說才會受到占星術的影響，敵基督將臨之說尤其如此。[8]

155

諾查丹瑪斯主張以一七九二年來修正一七八九年，基於這點，我們若是假設瞭解這些測算，並不算空穴來風。這兩個年分都饒富意味，隨之而來的種種也印證了：發生在這段時間內的諸多事件，都為我們如今這個時代的各項發展奠定了非常重要的基礎。事實上，「理性女神」（Déesse Raison）的登基即位，便已預示了從那之後滾滾而來的反基督教傾向。

156

所謂「時代的革新」或許意味著嶄新的紀元，這以令人耳目一新的方式對應到新的曆法系統，也就是法國共和曆（the revolutionary calendar），它從一七九二年九月二十二日開始，具有非常明顯的反基督教色彩[9]。有些事態老早以前就已開始醞釀，並在後來逐漸演變成具體的大事變；在法國大革命當中，人們見證了物極必反的補償運動，它始自文藝復興時期，其進程又與占星學上的魚之象徵彼此平行。從占星學來看，這個時期似乎至關重要，理由不勝枚舉：首先，晝夜均分點的歲差渾動就是在這段時間碰觸到第二條魚的魚尾[10]；再者，一七九一年時土星位在牡羊座，是個火象星座；此外，傳統是採用最大合相理論（theory of maximal conjunctions）[11]，並將發生第八次土木近合的一六九三年視為測算未來的起始點[12]。這個關鍵的年分還跟另一個傳統結合在一起，此傳統本身奠基於土星公轉十次的時間週期，每個週期耗時三百年。皮耶爾．戴伊引用阿爾布馬薩在《偉大合相》（*Magnae coniunctiones*）這本書中的說法：「他們說，當土星完成十次公轉以後，那場變革就要到來，而且土星的序列（permutation）與開創星座特別相稱（即牡羊、巨蟹、天秤、魔羯）。[13]」根據皮

---

7 *Concordantia*, etc., fol. b 5.

8 Cf. Thorndike, IV, p. 103.

9 在古代字詞的用法上，*renovatio* 包含了現代詞「revolution」的字義；不過，*revolutio* 這個字甚至在後期的拉丁語裡，都還保有「旋轉／公轉」（revolving）的原始意義。如文獻所示，諾查丹瑪斯認為天主教會漫長的迫害行徑，在此時（一七九一年）發展到了極點。這令人想起伏爾泰那句「踩死敗類！」（écrasez l'infâme!）

10 沒有任何證據顯示以歲差為基礎的預言是有意識為之的。

11 牡羊座中的合相在當時是被這樣看待的，至少通常如此。牡羊座零度即是春分點。

12 我不敢說我有讀懂皮耶爾．戴伊的論述（Second treatise, ch. 60, "De octava coniunctione maxima"），文本如下：「而在那之後的一七八九年，土星將會完成十次的公轉，這大約是發生在前述那次合相的九十七年以後；而在那次合相與十次公轉的完成之間，第八重天將會靜止不動大約二十五年，這點的證據是：第八重天的停頓應該要發生在增強位置（position of the augmentations）之後的第四百四十四年，根據星曆，也就是基督紀年的一三二〇年和一七六四年；而你如果再加上二十五年，便會得出前面所說的一七八九年。因此這再次證明了，從基督紀年的一四一四年一直到第八重天的靜止不動，之間是完整的兩百五十三年。」

13 Fol. d 6.

耶爾·戴伊，西元前十一年，為期三百年的土星週期步入尾聲，他認為這與基督的出現有關；另一次的週期結束於西元二八九年，他將此關聯到馬西安教派；西元五八九年這一年預示了伊斯蘭教，一一八九年則是教宗依諾增爵三世在位的重要時期；一四八九年昭告了教會的分裂；而根據推論，一七八九年則標誌著敵基督的到來。其後的情勢可憑想像補足，因為原型老早就已蠢蠢欲動、蓄勢待發。我們只要想起敵基督是來自地獄之物，是魔鬼或惡魔之子，因此等同在北方擁有熾熱居所的提豐（Typhon）或賽特，那麼，北方的篡奪者將會掌權之說[14]也就很好理解了。提豐的力量由三者組成：它有兩個同盟，其一在東，另一在南，此力量對應於「低階三元體」(lower triad)。[15]

157

諾查丹瑪斯是名博學的醫者、占星家，他對於北方乃是魔鬼、不信者與世間萬惡之所在的這個觀點想必相當熟稔，就如聖歐千流（St. Eucherius）所評論的[16]，這個觀點可以追溯到《耶利米書》一章十四節：「必有災禍從北方發出，臨到這地的一切居民」[17]，亦可見於其他段落，如《以賽亞書》十四章十二節及其後：

> 明亮之星，早晨之子啊，你何竟從天墜落？你這攻敗列國的何竟被砍倒在地上？你心裡曾說：我要升到天上；我要高舉我的寶座在神眾星以上；我要坐在聚會的山上，在北方的極處。[18]

本篤會修士拉巴努斯・莫魯斯（Rabanus Maurus，西元八五九年卒）曾說：「淒厲的北風會折磨迫害人」而且「形貌猶如宿敵」[19]。他還說，北風代表魔鬼，證據出自《約伯記》二十六張七節：「神將北極鋪在空中，將大地懸在虛空」[20]。拉巴努斯這樣詮釋此句的意義：「裡面空無上帝榮光的人，祂允准魔鬼宰制他們的心思」[21]。聖奧古斯丁則說過「北風還能是誰呢？除祂以外，又有誰會說：『我要將我的王座擺到北方，我要同那至高無上者一模一樣』？魔鬼主宰諸惡（the wicked）、把持列國」之類的話。[22]

---

14 文中並未明確指出這裡說的「迫害」（persecution）是同一次或另一次。有可能是後者。

15 參見《童話中的神靈現象學》，段425、段436及其後。

16 Migne, *P.L.*, vol. 50, col. 740.

17 "Ab Aquilone pendetur malum super omnes habitatores terrae" (DV).

18 "Quomodo cecidisti de coelo, Lucifer, qui mane oriebaris? corruisti in terram qui vulnerabas gentes? Qui dicebas in corde tuo: in caelum conscendam, super astra Dei exaltabo solium meum, sedebo in monte testamenti, in lateribus Aquilonis" (trans. is AV; last line RSV).

19 Migne, *P.L.*, vol. 112, col. 860.

20 此處與運行在水面上的靈（pneuma）顯然是個類比。

21 "... quod illorum mentibus, qui gratia sua vacui, diabolum Deus dominari permittit."

22 *Enar. in Ps.* XLVII, 3; Migne, *P.L.*, vol. 36, col. 534.

158

維克托里修院（Victorine）的葛瑞紐斯（Garnerius）說那「謗神的靈」（malign spirit）名為阿奎羅（Aquilo，北風），它的寒氣代表的是「罪人的冷漠」（frigidity of sinners）[23]。亞當．斯科特斯（Adam Scotus）設想北方有一顆恐怖的龍首，所有邪惡都從中而來。龍首的嘴巴和鼻孔會噴出具有三重性質的煙[24]，即「三重的無知，也就是對於善惡的無知、對於真假的無知，及對於恰當與否的無知」[25]。「先知以西結（Ezekiel），」亞當．斯科特斯說道：「在他的上帝異象中看見自北方颳來的，正是這煙」[26]，這也就是《以賽亞書》所記載的[27]。先知所見的上帝異象應當是被北風之翼不斷吹襲，又被那三重無知的魔煙纏捲在內，而這位虔誠的作者從未停止思量這究竟是何等離奇的異象。有煙之處，必有火，因此「有一朵包括閃爍火的大雲，周圍有光輝；從其中的火內發出好像光耀的精金」[28]。北風來自火的疆域，此外，北風雖然冰冷，卻是「火焚的風」（ventus urens），大額我略（Gregory the Great）也是引述《約伯記》二十七章二十一節如此稱呼它的[29]。這股風就是謗神的靈，祂「撩起人心中的慾念之火」，並讓一切活物渴切犯罪。「祂用邪惡的氣息蠱惑人們耽溺世俗歡愉，並讓罪人之心起火燃燒。」就像《耶利米書》一章十三節所載：「我看見一個燒開的鍋，從北方傾下。」從大額我略的引文中，我們隱約聽見一個古代意象的回音，即北方之火，它在《以西結書》裡仍然非常鮮活，經文中的火雲是從北方顯現，並且「必有災禍從北方發出，臨到這地的一切居民。」[30]

159

基於以上種種，也就難怪諾查丹瑪斯在預言敵基督的到來之前，會先警告將有篡奪者從北方來。即便在宗教改革之前的民間故事裡頭，敵基督都是普遍的人物形象，就如「反基督者」（Endkrist）[31]在十五世紀下半葉為數眾多的諸版本所表現的那樣[32]。若從隨後即將發生的靈性大事變來看，這就相當可以理解：那時，宗教改革運動正要展開。馬丁．路德當時立刻就被視為敵基督，而諾查丹瑪斯之所以將在一七九二年之後出現的敵基督稱為「第二個」，有可能是因為第一個敵基督

23 *Sancti Victoris Parisiensis Gregorianum*; Migne, *P.L.*, vol. 193, cols. 59f.

24 暗指低階三元體。

25 *De tripartite tabernaculo*, III, c. 9; Migne, *P.L.*, vol. 198, col. 761. 亞當．斯科特斯談到「來自北方之煙的黑暗」。偽克萊門（*Homilies* XIX, 22）特別強調「無知之罪」（*agnoia*，the sins of unconsciousness）。奧頓的和諾理（Honorius of Autun, *Speculum de mysteriis ecclesiae*; Migne, *P.L.*, vol. 172, col. 833）則說：「北方乃是日頭落下、隱入大地之處，藉此，馬太要闡述的是：基督的神性是隱藏在肉體底下的。」這證實了三位一體的地下／冥府性質（chthonic nature）。

26 《以西結書》一章四節：「我觀看，見狂風從北方颳來，隨著一朵……大雲……」

27 《以賽亞書》十四章三十一節：「門哪，應當哀號！城啊，應當呼喊！非利士全地啊，你都消化了！因為有煙從北方出來，他行伍中並無亂隊的。」

28 《以西結書》一章四節。

29 「會有一朵燃燒的雲把他托起帶走，且如旋風那樣，將他從他的地盤擄走。」（*In Expositionem beati Job Moralia*; Migne, *P.L.*, vol. 76, cols. 54, 55）

30 《耶利米書》一章十三節及其後。

31 參見《轉化的象徵》，段565。

32 這份文獻的不同抄本應可上溯至史特拉斯堡的霍爾（Hugh of Strasbourg，十三世紀）的*Compendium theologicae veritatis*一書。參見Kelchner, *Der Enndkrist*, p. 7.

已經喬裝成日耳曼改革者粉墨登場了，或者，更早以前就和尼祿皇帝（Nero）或穆罕默德一同出現過了。[33]希特勒是把馬丁．路德當年半途未竟的改革工作繼續接手完成，而納粹黨在很大程度上就是由此想法誕生；針對此一關聯，我們不應該忽略不談。

160 因此，諾查丹瑪斯從現有的占星資料，以及詮釋它們的可能性，要預測出基督教時代那迫在眉睫物極必反的補償運動並非難事；事實上，因他做了這樣的預言，他便將自己紮紮實實地擺到了敵基督的陣營，並成了祂的喉舌。

161 言歸正傳，且讓我們回頭繼續探討魚的象徵。

33 亦見於喬凡尼．納尼（西元一四三二—一五〇二年）。見 Thorndike, IV, pp. 263ff.

第八章 魚的歷史意義

THE HISTORICAL SIGNIFICANCE OF THE FISH

162

在基督教的寓意解經法中，除了「屬於基督的小魚」（pisciculi Christianorum）之外，我們所熟知的牧羊人與羔羊（lamb）可說是扮演著更重要的角色；而赫密士－克里奧弗羅斯（Hermes Kriophoros），即「肩負公羊者」（the ram-bearer），後來變成「好牧人」（good shepherd）的雛形，也就是羊群的守護神；另一個牧羊人的雛形則是奧菲斯（Orpheus）[1]。牧者（Poimen）的這一面向在祕儀教團中催生出一個擁有類似名字的人物形象，其因《赫馬**牧人書**》（the *"Shepherd" of Hermas*，西元二世紀）而廣為流傳。就像亞伯西斯墓誌銘提到的「巨魚」[2]那樣，牧羊人可能也與阿提斯（Attis）有所關聯，就世俗而言是如此，宗教上也是。萊岑許坦（Reitzenstein）甚至推測《赫馬**牧人書**》是衍生自《人之牧者》（*Poimandres*）諸篇，其純然根源於異教信仰[3]。牧羊人、公羊，以及羔羊的象徵對應的

1 Eisler, *Orpheus—The Fisher*, pp. 51ff.

2 英編按：參見本書段127，注釋4。

3 *Poimandres*, pp. 32ff.

是即將終結的牡羊紀元（aeon of Aries）。這兩個紀元在我們這個時代的頭一百年間彼此交疊，而此時期最為重要的兩個祕儀神祇——阿提斯與基督——兩者都具有牧羊人、公羊，和魚的特徵。萊岑許坦已經針對牧者的象徵做出了鉅細靡遺的闡述，在這方面我無從再補充什麼具啟發性的內容了。此一情況和魚的象徵稍有不同，後者不僅有更為豐富的資料來源，該象徵本來的屬性也有所不同，尤其，它的二元性質必定會引起心理的各種困惑，對此，我有必要更進一步探討。

163

如同每一位英雄，基督也有飽受驚惶的童年（無辜的嬰孩遭到屠殺，逃亡埃及）。在《啟示錄》十二章一節可以找到對這件事的占星學「解釋」：「有一個婦人身披日頭，腳踏月亮，頭戴十二星的冠冕。」她正處在生產的劇痛中，又被一條大龍追趕。她將會產下一名男嬰，他將來「要用鐵杖轄管萬國」。這個故事與東西方無數相類似的母題如出一轍，例如勒托（Leto）與培冬（Python）；或如阿弗羅黛提與她的兒子，母子倆在遭到追趕時變化為兩條魚，急忙跳入幼發拉底河（Euphrates）[4]；又如埃及的伊希斯（Isis）與荷魯斯。敍利亞的希臘人則將雙魚座等同於得爾希多－阿塔嘉蒂絲和她的兒子伊克西斯（Ichthys）[5]。

164

身為母親的女神（the mother-goddess）——可與《啟示錄》裡那位頭戴星冠的婦人等同視之——通常會被視為一名處女（*παρθένος*，*virgo*），而「處女生子，光輝增長（Ἡ *παρθένος τέτοκεν, αὔξεῖ φῶς*）」的耶誕福音源自異教信仰。伊皮法紐在談及所謂亞力山卓的克瑞翁（Korion in Alexandria）[6]時提到，異教徒會在一月五日到六日的主顯節之夜（the night of the Epiphany）舉行盛大的慶典：

> 他們徹夜不眠，對著眾神的像縱笛、放歌；待黎明雞啼之後，夜間的狂歡便結束了，他們會舉著火把走進地下的聖所，從草堆上扶起一尊裸身躺在那兒的木刻雕像。雕像的額頭上有個金色的十字架符號，兩個手掌也有相同形狀的符號，雙膝上也各有一個，而五個符號全都被塗成金色的。他們帶著雕像，在聖所周圍的區域伴隨笛聲、鈴鼓聲、詠唱聲，沿著中心繞行七趟，繞行結束以後，他們會帶著雕像回到地窖之中。不過，你若問他們：這場神秘的舉動代表著什麼？他們會說：珂蕊（Kore），也就是那處女，已在今日今時將溢湧之神（the Aeon）生了下來。

---

4 Eisler, *The Royal Art of Astrology*, p. 107.

5 Bouché-Leclercq, *L'Astrologie grecque*, p. 147。關於婦人（*gyne*）與黃道上的處女座的關聯，見Boll, *Aus der Offenbarung Johannis*, p. 122。

6 *Panarium*, LI, 22, Oehler edn., Part 3, pp. 632f。這一段未收錄於舊版的《Panarium》，因為是近期才在一份威尼斯手稿中發現的。

165 伊皮法紐明確表示：他所描述的無關乎基督教的教派，而是關於拜偶像者（the worshippers of idols），而他之所以要描述這事，是為了顯明一點：即便是異教徒，也在無意間為基督教的真理做了見證。

166 黃道十二星座中的處女座，若不是拿著一束麥穗，就是抱著小孩，某些專家把她與《啟示錄》中的那位「婦人」聯繫在一起[7]。不管怎麼說，這名女子都與彌賽亞將在末日降生的預言有些關係。既然《啟示錄》的作者被假定是個基督徒，那麼問題就來了：那位被詮釋為彌賽亞之母、基督之母的女人，到底是誰？並且，若以希臘文直譯的話，這名將要用鐵杖去「牧」（pasture，*ποιμαίνειν*）異教徒的婦人之子又是何方神聖？

167 因為這個段落一方面暗藏了《以賽亞書》六十六章七節的典故[8]，另一方面又暗指耶和華的**忿怒**（*wrath*，《詩篇》二章九節）[9]，所以某種程度上，這似乎就牽涉到彌賽亞將來的誕生，而這樣的觀點幾乎不可能出現在基督教內部。保爾（Poll）[10]在描述《啟示錄》五章六節及其後的「羔羊」時說道：「牠有七角、七眼，這個形象簡直詭異至極，用基督教的語彙根本沒有辦法解釋。」此外，這隻「羔羊」還發展出一些令人匪夷所思的特徵：牠是**驍勇善戰**（*bellicose*）的羔羊，是萬王之王（《啟

示錄》十七章十四節），地上的君王都要躲避牠的**忿怒**（《啟示錄》六章十五節及其後）。牠就如「猶大支派的獅子」一樣（《啟示錄》五章五節）。這隻羔羊使人不由得想起《詩篇》二章九節所說的，「你必用鐵杖打破他們；你必將他們如同窰匠的瓦器摔碎」，牠絲毫不是那種會乖乖在屠夫面前溫順領死的小羊兒，反而是一隻惡魔般的公羊（daemonic ram）[11]，予人不祥之感。毫無疑問，《啟示錄》裡的這隻羔羊屬於預言中所說的長角怪物（horned monsters）同類。如此一來，人們必須思考這個問題：《啟示錄》的作者會不會在某種程度上受到與基督為敵之觀念的影響，也許是受到心理學上的某種陰影角色（shadow-figure）影響，亦即「影之耶穌」（umbra Jesus），他會在末日重新誕生一次（an act of rebirth），藉此與得勝的耶穌合而為一。這般假設可以解釋誕生神話的重複出現，也可以解釋這個古怪的事實：敵基督的到來是如此重要的末世預言，《啟示錄》對此卻著墨甚少。那隻七角公

7 Boll, pp. 12 ff.

8 「還未受痛便已分娩，陣痛尚未來到她身上，就生了一個男孩。」（中譯取自思高版《聖經》）

9 「你必用鐵杖打破他們；你必將他們如同窰匠的瓦器摔碎。」

10 Boll, p. 44.

11 他的眼睛指的就是「神的七靈」（seven spirits of God，《啟示錄》五章六節）或「耶和華的七眼」（《撒迦利亞書》四章十節）。那羔羊與七位天使同站在上帝的寶座前，好像撒但與上帝的眾子所做的一樣（《約伯記》一章六節），因此，在以西結異象的描述之下，以及猶太神學的觀點中，上帝都身處在一道「律法的陰影」（umbra in lege）裡！

羊所顯現的，正是一切耶穌所不是的模樣[12]，牠確實是一個陰影角色，但卻不能被說成是敵基督這撒但的造物，因為雖然這隻怪物般的好戰羔羊是個陰影角色，且在某種程度上，牠是那隻被獻祭之羔羊的對應物（counterpart），但牠與基督並非徹底無法調解，然而敵基督與基督之間卻應該要是如此。因此，基督形象的對應物並不能追溯到基督與敵基督的分裂，而要追溯到猶太基督徒對羅馬人的反抗與憤恨之情，當時走投無路的他們只能仰賴那位有仇必報的神，和祂那好戰的彌賽亞。《啟示錄》的作者也許對猶太思想相當熟稔，而我們是透過後來的聖傳（tradition）才對其有所認識。摩西．哈達山（Moses ha-Darshan）在《偉大起初》（*Bereshith Rabbati*）中告訴我們：以利亞（Elias）在伯利恆（Bethlehem）找到一位婦人，她坐在她的門前，一個新生的嬰孩就躺在一旁的地上，身上血跡斑斑。她解釋道，她的兒子生在凶時（an evil hour），那正是神廟被毀的時刻。以利亞告誡婦人看顧那個孩子。五個星期以後，當他再回來時，他向婦人問起她那兒子，婦人說：「他沒法走路、看不見、聽不見、不會說話，就像顆石頭似地躺在那裡。」忽然間，一陣風從大地的四角吹來，將那孩子捲走，又將他重重摔入海裡。以利亞正悲嘆以色列的救恩此刻已到盡頭了，天上卻有個聲音（*bath kol*）對他說：

> 非也。他將在汪洋裡待四百年，在可拉（Korah）[13]子嗣裊裊的香煙裡待八十年，在羅馬的大門之下待八十年，而餘下的日子裡，他將在各個大城中四處徘徊，直到日子的盡頭到來。[14]

這個故事描述了一位彌賽亞，他雖生在伯利恆，卻遭神力介入，被風吹送到了化外之地（Beyond，大海＝無意識）。他的童年打從一開始就飽受威脅，幾乎無法活命。這個聖傳將猶太教的彌賽亞元素（Messianic element）那異乎尋常的缺陷（weakness），以及當中的危險性暴露出來，這或許足堪解釋彌賽亞的遲遲未至。他隱而不顯五百六十年之久，而在那之後他的傳道工作才要展開，這段間距與《塔木德》預言裡提到的五百三十年相差不遠（參見本書段133），如果我們認為這個聖傳與基督有關，這兩個時間至少近得可供我們兩相比較。在猶太思想裡，這種與無邊無際的大海密切接觸很有可能並非初見，而是早已有之。因此，彌賽亞遭受的死亡威脅，還有他死於暴力，也都是其他故事中一再重演的母題。後來，主要講述兩個彌賽亞之說的是卡巴拉聖傳：約瑟之子彌賽亞，或以法蓮之子彌賽亞（the Messiah ben Joseph, or ben Ephraim），以及大衛之子彌賽亞（the Messiah ben David）。他們被比喻為摩西與亞倫（Aaron），或是一對小鹿，後者典故出自《雅歌》四章五節：「你

12 此話若要成立，我們就得忽略諸如《路加福音》十九章二十七節、《馬太福音》二十一章十九節與二十二章七節這樣的段落。（中譯注：三段經文都是耶穌對門徒說的話。其一，耶穌要將那些不認他為王的仇敵都拉來，在他面前殺了；其一，耶穌對路旁一株只有葉子的無花果樹說，「從今以後，你永不再結果子」，該樹當下乾枯；其三，耶穌將天國比喻為國王為王子擺設的婚宴，然而受邀者盡皆不理，反而虐殺僕人，「王就大怒，發兵除滅那些兇手，燒燬他們的城」。）

13 英編按：參見《民數記》十六章。

14 Wünsche, *Die Leiden des Messias*, p. 91.

的兩乳好像百合花中吃草的一對小鹿，就是母鹿雙生的（twins）。」[15]根據《申命記》三十三章十七節，約瑟之子彌賽亞乃是「牛群中頭生的」，大衛之子彌賽亞則騎在一頭驢子上[16]。約瑟之子彌賽亞是第一個，大衛之子彌賽亞其次[17]。約瑟之子彌賽亞必須得死，藉此「用他的血來為耶和華的子孫贖罪。」[18]他將在歌革與瑪各的戰鬥中敗倒，而阿米勒斯（Armilus）將會殺了他。阿米勒斯是一位反彌賽亞（Anit-Messiah），他是撒但在大理石上生出來的[19]。當大衛之子彌賽亞歸來時，阿米勒斯將會被他殺死，在那之後，大衛之子會把新的耶路撒冷從天上帶到地上，並讓約瑟之子復活[20]。在後來的聖傳裡，這位約瑟之子扮演一個奇怪的角色，《古蘭經》釋經家塔巴里（Tabari）提到，敵基督將會成為猶太人的王[21]，阿布拉瓦內爾則在《拯救詔書》（*Mashmi'a Yeshu'ah*）指出：事實上約瑟之子彌賽亞就是敵基督。所以，他不僅擁有受難彌賽亞這個與得勝的彌賽亞相反的特質，最終，他還被看作是後者的宿敵。[22]

169

誠如這些傳說所示，前面提過的彌賽亞元素的缺陷存在於一股分裂中，且最後演變成徹底的兩極對立。此一發展在波斯宗教文學之中早有預兆，基督教出現之前，便已有大時代物極必反的補償運動的觀念、善的淪喪的觀念。《東方聖書》（*The Bahman Yast*）將第四鐵器時代稱為「被長著憤怒人種（the race of Wrath）之蓬頭垢髮的邪惡魔鬼所統治。」[23]另一方面，彌賽亞一分為二也與耶和華內在的躁動不安有關，想必打從約伯那個時代開始，祂的不公義與不可靠就已經把每一個深思細想的信徒都給嚇壞了[24]。約伯把這個問題問得清楚明白，但基督教給的答覆卻也斬釘截鐵；反觀猶太神祕主義，對於這個基督教思想家使盡渾身解數想要遮掩的深淵，猶太哲學卻走出自己的路數，懸浮在深淵之上。我並不想在此詳述這個主題，僅舉一個由伊本．埃茲拉（Ibn Ezra）講述的故事當作例了。他說，西班牙過去有一位偉大的賢者，據說他沒辦法誦讀《詩篇》第八十九篇，因為那段經文令他太過悲傷。讓他困擾的段落是這樣的：

15 Targum on Canticles 4 : 5 in *The Targum to The Song of Songs*, p. 50. Wünsche, p. 111。在《光輝之書》（*Zohar*）裡，彌賽亞被稱為「母親」。Schoetgen, *Horae Hebraicae et Talmudicae*, II, p. 10。另見《皮斯蒂斯．索菲亞》的「雙生子救世主」。（前文段133注釋44）

16 *Zohar*, trans. by H. Sperling and M. Simon, II, p. 358：「因此經上說他（彌賽亞）將會『謙謙和和地騎著驢子』來到這裡……」（《撒迦利亞書》九章九節——中譯注：此處原注為九章十二節，疑有誤。）另見Wünsche, p. 100。

17 Ibid., p. 114.

18 Ibid., p. 115.

19 阿米勒斯（Armilus 或 Armillus）＝ 'Ρωμύλος，敵基督。默多狄（Methodius）說：「羅穆盧斯（Romulus），也是阿米勒斯（Armaeleus）。」

20 Wünsche, p. 120.

21 *Chronique* of Tabari, I, ch. 23, p. 67.

22 Bousset, *The Antichrist Legend*, p. 111.

23 *Pahlavi Texts*, trans. by E. W. West, p. 193.

24 參見前文中上帝之憐憫與公義的一體兩面，段108及其後。

我必不將我的慈愛全然收回，
也必不叫我的信實廢棄。
我必不背棄我的約，
也不改變我口中所出的。
我一次指著自己的聖潔起誓：
我決不向大衛說謊！
他的後裔要存到永遠；
他的寶座在我面前如日之恆一般，
又如月亮永遠堅立，
如天上確實的見證。（細拉）
但你惱怒你的受膏者，
就丟掉棄絕他。
你厭惡了與僕人所立的約，
將他的冠冕踐踏於地。
你拆毀了他一切的籬笆，
使他的保障變為荒場。[25]

這和《約伯記》的主題是一樣的。上帝意象在心靈層級中具有最崇高的價值、最高階的主導權，因此與自性有密切的關聯，兩者甚至等同，而發生在上帝意象上的所有事情都會同樣對自性造成影響。上帝意象的任何不確定性都會在自性之中引起強烈的不安感（uneasiness），基於這個原因，前述的問題才會普遍遭到忽視，因為它使人感到痛苦。但這並不表示該問題在無意識中就不會被提起，相反地，諸如物質主義、無神論這類價值觀和信仰觀還會變成對此問題的回答，它們是有如傳染病一般四處蔓延的替代品，當一個人徒勞地空等著合理解答時，它們便會滋長。這些**次級代用品**（*ersatz product*）會把真正的問題壓抑到無意識裡，並摧毀歷史傳統的連續性，但這卻是每個文化的代表性標誌。其結果便是迷惘與惶惑。基督教一向堅持上帝的善，將祂視為慈父，又千方百計剝奪惡的本質。關切敵基督議題的早期基督教預言，以及後來猶太神學的某些觀念，都在在暗示我們：基督教對於約伯問題的答覆，將一個必然的結果略而不提，也就是此刻正在你我面前上演的可怕真相，而這正是因為我們世界的二元分裂：**將上帝意象消滅以後，人類的人格也將宣告終結**（annulment of the human personality）。物質主義無神論以其烏托邦式的理想大雜燴（utopian chimeras）形塑了理性主義的宗教，它用太過偏激的方式回答了普羅大眾的人格對自由的探問，從而消滅了自由。基督教的宣揚者只會白白浪費力氣保存那些傳承給他們的東西，卻不想著建造自己的房舍，並使其更加穩固寬敞。若停滯在這樣的事態中，長遠來看，恐怕只會走向死路。

25《詩篇》八十九章三十三節及其後。

布塞特（Bousset）的說法似乎有些道理：基督在世界末了的二元性質乃是源自於猶太－諾斯替思想，方才提過的那些聖傳正是與此相呼應。教會的教父斷然將惡的議題斥為無稽之談，反觀諾斯替教派，卻對此投入了令人吃驚的深切關注，顯然這個議題早在西元三世紀一開始就已備受矚目。關於這點，我們可以回憶一下瓦倫廷的表述[26]，他說基督的誕生「並非沒有絲毫陰影」，而祂隨後「將自己的影子從祂身上褪棄了」。[27]瓦倫廷大約生活在二世紀的上半葉，而《啟示錄》可能著成於圖密善（Domitian）在位的西元九〇年。和其他諾斯替信徒一樣，瓦倫廷的思想讓福音書向前跨了一大步，基於這個理由，他若是將「影子」看作是耶和華的律法，而基督就在此律法下誕生，我認為這倒也不無可能。《啟示錄》和《新約聖經》裡面的其他內容很可能促使他有了這種觀點，且與同時代的其他觀點相當不同，如愚昧的造物者（demiurge）、包含光明也包含影的八大執政官（prime Ogdoad）[28]。我們並不確定俄利根是不是第一個關切魔鬼最終宿命的人[29]，但無論如何，這證明魔鬼與上帝重歸一體在相當早期的時代就已經是一個論題了，而且基督教哲學如果不想因二元論走上絕路，這樣的討論也是絕對必要。人們不應忘記，**善之缺乏**的說法並不能就此解決地獄的永生與永刑（the eternity of hell and damnation）。上帝的人性面同樣也是二元論的表現，就像早期教會中關於基督一性論與基督二性論（Monophysites and Dyophysites）的爭論所凸顯的那樣。支持兩種本性的完整統合有其宗教上的意義，但撇開這點不說，我想順道談談基督一性論中值得關注的心理學面向：這個教條告訴我們（以心理學的語言來說），當基督作為一個人，祂對應於自我；而當祂作為神，則對應自性，基督同時是自我與自性兩者，既是部分，又是全體。根據經驗而言，意識永遠無法領會全體，但全體卻有可能無意識地出現在自我之中。這就相當於 τελείωσις 這個最崇高的可能狀態，也就是完整無缺、完美無瑕。

172 我之所以花費這些篇幅論述基督形象二元對立的面向，是因為透過魚的象徵，基督被納入了似乎遠遠不同於眾福音書的意象世界裡；那是一個源自於異教信仰的世界、一個充斥占星學信念的世界，對今日的我們而言，那簡直到了不可思議的程度。基督是在雙魚紀元的開端誕生的。當時或許有些博學的基督徒曉得土星和木星在西元前七年曾經有過一次緊密的合相，這點完全是有可能的，就好比根據福音書的記載，當時曾有迦勒底人（Chaldaeans）真的找到了基督的出生地。不過，雙魚座乃是一個成雙的星座（a double sign）。

26 他可能曾經身為教士，且據傳曾參選角逐羅馬教宗一職。

27 Irenaeus, *Adv. haer.*, I, 11, 1 (Roberts/Rambaut trans., I, p. 46).

28 瓦倫廷派的教義（出處同上，I, p. 46）。

29 *De oratione*, 27：「……於是，眼前的這個時代可以阻止那位與聖靈為敵的、崇高的負罪者、瀆神者犯下罪刑；而從今以後的時代，將會如何對待他的起始與終結，此刻我卻毫無頭緒」（... ita ut summus ille peccator et in Spiritum sanctum blasphemus per totum hoc praesens saeculum a peccato detineatur, et post haec in futuro ab initio ad finem sit nescio quomodo tractandus），由此，催生了「即便是魔鬼，有朝一日也能得救」的觀點。（參見 alternative trans. by J. E. L. Oulton and H. Chadwick, p. 304。）

173

在聖誕節前夕的午夜，當太陽進入摩羯座時（根據古代的計時方法），處女座正佇立在東方地平線上，且再過不久就會被蛇夫座（Ophiuchus，持握巨蛇者）手中那條巨蛇跟上，這個占星學上的巧合在我看來很值得一提，就像雙魚座的兩條魚乃是母子的這個觀點一樣。後者有相當特別的重要性，因為這份關係暗示著：這兩條魚本來是一體的（were originally one）。事實上，巴比倫與印度的占星學只知道一條魚[30]。顯然，這名母親後來產下一子，而他和母親一樣都是魚。同樣的情況也發生在腓尼基，得爾希多－阿塔嘉蒂絲有半身是魚，且她有一個名為「伊克西斯」（Ichthys，魚）的兒子。「先知約拿的神蹟」[31]可能可以追溯到更古老的傳說，那是一趟與征服死亡有關的英勇夜海之旅；途中，那名英雄被一條大龍魚（whale-dragon）吞進肚裡，後又重生[32]。約書亞[33]（Joshua / Yehoshua / Yeshua，希臘名 *Iesous*）的名字意指救贖，同樣和魚有關聯：約書亞的父親是嫩（Nun），即魚的意思。嫩的兒子約書亞在《古蘭經》中雖然無名無姓，但有記載這樣一個故事：他曾遇上一條註定要被吃掉的魚，後來卻因生命之泉的一滴水而得以復活。[34]

174

在神話學中，大母神（Great Mothers）對祂們的兒子來說通常是種威脅。耶利米亞（Jeremias）提到一個早期基督教的魚紋燈飾，上頭有條魚正在吞吃另一條魚[35]。在名為南魚座（Southern Fish）的星座中，最明亮的那顆恆星被稱為Fomalhaut（北落師門），意思是「魚嘴」，或許可以用這種方式解釋：在魚的象徵系統中，一切想像得到關於吞食的**罪欲**（devouring *concupiscentia*）都被歸咎到魚的身上，牠被說成是「野心勃勃、欲求不滿、貪得無厭、色慾薰心」——簡言之，就是人間虛榮與「塵世歡愉」（voluptas terrena）的象徵[36]。魚類擁有這些負面特質的主要原因，是由於牠們與女性母神、愛之女神的關係，如伊絲塔（Ishtar）、阿斯塔蒂（Astarte）、阿塔嘉蒂絲、阿弗羅黛提。就像金星維納斯一樣，當她位在黃道十二星座的雙魚座時，她的力量就會得到「擢升」（exaltatio）。因此，無論是在占星學傳統裡，或在象徵的歷史中，這些鄙俗低下的品質永遠都和魚類脫不了干係[37]；然而，另一方面牠們卻又擁有最特殊且崇高的重要意義。這個說法其來有自（至少在占星學上是如此）：任何生而為雙魚座的人都被預期成為漁夫或水手，並且擁有捕魚或是駕馭海洋的能力——這呼應到獵人與獵物之間原始的圖騰式認同。巴比倫的文化英雄俄內安本身就是一條魚，而基督教的魚則是得人的漁夫之經典範例。以象徵而言，基督其實是上帝魚竿上的魚鉤或釣餌，藉此擒住了利維坦

---

30 即南魚座（*Piscis Austrinus*，字義「南方的魚」）；它與雙魚座重疊，主星為北落獅門（Fomalhaut，字意「魚口」）。

31 《馬太福音》十二章三十九節、十六章四節；《路加福音》十一章二十九節及其後。

32 參見Frobenius, *Das Zeitalter des Sonnengottes* 及拙著《轉化的象徵》段308及其後。

33 約書亞這個名字意指「耶和華是救主」。

34 《古蘭經》第十八章。參見〈關於重生〉（*Concerning Rebirth*），段244及其後；另見Vollers, "Chidher"，頁241。

35 耶利米亞，《古代東方觀點中的舊約聖經》（*The Old Testament in the Light of the Ancient East*），頁76。這是從未有人探索過的觀點。

36 Picinellus, *Mundus symbolicus* (1680–81), Lib. VI, cap. I.

37 Bouché-Leclercq, p. 147.

——即死神或魔鬼。[38]在猶太教傳統中，利維坦近似於聖餐禮上的食物，儲藏在天堂中，以備虔信者享用。虔信者死後，他們會為自已穿上魚袍（fish robes）[39]。基督不僅是一名漁夫，他還是那被當作「聖餐」吃下肚的魚[40]。奧古斯丁在他的《懺悔錄》裡提到：「然而在祢為那些信者所準備的筵席上，吃的魚是從深海裡撈捕上來的；而這魚之所以要從海裡捕來，是為了餵養地上那些窮困的人。」[41]聖奧古斯丁指的是門徒在以馬忤斯（Emmaus）吃的魚餐（《路加福音》二十四章四十三節）。我們在《多俾亞傳》（Tobit）中可以找到一種療癒之魚（healing fish）：天使辣法耳（拉斐爾，Raphael）幫助多俾亞抓住那條差點把他吃掉的魚，並向他顯示如何利用魚心、魚肝生出可以對抗邪靈的神奇之「煙」，並告訴他怎麼用那條魚的膽來治療他父親的眼翳病（《多俾亞傳》六章十一節及其後）。[li]

175

聖伯多祿・達彌盎（St. Peter Damian）將修士形容成魚，因為所有虔誠者都是在偉大漁人（the Great Fisher）的魚網中躍動的小魚[42]。在西元四世紀初的佩克托里奧墓誌銘（Pectorios inscription）裡，信徒被稱作是「天國之魚的神聖後裔。」[43]

176

摩奴的那條魚是一名拯救者[44]，牠在傳說中等同於毗濕奴（Vishnu），後者化為小金魚的模樣。牠哀求摩奴帶牠回家，因為牠害怕被水怪吞掉[45]。牠後來長得無比巨大，就像童話故事那樣，並在

38 從魚鉤這個母題，就可看出正面與負面意義之間的關係是多麼密切，聖居普良（St. Cyprain）認為：「就像一條銜向掛著餌食的釣鉤的魚，牠非但沒能把餌從鉤子上咬下來，自己反而被拖出海；因此，司掌死亡者雖然確實奪走了耶穌的身體，讓死臨到耶穌，但直到牠一口吞下那具肉身之前，都沒發現神性之鉤就埋藏其中，所以就從此被鉤在那裡了。」
坎特布里的史蒂芬說（Stephen of Canterbury, *Liber allegoricus in Habacuc*，我沒能找到這本書）：「被擺放在魚鉤上的，正是人們渴切欲求的歡愉，但那牢牢鉤住、隱而不顯的魚鉤會跟著魚餌一起被吞噬消滅掉。所以在肉體的色慾渴求裡，有魔鬼安放的餌料，而罪惡的刺痛亦藏匿其中。」關於這點，請見 Picinellus, Lib. VI, cap. 1。

39 Scheftelowitz, "Das Fisch-Symbol im Judentum und Christentum," p. 365.

40 參見 Goodenough, Jewish Symbols, V, pp. 41ff.

41 Lib. XIII, cap. XXI. (Cf. trans. by F. J. Sheed, p. 275, modified.)

42 「修道院外圍的迴廊（clositer）確實就是靈魂的魚塘，魚兒就活在其中。」（Picinellus, Mundus）
有一首西元二世紀的亞力山卓學派讚美詩，詩文如下：

得人如得魚者，主賜生命給他！
自邪惡之罪海，及紛亂之驚濤，
以生命為美餌，純真魚群俱入。

（Writings of Clement of Alexandria, trans. by W. Wilson, I, p. 344。）參見多爾格，ΙΧΘΥΣ, I, p.4。特士良在《論洗禮》（*De baptismo*, cap. I）這篇著作中提到：「然而我們這些小魚，在我們的主，神子耶穌基督（ΙΧΘΥΣ）的示範之後，都是生在水裡的，除了天長地久地待在〔那〕水中之外，我們別無安全之所。」（Trans. by S. Thelwall, I, pp. 231–32.）西元一世紀初期，長老迦瑪列（Gamaliel the Elder）的門徒就是用各種魚類的名稱來命名（*Abot de Rabbi Nathan*, cap. 40 [cf. trans. by J. Goldin, p. 166], cited in Scheftelowitz, p. 5）。

43 Pohl, *Das Ichthysmonument von Autun*, and Doelger, I, pp. 12ff.

44 「我將拯救你。」《百道梵書》（*Shatapatha Brahmana*, trans. by J. Eggeling, I [i.e., XII], p. 216）。

45 De Gubernatis, *Zoological Mythology*, II, pp. 334f.

故事最後將摩奴從大洪水中救了出來[46]。在印度曆法的一月十二日，會將一條金色的魚放入盛水的碗中，並這樣祝禱：「天神啊！祢曾化身為魚，拯救了身在地獄的吠陀（Vedas），請祢如是拯救我吧！祢乃創世、護世、滅世的神（Keshava）！」[47]學者德．古柏納提斯（De Gubernatis）與其後進都試圖證明基督教的魚源自印度[48]。來自印度的影響並非毫無可能，因為，就像我們在希波律陀和伊皮法紐的記載中見到的那樣，基督教和印度的關聯甚至早在基督以前就已經存在，且來自東方的各種靈性思潮在早期基督教中也清晰可見；儘管如此，卻沒有嚴謹的理由可以把西方的魚看作是印度傳統的衍生，因為西方的魚類象徵非常豐富，同時也相當古老，因此我們大可放心地將其視為土生土長的象徵。

177

因為雙魚代表著母與子，兒子在神話學上的英年早逝與死後復活都已經隱含在雙魚之中了。作為黃道十二星座中的第十二個，雙魚座同時意味著占星年度的終結與開端，此一特徵正與基督教宣稱萬事萬物的開始與結束相呼應，也對應到它預言的世界末日，以及上帝國度的將臨[49]。**因此，雙魚座的占星學特質包含了基督教神話的核心重要元素：首先是十字架；再者，包含了基督教的道德衝突，以及二分為基督／敵基督的此一分裂；第三，處女之子的母題；第四，母子之間的經典悲劇；第五，誕生時刻的威脅；第六，拯救者與帶來療癒者**。因此種種，將那有著魚之身分的基督，和當時正要破曉的嶄新紀元這兩者關聯在一起，此說並不算牽強附會。若是這個關聯早在古代就已存在，顯然它肯定始終都是眾所默認的事實，或是被刻意保守的祕密，因為，據我所知，古代文獻中並無證據表明基督教的魚之象徵是從黃道十二星座中衍生出來的；除此之外，一直到西元二世紀，都沒有任何占星學證據指出基督／敵基督的兩極對立**完完全全**是源自於雙魚座的兩極性質，而這是因為這件事的重要意義並沒有得到半點重視，就如我們前引的材料所示；最後，誠如多爾格正確強調的：伊克西斯向來都被認為**只有一條**魚，然而在此我們必須指出：若以占星學來詮釋，基督只是雙魚的其中之一，另一條魚的角色則分配給了敵基督。簡單來說，黃道十二星座裡的那兩條魚不可能是基督魚（Ichthys）的前身，這個假設無論如何都是站不住腳的。

---

46 *Shatapatha Brahmana* (Eggeling trans., pp. 216ff.).

47 Doelger, I, p. 23. Keshava 是毗濕奴的別名，意思是「髮量豐厚或髮質細好」。

48 Ibid., pp. 21ff.

49 俄利根（*De oratione*, cap. 27）說：「……就像最後一個月即是一年的末了，此後又緊接著下一個月的開端，因此不妨這麼說：因為那麼多時代都彷彿一個年分完結那樣完結了，所以當下這個時代就如同『末了』，末了之後又會有各個『將臨的時代』接踵而來，而這些將臨的時代又是開端，且神要將『祂極豐富的恩典』顯明給後來的世代看（《以弗所書》二章七節）。」（Oulton/Chadwick trans., p. 304）

相較之下，異教信仰的魚類象徵扮演的角色要來得更為重要[50]。謝夫特洛維茲（Scheftelowitz）蒐集的猶太文本最為重要。猶太人的「祝福的杯」（chalice of benediction，聖餐杯）[51]有時候會用魚的圖案來裝飾，因為在天堂裡，魚乃是被賜福的食物。聖餐杯會被擺到死者的墓裡，作為隨葬品[52]。魚類是分布廣泛的墓葬象徵，基督教的魚主要是存在於這層關係的。虔敬的以色列人如魚一般地生活在「教義之水」裡頭，這一類比在西元一〇〇年左右時不證自明[53]。魚類同時還有一層彌賽亞的涵義[54]。根據敍利亞的《巴錄啟示錄》（*Apocalypse of Baruch*），隨著彌賽亞的降臨，利維坦將會從海中升起[55]。亞伯西斯墓誌銘中那條「極大的魚」有可能就是對應到薩珊王朝（Sassanids，西元五世紀）法庭上一場宗教辯論中提到的「泉出之魚」（fish from the fountain）。這口泉水和巴比倫的女神希拉（Hera）有關，但在基督教的語彙中，它指的是馬利亞，她在東正教及諾斯替教派的圈子裡（《多馬行傳》〔*Acts of Thomas*〕）被喚為 *πηγή*，也就是「泉源」。因此我們在辛奈西斯（Synesius）的讚美詩中讀到：「眾泉之泉、眾源之源、眾根之根，汝即一體之一體。（*Παγὰ παγῶν, ἀρχῶν ἀρχά, ῥιζῶν ῥίζα, μονὰς εἶ μονάδων, κτλ.*）[56]希拉的泉水裡頭據說有一條僅有的魚（the one fish，*μόνον ἰχθύν*），牠被「神之魚鉤」捕獲，其肉可以「餵養世上的所有人」[57]。在一件希臘皮奧夏（Boeotian）的陶瓶上，彩繪了一名「獸女」（lady of the beasts）[58]，在她的兩腿之間或身體裡面畫有一條魚[59]，這條魚想必就是她的兒子。雖然在薩珊王朝的辯論中，馬利亞的傳說被移植到希拉那裡，但那條被釣獲的「僅有的魚」卻並不對應到基督教的象徵，因為在基督教象徵系統中，十架受難乃是上帝用來捕捉利維坦的鉤子或餌食[60]，但利維坦是死神，或魔鬼（古蛇，the ancient serpent），卻不是彌賽亞。另一方面，猶太教傳統裡的**不死靈藥**（*pharmakon athanasias*）指的就是利維坦的肉，謝夫特洛維茲則稱牠是「彌賽亞之魚」（the Messianic fish）。《塔木德公議會》（*Talmud Sanhedrin*）有云：彌賽亞「在人們為著殘疾人（an

---

50 特別值得一提的是，敘利亞地區有崇拜鴿子和魚的宗教團體。他們也會以魚肉當作「聖餐」的食物。（Cumont, *Les Religions orientales dans le paganisme romain*, pp. 108–9, 255–57）非利士人（Philistines）的主神叫作大袞／達貢（Dagon），這個名字就是源自於 *dag*（魚）。

51 《哥林多前書》十章十六節提到「我們所祝福的杯」（*calix benedictionis*）。

52 Scheftelowitz, p. 375.

53 Ibid., p. 3.

54 參見 Goodenough, V, pp. 35ff.

55 在此同時，「比蒙將會從牠的棲身之所現身……隨後，牠們將會成為所有逝者的食物。」（Charles, *Apocrypha and Pseudepigrapha*, II, p. 497）利維坦從海中升起的這個觀念，也和《以斯拉二書》十三章二十五節的異象有關聯，該節提到「從海中上來的人」。參見 Charles, II, p. 579 與 Wischnitzer-Bernstein, *Symbole und Gestalten der jüdischen Kunst*, pp. 122f. and 134f。

56 Wirth, *Aus orientalischen Chroniken*, p. 199.

57 Ibid., pp. 161, 19f.

58 英編按：參見諾伊曼的《大母神》（Neumann, *The Great Mother*）第十四章，插圖134。

59 Eisler, *Orpheus—The Fisher*, Pl. LXIV.

60 參見《心理學與煉金術》，插圖28。

invalid）去尋找一條魚之前，他都不會來，也找不著。」[61]據《巴錄啟示錄》所載，巨獸比蒙和利維坦一樣[62]，都是聖餐一般的食物。這點遭到了刻意忽視。誠如我曾在別處[63]解釋過的，這兩頭耶和華的史前怪獸似乎代表著一組成雙的對立面，其中之一無庸置疑是陸上動物，另一個則是水中的。

179

自古以來，不單單是猶太人，而是整個近東地區的民族都將一位超凡之人的誕生和某顆星子的升起等同視之。因此巴蘭（Balaam）在《民數記》二十四章十七節有此預言：

> 我看見他，卻不在現時；
> 我望見他，卻不在近處。
> 有星要出於雅各……

180

對彌賽亞的盼望總是與某顆星辰的出現息息相關。據《光輝之書》（*Zohar*）所說，將約拿吞掉的那條魚當時死了，三天之後卻又復活，並再次將他吐了出來。「藉著這魚，我們將要尋著一種能給全世界的藥。」[64]這是中世紀的文本，但其來源是可信的。[65]根據謝夫特洛維茲的看法[66]，亞伯西斯墓誌銘談到的那條「極大而純潔的泉出之魚」必然就是利維坦，牠不僅僅是世上最大的魚，而且始終純潔（pure），就像謝夫特洛維茲從《塔木德》文獻中引述的相關段落所揭示的一樣。關於這一點，我們或許也可以談談《波斯事記》（*Happenings in Persia*）記載的那條「絕無僅有的魚」（one and only fish，εἷς μόνος ἰχθῦς）。[67]

---

61 Scheftelowitz, p. 9; from the Talmud *Nezikin* VI, Sanhedrin II (*BT*, p. 662)。參見〈佩克托里奧墓誌銘〉中的 ἐσθε πινάων。

62 在摩西．曼蒙尼德（Moses Maimonides）的文章（*Guide for the Perplexed*, trans. by M. Friedlander, p. 303）裡頭，有一段關於利維坦的詮釋。科奇麥爾（Kirchmaier, *Disputationes Zoologicae*, 1736, p. 73）如下引用之：「同樣談到這類生物，拉比摩西．曼蒙尼德說：這利維坦是一種包羅萬象的組合體（*complexum generalem*），散見於各種動物的身體特徵，在牠身上都見得到。」

63 《心理類型》，段456及其後。

64 Scheftelowitz, p. 10。參見《馬太福音》十二章三十九節、十六章四節，經文中提到基督將先知約拿的神蹟視為彌賽亞時代的預兆，亦是基督個人生命的預表。另見 Goodenough, *Jewish Symbols*, V, pp. 47ff。

65 Παμμεγέθης.

66 Pp. 7f.

67 Τὰ ἐν Περσίδι πραχθέντα (Wirth, p. 151).

第九章 魚之象徵的矛盾性質

THE AMBIVALENVCE OF THE FISH SYMBOL

根據敍利亞的《巴錄啟示錄》二十九章一節及其後文，彌賽亞到來之前的時代可以分為十二段，而彌賽亞將於第十二段現身。作為一種時間區分法，十二這個數字指的可能是黃道十二星座，其中排序第十二的正是雙魚座，屆時，利維坦將從海中升起。「我在創世第五日造了這兩頭巨大的海獸，又將牠們保管起來，待時候到了，牠們便是所有逝者的食糧。」[1]因為比蒙很顯然根本不是海中生物，而是如同一則猶太經注所説，是「牧養在千山之上的」[2]，因此那兩頭「海獸」必定是利維坦的翻版（duplication）。而且，利維坦事實上確實還有性別之分，這種生物有一雄一雌[3]。《以賽亞書》二十七章一節[lii]也暗示了一種類似利維坦的生物：「到那日，耶和華必用他剛硬有力的大刀刑罰利維坦，也就是那遁逃迅速的蛇，又刑罰利維坦，就是那身形蜿蜒的蛇，並殺海中的大龍（dragon，《聖經武加大譯本》譯作鯨魚〔whale〕）。」這在中世紀煉金術裡催生出了一個意象：兩蛇相鬥，一蛇有翼，一蛇無翼[4]。利維坦在《約伯記》中單獨出現，其暗藏的兩極性是由牠的對應物比蒙表現。梅耶·本。以撒（Meir ben Isaac）的詩描述了利維坦與比蒙在世界末日的戰鬥，這兩隻巨獸都在打鬥中傷重而亡，隨後耶和華將牠們切成塊，給虔信者當作食物[5]。這個意象可能和古老的猶太逾越節（Passover）有關，逾越節是在亞達月（the month of Adar），即魚月。儘管利維坦在後來的各個文本中有各種不同的翻版，但在最初，很可能只有一隻利維坦；在拉斯珊拉（Ras Shamra）出土的一份非常古老的烏加列文獻（Ugarit texts，大約西元前兩千年）可以證明這點。維洛伊德（Virolleaud）給了這段譯文：

當祢擊打妖堤厭（Ltn），那遁逃迅速的大蛇
Quand tu frapperas Ltn, le serpent brḥ
祢並殺了那身形蜿蜒的大蛇
Tu achèveras le serpent ʿqltn,
那強大有力的七頭蛇
Le puissant aux sept têtes.

---

1 Charles, II, p. 497。略有更動。

2 *Midrash Tanchuma*, Lev. 11 : 2 and Deut. 29 : 9; cited in Scheftelowitz, pp. 39f.

3 Talmud, *Nezikin* III, Baba Bathra (*BT*, I, p. 296)。**雌性的**利維坦已經被耶和華殺死，用鹽醃漬起來保存到時間的盡頭。雄的那頭則被他閹割，以防牠們繁衍子嗣、禍害世界。

4 典型的對立面組合。參見《易經》第二卦第六爻的兩龍相鬥（中譯注：指坤卦上六：龍戰於野，其血玄黃）。

5 Cf. the *Midrash Tanchuma*.

182 他評論道：「值得注意的是，*brḥ2* 和 *ʿqltn* 這兩個形容詞所描述的品質，恰恰吻合《以賽亞書》二十七章一節那種危險的蛇形生物，我們稱牠為 Leviathan（利維坦），希伯來語則是 Liviatan。」[6] 同樣在此時期，有些圖像記載了巴力（Baal）和大蛇妖堤魔之間的戰鬥[7]，耐人尋味的是，此場衝突發生在神明與怪物之間，而不是像後來一樣發生在兩頭怪獸之間。

183 從利維坦的例子中，我們可以看到大「魚」的意象被至高無上的神明納為其對立面，並且成為神的陰影與邪惡一面的具體化身之後，是如何逐漸分裂成對立的兩面。[8]

184 隨著這怪物被分裂為兩個新的對立物，牠原本之於上帝的對立性便退居後位，如今，怪物若不是與自己衝突，便是與另一頭旗鼓相當的怪獸爭鬥（例如利維坦與比蒙）。這就讓上帝得以從自身的內在衝突解放出來，此一衝突如今藉著一對互為仇敵的怪物兄弟形式顯現在祂之外。根據謝夫特洛維茲引援的例證，在後來的猶太教傳統裡，《以賽亞書》中與耶和華交戰的利維坦後來漸漸變得「純潔」起來，並作為「有如聖餐的」食物被人吃下，此一發展的結果便是：若有誰想要以此線索追溯基督魚的象徵起源，如魚的基督將會取代利維坦的位置，與此同時，傳說中那頭駭人的獸卻只能黯然潛入死神與魔鬼的屬性中。

這個二元分裂呼應到陰影在夢中經常出現的成對性（doubling），夢裡，分裂的兩半會以彼此不同甚至兩相對立的形象現身。當意識的自我人格沒有將所有可被涵容的內容與成分全都包含進來，就會發生這種情況。這時，人格的某部分會一直處在未整合（split off）狀態，並和一般的無意識陰影混合，兩者湊在一起就是一組對偶人格（a double personality），且往往彼此敵對。倘若，我們將應用心理學領域裡的這個經驗帶到神話學材料的討論裡，就會發現上帝那惡獸一般的反抗者產生了一組對偶，因為上帝意象是不完整的，而且並不包含那些在邏輯上應該要被祂包含在內的所有內容。利維坦是外貌像魚的生物，原始、冷血、棲居汪洋深處；反觀比蒙，則是四足著地的溫血動物，據說長得像在山間漫步的野牛（至少在較晚的傳說中是如此）。因此，比蒙相較於利維坦，前者是較高等、較進化的生物，後者則是較低等、較原始的，這就像是煉金術裡的有翼龍／無翼龍。所有長翅膀的生物都是蒸氣或瓦斯那樣的「易揮發物」（volatile），換句話說，就是精氣（pneuma）。

“Note complémentaire sur le poème de Mot et Aleïn,” p. 357.

Virolleaud, “La légende de Baal, dieu des Phéniciens,” p. ix.

摩西．邁蒙尼德的觀點或許可以呼應這個心理發展過程，在他針對《約伯記》四十一章的論述裡，耶和華「在利維坦身上花了最長的時間，牠身上擁有散見芸芸百獸的各種身體特徵之綜合，包含在地上走的、在水裡游的、在天上飛的」（*Guide for the Perplexed*, p. 303）。照這樣說，利維坦就是一種超獸（super-animal），一如耶和華是某種超人（superman）。

奧古斯丁說基督魚「從深海裡捕來」[9]，所以《以斯拉記續篇．下卷》十三章二節及其後文說，「那人」如風，從海裡出來，且有一隻老鷹和一頭獅子預示了他的出現，這兩個獸化的象徵令先知顫慄，就像比蒙喚出了約伯心中最深切的恐懼那樣。從深海捕撈的那條魚跟利維坦有著隱密的連結：前者正是誘惑利維坦上鉤、被捕的魚餌。這條魚可能是巨魚的翻版，並代表了牠精神性的那一面（pneumatic）。利維坦顯然擁有這樣的面向，因為牠和基督魚一樣，都是聖餐的食物[10]。這組對偶代表著意識發展的過程，這在《約伯記》二十六章十二節相當清楚，這段經文告訴我們，耶和華「藉著祂的知識（understanding，*tebūnā*）」打傷了拉哈伯（Rahab）。拉哈伯這頭海獸乃是提雅瑪特（Tiamat）的表姪，而提雅瑪特被馬爾杜克（Marduk）喚來的狂風（Imhullu，北風）[11]灌滿全身，又被祂斬得四分五裂。*Tebūnā* 源自 *bīn*，意指分隔、分割、區分離散——換句話說，也就是意識發展的核心要素：分析辨別[12]。就這個意義而言，利維坦與比蒙代表的是意識發展過程的不同階段，此過程會進而將牠們納入意識，並使其趨於人性。魚的意象轉變為溫血四足動物，再變為人類，最後又像基督教的彌賽亞那樣，化身為三位一體中的那位聖子，人的形象和魚分離開來，這就暗示著上帝道成肉身[13]。因此，從前的上帝意象所遺漏的，正是這個元素：人。

186

魚在猶太傳統中的角色可能和敘利亞－腓尼基的阿塔嘉蒂絲魚神祕儀團體（fish cult of Atargatis）有關，這名女神的神廟裡有幾個池子，誰也不許碰觸池中那些聖魚[14]；與此相似地，這些神廟會儀式性地享用魚餐。屈蒙（Cumont）認為：「在基督教時代，這個源自敘利亞的教團及其教儀，極有可能促成了基督魚象徵的誕生。」[15]呂基亞（Lycia）地區的信徒崇拜魚神奧弗斯（Orphos or Diorphos），祂是密特拉神（Mithras）與有著「聖石」之稱的母神西布莉（Cybele）之子[16]。奧弗斯是我們之前提過的諸位閃族魚神的變體，如俄內安、巴比倫的嫩與大袞（Dagon），以及被希臘人稱為伊克西斯的阿多尼斯（Adonis）。在迦太基，漁獲要獻給塔妮特（Tanit），在巴比倫則要獻給埃亞和妮娜（Ea、Nina），在埃及也能找到魚神祕儀的蹤跡。埃及的祭司是禁止吃魚的，因為魚類被視為不潔，就和堤豐之海（Typhon's sea）一樣。普魯塔克也曾評論「忌食所有海魚」。亞力山卓的革利免是埃及魚弗尼城（Syene，即阿斯旺／亞斯文）的居民，據他所言，象島（Elephantine）和俄克喜林庫斯城

9 *Confessions*, Sheed trans., p. 275.
10 Cf. Goodenough, V, pp. 51ff.
11 分裂的神話母題和煉金術裡的滲透（penetration）及穿透（perforation）關係密切。另見《約伯記》二十六章十三節：「祂的手刺殺（pierced，穿刺）快蛇」。
12 針對這點，要特別感謝 Riwkah Schärf 博士。
13 《以斯拉記續篇．下卷》（*II Esdras*）是一份著成於西元一世紀末的猶太文獻。
14 Cumont, *Les Religions orientales*, p. 255.
15 Ibid., pp. 108–9, 256.
16 Eisler, *Orpheus—The Fisher*, p. 20.

（Oxyrhynchus）都崇拜一條魚。普魯塔克說，根據習俗，在正月九號那天，人們要在家門口烤一條魚來吃[17]。多爾格傾向支持這個說法：此一習俗乃是基督教最後的晚餐要吃燒魚的前身。[18]

187

人們對魚的矛盾態度，暗示了魚在本質上的兩面性。魚一方面是不潔、令人憎惡的符號，但在另一方面，牠卻也是令人尊崇敬拜的對象。我們若是依據希臘化時代晚期的一幅石棺紋飾來推斷，魚似乎甚至被視為靈魂的象徵。該具木乃伊躺臥在獅形棺木上，棺木下面放有四個卡諾卜罈（Canopic jars），四個罈蓋代表荷魯斯神的四個兒子，其中三個是獸首，一個是人首。懸在木乃伊上方的是一條魚[19]，而非一般常見的靈魂之鳥。從這條魚的棺繪上可以清楚看到，牠是一條尼羅河象鼻魚（oxyrhynchus，鲃魚，barbel），是埃及人最深惡痛絕的三種魚之一，據說堤豐（賽特）將歐西里斯分屍之後，將其陽具呑掉的就是牠[20]。象鼻魚對堤豐而言是神聖的，而堤豐是「靈魂之中激情、衝動、不理性而逞凶鬥狠的那部分」。[21]因為魚類不知何謂飽足，牠們在中世紀被視為受詛咒者的隱喻[22]。魚類既然是埃及的靈魂象徵，這就格外凸顯其重要。在堤豐／賽特的形象中也可以看見同樣的矛盾性質。祂在稍晚的時代中是司掌死亡、毀滅與沙漠的神，祂是其兄長歐西里斯陰險狡詐的對立面；但比較早期的祂卻和荷魯斯關聯十分緊密，而且還是死者的友伴、幫手。在某篇《金字塔銘文》（the *Pyramid Texts*）中，大賢者荷魯斯（Heru-ur）協助歐西里斯攀上了天堂。天堂的地面是由一塊鐵盤組成的，這鐵盤所在的位置和群山的山頂非常靠近，人們可以藉著梯子之助，從此處爬上天堂。鐵盤的四角由四根巨柱支撐，對應東西南北四方。在法老佩皮一世（Pepi I）的金字塔銘文中，就有一首讚美歌是獻給「孿生神的天梯」，法老烏納斯（Unas）的金字塔銘文也記載：「烏納斯來到他父親拉神（Ra）為他打造的天梯上，而荷魯斯與賽特牽著烏納斯的手，引領他進入冥界（Tuat）」[23]。另一段銘文提到，大賢者荷魯斯和賽特彼此仇視，因為一個是白晝之神，一個卻是黑夜之神。賽特的象形文字裡有一個意符是用來代表石頭，或是某種代表賽特的長耳不明生物（Set-animal）。有些繪畫顯示，大賢者荷魯斯的頭和賽特的頭長在同一個軀幹上，從這裡我們或可指出這兩位神所代表的成雙對立性。布奇（Budge）論道：「大賢者荷魯斯的屬性在古王國時期不知為何起了某些變化，但祂擁有的屬性永遠都與賽特的屬性對立，因此，我們才會將這兩位神祇視為大自然兩股對立力量的擬人化表達，諸如光明與黑暗、白晝與黑夜，或是創生宇宙和混沌虛空，又或是生與死、善與惡。」[24]

---

17 *De Iside et Osiride*, cap. VII (Babbitt trans., V, p. 19).

18 ΙΧΘΥΣ, I, p.126。從死裡復活的基督吃了一片燒魚（《路加福音》二十四章四十二節）。

19 Spiegelberg, "Der Fisch als Symbol der Seele," p. 574. 參見 Goodenough, V, fig. 9，文中的木乃伊呈現為魚的造型。

20 尼羅河象鼻魚在埃及各地都被視為神聖的。參見 Budge, *The Gods of the Egyptians*, II, p. 382; Plutarch, *De Iside*, cap. XLIX (Babbitt trans., V, p. 19)。

21 Ibid. (pp. 123f.).

22 Picinellus, *Mundus symbolicus*, Lib. VI, cap. I.

23 Budge, II, pp. 241f.。參見基督在摩西和以利亞的顯現中變換了面容的事（《馬太福音》十七章四節）；另見《皮斯蒂斯．索菲亞》裡的「雙生子救世主」。

24 Budge, II, p. 243.

188　這對神祇代表著歐西里斯——即更高的神——內在潛藏的對立性，就如同比蒙／利維坦與耶和華的關係那樣。非常重要的是：為了幫助那**唯一神**歐西里斯爬升到天堂四元體（the heavenly quaternity）上，對立的兩面必須目標一致、攜手合作，才可能達成。這個四元體同樣也是由荷魯斯的四個兒子（Mesta、Hapi、Tuamutef、Qebhsennuf）來做擬人化的展現，他們據說居住在「天堂北方的大腿後面」，也就是說，住在賽特的大腿後面，祂的寶座就位在大熊星座（the Great Bear）。荷魯斯的四個兒子雖是賽特的敵人，但另一方面卻也與祂關係密切。這四子隱喻撐住四角鐵盤的四根天堂巨柱。因為其中三子常常以獸頭形象出現，另一子則是人首，我們也就可以將此聯繫到以西結異象中的類似情境上，四福音書作者那廣為人知的象徵（三頭動物、一位天使）就是從這異象中的天使形象（cherubim-figures）衍生而來[25]。除此之外《以西結書》一章二十二節還說：「那些活物（the cherubim，基路伯）的頭上有堅實的盤（solid plate）的形象，耀目如可畏的水晶，在活物的頭上鋪展開來。」一章二十六節則說：「在他們頭上的堅實的盤之上有寶座的形象，彷彿藍寶石；在寶座形象以上有彷彿人的形狀。」[liii]

189　埃及與以色列關係密切，有鑑於此，兩者的象徵若有混雜也不無可能。然而值得注意的是：阿拉伯傳說認為，圍繞在天極（the Pole）周圍的那塊區域是魚的形狀。卡茲維尼（Qazvini）說：「天極是看得見的。它周圍是小**哭棺之女**（the smaller *Benat na'sh*）[26]和幾顆暗星，它們連在一起就是魚形，魚的中央便是天極。」[27]換句話說，這意味著天極被包裹在一條魚的體內，而天極一帶在古代埃及是賽特的地盤，同時又是荷魯斯四子的居所，根據巴比倫傳說，安努（Anu）的寶座就在天堂的北方，而創造世界、掌管四時的至尊神馬爾杜克就是天極。《創世史詩》（*Enuma Elish*，字意**天穹之高**）這樣描述馬爾杜克：「祂為天界諸星制定軌跡，有如羊群應當將諸神都牧到一起。」[28]

190

黃道北極位在火的領域內（煉獄〔purgatory〕、安努天界〔Anu-heaven〕的入口），因位於修建在尼普爾城（Nippur）周邊的神廟北端而被稱為*kibla*，即「定位點」；無獨有偶，示巴人和曼底安教派（Mandaens）在禱告時也會面朝北方[29]。在此我們還可以談談密特拉教儀軌和這的關聯——密特拉神在最後一幕現身，「手裡握著公牛崽的金肩。這就是大熊星座，它令天界繞圓而行。」這則文本滔滔不絕地描述密特拉神的火的特質，而祂顯然是來自北方。[30]

---

25 《但以理書》三章二十五節也許和此有關：有三個人被扔在烈火的窯裡，後有第四個人進去和他們一起，即「神子」（son of God）。

26 字面意思是「棺材的女兒」，有可能是指送葬時走在棺材前方的女人。參見 Ideler, *Untersuchungen über den Ursprung und die Bedeutung der Sternnamen*, p. 11。

27 Ibid., p. 15.

28 Jeremias, p. 22.

29 Ibid., p. 33.

30 Dieterich, *Eine Mithrasliturgie*, pp. 8ff.

191 北方在這些巴比倫意象中如此重要，這讓我們更容易理解以西結看見的上帝異象為何是從這個方位顯現，儘管北方也正是一切邪惡的誕生地。在原始的上帝概念裡，對立兩面同時存在乃是尋常之事，因為人們不會對神進行反思，而是看作理所當然。然而，在意識反思的層面上，對立面的並存卻是我們想辦法眼不見為淨的一大難題。這就是魔鬼之所以在基督教教義裡無處容身的原因。當這樣的裂隙出現在我們的集體意象以及佔優勢的意識傾向之中，我們便可斷定必然會有補償發生——更準確來說，無意識必然會做出補償運動（compensatory developments）。這種補償觀念也可見於煉金術思想，以那些煉金術大師所關切之事來看，我們無法假設他們對這種觀念毫無意識。他們專心致志地工作，多少可以說是在有意識地還原／恢復（restoration）那原始的上帝意象。因此他們才能說出「上帝之愛就在地獄之火中央閃耀」[31]這樣駭人聽聞的矛盾之語，而這恰恰是把基督教的上帝概念和地獄代表的一切事物聯繫起來，且這種聯繫是嶄新且必要的。雅各．波墨同時深受煉金術及卡巴拉的影響，他是提出矛盾上帝意象的關鍵人物，其中，善／惡的面向全都屬於同一位神聖的存在，此番看法可與羅馬的革利免（Clement of Rome）相媲美。

192 關於北方地區的二元分裂，古代歷史給了我們這幅圖景：北方是至高天神的寶座所在，祂們的宿敵卻也在此；人們的祝禱雖然歸於此地，但該處卻又颳著邪風阿奎羅——「這名號乃被理解為邪惡的神靈」[32]；北方既是世界的樞紐，同時又是地獄。聖伯納德（Bernald of Clairvaux）向路西法呼喊：「你仍執意為了北方苦苦爭鬥嗎？你越是嚮往高處，就越快失了你的地盤。」[33]諾查丹瑪斯所說的「北方之王」必須透過這段話才能理解；在此同時，從聖伯納德的話中可以清楚看到，路西法奮力爭奪的權柄地位也一樣和北方有關。[34]

31 參見《心理學與煉金術》段446。

32 Garnerius, in Migne, *P.L.*, vol. 193, col. 49.

33 *Tractatus de gradibus superbiae*, in Migne, P.L., vol. 182, col. 961.

34 北風的其中一個負面特質（即「北風以酷寒使人麻木」＝邪靈的麻木無情，這靈「使罪人之心硬化」）影響了後來的煉金術對於珊瑚形成過程的想像：「珊瑚是生長在海中的植物，具有根系和枝條，它在自然狀態下應是濕潤的。但當北風颳起，珊瑚就會硬化，變成那種水手在水下看到、割採下來的紅色物質；當它脫離海水以後，又會變成礦石，色澤是紅色的。」（"Allegoriae super librum Turbae," *Art. aurif.*, 1593, I, p. 143.）

第十章 煉金術中的魚

THE FISH IN ALCHEMY

一、水母（*The Medusa*）

193

米歇爾．諾查丹瑪斯身為醫師與占星家，必然對煉金術相當熟悉，因為這門技藝主要就是由醫師操練的。雖然不能確定他是否知道魚類是奧祕物質（arcane substance）與哲人石（*lapis*）的象徵，但他很有可能閱讀過某些煉金術的經典作品。其中最具權威的就是《哲人集成》（*Turba philosophorum*），這部書很早就從阿拉伯文翻譯成拉丁文（十一至十二世紀）；約莫同時或稍晚，其中的附錄也各自有了譯本，即《Allegoriae super librum Turbae》、《Allegoriae sapientum supra librum Turbae XXIX distinctiones》[1]、《Aenigmata ex Visione Arislei》和《In Turbam philosophorum exercitationes》。《哲人集成》跟《翠玉錄》（*Tabula smaragdina*）屬於同一個思想領域，因此也是希臘化時代晚期的產物之一，經阿拉伯人之手輾轉而來，其主要功臣，可能是在十一世紀初期蓬勃發展的哈蘭新柏拉圖學院（Neoplatonic school of Harran），如塔比特．依本．古拉（Thabit ibn Qurrah）等人[2]。這些論著保存的觀念都有亞力山卓學派的色彩，其中的各種配方都嚴格遵照《希臘魔法莎草書》（*Papyri Graecae Magicae*）的精神及用語，尤其是《Allegoriae super librum Turbae》一書所描述的[3]

194

如今，這些「寓指」（Allegoriae）[4]就是魚類煉金術象徵最早的參考文獻了。基於這點，我們可以合理認定：煉金術中的魚出現得相當早，無論如何都早於十一世紀[5]。沒有任何跡象顯示它源自於基督教，然而，這並不妨礙魚成為哲人石的象徵之一，一開始魚類代表的是奧祕物質，後來卻有了轉變。「**哲人石**」這個術語既代表**原初物質**（*prima materia*），也是煉金過程的最終產物，後者別稱眾多：「**賢者之石**」（*lapis philosophorum*）、「**長生不死藥**」（*elixir vitae*）、「**吾人之金**」（*aurum nostrum*）、「**嬰孩**」（*infans*）、「**少年**」（*puer*）、「**哲人之子**」（*filius philosophorum*）、「**陰陽同體人**」（*Hermaphroditus*）……等等。誠如我在別處闡述過的，這名**哲人之子**被人們拿來與基督相提並論，因

---

1 和其他文章一樣，這篇也沒有跟著《哲人集成》一起印刷，但它似乎屬於同一個分類。第二十八節記載「Dicta Belini」（Belinus = Apollonius of Tyana）。

2 參見魯斯卡，《哲人集成》（Ruska, *Turba Philosophorum*）。

3 參見 Preisendanz 的版本。

4 *Artis auriferae* (1593), I, pp. 139ff.; *Theatrum chemicum*, V, pp. 64ff.; and Manget, *Bibliotheca chemica curiosa* (1702), I, pp. 494ff.

5 我指的並不是將魚類當成技術上的煉金材料，因為即便是希臘的煉金術士也都曉得魚類在這方面的用途。我想談點別的，例如用來煉造「圓形珍珠」（round pearl）的「薩爾馬那氏製程」（"procedure of Salmanas", Berthelot, *Alch. grecs*, V, viii, 5）就時常以魚的膠質作為黏著劑。

此，間接來說，煉金術裡的魚，蘊含著**塵世救主**（*Salvator mundi*）的榮光。他的父親是上帝，母親卻是**上帝之智**（*Sapientia Dei*），或是化身為童貞女的墨丘利（Mercurius as Virgo）。和**哲人石**不同，**哲人之子**或**大宇宙之子**（*filius macrocosmi*）僅僅代表著自性，這點我在詳細考察其各種屬性和特徵時便闡述過了。

195

以下這段文本包含了魚的最早期資料：「海中有一球魚（a round fish），無骨、無皮，身內有脂，脂有妙用。如以慢火烹之，至魚脂、湯液皆化烏有……魚身飽滿海水，直至開始發光。」[6]《Aenigmata philosophorum》是一本或許成書稍晚的同類論著，書中重現了這則配方[7]，但其中那條魚從「魚」（piscis）變成「小魚」（pisciculus），「發光」（lucescat）則變成「發光發熱」（candescat）。兩本論著的共同點，是這則配方的反諷式結論：當「黃化」（*citrinitas*，*xanthosis*）一出現，「哲人的洗眼劑（*collyrium*，eyewash）[liv]就成形了」。他們若是用它清洗雙眼，就能輕易理解哲學的奧祕。

196

這條球形的魚顯然不是現代意義上的魚類，而是一種無脊椎動物。此說可由牠無骨、無「皮」（cortex）證實，在中世紀拉丁語裡，這單純是指貽貝類或軟體動物[8]。總而言之，牠應該是生活在海裡的球形有機體，可能是缽水母（scyphomedusa）或海蜇的一種，牠們在古代海洋裡數量非常多。這種水母可以靈活地游動，外形呈球狀、鐘狀，或圓盤狀，身體呈輻射對稱結構，原則上由四條主幅、四條間幅區隔成八個區塊，各區的夾角可能另有從幅將其對分。就像所有刺胞動物門（Cnidaria）[9]和線形動物門（Nematophora，缽水母綱即屬此門）[10]的成員，牠們也具備內含刺絲胞的觸手，可使獵物中毒。[lv]

197 前述引文告訴我們，當「球魚」在慢火上加熱或烹煮，牠會「開始發光」，換句話說，原本就存在於牠體內的熱變成了肉眼可見的光，這點暗示了此配方的作者曾經受到普林尼（Pliny）[lvi]或是同一傳承的其他人影響。普林尼描述了一種名為「海洋之星」（*the stella marina*）的魚類，這曾令好幾位傑出的哲人百思不得其解[11]。據他描述，這種魚又熱又燙，還會如同火燒一般將牠在海裡觸碰到的

---

6 "Allegoriae," in *Art. aurif.*, I, p. 141: "Est in mari piscis rotundus, ossibus et corticibus carens, et habet in se pinguedinem, mirificam virtutem, quae si lento igne coquatur, donec eius pinguedo et humor prorsus recedit ... et quousque lucescat, aqua maris imbuatur."

7 "Aenigmata," in *Art. aurif.*, I, p. 149.

8 見du Cange, *Glossarium ad scriptores mediae et infimae latinitatis*, 詞條「cortex」（皮）。

9 源自希臘字 κνίδη、拉丁字 urtica，即「蕁麻／刺激、激怒」（nettle）。所以才有普林尼的「海蕁麻」（sea-nettle）一說（*Hist. nat.* XXXII, xi, 53）。

10 源自希臘字 *νῆμα*，即「細線、觸角」。

11 考辛引述了亞里斯多德（*Polyhistor symbolicus*, 1618, s.v. "stella"）。

一切都吞噬[12]。普林尼提及**海洋之星**[13]後，緊接著又談到一種在海面上游動自如的**海洋之肺**（*pulmo marinus*）[14][15]，牠本質上有著相當猛烈的火之特性，如果拿一根木棍摩擦牠，那根棍子可以馬上拿來當成火把[16]。我們或許可以由此斷定，這位作者在動物學上的分類並不嚴謹，可能是將**海洋之星**及**海洋之肺**混為一談了。不過，這或許是因為中世紀總以象徵式的熱情，渴切地想捉住傳說中的「星魚」(starfish，海星)。尼古拉斯．考辛（Nicholas Caussin）將所謂的「魚」視為海星，並如此描述牠：這種動物會釋放非常大量的熱，那不僅能點燃牠碰觸到的一切，還能用來烹煮牠自己的食物，因此，牠代表的是「真實之愛的不滅力量」(veri amoris vis inextinguibilis)。[17]

198

對現代人而言，這樣的詮釋聽起來相當怪異，但在中世紀，「但凡短暫易朽之物，不過皆是隱喻」(Alles Vergängliche ist nur ein Gleichnis.)這句話卻是貨真價實的：一切轉瞬即逝的事物，不過就是神聖戲劇的象徵，而這齣戲對現代人來說已經幾乎毫無意義了。皮奇奈魯斯（Picinellus）用同樣的方式來詮釋這種魚，唯一的不同之處是他的闡述方式遠遠更為精緻，他說：「此魚光亮恆常，在水中央；凡其所觸之物，皆漸火熱，而後烈火燃燒。」這道光是一種火——聖靈之火。他將《德訓篇》四十八章一節奉為圭臬[18]，同時提到了五旬節神蹟（Pentecostal miracle）中的如火之舌。**海洋之星**身在水中卻不熄滅，這則奇聞令他聯想到「神恩的作為」(action of divine grace)，它令沉浸在「罪海」之中的人心燃起火來。同理，這魚也意味著神的仁慈與愛，就像《雅歌》八章七節的證言一般：「愛情，眾水不能熄滅，大水也不能淹沒。」於是這位作者推論，這種魚打從牠生命的起初就四散著自身的某種光輝，因此牠是具有宗教意象的意象，賴其光輝，信者得以為生。

199 如《雅歌》的引文所示，對燃燒的海星這種詮釋帶出了牠與凡俗之愛的關聯，皮奇奈魯斯甚至形容海星是「愛人之心的象形字」，無論愛人的愛是神聖或凡俗，縱使傾盡汪洋，都無法澆熄這份熱情。這位作者還自相矛盾地說，這種魚雖會燃燒，卻不會發光。他引述聖大巴西略所言：「在你腦海中設想一口無比黑暗的深井，其中有無光的火焰，它像所有的火一樣擁有燃燒的力量，卻絲毫沒有光亮……這種概念所描述的正是地獄之火。」[19]此火即是「罪欲」（concupiscentia）、「慾火」（scintilla voluptatis）。

12 *Hist. nat.*, IX, 60. Cf. trans. by Rackham and Jones, III, pp. 346–48.
13 這可能是一種海星，因為普林尼提到牠有堅硬的體表。
14 *Hist. nat.*, XVIII, 35.
15 IX, 47 (Rackham/Jones trans., III, p. 220).
16 XXXII, 10
17 *Polyhistor symbolicus*, p. 414.
18 「當時，又興起了一位激烈如火的先知厄里亞，他的言辭熾熱如火炬。」
19 *Homilia in Ps.* 33, in Migne, *P.G.*, vol. 29, col. 371.

奇怪的是，中世紀的象徵主義者經常對同一個象徵做出截然相反的兩種詮釋，他們顯然沒有意識到這會帶來影響深遠且非常危險的可能性：象徵的統一正暗示著對立的兩面彼此等同。因此，我們可以在煉金術裡找到某些觀點，認為上帝本尊是在地底或海底「發光」（glow）的火[20]。例如〈神光世界〉（*Gloria mundi*）就說：[21]

> 將哲人所說的，那生長在樹上的生石灰或火給取來。於此火中，上帝本尊便在聖愛裡光亮……同理，自然之主（Natural Master）談到了有關火的技藝，墨丘利被它分解……復又在那不滅之火、活火裡頭凝固，在這其中，為著撫慰所有的人，上帝本尊就在聖愛裡與太陽一同閃耀；若無此火，則此技藝將永遠不能臻至完美。此火亦是哲人之火，他們始終將其隱匿於世、祕而不宣……它亦是上帝在地上所造之最為高尚的火，因它擁有千種美德。凡此種種，導師答覆道：是上帝賜予這火如此的美德與效用……藉此，這火本身便與神性交融了。此火也能淨化，就同煉獄在下界之中所做的一樣。[22]

這火是「不滅的」。哲人將其稱為聖靈之火[23]。它使墨丘利與太陽合而為一，「於是所有的三都成了一，再也無人能將其分離」[24]。「這就好比聖父、聖子、聖靈的三者合一，（也就有如）三個位格中的聖三位一體，然而其中卻還有一個單獨的真實上帝，所以此火同樣讓這三樣東西合而為一：身體、精神、靈魂，也就是太陽、墨丘利，以及靈魂。」[25]「在這看不見的火裡，深藏著煉金

20 這令人想起亞里士流斯（Arisleus）的異象：有群住在海底玻璃屋的哲人，遭到了異常高熱的巨大折磨。（*Art. aurif.*, I, pp. 146ff., and Ruska, "Die Vision des Arisleus," pp. 22ff.）

21 *Mus. herm.* (1678), pp. 246f.。〈神光世界〉（*Gloria mundi*）是一篇作者不詳的文章，我們至今仍並不確定它最早究竟是不是以拉丁文寫成。據目前所知，這篇文章最早是在一六二〇年以德文印刷問世。我只知道，它最早是在十七世紀的論著裡第一次被人提及。人們認為它極具價值，同時也非常危險。在《Theatr. chem》（一六六一）第四章第513頁及其後中，就有一大段從〈神光世界〉節錄下來警惕讀者的引文：「我希望所有擁有這本書的人，出於對耶穌基督的愛，都得到如下的告誡和懇求：請將這門學問隱藏起來。上帝向來會將祂的忿怒與懲罰降到那些狂妄不敬神的人身上；但，倘若他們僥倖逃過一劫，也請別讓那些自大虛榮者、仗勢欺人者、驕傲者、媚俗者、嘲諷者、侮辱者、誹謗者，或諸如此類一無是處的庸人得到這門技藝，也不要任憑這些記載落入他們的手裡。」

22 "Recipito ignem, vel calcem vivam, de qua Philosophi loquuntur, quod in arboribus crescat, in quo (igne) Deus ipse ardet amore divino. ... Item. Naturalis Magister ait ad artem hanc de igne, Mercurium putrefaciendum ... et fixandum in igne indelebili, vel vivo, quo in Deus ipse ardeat, sed cum sole in amore divino, ad solatium omnium hominum; et absque isto igne ars numquam perfici poterit. Item, ignis Philosophorum quem occultatum occlusumque illi habent. ... Item, ignis nobilissimus ignis est, quem Deus in terra creavit, millenas enim virtutes habet. Ad haec respondet didascalus quod Deus tantam virtutem efficaciamque tribuerit ... ut divinitas ipsa cum hoc igne commixta siet. Et iste ignis purificat, tamquam purgatorium in inferno ... "

23 "Philosophi hunc ignem Spiritus Sancti ignem appellant."

24 " ... adeo ut omneis tres, una res fiant, quas nemo separaturus siet."

25 "Pari modo quo in hisce tribus sese uniunt, Deus pater, Deus filius et Deus spiritus sanctus, S. S. Trinitas in tres personas et tamen unicus verus Deus remanet; ita quoque ignis unit hasce tres res: utpote corpus, spiritum et animam, hoc est, Solem, Mercurium et Animam" (p. 247).

術的奧祕，如同分屬三個位格的聖父、聖子、聖靈其實是被同一種本質包含在內。」[26]此火「既是火，也是水」。哲人稱它為活火（the living fire）以榮耀上帝，祂「將自己與那在活水裡的自己攪拌混融在一起。」[27]

201 另一份論著描述這水是「一切寶藏的藏身之地、棲身之所」[28]，因為這水的中央就是「欣嫩谷之火」（fire of Gehenna）[lvii]，這世界運轉的原動力就在這火的裡面。[29]這火是由「原動者」（primum mobile）引起，又受到繁星的影響而燃燒，它的宇宙運動永遠不會停息，且會藉著「天界之力（celestial forces）的牽引」不斷燃燒下去。[30]

202 這是「不自然」的火，「與其本性相悖」。它令肉體受到折磨，本身又是那「如地獄之火般熊熊燃燒著」的龍[31]。芳藤（Phyton）是居住在大自然裡的生命之靈，祂具有雙重面向，其中之一是魔鬼般的形象，也就是地獄之火，能讓人領教一場地獄的洗禮。亞伯拉罕・以利薩爾（Abraham Eleazar）的論文將芳藤說成一位「神」。[32]

203 據維吉尼爾（Blaise de Vigenère）所說，這種火的面向不只兩個，而是四個：**神智之火**（*ignis mundi* *intelligibilis*）是完全的光；**天上之火**（*ignis caelestis*）會散發出光和熱；**元素之火**（*ignis elementaris*）涉及更下層的世界，並由光、熱和**激情**（*ardor*）所組成；最後則是與神智之火相對的**地獄之火**（*ignis infernalis*），它會發熱、燃燒，卻沒有任何光亮[33]。在此，我們又遇見了古代關於火焰的四元體，就像我們在以西結異象的北方火地裡，或埃及賽特與荷魯斯四子[34]概念中看到的一樣。不過，要說維吉尼爾的這個構想是參考以西結而來，卻是絕無可能的。[35]

---

26 "In igni hoc invisibili artis mysterium inclusum est, quemadmodum tribus in personis Deus Pater, Filius et Spiritus S. in una essentia vere conclusus est" (p. 248).

27 "... qui seipsum sese in vivam aquam miscet" (p. 247)。這可能是承襲自畢士大池（Bethesda）裡被「攪動」的水——（中譯注：出《約翰福音》五章二至四節：「在耶路撒冷……有一個池子，希伯來話叫作畢士大……有天使按時下池子攪動那水，水動之後，誰先下去，無論害什麼病就痊癒了。」）

28 "Occultatio et domicilium omnis thesauri."

29 "Continens hanc machinam mundi in suo esse."

30 Sendivogius, "Novi luminis chemici," *Mus. herm.*, p. 607.

31 Ripley, "Duodecim portarum," *Theatr. chem.*, II, p. 128.

32 *Uraltes Chymisches Werk* (1760), pp. 79 and 81.

33 "De igne et sale," *Theatr. chem.*, VI, p. 39.

34 若是考量到老荷魯斯和賽特是同身二首，那麼，荷魯斯之子也就是賽特之子。（英編按：關於北方和火的關聯，見段99、段124。）

35 據我的經驗而言，自發性出現在夢裡，具四元性質的那些象徵，總是指向自性或是心靈的整體。火意味著熱情、激情、渴望，以及人類身上普遍的情緒驅動力量；換言之，火就是「欲力」（libido）這個術語所表示的一切（參見

204 費拉勒特斯（Philalethes）在《Introitus apertus》這本著作裡將奧祕物質稱為「生鐵」（chalybs），他說這是「黃金的原初物質」（auri minera），是「我們煉金工作的真正關鍵，若少了它，用任何技巧都無法將燈火點燃」。生鐵是「極為純粹的神靈」、「神祕的、地獄般的火，因此也是最不穩定的火」[36]，它還是「世界的奇蹟，是上界力量展現在下界的方式。因此，那至高無上者將天堂裡最為輝煌且罕有的連結指派給它，甚至將那耀眼的星象也派給了它，打從智慧的東方，一直到這半球最遙遠的地平線，都宣告了這個星象的誕生。賢明的東方三博士在那個時代（的開端）看見了它，為之震撼，他們當下明白，那至為尊貴的君王已誕生在世上。倘若，你看見了他的星，你會否追隨它找到它的出生之地，並在那裡凝視著那位美妙的嬰孩？將你的汙穢拋到一旁，榮耀那尊貴的孩子，打開你的珍藏並獻上黃金的禮；在他死後，他要將血與肉賞賜給你，那是這世上三個王朝之中最難得的靈藥（Medicine）。」[37]

205 這段文字相當有意思，因為它讓我們得以更深入地看清充斥在煉金術士腦海中各種晦暗不明的原型意象。這位作者接著又說：生鐵同時是「地獄之火」，是「我們煉金工作的關鍵」，且會被磁石吸引，因此，「我們的磁石」就是生鐵真正的「原礦」（minera，未經處理的原料）。這種磁石具有一個隱密的核心，其中有著「轉向天極、統籌萬物的渴望（archetic appetite）」[38]，生鐵的質地會在那裡得到提升。」這個核心「富含鹽分」——**智慧之鹽**（*sal sapientiae*）可以證實這點，因為他又緊接著說：「智者將曾歡慶，但是愚者卻不把這些事情放在心上，就算那重要的天極旋到了外頭，且至高無上者又以醒目的徵象[39]將其標明出來，他們仍舊學不到智慧。」

《轉化的象徵》第二部分第二及三章）。當煉金術為火賦予了四元性質，便等於在說：自性即是能量的源頭。

36 地獄之火完全等同於魔鬼，根據阿特弗斯（Artefius, "Clavis maioris sapientiae," *Theatr. chem.*, IV, p. 237）的說法，魔鬼有空氣構成的外層身體，和火構成的內層身體。

37 Philalethes, "Introitus apertus," *Mus. herm.*, pp. 654f.: "... ignis infernalis, secretus ... mundi miraculum, virtutum superiorum in inferioribus systema, quare signo illum notabili notavit Omnipotens cuius nativitas per Orientem in Horizonte Hemisphaerii sui philosophicum annunciatur. Viderunt Sapientes in Evo Magi, et obstupuerunt statimque agnoverunt Regem serenissimum in mundo natum. Tu cum ejus Astra conspexeris, sequere ad usque cunabula, ibi videbis infantem pulcrum, sordes semovendo, regium puellum honora, gazam aperi, auri donum offeras, sic tandem post mortem tibi carnem sanguinemque dabit, summam in tribus Terrae Monarchiis medicinam." (Cf. Waite, trans., *The Hermetic Museum Restored and Enlarged*, II, pp. 166f.)

費拉勒特斯（Philalethes，字面意思是「愛真理的人」）是個化名。偉特（Waite）在《The Works of Thomas Vaughan: Eugenius Philaletha》書推測他就是赫密士主義的哲人沃恩（Vaughan，西元一六二一—六五），但這個假設有些可疑之處有待商榷。另見Waite, *Lives of Alchemystical Philosophers*, p. 187, and Ferguson, *Bibliotheca Chemica*, II, pp. 194 and 197。

38 這是來自帕拉西爾蘇斯的「生之靈氣」（Archeus）這個概念。參見拙著《帕拉西爾蘇斯醫師》（*Paracelsus the Physician*，瑞士版頁36）。盧蘭（Ruland, *Lexicon of Alchemy*, p. 36）對它下了定義：「生之靈氣是至高無上、眼不可見的神靈（spirit），祂是由肉體分離出來的高貴、上揚之物；祂是大自然玄祕的美德，普存於萬物之中；祂是巧匠，是療癒者……萬事萬物的統籌者及編纂者。」

39 可能是指磁力現象。

206

墨丘利之心（the heart of Mercurius）就是在天極裡發現的，它是「真正的火，它的主就在此火中安歇。橫越這片浩瀚廣袤之海的旅行者將能夠觸碰到兩個印度（both Indies），他可以觀測北極星來為他指引方向，而我們的磁石則可令北極星出現在你面前。」這趟旅行的典故出自「朝聖之旅」（peregrinatio）。正如我在別處解釋過的，這趟旅行通往大地的四方，這裡是用轉向北方的羅盤指針以及「兩個」印度（即東方、西方）來暗示[40]。它們共同構成了十字，也就是一個四元結構，而這就是天極的本質特徵。四個方位由天極輻射而出，劃分東／西半球的格林威治子午線也是如此。因此，北半球代表的是水螅水母（hydromedusa）的球狀身軀，牠身體的球面被四條（或是四的倍數）軸線劃分開來，外觀就像是從北極點所看見的地球。

207

談到這點，我想說說一位二十歲學生的夢。當他發現自己選擇的哲學學院並不適合自己以後，他陷入了迷惘的狀態。對此，他找不到任何意義。他之所以會這麼茫然，純然是因為他不知道自己想要從事什麼行業。然後，有個夢境出現幫助了他，用再清楚不過的方式為他指引了方向。

208

他夢見他走在一座森林裡。漸漸地，場景變得越來越孤寂，越來越荒涼，後來他終於意識到自己身在一片原始林中。樹木高聳，濃蔭密布，地上幾乎看不到半點光線。所有路跡都已經消失很久了，但是，隱約有一股期待感、好奇心在驅使他繼續向前，不久，他來到一個圓形的池塘，大約三、四公尺寬。那是一個泉眼，晶瑩剔透的泉水在森林幽暗的遮蔭之下，看起來幾乎是黑色的。池水中央漂浮著一個珍珠般的生物，直徑大概四十多公分，散發一抹淡淡的光。**那是一隻水母**。

在此，夢者伴隨劇烈的情緒醒來：就在那個當下，他決心學習自然科學，而他真的也貫徹了這個決定。我必須強調，夢者的這個詮釋並沒有受到任何心理因素的影響與暗示。他從這個夢境得出的結論無疑是正確的，但卻絕對不會窮盡這個象徵所包含的意義。這是原型式的「大夢」。森林漸漸變得昏暗，並且走進一座原始森林裡，這代表進入了無意識。水母所在的那個圓形水池代表的則是三維立體的曼陀羅，也就是自性、全體，而這正是「統籌萬物的渴望」所指向的目的地，亦是那在「世界之海」為旅人定出方位的磁北極。

209

回到我們的正文，我要再次強調的重點是：地獄之火不是他物，正是那**隱身的神**（*Deus absconditus*），祂就住在極北之地，並以磁力現象顯現祂自己。祂的別名是墨丘利，其心臟是在天極被發現的，當人們踏上橫渡世界之海的凶險旅程時，就是祂在指引方向。整個世界的運轉機制都是由北極的地獄之火所驅動，北極就是地獄，而地獄又是上界力量在下界的展現——這真是駭人聽聞。然而，艾克哈特大師說過，當他回轉到自心本性的時候，他就進到一個「比地獄還要更深」的

40 參見《心理學與煉金術》段457。

深淵之中，此話同樣令人膽寒。煉金術的觀念雖然難登大雅之堂，卻也有不容否認的高貴之處。以心理學來說，格外耐人尋味的是這個意象的本質：它是秩序井然的原型模式之投射[41]，亦即代表「完整體」概念的曼陀羅。但同時，地獄的中央亦是上帝，這是根植於經驗的意象，因為最崇高者與最低劣者都來自於靈魂的深處，它們可能讓意識的脆弱容器葬身海底，也可能領人安然入港，對此，我們幾乎沒有半點力量能夠左右。因此，對這個「中心」的經驗，本質上就是聖祕經驗。

210

皮奇奈魯斯所謂的**海洋之星**是「在水中燃燒，卻絲毫無光」的魚類，此外，他覺得牠也意味著聖靈、聖愛、榮光及宗教，同時更象徵人類內在的某些事物，比如人的**話語**（*tongue*，舌頭）、言辭，以及表達的能力，因為心靈的一切活動正是透過這些機能才得以顯現在這世上。他顯然是在思索一種本能、非經思考的心靈活動，因為他在此引述了《雅各書》三章六節：「舌頭就是火，在我們百體中，舌頭是個罪惡的世界，能汙穢全身，也能把生命的輪子點起來，並且是從地獄點著的。」[42]

211

那條邪惡的「魚」因此恰恰對應到人類未經馴服，顯然也無法馴服的種種惡習，這就如《雅各書》所言：「最小的火能點著最大的樹林」[43]，還能玷汙全身，並讓「降生之輪」（wheel of birth）燃燒起來。把所謂的「降生之輪」（τροχὸς τῆς γενέσεως）用在這裡確實是很古怪的表達手法。某些解釋認為這個輪子象徵生命的進程、週期或循環。若是我們不把這輪子設想為統計學上從出生到死亡的渺小過程，這個詮釋背後預設的觀點其實和佛教不謀而合。這個輪子究竟是如何被點燃的呢？若不經一番深思，是無法回答這個難題的，而我們更應該琢磨的是：它是在比喻被染汙的身體，換句話說，它代表的是**靈魂**的毀損。

212 靈魂，自柏拉圖的《**蒂邁歐篇**》（*Timaeus*）以降，就一再被描述為一個球體[44]。它就像**世界靈魂**（*anima mundi*）一樣，與以天極為軸心的世界之輪一齊旋轉。因此「墨丘利之心」才會在天極被發現：因為墨丘利正是**世界靈魂**[45]。**世界靈魂**就是真正使天堂運轉的動力來源。繁星點點的宇宙之輪若被表現在天宮圖（horoscope）上，就稱為「本命盤」（"thema" of birth），它將星空劃分為十二個宮位，第一宮對應的是出生那一刻的上升點。這樣劃分以後，穹蒼看起來就像旋轉中的輪子，而據說占星家尼基狄烏斯（Nigidius）[46]之所以別名「費古盧思」（Figulus，陶匠），正是因為天界之輪

41 《東洋冥想心理學》（*The Psychology of Eastern Meditation*）段942及其後。

42 《德訓篇》九章十八節（思高中譯本）：「饒舌的人（a man full of tongue）在本城內，叫人恐怖」。相反地，烈火的舌則是聖靈的一種寓指（或是象徵？），如「分落的火舌」——中譯注：指《使徒行傳》二章三至四節：「又有舌頭如火焰顯現出來，分開落在他們各人頭上。他們就都被聖靈充滿，按著聖靈所賜的口才說起別國的話來。」

43 《雅各書》三章五節。

44 《心理學與煉金術》段109。

45 《神靈墨丘利》段263。參見《心理學與煉金術》段208。

46 尼基狄烏斯（Nigidius）生活於西元前一世紀。

旋轉起來就像陶匠的手拉坯[47]。而「命盤」(thema，這個字代表「被安排」、「被授予使命」)確實就是一種**轉輪**。天宮圖的基本概念是這樣的：先標記出各行星的位置、行星彼此之間的關係(相位，aspects)，再加上黃道十二星座在各個基本方位上的分布，就能看出某個個體的心靈結構，其次則是生理結構。就本質而言，本命盤系統性地展現出個人性格裡面那些原有而基礎的品質，因此可以被視為等同個體心靈的對應物。普里西利安(Priscillian，西元三八五年卒)對輪子的看法顯然就是如此。他這樣描述基督：「祂單憑自己就有能力和七姊妹星團(Pleiades)連結在一起，並鬆開獵戶座的腰帶。知曉穹蒼的種種變化，毀壞世代的轉輪，祂曾藉著洗禮後的重生戰勝我們誕生的日子。」[48]由此可以清楚看見，事實上「生命之輪」在四世紀時就被視為天宮圖。因此「將輪子點燃」其實是一種比喻，用來形同心靈遭遇到的某種災難性巨變——比如恐慌發作這類不可控制的情況，或是心靈一切原初設定的徹底毀壞——那就像一場滔天大火，是可能致人於死地的情緒爆發[49]。而「舌頭」一詞的要義，恰恰道盡了這種災難本質，它是惡魔般的元素，其毀滅性更是每一個心靈的必備要件。由此觀之，我們內在深處的那塊烈火之地，即創造／毀滅力量的泉源，正是**海洋之星**所在之處。

二、魚

213

雖然是在討論中世紀的魚類象徵，但目前為止我們只聚焦在雖稱作「魚」但並不是魚的水母(jelly-fish)身上，我們也並沒有考慮到水母其實根本就不是動物學意義上的魚類，且更重要的是，水母的外觀也完全不像魚類。我們之所以著眼於此，純粹是因為那段關於「球魚」的描述。不過，中世紀的情況可就不一樣了，根據十六世紀煉金大師霍格蘭德（Theobald de Hoghelande）的證言，我們可以發現，至少他仍把球魚理解為真正的魚類。他條列了那種湯藥的許多同義詞，並評論道：「同樣地，它們也被比喻為魚類。因此穆恩杜斯（Mundus）才會在《哲人集成》裡說『取一些魚膽汁、再取一些牛犢尿』之類的話；又在《Aenigmata sapientum》裡提到，『在我們的海中有一種球形小魚，無骨亦無足（*cruribus*，legs）[50]』。」因為引文提到的膽汁只能從真正的魚類取得，所以霍格蘭德顯然是把「球形小魚」視為真正的魚，另外，因為人們可以想像一種沒有骨頭的魚類，卻幾乎無法想像體外沒有皮膚或任何覆蓋物的魚，所以原始版本[51]裡那令人費解的「皮」（corticibus）只好改寫成「足」（cruribus）。魚類當然也沒有腿腳，但這段出自十六世紀的文本證明了這種「謎樣的球形小魚」在煉金術的傳統裡被理解為真正的魚，而非水母。《希臘魔藥百科》（*Cryanides*）記載了一種特殊的魚類，牠是球形且透明的，沒有外皮，書中稱牠為「致動之魚」（cinedian fish），牠生活在敍利亞、巴勒斯

47 Hertz, *De P. Nigidii Figuli Studiis atque operibus*, p. 5.

48 Tract. I, 31 in *Opera*。關於基督作為黑門馬尼的毀滅者，見《皮斯蒂斯．索菲亞》（Mead trans., p. 17）。

49 這種意義上的火，時常會出現在夢境裡。

50 Hoghelande, "Liber de alchemiae difficultatibus," *Theatr. chem.*, I, p. 163。《哲人集成》（*Turba*, Ruska, p. 128）如下引述了穆恩杜斯（Mundus）的話：「再來，將些許白色樹膠置於劇烈的熱度中，取一些牛犢尿、一些魚膽汁，還要再取一些樹膠，要是少了這個就難保不會出錯。」「穆恩杜斯」（Mundus）這個名字是個誤會，源自「巴門尼德」（Parmenides）在阿拉伯文抄寫時的錯誤：(Bar)Mnds。見 Ruska, p. 25。

51 "Ossibus et corticibus carens." 英編按：參見本章注釋 8。

坦、利比亞沿岸的海中，長約六指，是一種球形的小魚（pisciculus rotundus）。牠體內有兩顆石頭，一顆位在頭部，另一顆則在脊椎裡，或在尾椎第三節。這種石頭藥性強勁，被用來製作愛情魔藥[52]。這種致動石（cinedian stone）幾乎不為人知，因為它非常罕見。它又稱為「黑石」（opsianus）[53]，這個別名被解釋為生長緩慢或者原始（serotinus）、行動遲緩（tardus）。它與土星有關。「這種石頭是孿生成對，或具雙重性質的：其中一者呈現不透明的黑色，另一個卻光彩奪目，如同明鏡。」[54]這正是許多人尋尋覓覓卻不可得的那種石頭，因它就是**龍之石**（*dracontius lapis*）[55]。

214

根據這些相關記載，我們唯一可以得到的確切結論是：我們正在討論的是脊椎動物，因此可能是一種名符其實的魚類。至於究竟為何說牠是「球形的」則尚待釐清。很明顯，這種魚主要是神話主題（mythologem），因為牠體內帶有龍之石。普林尼[56]和其他中世紀煉金術士都知道這種石頭，並稱呼它為 *draconites*、*dracontias* 或 *drachates*[57]。它是一種珍貴的石頭，要將沉睡中的龍首斬下才能取得。不過，唯有龍的靈魂有些許殘留在其中，它才會成為寶石[58]，而那就是所謂的「怪物臨死之恨」。這種寶石呈現**白色**，且是強力的解毒劑。即便現代已經沒有龍了，該文本提到，這種龍之石偶爾也可以在水蛇的頭部發現。盧蘭（Martin Ruland）聲稱他曾見過這種石頭，呈藍或黑色。

215

雖然前述文本告訴我們，致動石具有某種雙重性質，但卻說得不清不楚[59]。人們或許會猜想，其雙重性原本是表現在這類石頭有些是白色，有些是黑的，而有一位抄寫員被這種矛盾搞糊塗了，於是插入一句「雖是黑的」（niger quidem）。然而盧蘭卻明確強調「龍之石是白色的」[60]。它與土星的緊密關聯或可為此困境指引一條明路。土星是占星學中的「太陽之星」（star of the sun），煉金術則將其詮釋為黑色；土星甚至被稱為「黑日」（sol niger），且與奧祕物質一樣具有雙重性[61]：黑色的外表看似是鉛，裡面卻是白的。葛拉休斯（Johannes Grasseus）引述了奧古斯丁派修士德根哈杜（Degenhardus）對於鉛的看法：智者之鉛又名風之鉛（lead of the air，*Pb aeris*），其中含有被稱為「金

---

52 Du Cange, *Glossarium*, 詞條「ligaturae」提到：「阿弗羅黛提的**繫帶**（*Corrigia*）或**綁繩**（*ligatura*）。*Ligaturae*、*alligaturae*、*alligamenta* 三者都是避除疾病的護符。*Suballigaturae* 是一種魔法藥水（毒藥）、預防措施（咒語）」云云。

53 *Opsianos lithos* =「黑色的石頭」，黑曜岩。

54 "Iste lapis est geminus vel duplex: unus quidem est obscurus et niger, alter autem niger quidem, lucidus et splendidus est sicut speculum."

55 Delatte, *Textes latins et vieux français relatifs aux Cyranides*, Fasc. XCIII, p. 56.

56 *Hist, nat.*, XXXVII, 10.

57 Ruland, *Lexicon*, pp. 128–29.

58 出處同上，頁128提到：「然而，除非在牠們〔蛇〕還活著的時候就將它〔石〕取出，不然它永遠不會變成一顆珍貴的石頭。」

59 *Lucidus*（見本章注釋54）是「光彩耀人」的意思，但也可以指「白色的」，因此與黑色相對。但若用「光彩耀人」來描述黑曜岩也說得通。

60 *Lexicon*, p. 203.

61「智者的聖鉛」（the sacred lead of the wise），從中可以提煉出水銀、硫磺和鹽。參見 Chartier, "Scientia plumbi sacri sapientum," *Theatr. chem.*, VI, p. 571。

屬鹽」（salt of the metals）的「閃耀白鴿」（shining white dove）[62]。維吉尼爾向我們保證，鉛是世上「最不透光之物」，它可以轉化為「紅鋯石」（hyacinth）然後又變回鉛[63]。米利烏斯（Mylius）[64]則說水銀來自「薩杜恩之心」，換句話說**就是**來自土星，而水銀閃亮的銀光又和鉛的「黑」形成強烈對比。根據喬治．里普利爵士（Sir George Ripley）的說法，從薩杜恩尼亞（Saturnia）這種植物裡流出來的「明亮的」汁液[65]是「最完美的水、世界之花」[66]。從希波律陀的評論[67]就可以看出這個觀點有多麼古老，他說克羅諾斯（Chronos，土星）乃是「一股力量，其色如水，毀壞一切」。

216

藉由以上這些觀點，致動石的雙重性質或許意味著對立面的兩極對立與彼此統一，而這點正是作為統合體象徵的**哲人石**之所以擁有如此重要的地位，又具有各種神奇且神聖特質的原因[68]。同樣地，前述的龍之石也被賦予了超凡脫俗的力量，因此成為「阿弗羅黛提的綁帶」（ligature of Aphrodite）這種愛情魔法的絕配。魔法會對其受害者施加一股凌駕於意識心智與意志之上的**強迫性力量**（*compulsion*），受術者的心中將會出現比他的自我更加強壯的異己者（alien）。唯一可以跟這種效應相提並論，並經心理學驗證的，就是由無意識內容加諸於人的影響；這些內容藉其強迫性力量展現了它們與人類心靈整體——也就是自性及其「業力的」（karmic）功能——之緊密關聯或依存關係（dependence）[69]。到這裡我們已經看到煉金術的魚類象徵最終指向了富有秩序的原型，即至高無上的自性，所以「敗絮其外，金玉其中」這個原則應該不至於令我們太過驚訝；不只鉛是如此，**哲人石**亦然，就連基督也是如此。聖愛弗冷（Ephrem the Syrian，西元三七三年卒）曾針對**哲人石**與基督說過同樣的話：「祂身覆重重表象（figures），祂承載各種樣式（types）……祂的寶藏隱而不見、數目微小，然而一旦開顯，便蔚為奇觀。」[70]

217

在一份作者不詳的十七世紀法文文本[71]中，「球魚」這種奇妙的混種生物總算變成一種可以在動物學上驗明正身的脊椎動物：*Echeneis remora*，一般稱為**鮣魚**（remora）或是吸盤魚（sucking-fish）。牠屬於鯖魚科，特徵是頭部頂端的背鰭部位有一個又大又扁的橢圓形吸盤。牠可以藉著這個吸盤，把自己吸在大魚身上或是船底，並用這個聰明的辦法走遍全世界。

---

62 "Arca arcani," ibid., p. 314.

63 "De igne et sale," ibid., p. 131.

64 *Philosophia reformata*, p. 305.

65 Pantheus, *Ars transmutationis metallicae* (1519), fol. 9r.

66 *Opera omnia chemica* (1649), p. 317.

67 *Elenchos*, V, 16, 2 (Legge trans., I, p. 154).

68 《心理學與煉金術》，「石頭－基督之類比關係」。

69 我們可以認為這些都是遺傳作用的影響、祖先的殘跡，但此觀點所隱含的內容並不如**業力**這個概念之於印度人那麼豐富。

70 *Hymni et sermones*, ed. Lamy, II, col. 770.

71 "Fidelissima et Jucunda Instructio ex manuscripto Gallico Philosophi Anonymi desumpta, per quam Pater filio suo omnia declarat, quae ad compositionem et praeparationem Lapidis Sapientum sunt necessaria, decem capitibus comprehensa." 這篇論著的簡略標題，和印刷在《Theatr. chem》第六卷的一樣，是「Instructio de arbore solari」。

談及此魚的那篇文本是這麼說的：

我們為了進行「哲學工作」而捉來的那個東西，不外乎就是稱為**鮣魚**的小魚，牠沒有血液，也沒有多刺的魚骨，被深藏在浩瀚汪洋的中央深處。這種小魚極為渺小、單獨，外形獨一無二，因此那些不知道牠棲息在世界何處的人是不可能捕捉到牠的。相信我吧，有些人就像泰奧弗拉斯托斯（Theophrastus）說的那樣，並不曉得能用什麼技巧把月亮從天上拽下來，並將它從天堂帶到塵世，進而將它變成水，再變成土，這種人永遠也找不到賢者之石的原料，雖然做這件事並不比找到另一件事來得更困難。不僅如此，當我們和信任的朋友耳語的時候，我們教導他那被隱藏的智慧的祕密，即如何自然、迅速、輕鬆地捉住那人稱鮣魚的小魚，牠能夠阻攔偉大之海（the great Ocean，此乃世界之靈〔spirit of the world〕）中那些傲慢的船隻。不能精通這門技藝的人全是無知之輩，他們對於無價之寶一無所知，也不知道它們是被我們的海用那珍貴而神聖的生命之水（Aqua Vitae）之本質給封印起來的。不過，我可以讓你瞧瞧我們的獨特原料，即我們的處女土（virgin soil）其明亮之光，我也會教你該用什麼方式才能獲得智慧之子的絕高技藝。我有必要指導你有關智慧磁石（magnet of the wise）的事情，它的力量能夠把那種名為鮣魚或印魚的小魚從海洋的中心、海洋的深處吸引出來。如果能用自然的方法捕捉到牠，牠自然而然就會先變成水，再變成土。並且，此物在智者用精妙的祕方配製之後，就擁有溶解一切固體，使其揮發的能力，還能淨化所有中毒的肉體。[72]

我們從這段文本得知，這種魚若是真能在某處被找到的話，那便是在大海的中心，而大海又是「世界之靈」。如上述引文所示，在這份文本產出的那個年代，煉金術的實驗室工作幾乎停擺，變得越來越趨近於玄學。對一位生活在十七世紀早期的煉金術士來說，「世界之靈」這個術語並不算太常見，因為「世界靈魂」才是比較通行的說法。世界靈魂，或是此處所說的世界之靈，是一種無意識的投射，對於無意識，並沒有任何儀器或方法可以提供這樣一份客觀的經驗，也就不能為這世界的靈氣盎然（animation）給出客觀的證據。這個概念純粹是人類內在靈動原則（animating principle）的類比，它激發人類思考、推動人類的認知。「靈魂」（soul）、「靈」（spirit），或所謂的心靈（psyche），在本質上都

72 "Quia illud quod accipimus ut opus Philosophicum ex eo praeparemus, nihil aliud est quam pisciculus Echen[e]is sanguine et ossibus spinosis carens, et in profunda parte centri magni maris mundi est inclusus. Hic pisc[ic]ulus valde est exiguus, solus et in sua forma unicus, mare autem magnum et vastum, unde ilium capere impossibile est illis, qui qua in parte mundi moretur ignorant. Certam mihi fidem habe, illum qui ut Theophrastus loquitur, artem illam non callet, qua Lunam de firmamento trahat, et de coelo super terram adducat, et in aquam convertat, et postea in terram mutet, nunquam maleriam lapidis sapientum inventurum, unum tamen non est difficilius facere, quam alterum invenire. Nihilominus tamen, cum fido amico aliquid in au[re]m fideliter dicimus, tunc ipsum occultum secretum sapientum docemus, quomodo pisc[ic]ulum Remora dictum naturaliter cito et facile capere possit, qui navigia magni maris Oceani (hoc est spiritus mundi), superba retinere potest, qui cum filii artis non sint, prorsus ignari sunt et preciosos thesauros, per naturam in preciosa et coelesti aqua vitae nostri maris delitescentes, non noverunt. Sed ut clarum lumen unicae nostrae materiae, seu terrae virgineae nostrae tibi tradam summam artem filiorum sapientiae, quomodo videlicet illam acquirere possis, te doceam, necesse est ut prius de magnete sapientum te instruam, qui potestatem habet, pisc[ic]ulum Echen[e]is vel Remora dictum ex centro et profunditate nostri maris attrahendi. Qui si secundum naturam capitur, naturaliter primo in aquam deinde in terram convertitur: Quae per artificiosum secretum sapientum debito modo praeparata potestatem habet, omnia fixa corpora dissolvendi, et volatilia faciendi et omnia corpora venenata purgandi etc."

是全然無意識的。如果假定它存在於「外面」的某處，那麼它就必然只能是無意識的投射。這件事的意義可大可小，端看你如何看待它。無論如何，我們都知道在煉金術中「我們的海」一般而言就是無意識的象徵，就像夢中的海一樣。不過，那種棲息在汪洋中心的極小魚類，居然擁有能令最龐大的船隻停下的力量。根據作者針對鮣魚的描述，顯然他曾受到《Aenigmata》記載的「有一球魚，無骨、無皮」的影響。我們先前將球魚解讀為自性，在此，我們還可以將這種詮釋擴大到鮣魚的身上。自性的象徵在這裡呈現為遼闊汪洋裡一種「極為渺小」的魚，就像人類隻身處在世界之海的海面上。在這個例子裡，魚所象徵的乃是作為一份無意識內容的自性。若「智慧磁石」並不存在於意識主體之中，那麼，想要捉到這隻無比重要的生物根本就毫無希望可言。這種「磁石」很顯然是某種可以由師傅傳授給學徒的東西；那是一種「知見」（theoria），一種可以讓煉金熟手更為精進的可靠之物。而**原初物質**始終未被發現，對此，唯一幫得上忙的就是「智者精妙的祕方」，即可以與人溝通交流的理論（theory）。

220　貝爾納多・特維薩諾斯（**Bernardus Trevisanus**，西元一四〇六－九〇年）在他的論著《**De secretissimo philosophorum opera chemico**》裡也肯定了這個說法：是巴門尼德（Parmenides）在《哲人集成》裡的訓誡令他免於犯錯，並為他指出正確的道路[73]。《哲人集成》裡的亞里士流斯（Arisleus）[74]也和巴門尼德說了同樣的事：「若非藉其本性（nature），自然（Nature）是不會變得更好的」[75]，對此，巴門尼德語帶肯定地補了一句：「因此，我們的材料唯有藉著它自己才會變得更好。」在貝爾納多的實驗室工作屢屢一無所獲之後，正是巴門尼德的這份**知見**幫助他走往正確方向，後來甚至有人傳說

他順利製成了賢者之石。關於這份知見，他的觀點顯然和前述引文中的基本思想一致，即「自然／本性」[76]可以在己身之中，藉著自己來提升進步，免除錯誤。同樣的觀念在其他論著也可見到，它們再三警告：不可將任何外界的東西與煉金燒瓶（Hermetic vessel）裡的內容物混合在一起，因為**哲人石**「本自俱足」（has everything it needs）。[77]

221

煉金術士並不總是清楚自己到底在寫些什麼，否則，他們早就因為犯了瀆神重罪而被處死了，但文獻中並沒有這樣的記載。畢竟，**誰**，才是本自俱足者呢？縱使是最孤寂的流星，也會遠遠繞著某顆恆星打轉，或踟躕地靠向其他小行星同類身邊。世間萬物，皆與他物彼此關聯。根據定義，唯有絕對的整體才可能包含一切，從而既不需要外在的任何事物，也不被迫與任何事物相互依存。這個概念無庸置疑等同於絕對的上帝本身，祂包含了一切存在之物。然而，我們之中有誰能揪著自己的小辮子，把自己從泥淖裡拖出來呢？我們之中有誰能在全然的孤絕之中，使自己變得更好呢？縱

73 "Liber de alchemia," *Theatr. chem.*, I, p. 795.

74 亞里士流斯是傳說中的人物。據傳他就是《哲人集成》的作者。

75 "Natura non emendatur nisi in sua natura."

76 「自然／本性」（Natura/naturae）在《哲人集成》的用語裡，對應到西元一世紀的煉金家德謨克利特（Democritus）的 φύσεις。兩者皆指事物的本質或狀態。見 Berthelot, *Alch. grecs*。

77 "Omne quo indiget."

然是沙漠裡聖潔的苦行僧，不需進食、不需飲水，他也將發現：自己其實徹徹底底地倚靠著上帝那永亙不斷的存在[78]。唯有絕對的整體，才能更新自己，並造出煥然一新的自己。

222

那麼，究竟是什麼，令煉金大師在小心翼翼彼此耳語時，還得左顧右盼，免得遭人背叛，甚至猜出他們的祕密？他們耳語的內容無非就是如此：藉著這份關於一與全（One and All）的教導，那喬裝成最渺小者的最偉大者，亦即身在永恆之火裡的上帝本尊，就有可能如同深海裡的一條魚那樣被人捕獲。不只如此，祂還可能會「從深海裡被捕撈上來」，也就是藉由一種聖餐似的整合行動，將神明併入人類的肉身裡，阿茲特克人（Aztecs）將其稱為 *teoqualo*，即「食神」（God-eating）[79]。

223

他們所教導的正是那祕密而「精妙」的磁石，因其特性使然，那「身形雖小，力大無窮」的鮣魚才能將傲慢的海上船艦攔阻下來——關於這點，普林尼講述過一則引人入勝的故事，據說，這是在他身處的年代真實發生在羅馬皇帝卡利古拉（Caligula）的五列槳座戰船（quinquereme）上的驚人軼事。在戰船從斯杜拉（Stura）返回安騰（Entium）的航程中，這種體長不過十五公分左右的小魚猛然吸住了船舵，令船身動彈不得。在這段航程之後，卡利古拉就在航返羅馬的途中遭到麾下士兵殺害。所以，就如普林尼指出的，鮣魚是一種凶兆（omen）。另外，在馬克．安東尼（Mark Antony）要與奧古斯都（Augustus）海軍大戰的前夕，鮣魚也對他耍了同樣的把戲，安東尼後來在這場戰役中喪生。普林尼將鮣魚的神祕力量描繪得驚奇無比，他這番語不驚人死不休的敍述顯然讓煉金術士印象深刻，於是他們將「吾等之海中的球魚」和鮣魚劃上等號，如此一來，鮣魚也就逐漸成為浩瀚無意識裡頭一個渺小至極之物的象徵，此物掌管著關乎命運的重要地位：牠即自性，即**阿特曼**，「小甚芥子，大甚須彌」(smaller than small, greater than great）。

224

鮣魚這個煉金術的魚類象徵，顯然源自於普林尼。但魚類在喬治．里普利爵士的著作中竟然也有出現[80]，更叫人意外的是，它們是以類似「彌賽亞」的形象出現：這些魚伴隨著鳥群出現，並帶著石頭而來，就像俄克喜林庫斯的紙莎草殘片對耶穌的描述[81]一樣，而這石頭是「風中的禽鳥、海中的魚群，亦是地上與地裡的一切眾生」，指引著通往天堂國度的道路。這是「動物幫手」(helpful animals）的神話母題。據《羊泉之書》（*Lambspringk's symbols*）[82]所說，黃道帶上那兩條游往相反方向

---

78 見《以賽亞書》三十三章十四節：「我們中間誰能與吞滅的火（devouring fire）同住？我們中間誰能與永火（everlasting burnings）同住呢？」

79 英編按：參見《彌撒中的體變象徵》（*Transformation Symbolism in the Mass*），段339及其後。

80 *Opera*, p. 10.

81 Grenfell and Hunt, *New Sayings of Jesus*, p. 16.

82 *Mus. herm.*, p. 343.

的魚，就是奧祕物質的象徵。所有這些視覺化的動物形象，都是無意識的自性試著藉由「獸性」（animal impulses）來直接展現它自己。這類象徵有些是由我們已知的本能所產生，但其中大多數都包含了各種定見、信念、衝動、怪癖和恐懼，它們雖然可能跟生物學上所謂的本能相衝突，但卻不必然是病理性的。在全體逐漸現身的過程中，矛盾弔詭不可避免，無論是游往不同方向的雙魚，還是鳥群和魚群的合作，都發人深省地描繪出了這個過程[83]。就如奧祕物質本身的特性所示，它與自性有關；此外，俄克喜林庫斯殘片所說的「天國」或是那假想中的「城邦」也是如此。

三、純潔派的魚類象徵（*The Fish Symbol of the Cathars*）

225

魚類被當作擺渡人的象徵，又象徵著自性兩極對立的本質，由此為我們指出了另一個看似與鯽魚平行對應的傳說。事實上，這條線索相當異乎尋常，它不是在煉金術裡找到的，而是見於基督教異端之中。此處要討論的是一份來自卡爾卡頌（Carcassonne）宗教裁判所的文獻，收錄在伯努瓦（Benoist）於一六九一年出版的《阿爾比派及瓦勒度派的歷史》（*Histoire des Albigeois et des Vaudois*）[84]一書中。文章提到一則據稱是靈啟的事，基督最喜愛的門徒約翰，被恩許可在「上帝的懷中安歇」。約翰希望得知撒但在墮落之前是什麼模樣，而上帝這樣答覆他：「他曾顯赫非常，掌管天堂的諸般權柄。」他渴望變得像上帝一樣，為此，他最後穿越了風與水的元素降到凡間，並發現地上被水覆蓋著。穿越大地的表層之後，「他發現水面上躺著兩條魚，在那隱身不現的天父命令之下，牠們就像兩頭被軛在一起的牛，要從日落到日升（或從西到東）耕犁整片大地。他繼續下降，又看到了籠罩在遼闊大海上的浮雲……他繼續下降，他在那裡發現他的『奧索布』（Osob）與他分隔開來，那是一種火。」因為這道火焰的關係，他無法再繼續下降，於是他返回天堂，對眾天使宣布他將要在雲端之上豎立自己的王座，如同那至高無上者一般。在那之後，他對待天使就好像不義的管家對待向其主子舉債的人一樣，於是上帝將撒但與他的天使逐出天堂[85]。但上帝憐憫他，允許他與他的天使在一週之內為所欲為。在這段時間中，撒但仿效《創世紀》的第一章，創造出了這個世界和人類。

226

約翰．德魯喬（John de Lugio）是著名的純潔派信徒，他承認自己懷有類似的信仰觀[86]。純潔派的信眾似乎是在十一到十二世紀之間得知了這種觀點，因為世界被魔鬼創造的說法，在當時許多教派

83 關於魚、鳥形象在古代神話中的混合體，參見 Goodenough, V, pp. 58ff. and figs. 63, 66, 69。

84 轉引自 Hahn, *Geschichte der Ketzer im Mittelalter*, II, pp. 815ff.

85 這和《路加福音》十六章八節相矛盾，該節說到：「主人就誇獎這不義的管家做事聰明。」

86 不過約翰．德魯喬這幫人實際上對孔科李奇派大肆撻伐，而我們的《約翰啟示錄》（*Johannine revelation*）正是發源自後者。在《Summa Fratris Reineri》（"De propriis opinionibus Joh. de Lugio"）我們讀到：「他說，這話是屬於魔鬼的。」(Hahn, I, p. 580.)

之中處處可見。煉金術士盧佩西薩（Johannes de Rupescissa）很有可能是里昂窮人派的成員之一[87]，他們深受純潔派的影響。總而言之，我們可以肯定他與此傳統有關聯。

227

這段文本中最令我們為之震撼的，莫過於其中包含了「奧索布」這個古保加利亞語詞彙。卡爾．梅耶爾（Karl Meyer）在其《古教會斯拉夫語辭典》（*Old Church Slavonic dictionary*）[88]裡將 особь 定義為 *κατ᾽ ἰδίαν*，而在俄語、波蘭語、捷克語裡，особа（*osóba*）的意思是個人（individual）或個性（personality）。因此，「他的奧索布」可以被翻譯為「專屬於他之物」[89]，對魔鬼來說，專屬於他之物當然就是火焰。[90]

228

雙魚躺臥水面，又像兩頭耕地用的牛似地被軛在一塊，這是非常詭異的意象，需要加以說明。關於這點，我必須請讀者回想一下奧古斯丁如何詮釋那兩條奇蹟似地餵飽五千人的魚：在他看來，牠們代表**君王般的**、**祭司般的**人物或力量[91]，這是因為，君王與祭司可以在萬民的簇擁之下歷久不衰，就像魚群可以在怒海驚濤之下存活。這兩種力量在基督身上合而為一：他既是君王，也是祭司。[92]

雖然前述純潔派文本中的那兩條魚，顯然與五餅二魚的神蹟沒有關聯，但關於那個時代人們的思想，奧古斯丁的詮釋仍舊告訴了我們某些重要的事；雙魚在當時被視為**統治的力量**（*ruling*

---

87 Rupescissa, *La Vertu et la propriété de la quinte essence* (1581), p. 31：「因為我們旨在藉由我們的書，令清貧的福音布道者（*Homines evangelisans*）得著安慰與力量，不讓他們的祈禱和懇求徒勞無功，不讓他們在這份工作中迷失，不讓他們在這番追求中遭遇艱鉅的阻礙。我將宣告並賜予他們一個祕密，它是從大自然（Nature）的祕藏之中得來，它是真正令人驚嘆、值得景仰的珍寶。」

在盧佩西薩的《De confectione veri lapidis》（in Gratarolus, *Verae alchemiae artisque metallicae*, 1561, II, p. 299）這篇論著中，有句這樣的告誡：「宣教之人哪，要有信心！」（Credas, vir Evangelice.）這在煉金術文獻中相當罕見。我想，這應可算是一種「傳福音」。

88 *Altkirchenslavisch-griechisches Wörterbuch des Codex Suprasliensis.*

89 關於「他的奧索布」（suum Osob），德拉戈馬諾夫（Dragomanov, "Zabelezhki vrkhy slavyanskite religioznoeticheski Legendi," p. 1）只有這樣注解：在某個吉普賽（Gipsy）傳說中，當魔鬼創造世界時，他被燃燒的砂所阻撓。

90 關於阿特弗斯，參見本章注釋36。

91 「但這兩條魚……似乎代表著那兩個統管百姓的人……也就是君王與祭司。」（*De diversis quaestionibus*, LXI, 2; Migne, P.L., vol. 40, col. 48）。有人認為這兩條魚的出處是《以斯拉記續篇・下卷》六章四十九節及其後（Soederberg, *La Religion des Cathares*, p. 97），但我對此存疑。後續的段落提到（Charles, *Apocryphal and Pseudepigrapha*, II, p. 579）：「而後祢留存了兩頭生物，祢將其中一頭的名取作比蒙，將另一頭的名取作利維坦。祢又將牠們彼此分開……」這個意象和純潔派文獻中提到的兩魚完全不相吻合。

92 奧古斯丁曾說（*De diversis quaestionibus*, LXI, 1）：「我們的主耶穌基督示現為我們的君王，亦按著麥基洗德（Melchisedek）的等次做我們永遠的祭司。」（中譯注：麥基洗德是舊約亞伯拉罕時代的撒冷王，身兼至高神的司祭一職。見《創世紀》十四章十八至二十節、《希伯來書》七章。）

powers）。這段文本無疑是異端之說，而有一份波格米勒派的文獻也是如此，因此，關於將雙魚視為基督，必然有個統一的詮釋。最容易想到的說法是，牠們或許象徵著創世之前的兩個不同人物或兩股不同勢力：即上帝的長子撒旦耶爾，與次子基督。伊皮法紐在其著作《Panarium》的第三十篇提到了相信上帝有兩個聖子的伊便尼派：「他們主張神有二子，一是基督，另一則是魔鬼。」[93]這個教義顯然在近東與中東地區廣為流傳，因為將撒但耶爾視為世界創造者的波格米勒派教義，就是從這個地區的保羅教派（Paulicians）與猶奇特派興起的[94]。我們引用的文本就是尤西米奧斯．齊加貝諾斯（Euthymios Zigabenos）在《Panoplia》這本書中記載的拉丁文版本，文中回溯了拜占庭皇帝阿歷克塞一世（Alexius Comnenus）於西元一一一一年在波格米勒主教巴西琉斯（Basilius）面前為其信仰所做的告解[95]。

230

請注意，撒但是在神創造天地**之前**，也就是**起初**之前發現了那兩條魚，當時，神的靈還在淵面黑暗的水面上運行（《創世紀》一章二節）。假如此處的魚只有一條，我們還可以將牠詮釋為《約翰福音》中那先在的基督（pre-existent Christ），即救贖之主的預表，或是那「太初與神同在」的道（the Logos）。（而在這段文本裡，基督本人引用《約翰福音》一章二節說道：「可我要與我父坐在一起。」）但是這裡卻有兩條魚，被一條繫帶（commissure，也就是牛軛）連結在一起，這指的僅可能是黃道帶上的雙魚座。在天宮圖中，黃道十二星座是非常關鍵的要素，當行星運行到星座之中，其影響力會受到星座的修飾，藉此為每個個別的宮位賦予獨特性質，即便宮位中沒有行星也是如此。以當今的時代來舉例，雙魚座就代表上升點，即這個世界誕生的時刻[96]。現在我們曉得，究其根本，宇宙創生的神話其實象徵著意識的出現（雖然我不便在此詳述）[97]。至於破曉以前的狀態，對應的則是無意識；煉金術的術語將其稱為**混沌**（chaos，*massa confusa*）或**黑化**（*nigredo*）；透過被煉金大師比喻為上帝創世的**煉金工作**（*opus*），所謂的**白化**（*albedo* 或 *dealbatio*）才會發生，這個階段有時被形容為滿月，有時則如日出[98]。它同時也代表著光明普照（illumination），也就是與意識擴展息息相關的「煉金工作」。因此，若以心理學的方式來表達，魔鬼在原初之水裡發現的那兩條魚，正代表著已從地表煥然升起的意識世界。

231　將兩條魚比喻為一對正在耕犁且上了軛的牛，這點值得特別注意。牛代表耕作的動力來源，與此類似，魚類代表的是即將到來的意識世界的驅動力量。自古以來，犁地，代表人類是土地的主宰者：凡經人類耕犁之地，人們就打破了大地的原始狀態，並從中取得一抔能夠納為己用的土壤。也就是說：那兩條魚將會主宰這個世界，並在占星學意義上透過對人類及其意識的耕耘工作，迫使世界俯

---

93 Cap. XVI (Oehler edn., I, p. 266).

94 Psellus, "De Daemonibus," in Ficinus, *Auctores Platonici* (1497), fol. N. Vr.

95 Migne, *P.G.*, vol. 130, cols. 1290ff.

96 這個說法和現代占星學的理論一致。

97 有關這類的象徵，詳見 Neumann, *The Origins and History of Consciousness*。

98 Ripley, *Chymische Schrifften* (1624), p. 25.

首稱臣。然而有一點非常怪異，即牠們耕地的工作並不像其他萬事萬物那樣從東方開始，而是始自西方。在煉金術裡同樣可以發掘到這個母題。里普利爵士曾說過這類的話：「要知道，你們的起點應當向著日落，而當眾光齊歛待放之時，你當向著午夜轉去，而後你應在黑暗無光的煉獄之火中待上九十個夜晚。隨後轉向東方，你將穿越各式各樣的顏色。」[99]煉金工作的一開始就是要下降到黑暗之中（**黑化**），即進入無意識。犁地，或者對土地的主宰是奉「天父的命令」執行的，因此，上帝不僅預見了西元一〇〇〇年開始的反向補償運動，祂更是刻意為之。雙魚大月受到兩個原則的統管。在我們的論述脈絡中，即便雙魚之一是基督，另一條是敵基督，牠們仍和耕地的牛一樣，彼此平行、齊頭並進。

232

粗略來說，如果我們可以把這稱為「理性」的話，這大概就是中世紀時期的論證線索（line of reasoning）了。我並不知道，我們至今鋪陳的這些內容是否曾經被有意識地討論過，但這是有可能的：本書第133段提過《塔木德》預言相當關心西元五三〇年，這點就讓人們一方面聯想到天文學上的推算，另一方面又想起受到猶太教眾拉比偏愛的雙魚座占星學典故。與此相反的是，前述文本中的這兩條魚可能並不是有意識地參考了占星之學，反而比較可能是無意識的產物，因為無意識相當擅長搬弄這種「深思熟慮的把戲（reflections）」，對此，我們已然透過對夢境、神話與童話的分析而十分熟悉了[100]。在意識層次的眾多圖像中，像這樣的雙魚意象十分常見，因此它有可能是——無意識地——採用象徵的形式表達其意義。因為它和當時（十一世紀）有關，此時猶太占星家開始推算彌賽亞在雙魚紀元的出生之日，而且世界上還瀰漫一股嶄新時代已然降臨的氛圍，約雅敬就是這股氛圍的最佳代言人。

233 《約翰啟示錄》這份文獻不太可能早於十一世紀，也不會比這晚近太多。以占星學而言，十一世紀的起點就是雙魚紀元的中點，各派異端有如雨後春筍般興起，與此同時，第二條魚，也就是別名魔鬼的基督宿敵，也以德謬哥（demiurge，邪惡造物者）的形象現身。從歷史的角度來看，這個概念可以說是諾斯替教派的復興，因為諾斯替的造物者被視為低階的神靈，而祂乃是萬惡的淵藪[101]。這個現象的重要之處在於其中的共時性，即此現象是在一個早已被占星學確定的時間點上發生的。

234 純潔派的觀念自行找到了融入煉金術的方式，這件事說來並不奇怪。然而，我還不曾找到任何文獻能夠證明純潔派的魚象徵曾被煉金術傳統所吸收，進而成為了《羊泉之書》對魚象徵的詮釋：即魚代表著奧祕物質本身與其內在的兩極對立性。《羊泉之書》的出現大約比十六世紀末稍早一些，這代表了原型的復甦。書中呈現了兩條在海中反向游動的魚，這海名為**我們的海**（*nostro mari*），這裡

99 Ibid., p. 33f.

100 Cf. Laiblin, “Vom mythischen Gehalt unserer Märchen.”

101 根據愛任紐的說法，諾斯替派認為德謬哥是基督的弟弟。

指的是**永恆之水**（*aqua permanens*）或是奧祕物質。牠們特指「精神與靈魂」（spiritus et anima），而且就像雄鹿與獨角獸、兩頭獅子、狗與狼，或是相鬥的兩隻鳥，這些都暗指墨丘利本質上的雙重性。[102]

235

我的這番推論奠基於我對中世紀象徵性思考的些許知識，如果堪稱合理的話，那麼，我在先前各章所闡述的觀點就在這裡得到了確鑿的證明。西元一〇〇〇年，一個嶄新的世界誕生了，它以蔚為奇觀的百家爭鳴宣告自己的到來，諸如波格米勒派、純潔派、阿爾比派、瓦勒底派、里昂窮人派、自由之靈兄弟會、貝居安修會，以及約雅敬主導的聖靈運動等。與這些運動有關的，還有煉金術、基督新教、啟蒙運動，以及自然科學的興起，這些最終導致了後來日漸妖魔化（devilish）的各種發展，今日的我們便身在其中，經驗著這一切；不僅如此，它們還致使基督宗教在理性主義、唯智主義、物質主義以及「現實主義」（realism）的圍剿之下一蹶不振。

236

在本章結尾，我想援引一個具體案例，來說明魚的象徵是如何自發性地從無意識裡湧現。這位案主是一名年輕婦人，她的夢境有異乎尋常的鮮活度與可塑性。案主父親的價值觀相當物質主義，婚姻也不美滿，這對她造成非常深的影響。在她還很小的時候，她就發展出了高張力的內在世界，藉此封閉自己，與不喜歡的成長環境隔絕開來。小女孩時期的她，把院子裡的兩棵樹當作是父母親的替代品。大約六、七歲時，她夢見上帝答應送給她一條金色的魚，從那之後，她就經常夢見各種魚類。後來，在她開始為了多重心理困擾尋求治療的不久前，她夢見自己：

> 站在利馬特（Limmat）的河岸邊，往水裡看去。有個男人丟了一枚金幣到河裡，河水隨即變得清澈見底[103]。河中有座珊瑚礁，還有很多很多的魚。其中一條魚有銀光閃閃的腹部，還有金色的背。

在治療過程中，她又做了以下這個夢：

> 我來到一處寬闊奔流的河岸邊。一開始，我看見的東西不多，只有河水、土地跟岩石。我把幾張紙丟進河裡，紙上有些我的筆記，丟的時候有種感覺，彷彿我是把某些東西還給了這條河。隨後突然有一根釣竿出現在我手上。我在一塊石頭上坐下，開始釣魚。除了水、土地跟岩石以外，我還是什麼也沒看見。忽然間，有條大魚咬了我的餌，牠有銀色的魚肚、金色的背。當我把牠釣上岸後，周遭的地景一下子變得生機盎然：那些石頭似乎變成了原始的土壤，青草和鮮花四處湧現，灌木叢也長成茂密的森林。有風吹來，讓一切都隨之搖擺。這時，坐著的我感受到一股難以言喻的緊張，以及徹底的寂靜。然後我突然

102 *Mus. herm.*, p. 343.

103 河水清澈見底，代表意識的注意力（硬幣有數值，又是金色的）被投注到無意識裡了。這是一份送給守護泉水之靈的獻禮。參見拙著《東洋冥想心理學》的彌陀淨土觀想（vision of the Amitābha Land）。

聽見X先生的聲音從背後傳來（他是一名年長男性，案主只有看過他的照片，並略有耳聞，但他對案主而言似乎是某個權威人物），他沉穩而清晰地說：「這魚是賜給最內層界域（the innermost realm）的耐心之人，此乃深處的食糧。」這一刻，身旁出現一個圓圈環繞著我，圓的一部分碰到了河水。隨後我又聽見那聲音說：「在第二層界域，勇者可以得勝。這是被戰鬥所支配的一層。」隨即又有另一個圓圈環繞著我，這次的圓碰到了另一側的河岸。同時，遠方浮現了繽紛多彩的景色。太陽徹底升上了地平線。我聽見那聲音彷彿是從遠處傳來：「第三、四層界域是來自於另外兩層界域，它們會帶來類似的擴展。然而第四界域——」聲音在此停頓片刻，像是在斟酌用字——「第四界域連結了第一界域[104]。它同時既是最高，亦是最低，因為最高者與最低者彼此結合了。兩者實為一體。」至此，案主夢醒，雙耳耳鳴。

237

這個夢具備了「大夢」的所有特徵，同時還擁有某種「洞見」（thought）的質地，這是直覺類型的特色。雖然這名案主在此之前已經得到某些心理學知識，但她對古往今來的魚類象徵一無所知。針對這個夢的細節，我們可以如此分析：河岸代表疆界，換句話説就是通往無意識之處。釣魚，直觀而言是試圖「捕捉」無意識內容（魚）的動作。金和銀，在煉金術術語裡指的是陽性特質與陰性特質，這條魚同時擁有陰陽兩面，正意味著牠是**對立結合體**（*complexio oppositorum*）[105]，牠更帶來奇蹟似的生機復甦[106]。那位年長男性則是「智慧老人」原型的人格化呈現。我們已經知道魚是「奇蹟食物」，是使人**完全**（τέλειοι）的聖餐食糧。第一個圓圈碰觸到水面，這描繪的是對無意識的一部分整合。戰役，即對立面的衝突，有可能是指意識與陰影的衝突。第二個圓圈碰觸到「另一側的河岸」，那裡就是對立面的統一發生之處。印度的「水銀體系」（quicksliver system）將奧祕物質稱為*para-da*，即「引領到彼岸」，西方則稱它為墨丘利[107]。他用重重的停頓強調第四界域即是太一（the One），它將自身併入「三」者之中，讓四者合為一體[108]。這些圓圈自然形成了曼陀羅，最外圍與最中心的圓圈又弔詭地重合在一起，這令人想起一個關於上帝的古老意象：「上帝是圓，圓心無所不在，圓周無處有之。」[109]第一與第四相應的這個母題，在很早以前的瑪麗亞定理（axiom of Maria）就已經闡述過了：「一變為二，二變為三，三又生四，四即太一。」（One becomes two, two becomes three, and out of the third comes the One as the fourth.）

238

夢者對於這個主題的相關文獻一竅不通，但這個夢透過濃縮的形式總結了她內在個體化歷程的所有象徵。像這樣的案例絕非罕見，值得我們深思。這些案例證明：在個體化歷程及其歷來的各種象徵中，存在著一種無意識的、先驗的「知識」（knowledge）。

---

104 參見本書後文，段395。

105 參見《心理學與煉金術》的詞條「coniunctio」。

106 魚（＝基督／阿提斯）是賜人（永恆的）生命的食物。

107 Deussen, *Allgemeine Geschichte der Philosophie*, I, pt. iii, pp. 336ff.。另見《神靈墨丘利》，段282及其後。

108 《心理學與煉金術》，段26、段209；《三位一體教義的心理學考究》，段184及其後。

109 英編按：關於這句話的出處，見《三位一體教義的心理學考究》，段229，注釋6。

第十一章

煉金術對魚的詮釋

THE ALCHEMICAL INTERPRETATION OF THE FISH

239 要怎樣才能捕獲鮣魚呢？這個問題是法國的一位匿名作者在《Instructio de arbore solari》一書提出的，現在我們可以來談談這個主題。關於鮣魚對船隻施加的吸引力，最佳的類比就是磁石對鐵的效應。所以傳說向來都是這麼說的：這份吸引力是從魚身上流洩而出，並讓船隻動彈不得，不論船的動力是來自風帆還是划槳手[1]。我之所以提及這個看似不起眼的細節，是因為誠如我們所見，在煉金術的觀點裡，這份吸引力不再是源自於魚類，而是來自一種磁石，它為人類所擁有，而且能夠散發出那種曾經專屬於魚類的神祕吸引力。我們若是還記得魚類的重要意義，那麼，就很容易理解如此強大的吸引力為何會從這奧祕的中心流瀉而出，這恰恰和北極點的磁力現象有異曲同工之妙[2]。在後續章節中，我們也會在諾斯替教派的核心觀念（點〔point〕、元點〔monad〕、人子〔son〕等）中，看到他們對於磁石的作用有同樣看法。因此，當煉金術士不再藉助鮣魚本身，而是著手開發出能夠施放與之相同的作用力的設備時，那可真是傑出的創舉。對煉金心理學而言，此一方向的逆轉意義非常重大，因其為煉金大師所宜構之事提供了一份平行對應性（parallel），即他們能夠——**如神應允**（*Deo concedente*）的話——透過這門技藝製造出**大宇宙之子**，也就是基督的等對等相應物。藉此方式，作為奧祕物質的鮣魚及其一切，就能被煉金術士本身或他的設備取而代之。換句話說，術士引出了魚的祕密，又尋獲這種奧祕物質並將其釣出水面，以便利用它來製備**賢者之石**，即**哲人石**。

240 根據我們前引的文本，「智者磁石」可以將那種有奇蹟功效的魚吸引到水面上，而這種磁石是可以被「傳授」的。這種祕密教誨的內容乃是煉金術的真正奧義：即**原初物質**的發現或製成。這種「學理」或「知見」的擬人化表現——或說具體化——就是「非凡的墨丘利」（Mercurius non vulgi），也就是哲人水銀。這個概念的模糊程度，堪比古代的赫密士；墨丘利有時是種類似水銀的物質，有

1 「鮣魚（Echenaïs）是體長大約半英尺（*semipedalis*，half a foot）的小型魚類；傳說中這種魚會吸附在船體上阻礙其前進，縱然有狂風暴雨，船隻仍像扎根到海底一般動彈不得，寸步難行，故而得名……所以牠的拉丁文名字叫做*Remora*，即耽擱、延誤之意。」（Du Cange, *Glossarium*, s.v. "Echenaïs." Cited from the ms. of a bestiary.）這段文字是逐字翻譯自聖依西多祿的《詞源》（Isidore of Seville, *Liber etymologiarum*, Lib. XII, cap. VI）。鮣魚在這本書裡被稱為「echinus」，這名字嚴格來說是一種海膽。因為牠的輻射對稱結構，這種生物和海星、水母被歸在同一類裡（關於「Instructio」，見本書第十一章注釋71）。

2 人們之所以認為鮣魚的力量具有磁吸般的效應，顯然是源自這個傳說：若是將一尾用鹽醃過的鮣魚放到礦井底部，牠就會吸引黃金，並把金子帶到地面上來。參見Masenius, *Speculum imaginum veritatis occultae* (1714), s.v. "Echeneis." 鹵砂（sal ammoniac）也有個別名叫作「磁石」（magnet），若是將鹵砂放入金屬溶液裡，就會「立刻讓溶液中的一切好物——比如黃金或酊劑——沉澱到玻璃容器的底部」（Lexicon medico-chymicum, 1711, p. 156）。

時又是哲學。比如多姆．帕內提（Dom Pernety）就曾如此闡述：「哲學墨丘利（mercure philosophique這種物質）具有磁性，可以從日光與月光之中吸引到智者的水銀（le mercure des Sages）」[3]。關於**原初物質**，煉金術士對它非常看重，透露的內容卻很稀少；在絕大多數的情況裡，甚至少到人們根本對它完全摸不著頭緒[4]。這種態度說明了，智性的理解勢必會碰上嚴峻考驗——這點可想而知，因為那種可以用來製備**哲人石**的原料根本打從一開始就不存在，也從來沒有任何人成功製造出能夠帶來理想功效的那種**石頭**。再說，**原初物質**這個稱謂本身就說明了，它根本就不是確切的物質，而是**心靈初始狀態**（*initial psychic situation*），生命之水、雲朵、天堂、影子、大海、母親、月亮、巨龍、金星、**混沌**、小宇宙（Micro-cosmos）等術語都是這個狀態的象徵。

241

在這一長串的稱謂之中，頻繁出現「苦土」（magnesia）一詞，但我們絕對不能把它理解成藥典裡的氧化鎂錠（magnesium oxide）[5]。苦土其實是「完整或連體的（complete or conjoined）混合物，這種濕氣（moisture）就是從它提煉出來的[6]，換句話說，它是吾等之石的基礎原料。」[7]《Aristoteles de perfecto Magisterio》這本書中提到製備苦土的繁複程序[8]。它是白化後的奧祕物質[9]。潘多爾福斯（Pandolfus）在《哲人集成》裡說：「我命你將那隱藏而神聖的祕密之物取來，那即是白色苦土。」[10]對昆哈特而言，苦土是「混沌」與「赫密士之銅」（Aes Hermetis）的同義詞，他將其稱為「一種放諸四海、貫通古今之物，亦即宇宙之物或宇宙存有（Cosmic Ens or Entity）；其一中有三，自然而然地結合了肉體、精神、靈魂，它是絕無僅有且貨真價實的靈丹妙藥（Subiectum Catholicon）與真正的萬能物質：賢者之石。」[11] 苦土是陰性的[12]，就如磁石本質上是陽性的那樣[13]，因此，苦土含有代表哲人們的奧祕物質，即「在其腹中，有胺鹽與植物（sal Armoniacum et vegetabile）」[14]。即便在希臘煉金術裡，苦土或磁石也代表某種雌雄同體的轉化性物質[15]。對煉金術士來說，苦土和磁石（magnesia/

3 *Dictionnaire mytho-hermétique* (1787), s.v. "Magnès."

4 參見《心理學與煉金術》，段425及其後。

5 貝特洛（Berthelot）這樣描述「苦土」："Jusqu'au XVIIIe siècle, [le mot] n'a rien eu de commun avec la magnésie des chimistes d'aujourd'hui" (*Alch. grecs*, Introduction, p. 255)。對普林尼和迪奧科里底斯來說，它代表的則是具有磁性的鐵質礦石。

6 Mylius, *Phil. ref.*, p. 31.

7 **苦土之身**（*corpus Magnesiae*）乃是「封閉之屋的根基」（root of the closed house），其「腹部」則是太陽及月亮合而為一之處（"Aurora consurgens," Part II, *Art. aurif.*, I, p. 191）。

8 *Theatr. chem.*, III, pp. 88f.

9 米利烏斯將這串流程的第十個階段稱為「榮升（exaltation），也就是讓我們漂白過的苦土靈妙地高貴起來」（頁129）。因此《哲人玫瑰園》（*Rosarium philosophorum*, *Art. aurif.*, II, p. 231）有云：「苦土即滿月。」

10 Sermo XXI.

11 *Von hylealischen Chaos*, pp. 5f.

12 "Magnesia—the Woman." Ruland, Lexicon, p. 216.

13 不過，據說在亞力山卓和特洛亞德（Troad）地區，有種具磁性的石頭「是雌性的，且根本毫無用處」（Ruland, p. 215）。

14 "Duodecim tractatus," *Theatr. chem.*, IV, p. 499.

15 Berthelot, Intro., p. 255.

magnes）不僅在語音學上互有關聯，在意義上也有相關，就如羅西努斯（Rosinus）的這則配方所示：「再取一塊靈石（animate stone），此石之中有一靈魂，即汞劑（mercuial）[16]，它能敏銳地感知到苦土與磁石的存在及作用力，且它就是那由局部運動（local motion）所生產並驅逐的爐甘石（calaminary）與生命之石（living stone）。」[17]

242 這段文本非常清楚地告訴我們：真正的煉金工序其實跟化學過程一點關係都沒有，因為兩者如果有關，那麼，要被轉化的物質就不需要擁有生命或敏感性。不過，就像苦土的例子所示，這種心靈功能是絕對必要的，無意識的表現形式數不勝數，當煉金術士全神貫注於其中之一時，也就是關切著心靈隱而未顯的那一面，它藉著投射作用悄悄地混入未知的化學化合物中，並且用「奧祕物質」變化萬千的各種偽裝將煉金術士矇騙得暈頭轉向。當然了，只有最愚昧、最缺乏洞察力的術士才會上當，因為經典文獻裡頭有許許多多的指示，可以引導他們走在正確的道路上。不幸的是，比起中世紀的人而言，今日的我們並沒有長進多少，在我們能夠領會煉金術的真正奧義之前，仍須克服相當巨大的難關。

243 那麼，羅西努斯所說的「靈石」（lapis animalis）就是活物，其證據就是它有能力**感覺**（*feel*）或**感知**（*perceive*）到苦土與磁石的影響力。不過，磁石同樣也是活物。因此，巴賽爾的法學家與煉金術

士克律希波斯．凡尼耶努（Chrysippus Fanianus）說：「不過，若是米利都的泰利斯（Thales of Miletus）因為看到這種名為海克力士之石的磁石可以吸引並移動鐵器，就將其稱為一種活物，那麼，我們何不因為看見鹽巴有滲透、淨化、收斂、擴張、阻礙與還原的奇妙功效，就稱它為活物呢？」[18] 杜恩（Dorn）寫道：「這種磁性礦石教導了我們，因為在它之中，那股可以磁化鐵器、吸引鐵器的力量是無法被（用肉眼）看見的；那是一位藏身其中的神靈，不是感官能夠覺受的。」[19] 磁力現象那種令人費解的力量，令我們的祖先感受到一股聖祕的效應，聖奧古斯丁圖像化地描繪了這一點：「我們都知道磁鐵礦（lodestone）可以奇妙地吸引鐵器；當我首次目睹這種事時，**一股冷顫直透全身**

16 「此外，若上是在空氣中凝固的混合之水，它對火焰、石頭的土、吾人之汞、各物質之混合都具有抗性。內中的全（the whole therein）即是水銀。」（Ruland, p. 216.）

17 "Rosinus ad Sarratantam" (*Art. aurif.*, I, p. 311): "Recipe ergo hunc lapidem animalem: id est animam in se habentem, scilicet Mercurialem sensibilem: id est, sentientem praesentiam et influentiam magnesiae et magnetis et calaminarem [et lapidem] per motum localem, prosequendo et fugando vegetabilem ..." 在一五九三年的文獻裡沒有「和石頭」（et lapidem），而是「跟帽子」（ac apicem），後者是說不通的。羅西努斯（Rosinus）是阿拉伯文的佐西默斯（Zosimos）轉寫時的誤植。

18 *De arte metallicae metamorphoseos ad Philoponum liber singularis* (1576)。重印於 *Theatr. chem.*, I (1602), p. 44。

19 "Philosophia chemica," *Theatr. chem.*, I, p. 497。杜恩在此處討論了他對於**萬物之魂**（*anima rerum*）的看法：「所有事物的身體……皆是牢獄，萬物之魂的力量都被拘留、禁錮其中，所以他們與生俱來的精神／靈（spirits）才無法自由地將屬於他們的力量與活力加到他們身上。對於這樣的行屍走肉，精神／靈和他們之間的關係，就彷彿人類內在的無疑堅信（undoubting faith）之於人類本身的關係；且兩者的功用是相同的。」那股被囚禁在肉身裡的神聖力量不是別的，正是**被放逐到物質之中的酒神戴奧尼索斯**。

（*vehementer inhorrui*）。」[20] 就連人文主義者安德利亞・阿爾恰托（Andrea Alciati，西元一五五〇年卒）都宣稱：「無論是誰，當他第一次親眼目睹並感受到磁石吸引鐵器的力量，都會出神讚嘆不已……此外，人人都說這種東西裡具有某種祕密的力量，但這種說法並不完備，也無法強加給我們。因為，對於這種藏身其中的力量，如果他們除了名諱之外一無所知，那麼，他們又要如何搞清楚它是什麼呢？」[21] 蓋布瑞爾・法洛皮斯（Gabriel Fallopius，西元一四九〇—一五六三年）是著名的解剖學家與占星家，據說他將磁石連同水銀與瀉劑（purgatives）一同視為無法解釋的奇蹟，「其效用令人拍案叫絕、不可思議」，就像利巴菲烏斯（Libavius）在他的著作《Ars prolatoria》裡提到的[22]那樣。這些發言證明了，知識分子與博學之士都將他們目睹的現象視為妙不可言的神蹟。所以他們將如此令人震撼的物件視為**活物**也就不足為奇了，比如「**靈**石」（lapis *animatus*）或「**活**礦灰」（calx *viva*）等。同樣地，磁石也有靈魂，也和神祕之石一樣有感受的能力。在《Duodecim tractatus》[23]裡，磁石出現時就象徵**我們的露水**（*aqua roris nostri*），「其母乃是天上與地下之日月的中點」。此水即是著名的「永恆之水」，某位無名作者如此詠嘆它：「啊！神聖而奇偉的自然啊。你不允許教義之子（sons of the doctrine）犯錯，就如你在人們的日常之中所示。此外，在這些……論著裡，我已提出了許多自然的原理，所以……讀者可以在上帝的福佑之下理解我曾用雙眼見過的一切。」[24]

244

此處潛藏的思想是一個關於教義的概念，即「教義之水」（aqua doctrinae）。誠如所見，「磁石」或「天堂之露」都是可被**傳授**之物。和水一樣，它象徵的就是教義本身。它對比的是「靈石」，也就是那種能夠「感知」到磁石與苦土這組磁性物質作用力的石頭。如同磁石，靈石也是一種奧祕物質，而，唯有這樣的物質，才能進入將煉製**哲人石**視為終極目標的結合作用（combination）之中。杜恩說道：「異教的外邦人說，自然尋覓著與其自身相似的自然，並在自己的自然之中歡慶；倘若其與別物相連，自然的功業也就毀了。」[25] 這與煉金術士德謨克利特（Democritus）經常提起的一條公理不謀而合：「自然在自然之中歡慶；自然征服自然；自然統御自然。」[26]

20 生石灰（*calx viva*，quicklime）對奧古斯丁來說也是同等驚奇：「奇妙的是，當它被人澆滅，復又燃起。」（中譯注：生石灰即氧化鈣，遇水會釋放大量的熱。）

21 *Emblemata* (1621), Embl. CLXXI, p. 715 a.

22 *Commentariorum alchymiae* (1606), Part II, p. 101.

23 *Theatr. chem.*, IV, p. 499.

24 依我之見，水在煉金術裡有著非比尋常的重要意義，這點可以追溯到諾斯替派的淵源：「而且水被他們尊崇、信仰，彷彿水即神明，彷彿幾乎就要宣稱生命乃是從水而來。」（Epiphanius, Panarium, LXIII, cap. I）

25 "Inquiunt enim, natura naturam sibi similem appetit, et congaudet suae naturae; si alienae iungatur, destruitur opus naturae" ("Ars chemistica," *Theatr. chem.*, I, p. 252).

26 **Δημοκρίτου φυσικὰ καὶ μυστικά.** —Berthelot, Alch. grecs, II, i, 3。根據德謨克利特的生平，這條公理是他已故的老師傳授給他的。賽拉皮斯神（Serapis）的祭司辛奈西斯（Synesius）在寫給狄奧斯庫若（Dioscorus）的書信中提到（Berthelot, II, iii），德謨克利特的老師是歐斯坦內（Ostanes），這條公理就是出自後者。

245 就像磁石與苦土可以湊成一對，**靈石或活石**（*lapis animates sive vegetabilis*）[27]是由皇家婚配所誕生的萊彼斯（Rebis）或雌雄同體者（hermaphrodite）。這樣一來，我們就有了兩組對立物，彼此的交互吸引力會形成一個**四元體**，也就是具四重性質的全體基礎。[28]就如象徵所示，這兩個組合都指向同一件事，即一個**對立結合體**或統合體的象徵[29]。如果我們的文獻並沒有像這樣表現它們，並且將之等同於奧祕物質，那麼其中必有原因，雖此原因無法從要被結合的兩種物質所使用的象徵來一探究竟。奧祕物質有時是苦土，有時是水，有時是磁石，有時是魚；但它們全都意味著能夠從中誕生奇蹟的**原初物質**。十七世紀時，本篤會的修院院長克萊松（John Colleson）寫了一篇論文[30]，其中某段釐清了煉金術士心中的差別：「不過，說到那種可以自然而然地、**哲學**一般地（Philosophically）將普通的黃金和銀給溶解掉的物質，別讓任何人認為它是世界靈魂之外的別種東西，世界靈魂是以磁力及哲學方法吸引而來的，而且是汲取自更高的天體（higher bodies），特別是汲取自太陽與月亮之光。因此，他們擺明了對那被認為能夠自然而然溶解完美金屬的墨丘利或哲學液體（Philosophical fluid）一無所知。」[31]

246 顯然，這些象徵必須被區分成兩類：其一是指超乎心靈之外的化學物質，或是該物質形而上的對應物，諸如**墨丘利三頭蛇**（*serpens mercurialis*）、**精神**、**世界靈魂**、**真理**（*veritas*）、**智慧**（*sapientia*）等；其次，則是指涉那些由煉金術士製造的化學藥劑，例如**水**（*aqua*）、**醋液**（*acetum*）、**處女乳汁**

（*lapis virginis*）這類溶劑，或它們在「哲學」上的對應物，也就是**理論**（*theoria*）或**科學**（*scientia*），若將其用得「正確」，它們就會對物質產生神蹟似的效應，就如杜恩在他的煉金論著中所說的那樣。[32]

247　這兩個類別不斷彼此交疊：奧祕物質有時顯然不過就是某種化學物質，有時又是一個概念，今日我們會將後者稱作心靈內容。關於這種混淆，普勒提（Pernety）在論及磁石時描述得非常清楚：「然而這種磁石必然不會被看作是一般的磁石。他們（煉金術士）之所以給它這個名字，不過是因為它天生就和他們稱之為**吾等之堅鋼**（*adamas*）的東西非常相似。此即他們的黃金原礦（**原初**

---

27 在我們的行文中，當 *vegetabilis* 用來描述墨丘利時，意指「活生生的」（living）；描述第五元素（Quinta Essentia）時，則指「賦予生機的」（vivifying）。

28 參見《移情心理學》，段433及其後。另見全集第九卷第一部分的《童話中的神靈現象學》，段429及其後。

29 參見《心理類型》第五章第三節。

30 "Idea perfecta philosophiae hermeticae," *Theatr. chem.* (1661), VI, p. 152。這篇文章最早出版於一六三〇年。關於作者克萊松，我們一無所知。

31 "Quantum autem ad substantiam, qua naturaliter et Philosophice aurum et argentum vulgare solvuntur, attinet, nemo sibi imaginari debet, ullam aliam, quam animam mundi generalem, quae per magnetes et media Philosophica trahitur et attrahitur de corporibus superioribus, maxime vero de radiis Solis et Lunae. Unde liquet illos Mercurii seu menstrui Philosophici nullam habere cognitionem, qui naturaliter et physice metalla perfecta dissolvere cogitant."

32 「自然萬物之中有某個真理，不是外在的肉眼可以看見的，而是只能透過心（mind）來感知；對此，哲人都曾親身經歷，並確定了它的價值就在於它能施行奇蹟。」（"Speculativa philosophia," *Theatr. chem.*, I, p. 298.）

物質），磁石則是他們堅鋼的原礦。這種磁石的核心藏有一種鹽類，是用來鍛燒哲學之金的溶媒（menstruum）。這種精製過的鹽構成了他們的墨丘利，「用來將賢者沉澱物（magistery of the Sages）轉變為白色或紅色。它變成天堂之火的原礦，其作用就如同他們石頭的發酵劑（ferment）。」[33] 因此，由煉金大師精製過的那種鹽類，在他看來就是磁石作用力的祕密所在。每當一位煉金術士談到「鹽」，他談的都不是氯化鈉或任何別種的鹽，也沒有特定限縮的含意。他無法自外於**智慧之鹽**至關重要的象徵性，因此只好將它包含到化學物質裡面，也就是那藏匿於磁石之中，並經煉金大師精煉的鹽——這種鹽，一方面是他煉金技藝的產物；另一方面，卻早已存在於自然之中。只要單純地將這個矛盾視為心靈內容的投射，問題便能迎刃而解。

248

在杜恩的作品中，也可以找到相似的陳述。對他而言，問題與**智慧之鹽**無關，而是關乎「真理」，他認為真理藏匿在自然萬物之中，同時，顯然也是「道德的」概念。真理是「藥，當某件事物**此刻再也無法**回到它腐敗**之前曾是**的狀態，而且**此刻無法**成為**其所應是**的狀態，它能為其帶來改善與轉化。」[34] 它是「形上物質」（metaphysical substance），不僅存於事物之中，人體裡頭也有，「人體之中封存了某種鮮為人知的形上物質，它無須藥劑，其本身就是不腐之藥。」[35] 因此，「若要將那種非肉體感官的真理（unsensual truth）從可觀可感之物的桎梏裡頭解放出來，化學，才是應當鑽研的學問。」[36] 杜恩又說：想要獲致這門化學技藝的人，必須研習「真正的哲學」，而不是「亞里斯多德式的哲學」，因為套句克萊松的話：磁石就是真正的教義，「真理的核心」因它而從肉體得著解放，肉體也因它得著轉化。「哲人透過某種神聖的靈感（divine inspiration），得知這種美德與神魂（heavenly vigour）可以從其桎梏之中解脫；不是藉其對比之物……而是與其相似者。因此，無論它是在人的內在或外在找到，它對該物而言都是安適自在的，智者如此結論：『要令相似之物壯大起來，就要藉著相似，藉著和平，而非藉著戰爭。』」[37]

249

也就是說，教義可以「透過某種神聖的靈感」來有意識地獲得，與此同時，教義也是一種工具（instrument），可以用來將教義或理論的對象從其肉體的囚禁之中解放出來，因為教義的象徵——「磁石」——同時也是教義所談論的奧祕「真理」。教義進入了煉金大師的意識，如同來自聖靈的恩賜。這是一份關於煉金技藝奧義的知識寶藏，這也攸關隱藏在**原初物質**裡面的珍寶，人們往往認為

33 Pernety, *Dictionnaire mytho-hermétique*, s.v. "Aimant."

34 "... medicina corrigens et transmutans id, quod non est amplius, in id quod fuit ante corruptionem, ac in melius, et id, quod non est, in id quod esse debet" (p. 267).

35 "In corpore humano latet quaedam substantia methaphysica, paucissimis nota, quae nullo ... indiget medicamento, sed ipsa medicamentum est incorruptum" (p. 265).

36 "... Chemistarum studium, in sensualibus insensualem illam veritatem a suis compedibus liberare" (p. 271).

37 "Philosophi divino quodam afflatu cognoverunt hanc virtutem caelestemque vigorem a suis compedibus liberari posse: non contrario ... sed suo simili. Cum igitur tale quid, sive in homine sive extra ipsum inveniatur, quod huic est conforme substantiae, concluserunt sapientes similia similibus esse corroboranda, pace potius quam bello." (P. 265.)

它存於人之外。教義的寶藏，以及封印在物質黑暗裡頭的珍貴祕密，這兩者其實毫無二致。這對我們而言並不是什麼新發現，因為我們不久前已經知道，像這樣的祕密確實藉著無意識的投射存在。**關於奧祕物質，人類無論是內求還是外求，最後結果都是一樣的**。這是煉金術非常棘手的兩難困境，而杜恩是第一個用無比清晰的方式認知到這件事的思想家。「煉金」過程同時發生於內在與外在。人們若是不明白如何將自己靈魂裡的「真理」從桎梏中解放出來，他的煉金大業就永遠不會成功，而且，知曉如何煉製石頭的人唯有在正確教義的基礎之上才能順利製成，藉此教義，他自身便有所轉化，而他自身的轉化所創造出的教義亦可成就煉石的過程。

250

借助於這些思索，杜恩開始理解到自我認識的根本重要性：「汝當謹記，汝應使其發展（hervorgehen）為汝一心渴望之物，汝在偉業中奮力追尋之物。」[38] 換句話說，你對煉金工作抱持的期待必定和你本身的自我有所關聯。唯有對於教義通透瞭解的人，才有可能進行製造奧祕物質的「煉金工序」（generatio Mercurii）；然而「我們若是不進行實驗，就無法解決任何疑惑，而此實驗只能在我們自己身上進行，除此之外別無更好的方法。」[39] 這條教義清楚表明了我們的內在經驗，或其實質上是以後者為基礎：「令他曉得人類最偉大的寶藏就在人的裡面，而非人的外在。從他開始，它不斷向內深入……從而將他用自己的雙眼看到的事物都由內而外地帶了出來。因此，除非他的心智已盲，他將能看見，也就是說，他將能理解內在的他是何許人也，是什麼模樣，並且他將藉著本性之光，從外在的事物來認識他自己。」[40] 這是**人類內在**最初也最重要的祕密；這是他的**本身自性**

（*true self*）[41]，人們雖然不認識它，卻可透過對外在事物的經驗來學習瞭解它。因此，杜恩告誡煉金術士：「汝要從自身裡面來學著瞭解天地萬物的本然面目（all that is），如此，汝便可通曉一切。汝豈不知，從前，天堂與眾元素本然為一，乃因後來那場創造了汝與萬事萬物的神聖創世之舉，才令它們彼此分別開來？」[42]

251　因為世界的知識就藏身在煉金術士自己內在的深處，所以這份知識必須汲取自他對於自身的瞭解，而他必須尋覓並認識的這個自性，具有合一（oneness）的本性，那本性是起初上帝與世界仍是一體時就出現了的。這顯然**不是**關於自我本性（nature of the ego）的知識，雖然這種說法遠遠更為方

---

38 "Fac igitur ut talis evadas, quale tuum esse vis quod quaesieris opus" (p. 277).

39 "... non possumus de quovis dubio certiores fieri, quam experiendo, nec melius quam in nobis ipsis" ("Philosophia meditativa," *Theatr. chem.*, I, p. 467).

40 "Cognoscat hominis in homine thesaurum existere maximum, et non extra ipsum. Ab ipso procedit interius ... per quod operatur extrinsecus id, quod oculariter videt. Ergo nisi mente caecus fuerit, videbit (id est) intelliget, quis et qualis sit intrinsecus, luceque naturae seipsum cognoscet per exteriora." ("Speculativae philosophiae," p. 307.)

41 煉金術士暨神祕主義者約翰．波達奇（John Pordage，西元一六〇七—八七年）將那位內在的「永恆」之人稱為「浩瀚宇宙的精華要義」（*Sophia*, 1699, p. 34）。

42 "Disce ex te ipso, quicquid est et in caelo et in terra, cognoscere, ut sapiens fias in omnibus. Ignoras caelum et elementa prius unum fuisse, divino quoque ab invicem artificio separata, ut et te et omnia generare possent?" ("Speculativae philosophiae," p. 276.)

便，卻會和自我認知（self-knowledge）錯誤地混為一談。基於這個理由，任何渴望認真好好認識自己的人，都會被指控為自私自利、離經叛道。然而，這種知識其實與自我對其本身的主觀認識一點關係都沒有。**後者**就像一條狗在追著自己的尾巴跑；相反地，前者則是一門非常困難而且對道德極為嚴格的學問，所謂的心理學對此一無所知，受過教育的一般大眾也所知無幾。反觀煉金術士，對此，他們至少掌握了一點間接的線索：他們確切知道自己內在有一個完整的意象，就像部分之於全體一樣，而帕拉西爾蘇斯（Paracelsus）將此意象稱為「穹蒼」或「奧林帕斯」（Olympus）[43]。這個內在的微觀宇宙就是煉金術歪打正著的研究對象。今日，我們可以將其稱為集體無意識，而我們會將它描述為「客觀的」，因為它在所有個體之中都完全一致，所以它乃是一。這個普世皆然的「一」在每個個體之中產生了**主觀的**意識，也就是自我。今時今日的我們，或可這樣來粗略地理解杜恩所說的「本然為一」（formerly one）以及「被一場神聖創世之舉給分別開來」。

252

當這位作者如下陳述時，他指的就是這種關於自性的客觀認識：「無人能夠認識自己，除非他知道自己究竟是**什麼**（*what*，拉丁文 *quid*），而非是**誰**（*who*，拉丁文 *quis*），知道自己是倚靠著什麼，知道自己是誰的（或說，知道自己是屬於何人或何物），並知道自己是為著什麼目的被造。」[44]此處「誰」和「什麼」的差別非常關鍵，前者毫無疑問具有個人的面向，因此是指自我；後者則是中性的，它特別指涉某個根本不具人格的對象，這說的並不是心靈中的主觀自我意識，而是不為人知、沒有偏見、有待探究的心靈本身。「對自我的認識／對自性的認識」，關於這兩者之間的區別，幾乎沒有比「誰／什麼」更清楚有力的說明方法了。在此，這位十六世紀的煉金術士涉及了一個至今仍然讓某些心理學家傷透腦筋的問題（或是那些甘願接受這種心理學觀點的人）。「什麼」指的是中性的自性，亦即完整體的客觀事實，因為自我一方面在因果關係上是「依賴於」或「歸屬於」自性；另一方面則被導引向它，如被引領至目的地一般。這讓我們想到依納爵．羅耀拉（Ignatius Loyola）在《基礎》（*Foundation*）一書的雋永開場白：「人類之所以受造，是為了讚美、敬畏、服侍我主上帝，從而拯救自己的靈魂。」[45]

253　正如人類對自己身體的生理機能瞭解相當有限，人類對自己心靈的瞭解也只不過是冰山一角罷了。決定人類心靈樣貌的因（the causal factor）絕大部分都存在於意識之外的無意識歷程裡，同樣地，人意所能決定的果（final determination）也存在於無意識之中，且是無意識歷程作用之下的產

43 兩百年後，這個觀念在萊布尼茨提出的單子論（monadology）中得到了全然的發展；其後的兩百年，它卻又因自然科學的三位一體——時間、空間、因果律——遭世人所忽略。赫伯特．西爾伯勒（Herbert Silberer）也對煉金術頗為關注，他說：「我想我可能更情願徹底臣服於圖像式的語言，並將最深處的下意識（subconsciousness）喚作是**我們內在繁星熠熠的天堂**。」（*Der Zufall und die Koboldstreiche des Unbewussten*, p. 66.）更多材料請見《論心靈的本質》，段389及其後。

44 "Nemo vero potest cognoscere se, nisi sciat quid, et non quis ipse sit, a quo dependeat, vel cuius sit ... et in quem finem factus sit" (p. 272).

45 Exercitia spiritualia, "Principio y Fundamento": "Homo creatus est (ad hunc finem), ut laudet Deum Dominum nostrum, ei reverentiam exhibeat, eique serviat, et per haec salvet animam suam." See trans. by Rickaby, p. 18.

物。佛洛伊德的心理學為這個因提出了基礎的證據，阿德勒則證明了人類往往是在無意識中做出種種決定的。因此，心靈的起因、結果，兩者都遠遠超越了人類的意識，且其程度不容小覷，而這暗示了：只要它們沒有成為意識的對象，其本質與影響便永遠不容動搖且無法改變。只有藉著意識之光與道德決心才能修正它們，這就是自我認識之所以如此不可或缺，卻又如此遭人懼怕的原因。關於這點，倘若我們撇開《基礎》開場白裡的神學術語，這段話就會變成：「人類的意識之所以被創造，是因為它能做到下列的事：（一）認出（**榮耀**，*laudet*）自己乃是源於一個更高的統合體（**讚美**，*Deum*）；（二）對此本源懷抱應有的慎重與尊敬（**敬畏**，*reverentiam exhibeat*）；（三）理智而盡責地執行本源的決定（**服侍**，*serviat*）；（四）從而為全體心靈提供最佳的生存與發展條件（**拯救人的靈魂**，*salvet animam suam*）。」

254

這番改寫不僅看似有點理性主義的味道，而且我是刻意為之，因為現代思維無論再怎麼努力，都不再能夠理解我們擁有兩千年歷史的神學語言了，除非它「符合理性」。而缺乏理解的危險結果就是：賣弄口舌、矯揉造作、強加信仰，或是存在已久的盲目服從與漠不關心。

255

我們內在無意識歷程中的種種決定，無非就像《路加福音》十九章十二節說的那樣，是「某位貴冑」交代給「僕人」拿去做生意的一筆錢。從道德的角度來看，人們不必太有想像力也能猜到這種事情最後會有什麼下場。只有幼稚的傢伙才有辦法假裝邪惡不存在於世界上，而他越是沒有意識，就越受魔鬼的驅使。因為普羅大眾的內在都與事物的這個黑暗面有所連結，所以人們極容易不經思考地犯下最駭人聽聞的罪行。唯有盡可能廣泛且不計代價地認識自己，並用正確的角度來看待善／惡，秤量人類行為的動機，才能多少保證其最終結果不至於變得太糟。

256　杜恩生活在十六世紀下半葉，從他的著作中，我們可以清楚看到自我認識在煉金術的轉化過程中有多麼關鍵的重要性。這個概念本身更為古老，可以追溯到莫里安努斯・諾曼努斯（Morienus Romanus，西元七至八世紀）在煉金燒瓶的鑲邊寫下的銘文：「擁有萬物者，無需外界援。」[46] 與其說他指的是要去擁有一切必需的化學物質，他指的毋寧更是某種道德，就如文本所闡明的[47]。莫里安努斯說：上帝用四種不同的元素造出世界，並將人類放在它們之間，作為「最美的點綴」：「此物提煉自汝，因汝乃其原礦；他們自汝中覓得此物，又，或明言之，他們自汝中取出此物；當汝體驗此物，對其之愛、慾皆在汝中增長。」[48] 文中的「此物」就是**哲人石**，莫里安努斯說它含有四種元

46 "De transmutatione metallica," *Art. aurif.*, II, p. 11.

47「也就是說，我不應向他們索要財富或餽贈，而應孜孜不倦地為他們提供靈性之禮。」（頁10）

48 "Haec enim res a te extrahitur: cuius etiam minera tu existis, apud te namque illam inveniunt, et ut verius confitear, a te accipiunt; quod quum probaveris, amor eius (rei) et dilectio in te augebitur" (p. 37).

素，且外觀與結構都和宇宙相似。製作石頭的過程「無法用雙手操作」[49]，因為它是一種「**人類的態度**」(*dispositio hominum*)，單憑它就能完成「轉變本性」之舉。這種轉化是由**合體**(*coniunctio*)這個煉金術的核心要素帶來的。[50]

257

《Rosinus ad Sarratantam Episcopum》這份文獻若不是源自於阿拉伯，就是用阿拉伯風格寫成的最古老文獻之一，文中引述哲人馬格斯(Magus Philosophus)[51]所言：「此石在汝之下，彷彿順從；在汝之上，彷彿主宰；又從汝來，彷彿知曉；與汝相近，彷彿相等(equals)。」[52]這段話多少有點模糊不清，但還是可以看出哲人石和人類之間必然存在一種心靈上的關係：煉金術士可以要求石頭服從於他，但石頭卻也同時支配、凌駕煉金術士。因為此石是「知識」或科學的產物，所以它源自於人。但它是在人的外在，在他的周遭環境裡，在他的「同類」(equals)之中，也就是在那些與他志同道合的人事物(those of like mind)之中。此番描述正符合自性的弔詭，就如自性的象徵所示。它小之又小，很容易遭人忽略、掃到一旁。它確實需要協助，必須被人察覺、保護，彷彿它是被人的意識心智構築起來的，又彷彿它未曾存在，乃是因人類的呵護與奉獻才使它得以存在。但我們從經驗得知的正好相反：自性老早就已存在，而且比自我更為古老，事實上，它是我們命運中那祕密的**精神主宰**(*spiritus rector*)。自性並不會主動地變成意識，而是，必須透過某種知識傳統的教導才能辦到(例如印度的**普魯夏／阿特曼**〔*purusha* / *atman*〕傳承)。因為個體化歷程的要義即是令自性成為意識，而個人若是與他的周遭環境毫無關係就不可能進行個體化，這種關係必須在那些與他志同道合的人事物之中才能找到，唯有與這樣的對象才有可能建立起個體化的關係。除此之外，自性原型總是會產生一種將自我包含在內的情境，因此，自性就像其他任何原型一樣，無法被限縮在單一個體的自我意識中，而是會以一種類似環境氛圍（circumambient atmosphere）的方式表現，其無法在時間或空間上界定出任何清晰的界限。（因此共時性現象常常與被活化的原型有關。）

258 羅西努斯的論著裡有段話可與莫里安努斯相呼應[53]：「此石是某種（比起別處）在汝之中更為堅固之物，此物神造，汝之技藝乃其原礦，此礦取自汝中，且汝之技藝無論何處皆與汝不可分離……如人由四元素所造，此石亦然，因而，此石乃自人中（挖）取出，自汝之技藝、石之原礦取出，即，乃藉偉業取出；其乃藉著分解（division）提煉自汝；因著知識，其在汝中仍不可分（remains

---

49 p. 40f.

50 「靈藥（magistery）的完美圓滿之處就在於它能諧和百體、聯合百體。」（頁43）"Interpretatio cuiusdam epistolae Alexandri Macedonum regis"（*Art. aurif.*, I, p. 384）這本書也提到：「要知道，沒有什麼東西生來不是雌雄兼具的。」而《Tractatulus Avicennae》文中也說：「煉金婚配（Marriage）即是精微者與粗厚者的交融混合。」參見《移情心理學》索引，詞條「coniunctio」。

51 文中提到的「Malus」（*Art. aurif.*, I, p. 310）有可能是「Magus」（馬格斯）的誤寫，後者是一位知名作家。

52 "Hic lapis est subtus te, quantum ad obedientiam; supra te, quoad dominium; ergo a te, quantum ad scientiam; circa te, quantum ad aequales" (*Art. aurif.*, I, p. 310).

53 這幾份文獻的年代相當不確定。經過我粗略的估算，莫里安努斯的年代應該比較早。

inseparably）。換言之，其藉哲人水銀而在汝中固化（fixed in thee）；汝之技藝乃其原礦；亦即在汝中封閉，汝又祕而存之（holdest it secretly）[54]；當其被汝縮小（reduced，縮小到它的精髓）、溶解，汝便自汝提煉出它；倘若無汝，此物不可成（fulfilled）；若無此物，則汝不可活。因此，終點依賴著起點，反之亦然。」[55]

259

這看來像是對莫里安努斯的一番評述。我們從中學到石頭是被上帝放到人裡面的，而這位化學家就是此石的**原初物質**，至於提煉（extraction）的過程則對應到煉金術步驟中所謂的**分解**（*divisio*）或**分離**（*separatio*），另外，透過他對石頭的知識，他與自性之間的緊密關聯就能維持不斷。文中描述的流程可以被簡單理解成無意識內容的具體化（realization）。再者，因為墨丘利是智性（Nous）的象徵，因此固化的哲人水銀也就對應到傳統赫密士主義的知識[56]；藉著這份知識，作為無意識內容的自性就能被帶進意識，並在心智之中被「固化」。因為誠如我們所知，如果缺少意識概念的存在，就不可能產生統覺（apperception）。這可以解釋許多精神官能失調的病因：某些心靈內容在無意識中聚合在一起，卻因為缺乏能夠「掌握」（grasp）它們的統覺概念而無法被意識同化吸收。這正是對小朋友講述童話故事與民間傳說，以及對成年人諄諄灌輸各種宗教觀念（教義）都極端重要的原因，因為它們都是工具性象徵（instrumental symbols），可以協助將無意識內容傳遞到意識之中，且有助於詮釋與整合它們。這點通常不受重視，然而，若非如此，它們的能量就會胡亂湧入意識內容之中，進而強化意識裡那些病理性的部分。如此一來，我們就會面臨各種顯然毫無根據的恐慌與強迫性——狂熱、特異性症狀、虛病的念頭，以及巧妙躲藏在社會、宗教、政治外衣之下的智性病態（intellectual perversions）。

260

古代大師將**煉金偉業**視為萬物復興（apocatastasis），將「末日將至」的狀態恢復到其初始的模樣（「終末望向伊始，反之亦然」）。事實上，發生在個體化歷程中的情況正是這樣，無論那是基督教式的轉化（「變成小孩子的樣式」），或是禪宗所說的**頓悟**經驗（「示我以本來面目」），還是有意識地將本具的、朝向全體發展的心理傾向化為現實的心理學過程，都是如此。

261

對煉金術士而言，「中心」，或我們稱其為自性，很顯然並不在自我裡面，而在其之外；是「在我們裡面」（in us），但並非「在我們腦袋裡」（**in us mind**），它是位在那個我們無法意識到，仍有待認

---

54 文中雖然提到「己」（ipsum），但此處的受詞是「物」（res）。

55 "Hic lapis talis est res, quae in te magis fixa est, a Deo creata, et tu eius minera es ac a te extrahitur et ubicunque fueris, tecum inseparabiliter manet. ... Et ut homo ex 4 elementis est compositus, ita et lapis, et ita est ex homine, et tu es eius minera, scil. per operationem; et de te extrahitur, scil. Per divisionem; et in te inseparabiliter manet, scil. per scientiam. Aliter in te fixa, scil. in Mercurio sapientum; tu eius minera es; id est, in te est conclusa et ips[a]m occulte tenes, et ex te extrahitur, cum a te reducitur et solvitur; quia sine te compleri non potest, et tu sine ips[a] vivere non potes et sic finis respicit principium et contra." (*Art. aurif.*, I, pp. 311f.)

56 《神靈墨丘利》，段264及其後。

清的「什麼」之中。今日，我們會把它稱為無意識，並且將它區分為個人無意識與非個人無意識，前者使我們可以認出陰影，後者使我們認出自性的原型象徵。然而煉金術士並沒有這樣的觀點，對於知識的理論也毫無頭緒，即便他們如同杜恩等人所深信不疑的那樣，感覺到這個中心其實是弔詭地在人之內、同時卻又在人之外，他們仍然只能土法煉鋼，好讓原型得以具體呈現，並將原型寄託在物質裡面。

262 杜恩說，「不腐之藥」（incorrupt medicament），即**哲人石**，除了天堂之外無處可尋，因為天堂「瀰漫著所有元素，它們伴隨不可見的光芒，從大地中心的各處齊聚一堂，孕育、催生一切萬物。」「無人能在己身之中造物（generate in himself），（只有）在與他相似者、來自同處（天堂）者之中才能。」[57]

263 我們可以從這裡看出杜恩如何迴避他的矛盾：如果缺少某個與自己相像的東西，就沒有人可以生產出任何事物。而此物之所以與他相像，是因為兩者來自同一個本源。他若想配製出不腐藥，只能在某個與自己中心同源的東西裡面才能辦到，而此物便是大地與一切造物的中心。它與他來自同一泉源，那便是上帝。只有在為了衍生萬物（the work of generation）的時候，上帝才會被分離成眾多看似不同之物，如天堂、元素，或人類等。離散的萬物必然要在石頭的煉製過程之中重歸一體，於是，原初的合一狀態才能得到復原。然而杜恩說道：「汝斷不可從旁人身上造出汝所尋覓的太一，除非先從汝處造出一物……因此乃上帝所願，虔信者應奉行其追尋之虔信功業，完美者應使其專心致志之物臻於完美……汝當謹記，汝應使其發展為汝一心渴望之物、汝在偉業中奮力追尋之物。」[58]

264

唯有煉金術士本身先成為太一，才有可能在哲人石中將對立面合為一體。統合對立的石頭即是個體化的對等相應物，人類可以藉此成為一；我們可以說，石頭是統合後自性的投射。這個等式在心理學上是正確的。然而，這個說法並沒有充分考量到一個事實：石頭是一種**超越的**統合體（*transcendent unity*）。因此我們必須強調，自性雖然可以成為意識內容的一種象徵，但它作為更高階的完整體，它勢必也是超越的。杜恩有看出石頭和轉化過的人類毫無二致，他是這樣宣稱的：「將你們自己從死石轉變為活生生的賢者之石吧！」[59] 但他對無意識的存在並無概念，這概念可以讓他用更能令人滿意的方式來表達主觀的心靈中心和客觀的煉金中心這兩者的一致性。儘管如此，他仍

---

57 "Nemo in se ipso, sed in sui simili, quod etiam ex ipso sit, generare potest" ("Speculativae philosophiae," p. 276).

58 "... ex aliis numquam unum facies quod quaeris, nisi prius ex te ipso fiat unum. ... Nam talis est voluntas Dei, ut pii pium consequantur opus quod quaerunt, et perfecti perficiant aliud cui fuerint intenti. ... Fac igitur ut talis evadas, quale tuum esse vis quod quaesieris opus" (p. 276f.).

59 "Transmutemini de lapidibus mortuis in vivos lapides philosophicos!" (p. 267)。此句暗指《彼得前書》二章四至五節：「主乃活石，固然是被人所棄的，卻是被神所揀選、所寶貴的。你們來到主面前，也就像活石，被建造成為……。」

然成功地解釋了下列兩者之間的關係：即「知見」這個構想出來的象徵，與那藏身於物質、大地或北極內部的「中心」兩者之間的雌性吸引力，兩者就像地球的兩極。正因如此，知見和物質中的奧祕才會雙雙被稱為**真理**。這個真理在我們內在「發光」，但它卻不是人類的真理：它「並不是在我們身上找到的，而是在我們內在的上帝意象中找到的。」[60]

265

因此，杜恩將人類內在的超越中心和上帝意象劃上等號。這個等號闡明了以下問題：為何煉金術的全體象徵對人類內在的奧祕、對神性皆能適用？為何像水銀和硫磺這樣的物質，或者水與火元素，可以用來代指上帝、基督、聖靈？事實上，杜恩甚至更進一步認為，此一真理所說的就是、唯獨是**人的存在**（*being*）：「再說了，我們難道可以為真理下一個令人滿意的定義嗎？我們可以說『**它是**』（*it is*），但卻不能再追加任何話語了；畢竟，別鬧了，你還能在太一裡加進什麼？它有缺少什麼，或者它有需要倚賴什麼嗎？在真理中，無物存在，唯有太一。」[61] 對杜恩來說，唯一真實存在的東西就是那超越的自性，而它與上帝毫無區別。

266

杜恩可能是第一位總結所有煉金象徵術語，並將煉金術的引人入勝之處從頭細數、娓娓道來的煉金術士。比起他的接班人雅各布．波墨（Jakob Böhme），杜恩對自己的煉金配方理解得更加透徹，但時至今日，哲學史家對他卻是聞所未聞。因此，他可以說是與赫密士哲學命運與共，這門學問對那些不瞭解現代心理學的人來說，仍舊只是一本用七重封印深鎖緊掩的書。然而，我們若是希望瞭解現代人類的心理，這本書總有一天要被翻開才行；因為煉金術不僅是一門基本上只對訓練有素的知識份子開放的經院哲學，它乃是基本物質之母，更催生出了現代自然科學的思維方式。

---

60 "Non in nobis quaerenda [veritas], sed in imagine Dei, quae in nobis est" (p. 268).

61 "Ulterius, ut definitioni veri faciamus satis, dicimus esse, vero nihil adesse, nam uni quid adest, quaeso, quid etiam deest, aut quid contra niti potest? cum nihil vere praeter illud unum existit" (p. 268).

第十二章

基督教煉金象徵的心理學背景

BACKGROUND TO THE PSYCHOLOGY OF CHRISTIAN ALCHEMICAL SYMBOLISM

267

「煉金術之母」（Mater Alchimia）或可作為這一整個時代的別名。這個時代約莫是從十六、十七世紀開始，當時煉金術與基督教共同孕育了自然科學，豈料後來竟淪落到不為人知、遭人誤解的境地，甚至如同行將就木的朝代那般消逝在歷史長河之中，不再為世人所見。不過，就像每位母親都曾經身為女兒，煉金術也是如此。它真正的起源是諾斯替的思想體系，希波律陀正確地將其視為一種哲學體系；此外還有希臘哲學、近東及中東神話，再加上基督教教義、猶太卡巴拉思想，形成了非常有趣的嘗試：從現代角度來看，這是將各式各樣的世界觀合而為一，其中，物理與神祕的兩面扮演著同等重要的角色。這項嘗試當年若是成功的話，今日的我們也就無須見證這樣的詭譎景象了：物理與神祕，兩者的世界觀居然毫無交集，對於彼此的一切一無所知，或者不願瞭解。希波律陀身處的位置令人羨慕，他所看見的不只是基督教，還有與其同源的其他異教，殉道者猶斯定（Justin Martyr）也曾嘗試類似的比較。基於對基督教思想的崇敬，不得不說，在克卜勒（Kepler）的年代以前，其實不乏各種值得敬佩、試圖解釋和理解自然的努力，而廣義來說，它們都以基督教教義為基礎。

268

然而，因為對自然運作的過程沒有足夠知識，這些嘗試註定會以失敗收場。因此，在十八世紀時，信仰與知識之間出現了一道臭名昭著的裂隙。信仰缺少體驗，科學則喪失了靈魂。取而代之的是，科學對絕對的客觀性深信不疑，一心想要忽略這個根本的困境：**心靈**就是一切知識真正的承載者與生產者。正好也是科學長久以來瞭解最為淺薄的對象。心靈被視為化學反應的產物、腦細胞生理過程的附帶現象，當然了，有些時候心靈根本就不存在。然而，科學家自始至終都對這個事實毫無察覺：他們使用心靈這台照相儀器來觀察事物，卻對它的本質與結構一竅不通，其中有許多人甚至連它的存在都不願意承認。直到最近，他們才被迫將這個心靈因素的客觀真實性納入考量。非常重要的是，微觀物理學以最直接且意外的方式迎頭碰上心靈的難題。在這一點上，顯然我們必須忽視無意識心理學，因為心靈的真實性恰恰是它的前提假設。此處的重點，正是心靈與物理學之間水火難容的相互牴觸。[1]

269

對諾斯替教徒而言，心靈就是知識的源頭，這即是他們真正的祕密，過去的煉金術士所見亦同。撇開無意識心理學不談，當代的科學與哲學也只瞭解外在的事物，而信仰則只知道內在事物，而且只瞭解基督教自聖保羅和《約翰福音》以降傳頌了數世紀的那些篇章。如同科學對於客觀墨守成

1 參見《論心靈的本質》，段417及其後、段438及其後。

規，信仰也是**絕對的**，這就是為何信仰與知識不再能夠認同彼此，但基督教卻能同時接受兩者的原因。

270 我們的基督教教義是極為特別的象徵，用以表達那超越的心靈內容（transcendent psychic）——用杜恩的話來說，也就是上帝的意象與特質。《信經》（*the Creed*）就是一種「象徵」。心靈可以在內在經驗的領域中，具體顯現的一切內容幾乎都被包含在《信經》裡面，但其中並無大自然，至少沒有任何可供辨識的形式。正因如此，基督教在每一個時代中都會有些思想旁支或暗潮，它們極力從內在與外在探究自然的經驗層面。

271 一般而言，教義雖然和神話一樣，表達了內在經驗的精髓之處，從而清晰呈現客觀心靈的運作原則，也就是集體無意識，然而教義使用的語言和觀點卻與我們今日的思考方式大相逕庭。甚至，「教條」（dogma）這個字眼不僅聽來有些刺耳，還經常被用來強調食古不化的刻板印象。作為象徵，教義應該具有無法理解卻「實用」或「有效」的性質，但對西方世界的大多數人來說，它的這種意義幾乎已經蕩然無存。就算是在神學界，也幾乎不再進行任何真正的討論，直到最近，教皇宣告了一個預兆（sign）：倘若象徵尚未凋零，它也已然開始消逝了。這個發展對我們的心靈健康非常危險，因為除了基督教教義之外，我們不知道還有什麼別的象徵可以更好地表達無意識世界了。

越來越多人開始希望在充滿異國情調的觀念中尋求某種替代品，例如印度文化。這種希望是緣木求魚，因為印度的象徵雖然跟基督教象徵一樣闡明了無意識，兩者卻源於各自的精神歷史。印度式的教誨是由千百年來印度人的生命經驗匯聚而成，就算我們可以從印度思想獲益良多，它卻永遠不能表達積累於我們內在的種種過往。我們思想的根源是基督教，至今依舊，它涵蓋了十一到十九世紀所有西方人生命中的一切。在那之前，多數的西方人有一段相當長的時間都是多神論、多鬼神論者（polytheism and polydemonism）。在歐洲的某些地區，基督教只有大約五百年不到的歷史，那僅僅十六代人。歐洲最後一名女巫在我祖父出生那年被人燒死，到了二十世紀，泯滅人性的野蠻暴行卻又捲土重來。

我提的這些事實，是為了說明區隔我們與異教時代的那道牆究竟多麼單薄。此外，日耳曼民族的發展從來不曾脫離多神、多鬼神論式的崇拜及其中的智慧結晶；在許多地區，他們不過是因為被羅馬軍團的刀尖脅迫，才不得不接受基督教的一神信仰與救贖教義；這就好比在非洲，機關槍才是基督教成功入侵的背後原因[2]。基督教的教義有某種頑固的堅持，認為讓未開化的民族信教不僅有益且必要，甚至對於這點堅信不移。無獨有偶，在伊斯蘭教的傳播中也可觀察到這點，它同樣不得不採取狂熱主義的強硬手段。在印度，象徵的發展軌跡就顯得非常自然，比較不受外力干擾。就連

2 我對這種恐懼的存在完全可以感同身受。

佛教這場偉大的印度教改革運動，也是根植於真正土生土長的印度瑜伽文化之上；而且，至少在印度，佛教不到一千年就被印度教徹底吸納融合。於是，今日佛陀被視為毗濕奴的化身，和基督、摩蹉（Matsya，魚）、俱利摩（Kurma，龜）、筏摩那（Vamana，侏儒）等諸神，一同供奉在印度的萬神廟中。

273

我們西方人心理的歷史發展過程和印度人絕對不可相提並論。要是有誰相信自己可以將東方式的思想照單全收，那他就是在將自己連根拔起，因為它們並不能表達我們西方的過往，充其量只是沒有血肉的理論、概念，無法撼動位於我們存在之最深處的那根心弦。我們的根是扎在基督教的土壤裡。這層底土確實並不非常深厚，而且，誠如前述的證明，它在許多地區的深度甚至淺薄得驚人——原始的異教信仰就是因為這點才有辦法改頭換面、重新宰制大半歐洲，並且在這些地區強行實施其特有的奴隸制經濟模式。

274

在煉金術裡，異教思想的存在是非常明顯的，它一直悄悄活在基督教的表面之下，從上古時代開始就是如此。煉金術在十六、十七世紀發展到鼎盛狀態，隨後便開始邁向沉寂。在現實的層面上，煉金術的接班人是自然科學，它催生了十九世紀的物質主義，以及二十世紀所謂的「現實主義」，後者的結局仍未可知。基督教雖然信誓旦旦說著反話，但它其實是無助的旁觀者。天主教會仍握有些許殘餘的權力，但她是在歐洲的廢墟上牧養她的羊群。**如果**信徒知道怎麼將教會的語言、思想、習俗和一種適合現代的理解相結合，唯有如此，教會的信息才可能發揮作用。然而對許多人來說，教會已經不再如保羅曾經在雅典市集中宣講那樣地講述眼前這時代的語言了，而是用已被歲月掏空、神聖不可侵犯的話語來包裝她的信息。保羅當初如果是用米諾斯時代（Minoan age）的語言和神話向雅典的百姓宣講福音，他怎麼可能成功呢？我們忽略了一個不幸的事實，即比起生活在使徒時代的人們，現代人的需求遠遠來得更多：對他們來說，要相信英雄和半神是處女所生完全不成問題，就連殉道者猶斯定都曾在他的護教文章中採用這個論點。有位神人（God-man）救贖世人的觀念並非前所未聞，因為亞洲的君王和羅馬皇帝事實上都擁有神聖的本質。但對我們而言，諸王的神聖大職根本一點用處都沒有！福音書裡那些奇蹟故事在從前的時代可以輕易說服人們，但這種故事要是出現在任何一本現代傳記中，都會成為**絆腳石**（*petra scandali*），令讀者嗤之以鼻。諸神本來就是怪誕而不可思議的，這點在千百個活生生的神話裡曾經是不證自明的事實，而在那些神話比較可信的哲學改良版本中，這點想當然也有特殊的重要性。「赫密士－三重－一體」（Hermes ter unus）不是智性上的胡說八道，而是哲學的真理。在這些基礎上，三位一體教義才得以建立其說服力。這條教義對現代人而言要嘛是一道難解之謎，要嘛就是一則歷史怪談，後者還比較有可能；但對上古時代的人來說，聖水的妙用、物質的蛻變都不是什麼大不了的事，因為搞不清楚為何會有功效的聖泉聖溪在那個時代處處都是，而許多化學變化的本質在當時看來也都有如神蹟。但如今，關於大自然之道，基本上隨便一個小學生所知道的都比普林尼的《自然史》各冊加總來得多。

275

要是保羅今日尚在，且答應要在倫敦的海德公園向一群聰明的倫敦人宣講布道，他就再也不能隨心所欲地東摘一點古希臘文學，西引一些猶太歷史，他的語言必須遷就現代英國大眾的知識水準才行。他若不能做到這點，他的布道就會講得一蹋糊塗，因為他說的話沒人能夠聽懂半句，也許只有某位古典語言學家辦得到。然而，這正是基督教宣講（kerygmatics）[3]今日置身的處境。它不僅照本宣科使用著死去的外國語言，所講述的意象一方面古老落伍卻又讓人誤以為似曾相識，一方面又遠遠不是現代人的意識所能理解，充其量只有他的無意識能夠明白，這還得要講道者的整個靈魂都投入他的布道之中才有可能。因此，最好的情況是，布道的影響力只停留在聽者的感受層次，然而，多數情況下它甚至連感受都觸及不到。

276

個體內在連通教義與內在經驗的那座橋樑已然崩毀。取而代之的是，教義是「被人信仰」（believed）的[4]；它被人們視為實體（hypostatized），就像新教徒將《聖經》視為實體，並且不合理地將其尊為至高權威，全然不顧其中的種種矛盾與備受爭議的不同詮釋。（就如我們所知，任何出自《聖經》的東西都可以是對的。）教義不再闡明任何東西，不再表達任何東西，它變成自說自話、自吹自擂的教條，卻又沒有任何經驗基礎可以證明它所說的道理句句屬實[5]。當然了，信心（faith）本身就可以成為那種經驗。人的信心好比保羅，他終其一生不曾親眼見過主的肉身，卻依然在前往大馬士革（Damascus）的路上被那令人震撼的幻影深深吸引，福音書中的啟示也令他感到某種狂喜。與此相似，上古時代百姓的信仰與中世紀基督徒的信仰從未與**集體共識**（*consensus omnium*）背道而馳，而是反過來被它所支撐。凡此種種，在過去的三百年間都已面目全非。話說回來，神學界內又有什麼轉變能與此相提並論呢？

277 危機確實存在——這點無庸置疑——新酒會將舊瓶撐破，而那些不再被人理解的事物將會被束之高閣，宗教改革期間就發生過這樣的事。除了少數蒼白的殘餘物之外，新教拋棄了所有宗教都需要的儀式，如今單單只靠**因信稱義**的觀點來支撐。信仰的內涵、象徵的內涵，皆持續崩解破散。其中還剩下什麼？耶穌基督這個人嗎？就連最無知的一般信眾都知道，對傳記作者而言，《新約聖經》的所有記載之中最晦澀的內容就是耶穌的人格（personality），而這點無論從人性或心理學的觀點來看，他的人格都必然是個高深莫測的謎。就如某位天主教作者簡短評述的：福音書記載的是一個

3 Kerygmatics 就是將宗教性的真理傳遞、宣揚出去。

4 維克特．懷特神父（Father Victor White）好心地提醒我要關注聖托馬斯．阿奎那的「第一真理」（*veritas prima*，見 *Summa theol.*, II, II, i, 1 and 2）這個概念：這個「第一真理」眼不可見且無人知曉，它潛藏在信仰之下並支持著信仰，而不是教義。

5 此話並不是要駁斥教義的正統性與重要性。教會不僅和那些本身過著虔誠生活的人們有關，也和下述這樣的人有關：他們在教條和真理之間劃上等號，宣稱他們對此等式心滿意足，而且他們就是這樣，沒什麼好期待的了。說不定，絕大多數的「信徒」都不曾超越後者的層次。對他們而言，教義一直都是吸引他們的主要原因，所以可以斷定教義本身就是「最終的」真理。

人的歷史，同時也是一位神的歷史。還是說，剩下的只有上帝？若是這樣，那基督教象徵之中最為關鍵的道成肉身又怎麼辦呢？在我看來，人們應該將「令之成其所是，如若不然，索性不存」(let it be as it is, or not be at all)[6]這句教宗格言挪用到《信經》之上，讓它自生自滅；因為根本沒有人真正搞懂它到底在說些什麼。否則，我們又該如何解釋教義不再被奉為圭臬的可恥局面呢？

278

身為一名醫師與心理學家的我如此堅持教義的重要，這或許會令我的讀者感到奇怪。但我**一定要**強調教義，而且過去的煉金術士之所以如此看重他們的「理論／知見」，也是基於同樣的道理。煉金術士信奉的指南就是無意識過程象徵的精華，如同教義乃是從「神聖故事」之中，那神聖存有的神話與誓約之中凝結或蒸餾出來之物。如果我們想要明白煉金指南的意義，我們就必須從個體與歷史兩方面去爬梳這些象徵的現象學，而我們若是想要對教義有更進一步的瞭解，首先就勢必得要考究在底層支撐基督教的近東及中東神話，再來還要考量神話學中的全體意象，它就像是人類內在普遍共有的先天配置(disposition)。我將這個先天配置命名為集體無意識，它的存在只能從個體的現象學中推證出來。煉金指南與基督教義的鑽研者都必須回到個體身上，因為兩者都是某種複雜的思想形式，也就是原型，我們必須假設我們的種種思想都是由這個無意識的建築師構築而成的。產生這些結構的動力來源和我們稱為本能的超意識因素，這兩者無從區別。因此，我們只能將原型想像為人類內在的本能意象(image of instinct in man)，此外的說法都是站不住腳的。[7]

279 我們不應該從這裡一下跳到結論，認為宗教意象世界的基礎可以被化約為「只不過是」生物學的；同理，如果傾向認為宗教現象只是子虛烏有的「心理作用」，那一樣也是錯的。只因為人類在生物形態學上可以溯源至四足蜥蜴類，就認為人類的外形根本不存在，或者，認為人類的外形本身就可以解釋自己的起源——像這樣的推論，相信任何明理的人都不會同意。從這一切背後隱隱浮現的乃是浩瀚費解的生命之謎、演化之謎，而說到底，當中最為重要的問題並非演化的起源，而是演化的目的。儘管如此，當一個活生生的有機體被人連根斬斷，它就與自身存在的根基斷了聯繫，也就必將衰亡。而當失根成為事實，追本溯源就是一樁關乎生死的大事。

280 神話和童話都表達了無意識的歷程，重新講述這些故事可以讓這些過程重獲新生，再被記憶，進而重建意識與無意識之間的連結。這兩半心靈之間的分離意味著什麼，精神病理學家再清楚不過了。他們知道這是人格的解離（dissociation），即所有精神官能症的病根：意識與無意識背道而馳，各走各的路。對立面永遠無法在其原來的層次上彼此統合（**排中律**[lviii]！），因此總是需要一個凌駕於二元對立之上的「第三者」，雙方可在這個第三者中合而為一。並且因為象徵既衍生自意識，也衍

6 "Sit, ut est, aut non sit."

7《論心靈的本質》，段415。

生自無意識，所以象徵可以統合這兩者：其形式能調解雙方在概念上的兩極性，其聖祕性則能調解雙方在情緒上的兩極性。

281 因此，古人常將象徵比喻為水，**道**就是一個好例子，**陰**和**陽**在**道**中合一。**道**是「谷神」（valley spirit）[lix]，是一條河流的蜿蜒河段。天主教會的象徵則是**教義之水**，對應煉金術中功效神妙的「聖」水，墨丘利就代表這種聖水的雙重性質。這些象徵性的水——不論它是**道**，是洗禮之水，或是長生不死藥——都具有療癒、更新的特性，說明這概念由來的背景是帶有治癒性質的神話。精通煉金術的醫師很久以前就認知到他們的奧祕可以用來療癒（或應該能夠療癒）身體甚至心智上的疾病。無獨有偶，現代心理治療雖然歷經跌跌撞撞，但也知道了在所有精神官能症的最底層都有道德上的問題或衝突，理性對此束手無策，只能透過一個超越對立的第三者來解答，也就是同時表達了對立兩面的象徵。這就是杜恩所謂的「真理」或帕拉西爾蘇斯所謂的「知見」，從前的醫師和煉金術士就是為此孜孜不倦，而為了達致這個境界，他們只能將基督教的啟示與他們的意象世界合併在一起。他們在新時代裡延續了諾斯替信徒（他們當中的大多數人都是並不那麼離經叛道的神學家）與教會教父的工作，且本能地察覺到不應把新酒裝進舊瓶，於是，每當邁入一個嶄新年代，古老的神話都需要像蛇類蛻皮一樣換上新衣，否則就會喪失療癒的功效。

282 現代的醫師與心理學家所面對的無意識整合問題，唯有透過對歷史追本溯源才能解決，如此方能讓傳統神話獲得全新的融合面貌（assimiliation）。然而，此說預設了歷史的發展是連續性的。當今的局勢是要摧毀所有傳統，使其化為無意識，這自然會截斷數百年來歷史發展的正常進程，而以一股野蠻暴横的插曲取而代之。這樣的事，已然在那些推崇馬克思主義烏托邦的地區發生了。但是，像今日這種崇尚科學和神學的教育方式，同樣也會導致靈性上的退化，讓心靈解離的情形大幅增加。一個只懂保健與致富之道的人，仍然遠遠不是健康的人，要不然我們當中最有知識、日子最為舒坦的那些人應該就是最健康的才對，但說到精神官能症，卻完全不是這麼一回事，而是恰恰相反。喪失根基、缺乏傳統的芸芸大眾變得神經質，正在逐步邁向集體的歇斯底里。集體的歇斯底里呼喚著集體的療法，而廢除自由、讓恐怖凌駕就是解方。那些被理性主義式的物質主義支配的地方，不僅容易變成一座座的監獄，更有可能淪為一間間的精神病院。

◆

283 我嘗試在前文指出，數世紀以來，基督形象已經被融合進某種心靈母體（psychic matrix）之中。如果救贖之主的形象和特定的無意識內容之間沒有任何親和吸引力——磁鐵！——的話，人類的心智永遠沒辦法感知到在基督之中閃耀著的光，也不會如此熱切地緊抓這道光不放。此處的連結點就是神人原型，這一方面讓基督成為歷史上的真實人物，另一方面又是以超越對立的完整體之姿統管靈魂的永恆存在，也就是自性。所謂神人，就像佐西默斯（Zosimos）異象中的那位教士，祂不只是**「眾靈之主」**（*Κύριος τῶν πνευμάτων*，Lord of the spirits），還是「統管眾（邪）靈的主」，這是基督教的主（Kyrios，Κύριος）不可或缺的意義之一。[8]

284

那些不見於經典的魚類象徵引領我們走進這個心靈母體，從而踏入經驗的領域，那些不可解的原型在這裡都成了活生生的事物，在無盡的演變過程中不斷變換著名諱與樣貌，同時，它們在那個隱藏的核心周圍永恆地環繞而行（circumambulating），藉此將這核心揭露出來。**哲人石**象徵的是化為人的神或成為神的人，它「有千種名諱」。哲人石並非基督本人，而是基督在主觀世界中的平行對應，教義將此稱為基督。關於基督在主觀經驗的世界中會是什麼模樣，煉金術透過**哲人石**給了我們一個具體的概念，並用它那或迷人眼目，或啟人心智的偽裝告訴我們：我們可以在哲人石那無可名狀的超越性中經驗到基督的真實存在。現代人一樣可以在心理學上做到同樣的事，就如我在《心理學與煉金術》的第二部分所嘗試論述的那樣[9]。然而，這是萬分艱難的考驗，必須苦心鑽研諸般細節，還要遍讀大量個人傳記資料，才可能寫就這樣的專著。像這般浩大的工程，恕我力有未逮，因此，我若是能為接手這項工作的後進打下些許史學或概念上的基礎，便已心滿意足了。

285

在結尾處，我想要再次強調，魚的象徵是福音書裡的基督形象自發同化後的產物，因此這能讓我們看出這些象徵是以什麼方式，又是基於何種意義被無意識內容所同化。在這方面，教父對捕獲利維坦的寓意解經法就顯得非常有特點（將十字架視為魚鉤，耶穌受難則是魚餌）：無意識（海）裡的某個內容（魚）被人捉住，並和基督的形象產生關聯，因此，奧古斯丁才會用「從深海裡捕來」這句話來形容。此話用在魚身上再真切不過，但對基督呢？來自無意識深海的魚，這個意象是歷史上基督形象的對等相應物，再說，基督被人喚作「魚」（ΙΧΘΥΣ），而魚正是來自海裡的生物。也就是說，魚的象徵橋接了歷史上的基督和人類的心靈本質，而後者正是救世主原型所在之處。這麼一來，基督就成為一種內在經驗，也就是「內住的基督」（the Christ within）。

286

如我所說，魚在煉金術中的象徵意義直指**哲人石**、**拯救者**（*salvator*）、**守護者**（*servator*）與**大地之神**（*deus terrenus*）；這些稱謂，以心理學而言即是直指自性。現在我們有了可以用來取代魚的全新象徵，那就是人類的全體性（human wholeness）這個心理學概念。魚就是基督，不多不少地恰如自性意味著神。對內在經驗而言，這等於是將基督融入心靈的母體之中，讓祂成為一位新起的神子，祂

8 就像《舊約聖經》的「耶和華澤巴阿」（Yahweh Zebaoth），即萬軍之主。參見 Maag, "Jahwäs Heerscharen"。

9 另見《心理學與宗教》、《自我與無意識的關係》，以及我對《太乙金華宗旨》的評注。

不再以半人半獸的形象現身，而是以一種概念式或「哲理式」的象徵來表達，相較於魚類的靜默及無意識，這標誌出了顯著的意識發展。[10]

10 關於意識發展與神話象徵之間關聯的意義，參見諾伊曼《意識的起源與歷史》（Neumann, *The Origins and History of Consciousness*）。

第十三章 諾斯替派的自性象徵

GNOSTIC SYMBOLS OF THE SELF

一

287

既然所有的認識（cognition）都彷彿是認出（re-cognition），那麼，若說在我們這個紀元的最一開始，前面提到的這種漸進式發展歷程就已被人料到，而且多少早有預兆，應該就不至於太令人驚訝。我們可以在諾斯替主義中遇上這些意象與觀念，這就是我們接下來必須探討的主題；諾斯替主義主要是多種文化交融後的產物，其內容由各種關於救贖之主的預言，或祂在歷史上的出現，或原型的共時性[1]所匯集而成，因此也就格外專注在闡述、辨明這些內容。

1 關於這點，很遺憾我沒有辦法在這裡詳述甚至論證。不過，就如萊因（Rhine）的超感官知覺（ESP）實驗所示，任何情緒性的強烈專注或著迷（interest or fascination）都伴隨著某種現象，此現象只能用一種關於時間、空間與因果關係的心靈相對性（psychic relativity）來解釋。因為原型經常帶有某種聖祕性質，所以它們能夠引發這種伴隨共時性現象的著迷狀態。這些現象是兩件或兩件以上沒有因果關聯的事件之間**有意義的**巧合。讀者欲知詳情，請參見拙文〈共時性：一種無因果關聯的連結法則〉（*Synchronicity: An Acausal Connecting Principle*）。

288

希波律陀曾在《辯駁》（*Elenchos*）中提過磁石與鐵之間的吸引力，我沒記錯的話，他提了三次。第一次是出現在納塞內派的教義裡，他們將天堂裡的四條河流對應眼、耳、嗅覺與嘴巴。嘴是祈禱的出口、食物的入口，對應第四條河，即幼發拉底河。「第四」眾所皆知的重要意義有助於解釋它與「完人」之間的關聯，因為第四者總是能讓三元體變成一個完整體。文獻有諸如此類的記載：「這是穹蒼之上的水[2]，他們說，救世主如此說它：『你若知道那向你討水喝的是誰，你必早求他，他也必早將賜生命的泉水賞給你喝。』[3]為了選擇自己的精髓（substances），一切本質（nature）都來到這水，再從這水奔向一切與它相配的本質，那比鐵器與海克力士之石更加相配。」[4]

289

如同《約翰福音》四章十節的引文所示，幼發拉底河的水有著**教義之水**那樣不可思議的特質，能讓一切萬物的本質變得完美，因此也能使人類成為完人。這水能給人磁性力量，藉此，人就能吸引並整合那些屬於他的東西。簡言之，納塞內派的教義和前面討論過的煉金術觀點完美彼此對應：教義就像**哲人石**一樣，可使人類的整合過程成為可能。

290

在彼類茲派（Perates）的教義中，這類概念一再重複，就連希波律陀都用了同樣的隱喻，雖然意義隱晦得多。他說，若無人子（the Son），無人可以得救：

但這就是蛇（serpent）。因為正是他將天父的記號（signs）從天上帶到地上，而在他們從睡中醒轉之後，也是他載著他們從這裡回到那裡，如同物質乃是出自於無物（the Substanceless）。他們說這即是『我就是門』[5]這句話（所代表的意義）。但他們說，他將他們變成了那些眼皮闔上的人[6]，好比那將四面八方的火都引向自身的石腦油（naphtha）[7]，其更勝於海克力士之石吸引鐵器[8]……他們說，因此，那完美的人種是在（天父的）形象中造出來的，而且與祂同質同體（of the same substance，*homoousion*），這種人是被大蛇帶來世上，甚至彷彿像是被牠差派下來的；此外別無一物（是這樣被帶來的）。[9]

2 《創世紀》一章七節。

3 非逐字地引用《約翰福音》四章十節。

4 *Elenchos* V, 9, 18f. (Cf. Legge trans., I, pp. 143f.)「海克力士之石」（Heracleian stone）就等於磁石。

5 《約翰福音》十章九節：「我就是門；凡從我進來的，必然得救。」

6 我讀到的材料是：*καμμύουσιν ὀφθαλμοῦ βλέφαρον*。這是指那些對這世界闔上雙眼的人嗎？

7 石腦油的這個比喻在巴西里德派的教義（*Elenchos*, VII, 24, 6f.）中再次出現。其中，石腦油指的是最高階的阿爾亢的兒子，後者領會了蒙福之神子身分的意義（idea of the blessed sonship）。希波律陀對於這點的解釋讀來有些瑣碎。

8 現在又有幾個隱喻接踵而來了，而我們應該注意到它們和先前引述過的段落（V, 9, 19）是一樣的。

9 *Elenchos*, V, 17, 8ff. (Cf. Legge trans., I, pp. 158f.)

這段話裡的磁性吸引力並非來自教義或水，而是來自「人子」，他和《約翰福音》三章十四節一樣以蛇作為象徵。基督就是一塊磁石，可將人類內在那些具有神聖根源的部分或物質，即**天父的記號**（πατρικοὶ χαρακτῆρες）吸引到自己身上，並帶著它們回到其在天上的出生之地。這裡的蛇是魚的相等對應物。有一種通行的看法解釋了救贖之主為何既是魚又是蛇；因為他從未知的深淵浮升上來，所以他是條魚，又因為他神祕莫測地出自於黑暗之中，所以他是條蛇。要描述那些突如其來自無意識中湧現，且帶有令人驚恐或予人救贖之效應的心靈事件或經驗，魚類和蛇類往往是最為常見的象徵。牠們之所以如此常被表現為動物幫手的母題，也是由此而來。將基督和蛇相提並論，比起基督和魚的比較要來得更為確鑿有據，然而，凡此種種，在最早期的基督教內部卻不那麼常見。諾斯替派特別喜歡這個主題，因為它是「善」的**守護神**（*genius loci*）阿伽索代蒙（Agathodaimon）歷史最為悠久的象徵，同時也象徵著他們鍾愛的智性（Nous）。魚和蛇都是對基督形象自然而本能的詮釋，這兩種象徵都有不可限量的價值。各種獸化象徵（theriomorphic symbols）在夢境及其他無意識的具體表達當中都相當常見。它們表達了我們這裡說的這些內容的心靈層級，換句話說，這些內容就像動物的心靈一樣毫無意識，其距離人類的意識非常遙遠。因此，所有溫血或冷血的脊椎動物，或甚至無脊椎動物，都標示出了無意識的各個層次。對精神病理學家來說，知道這件事相當重要，因為這些內容可以在任何層次產生出對應生理機能的症狀，進而透露其所在的位置（localized）。舉例來說，這些症狀可能對應到中樞神經系統或交感神經系統。賽特派（Sethians）就可能曾經設想過這類的事，因為希波律陀在談論有關蛇的內容時說到，他們將「父」比作大腦（ἐγκέφαλον），將「子」比作小腦與脊索神經（παρεγκεφαλίς δρακοντοειδής）。事實上，蛇類既是抽象的智慧，又是具體的動物，它象徵兩者本性之中的那些「冷血」、非人類的內容及傾向；簡言之，就是人類內在那些不屬於人類的品質（extra-human quality in man）。

292

希波律陀在談論賽特派教義時第三次提到了磁石。這和中世紀煉金術的教義驚人地不謀而合，雖然無法證明其中有直接的承襲關係。用希波律陀的話來說，這磁石闡述了關於「組成與混合」（composition and mixture）的理論：來自上方的光線以微小火花的形式與下方的黑暗之水混合在一起。當個體死亡，以及經驗到神祕的象徵性死亡經驗時，這兩種物質的混合狀態又會解除。這種神祕經驗就是「對於合成之物的**分解**及**分離**」（*divisio* and *separatio* of the composite，*τὸ διχάσαι καὶ χωρίσαι τὰ συγκεκραμένα*）。我在這裡刻意使用了中世紀煉金術的拉丁術語，因為它們表達的基本上和諾斯替派的概念是同樣的事。分離或離析（unmixing）的過程讓煉金術士有辦法將**靈魂**或**精神**從**原初物質**裡頭提煉出來。在這個步驟中，墨丘利會化身為一柄分割之劍前來相助（煉金大師也會用到這種劍！），對此，賽特派引用《馬太福音》十章三十四節：「我來並不是叫地上太平，乃是叫地上動刀兵（sent a sword）。」離析步驟的結果是，先前與「他物」混在一起的東西現在被吸引到「它自己的位置上」，並和「合適」或「相似」於它之物吸在一起，「就如鐵被吸向磁石」（*ὡς σίδηρος [πρὸς]*

10「摩西在曠野怎樣舉蛇，人子也必照樣被舉起來。」

'Ηράκλειον λίθον）[11]。那火花或光線也是用相同的方式「透過教導與學習獲得了它的合適之所，並迅速去向那存在於奴隸形式中來自上方的邏格式……更勝鐵之於磁石（比前者飛向後者更快）」。[12]

293

這裡的磁吸力是來自邏格式。這指的是一種已經被清楚闡明、表達透徹的思想或概念，也就是意識內容、意識產物。所以這裡的邏格式非常類似**教義之水**，不過邏格式的優點是它可以擁有自主性的人格，教義之水卻只是被動接受人類行動的對象。邏格式和歷史上的基督形象比較接近，就像「水」和儀式中所使用的奇蹟之水（淨禮、洗禮、灑聖水）比較接近。我們舉了三個磁性作用的例子，它們暗示了三種不同形式的磁性藥劑（magnetic agent）：

（一）此藥劑是無生命、本質上被動的物質：**水**。它從深井裡汲取，人類用雙手操縱它，依照人們的需求來使用它。它代表那不可見的教義，即**教義之水**和邏格式，可以透過儀式和口中的話語傳遞給別人。

（二）此藥劑是有生命、有自主性的存在：**蛇**。牠總是自發性、出乎意料地出現；牠令人著迷震懾；牠的視線專注、凝止、漠然；牠的血是冷的，人類對牠相當陌生；牠自沉睡者身上爬行而過，醒來又發現牠在自己的鞋子裡、口袋裡。蛇表達了人類對於一切非人之物的恐懼，以及人對崇高之物、超越人類理解之物的敬畏之心。牠既是最低者（魔鬼），也是最高者（上帝之子、邏格式、智性、阿伽索代蒙）。蛇的存在令人膽顫心驚，人們總在不期之間、意外之處發現牠。蛇和魚一樣，是深水、森林、暗夜、洞窟等黑暗而神祕莫測之物的代表與化身。當一名原始人說起「蛇」這個字，他想說的是關於某種外乎人類之物的經驗。蛇並非類比或隱喻，因為牠本身的特殊外形就是象徵性的。此外，值得格外注意的是蛇並不是「人子」的代表：是「人子」外形像蛇，而非反之。（三）此藥劑就是**邏格式**，它一方面是哲學概念，是上帝那位有著肉身與人格的神子之抽象表達，另一方面則是思想及語言的心靈動力（dynamic power）。

294

顯然，這三種象徵都在試圖描述道成肉身的上帝那不可知曉的本質。不過，它們是被高度具體化的象徵：其並非水的比喻，而是真正用於儀式的水，這點也是同樣地清楚。早在道成肉身以前的太初，就有道（邏格式），而神即是道。「蛇」受到如此重視，因此奧菲特派（Ophites）的信徒會在舉行聖餐禮時享用活蛇，絲毫不亞於埃皮達魯斯的阿斯克勒庇俄斯之蛇（the Aesculapian snake at Epidaurus）[lx]。與此類似，所謂的「魚」不僅只是一道奧祕的密語，而是如同眾墓誌銘所示的，其本

---

11 就像前面關於磁石的那些段落，此處一樣提到了琥珀金（*electrum*，銀金礦）和海鷹，並強調它是位在鳥的**中心**。

12 *Elenchos*, V, 21, 8 (Legge trans., I, p. 168)。光線（*radius*）在煉金術裡扮演著類似的角色。杜恩曾經提到（*Theatr. chem.*, I, p. 276），「眼不可見的天堂光線，會在大地的中心匯聚在一起」，而且會像米歇爾．邁爾所說的那樣，「如一顆暗紅寶石似地」，在大地的中心和「天界之光」一同閃耀（Symbola aureae mensae, 1617, p. 377）。奧祕物質就是從這種光線之中提煉的，並且構成此光的「影子」（*umbra*），就如「Tractatus aureus」所說（*Ars chemica*, 1566, p. 15）。**永恆之水**是藉著磁石從日光與月光裡頭汲取出來的（Mylius, *Philosophia reformata*, p. 314），也有人說是汲取自某種已與日光合一的「銀水」（Beatus, "Aurelia occulta," *Theatr. chem.*, IV, p. 563）。

身就具有某種意義。除此之外，魚在書面傳統中並沒有得到真正支持，但它卻從原始基督教獲得了自身的意義；反觀蛇，則至少確實有在耶穌的話語（logion）中被提到過。

295

這三種象徵都是同化（assimilation）的現象，本身就帶有聖祕性質，因此也有某種程度的自主性。誠然，如果不是它們讓自己顯現出來，那麼，天使向馬利亞說她將要生下神子耶穌的此一昭告（annunciation）[lxi]就形同虛設了。這些現象不僅證明了聖母領報的昭告確實有效，還證明了能讓此昭告發揮效用的那些必備條件。換句話說，這些象徵代表的是基督形象的雛型，它一直安睡在人類的無意識中，後來才被歷史上實際出現的基督召喚而醒，就像是被磁力作用吸了起來。這就是為何艾克哈特大師會用同樣的象徵來形容亞當與造物者的關係，以及亞當與別種較低造物之間的關係。[13]

296

這個磁性吸引的過程會建構出另一個與自我截然有別的目標或核心，藉此徹底改變原本以自我為導向的心靈。這個新核心的特徵是它擁有各式各樣的名諱與象徵：魚、蛇、海鷹的中心（centre of the sea-hawk）[14]、圓點、一元體（monad）、十字架、樂園仙境等。自我的權柄彷彿已經被更為崇高且超越的權威所罷黜，神話中那位無知的造物者德謬哥誤以為自己是至高無上的神明，便是在描繪當自我再也無法對自己隱藏此一事實的情況。與**哲人石**的「千種名諱」相對應的，便是諾斯替派賦予安索羅波斯（Anthropos）的那些無窮稱號，這讓安索羅波斯的意義變得非常明白：一種更加偉大浩瀚，包羅萬象的人類，一種由意識歷程與無意識歷程加總組成且不可言傳的完全體。我將那種與主觀的自我心靈截然對立的客觀完全體稱之為自性，這正好與安索羅波斯的概念完全一致。

二

297

在應對精神官能症的個案時，我們會試著將無意識內容帶入意識之中，藉此彌補意識態度（或適應程度）的不足、不當之處，我們的目的是創造更寬廣的人格，其力量核心未必完全等同於自我，反而，當病患的內在洞察力（insights）提升以後，它還有可能阻礙病患的自我傾向。這個新核心就像是一塊磁石，它會將合適於「天父的記號」的東西，也就是所有專屬於個體發展藍圖（individual ground-plan）的一切原初且不可改變的東西，全都吸引過來。這一切都比自我還要古老，而它們會朝向自我移動，就如巴西里德派那位「至福、無實體之神」（the blessed, nonexistent God）會朝向德謬哥及八位負責看守、宰制物質世界的阿爾亢（the Ogdoad）移動那樣，此外，非常矛盾地，也像是德謬

13「在上帝之中看見了她的堅定之後，那最高的力量便與最低的力量溝通；如此，他們就能夠分辨出善與惡。亞當就是居住在這份統合之中，而當此統合持續之時，亞當就在他那至高的大能之中擁有一切萬物的力量。這就好比當磁鐵礦將它的力量加諸於一根針，並將其吸向自己時，那針便得到了足夠的力量，可以傳遞給在它之下的所有針，令它們通通站立起來，吸附在磁鐵礦上頭。」（Meister Eckhart, trans. by Evans, I, p. 274 略有改動。）

14 英編按：參見本章注釋11。

哥之子朝向其父移動那樣。因為德謬哥之子知曉來自上界的信息，因此能讓父親知道他自己並不是至高無上的神，由此可以證明德謬哥之子是更高階的。這件事看似矛盾，然而我們只要細想潛藏其下的心理經驗，問題便可化解。一方面，自性在無意識的產物裡是以**先驗的**形式出現，例如廣為人知的圓形及四元體象徵，在童年時期，早在還不可能具有任何意識或理解能力之前，這些象徵可能就已經在最早的夢境中出現過了。另一方面，通向「完整」的不二法門就是耐心、刻苦地針對無意識內容進行工作，並將意識與無意識的內容匯合整併，為了表達出自性，這個過程將會再次用上圓形及四元體的象徵[15]。也是在這個階段裡，童年的原初之夢才會開始被憶起、被理解。關於個體化歷程，土法煉鋼的煉金術士比現代的我們懂得更多，他們用銜尾蛇（uroboros，吞食其尾者）的象徵來表達這個弔詭的過程。

298

諾斯替派也擁有同樣的知識，但他們是用不同的方式加以闡明，以貼合其身處的年代。他們對無意識的概念一無所知。例如，伊皮法紐引述瓦倫廷派書信中一位專家說過的話：「起初，創世父神奧圖帕托（Autopator）[lxii]將一切萬有包含在祂之中，處於無意識的狀態裡（unconsciousness，*ἀγνωσία* 字面上的意思是無知無覺〔not-knowing〕）。」[16]在此特別感謝奎斯博教授，是他指點我留意這個段落。他另外指出希波律陀的這段話：*ὁ ἀνεννόητος καὶ ἀνούσιος, ὁ μήτε ἄρρεν μήτε θῆλυ*，他將其翻譯成：「父親（Le Père，the Father）……既無意識，也無實體（substance），既非男性，也非女性」。[17]所以這位「父親」不僅沒有意識，也沒有實質的存在，而且還是沒有對立面的**不二**（*nirdvandva*）狀態，他什麼品質都沒有，因而是不可思不可議者。這描述了無意識的狀態。瓦倫廷派的文本從比較正面的角度描述這位創世父神：「有人稱祂為超脫時間的永恆之神（the ageless Aeon），青春永駐，既男且女，祂的身中含藏萬物，世上卻無一物含藏祂。」在祂裡面的乃是用來「將偉大的寶藏傳遞給那些源自於偉大之人」的**意念**（ἔννοια）[lxiii]，即意識。然而，**意念**的存在並不能證明創世父神本身是有意識的，因為後來流溢出了許多成對溢涌（syzygies）與雙對溢涌（tetrads），意識要等到這個階段之後才會分化出來，溢湧諸神全都象徵合體及結合的過程。這裡說的**意念**必須理解為意識的潛在可能性。奧勒（Oehler）將 ἔννοια 譯為**心智**（*mens*），科納里烏斯（Cornarius）則譯成**理解**（*intelligentia*）和**認識**（*notio*）。

299

聖保羅所說的**無知**（*ἄγνοια*，*ignorantia*）和**無知無覺**（*ἀγνωσία*）或許不會相距太遠，因為兩者指的都是人類最初始、無意識的狀態。當上帝「俯瞰」（looked down）蒙昧無知的時代，希臘文《聖經》用的是 *ὑπεριδών* 這個字（拉丁文《聖經》譯作 *despiciens*），它和「鄙視、輕視」有關[18]。無論如何，諾斯

15 參見《心理學與煉金術》，段127及其後；另見全集第九卷，第一部分，《個體化歷程研究》。

16 Ἐξ ἀρχῆς ὁ Αὐτοπάτωρ αὐτὸς ἐν ἑαυτῷ περιεῖχε τὰ πάντα ὄντα ἐν ἑαυτῷ ἐν ἀγνωσίᾳ κτλ. *Panarium*, XXXI, cap. V (Oehler edn., I, p. 314).

17 *Elenchos*, VI, 42, 4; Quispel, "Note sur 'Basilide,'" p. 115.

18 《使徒行傳》十七章三十節。

替派的傳統認為，人類是被德謬哥創造出來的悲慘生物，沒有意識，甚至沒有能力走上正直的路，而當至高的神目睹這一切之後，祂馬上展開了人類救贖計畫[19]。在《使徒行傳》的同一段裡，保羅提醒雅典人他們乃是「神所生的」（God's offspring）[20]，過去當世人蒙昧無知的時候，上帝不以為然，如今卻又吩咐「各處的人都要悔改」。因為更早之前的人們看似都太過卑鄙無賴，*μετάνοια*（心智的轉化）這個字於是變得帶有「悔改罪行」這樣的道德含意，所以後來《武加大譯本》（the *Vulgate*）就把它譯成拉丁文「poenitentiam agere」（悔改）[21]。這個要被悔改的罪，想當然就是無知（*ἄγνοια*）或愚昧（*ἀγνωσία*），也就是無意識[22]。誠如所見，並不是只有人類處在這個狀態裡，根據諾斯替派的說法，那位「無知無覺」的神也同樣是無意識的。這個觀點和傳統基督教的某個看法不謀而合，即神從《舊約聖經》過渡到《新約聖經》的過程中也有了轉變，從忿怒的主變成了慈愛的上帝——十七世紀的尼可拉斯．考辛將這種思想表達得非常清楚[23]。

300

關於這點，我必須談談芮福卡．沙夫（Riwkah Schärf）對《舊約聖經》撒但形象的研究[24]。隨著撒但的概念在歷史上一再演變，耶和華的意象也跟著改變，所以即便我們單看《舊約聖經》，其中的上帝意象也有出入，那更別說是《新約聖經》了。創世的神明不是有意識的，而是可能在做夢，這樣的觀念也可以在印度教文學中發現：

誰能知其所以，誰又將昭告

世界何處誕生？世界從何而來？
諸神既晚於這場創造
如此，誰又知曉它源於何處？

這受造世界，自何處而來，
又，是否是祂創造了它，
就只有在至高天界眼觀一切的祂
才能知曉——又或不知。[25]

---

19 參見 Scott, *Hermetica* (I, pp. 150f.)。文中有段提到一個盛滿努斯（Nous，智慧）的陶製調酒器（*krater*），上帝將它送到地上。那些力求意識醒覺（*γνωρίζουσα ἐπὶ τί γέγονας*）的人可以在這個調酒器中為他們自己「施洗」，並藉此獲得努斯智慧。「上帝有云，充滿努斯的人就能明瞭他自己」(pp. 126f.)。

20 ἕνος οὖν ὑπάρχοντες τοῦ θεοῦ（《使徒行傳》十七章二十九節）。

21 施洗約翰在《馬太福音》三章二節所說的「悔改」也是如此。

22 參見偽克萊門《布道集》（*Homilies*, XIX, cap. XXII），文中談及「無明之罪」（τὸ τῆς ἀγνοίας ἁμάρτημα，sin of unconsciousness）時提到了一個天生眼盲的人（《約翰福音》九章一節）。

23 *Polyhistor symbolicus*, p. 348：「上帝，上帝原先是一位報復的神，祂以閃電和雷鳴為這世界帶來混亂；祂在一位處子的大腿上，子宮裡得著安歇，從此被愛所俘虜。」

24 "Die Gestalt des Satans im Alten Testament."

25 *Rig-Veda*, X, 129. (Cf. MacNicol trans., *Hindu Scriptures*, p. 37.)

艾克哈特大師的神學理論有一個「神性」(Godhead)是一體的、存在的(unity and being)[26]，除此之外無法道明它還有別的品質[27]；它「正在成為」(is becoming)，神性本身還不是上帝，且它表現出對立面的徹底結合：「但它的本質很簡單，就是無形之形、無成之成、無存之存、無物之物。」(But its simple nature is of forms formless; of becoming becomingless; of beings beingless; of things thingless.)[28]以人類的邏輯能夠理解的方式來說，對立面的統合體相當於無意識，因為意識本身就預設了主體與客體的分化，以及兩者之間的關聯。在那些別無「他物」(other)，或者他物根本尚未存在的地方，根本不可能會有意識。只有天父這位從神性之中「流溢」出來的神明才能「覺察到自己」，「認識到自己」，並且「如人一般地」(as a Person)面對祂自己」。所以，就像天父從祂自身的存在之中生出了思想，天父也從祂生出了人子。在祂最原初的統合體中，天父本來「渾無所知」，僅僅知曉祂所**本是**的「超乎實在之外」的太一(the "suprareal" One which he *is*)。就像這份神性本質上是無意識的[29]，活在神裡面的人類也是如此。當艾克哈特大師在布道時談到《馬太福音》五章三節的「靈裡空乏的人」(The Poor in Spirit)[lxiv]，他是這麼說的：「當擁有這份空乏的人不再居住於任何智慧之中，也不住在自己裡面，不住於真理，亦不住在神中，他就擁有了一切他曾是的(has everything he was)。他對所有知識一無所求、一無所有，使得在他裡面別無任何關於神的知識；因為當他佇立在神的永恆本質之中，這時，住在他裡面的就唯獨他自己，此外別無一物。所以我們說，這人空空如也，空無一如他對自己的一無所知，一如他當初什麼都還不是的時候；他任憑神為所欲為，他則空然站立，一如當初他從神而來的時候。」[30]於是，他應該用這樣的方式來愛神：「要愛神的本來面目(love him as he is）：非神、非靈、非人、非意象；如那全然、純粹、潔淨的一，神即是一，是由所有的二（secondness）拆離破散的一；且讓吾等永恆沉浸在此一中，始於虛無，終於虛無。凡此種種，求神助祐。此乃吾心所願。」[31]

302

艾克哈特大師心懷眾生，他所說的話並非空穴來風，而是深知印度和諾斯替派那種原初的神祕經驗，那是於十一世紀初盛開在「自由精神」（Free Spirit）這棵樹上最馥麗的花朵。大師的著作靜靜沉寂了六百年之久，只因「他的時代尚未到來」。一直要到十九世紀，大師才終於等到一群懂得欣賞他思想之宏偉的群眾。

---

26 「存在」（Being）這個字有待商榷。艾克哈特大師說：「神格中的上帝指的是精神性的意義（a spiritual substance），所以是不可思量的，我們只能說他是『無有』（*niht ensi*），除此之外無話可說。若說神是『萬有』（iht），那就是謊言大過真實。」（參見 Evans trans., I, p. 354。）

27 「故說無道，是超越一切道。」（出處同上，頁211。）

28 "... von formen formelôs, von werdenne werdelôs, von wesenne weselôs und ist von sachen sachelôs." (Cf. ibid., p. 352.)

29 「跌墜進不可知（unknowing）之中的〔意志〕是更崇高的，因為不可知即是神。」（出處同上，頁351；另見本章注釋16的 *ἀγνωσία*。）

30 Evans, I, p. 219.

31 布道的最後是「心志改換一新」（Renovamini spiritu，《以弗所書》四章二十三節）。出處同上，見頁247及其後。

303

這些關於神性本質的說法，表達出上帝意象的轉化過程，此過程與人類意識的發展齊頭並進，我們誰也無法講清楚到底何者是因，何者是果。上帝意象並不是某種**被人發明**的東西，它是自發性出現在人類身上的**經驗**——這件事任誰都能從自己身上明白，除非他已經被各種理論或偏見蒙蔽了雙眼。因此，無意識中的上帝意象有能力調節意識的狀態，就像當上帝意象成為意識內容以後，意識也能對其做出調整一般。所以說，這顯然跟上帝是不可知的這一「首要真理」（prime truth）無關，或至少無法證實有關。不過，以心理學來說，上帝的「無知無覺」，或者「無知的神」（ἀνεννόητος θεός）這樣的概念仍然至關重要，因為它們指出神性具有無意識的聖祕性。東方的**普魯夏／阿特曼**哲學，以及我們剛剛看到西方的艾克哈特大師，兩者都為我們見證了這一點。

304

當今的心理學若是想要瞭解這種現象，就必須徹底捨棄過去對於形上學的批判，並且不再對那些明顯擁有科學經驗作為基礎的事物妄加罪名，如此才有可能。不過要是真能這樣，那就根本不會有這些問題了。心理學唯一能夠確立的乃是圖像化象徵（pictorial symbols）的存在，要詮釋它們卻不能先射箭再畫靶。可以稍微確定的是，這些象徵具有「完全」（wholeness）的特性，因此或許**意味著**全體。原則上它們都象徵「合而為一」（uniting），代表一組或兩組對立面之間的結合過程，其結果則分別是二元或四元的結構。這些象徵由意識與無意識之間的衝突，及此衝突造成的混亂困惑（confusion）之中所產生（煉金術將後者理解為「混沌」或「黑化」）。這種混亂困惑表現在實際經驗上，就是坐立不安、迷惘失措。在這種時刻，圓或四元體的象徵將會出現，以作為補償性的秩序原則，它們呈現的是原先交戰不休的對立面已然完成的統合體（union），因此能夠開闢一條通往更健康，更靜定狀態的道路，也就是「救贖」。全體性正是象徵意味著個體的完整圓滿[32]，以目前而言，心理學所能做到的不可能比這更多了。另一方面，格外重要的是心理學必須承認，這些象徵運用了自古以來存在於所有宗教之中的那些意象或基模（schemata），藉此表達了那普世遍存的「根基」（Ground），也就是神性本身。所以，上帝其中一個廣為人知的象徵就是圓；而（在某種意義上）十字架和任何形式的四元體也是如此，例如：以西結異象中那伴隨四位福音書作者出現的**榮耀的君王**（*Rex gloriae*）；諾斯替派的「四中之神」芭碧蘿（Barbelo，〔God in four〕）和「諸四之神」克洛巴斯（Kolorbas，〔all four〕）；二元（道、雌雄同體、父與母）；還有以人類形式（孩童、人子、安索羅波斯）與個體化人格（基督與佛陀）來表現的。這裡列舉的只是本書提到的最重要的母題。

305

從經驗來說，我們發現這些意象全部都是用來表達已然統合的人類全體（the unified wholeness of men）。事實上，這個最終目標被人們稱為「神」，這就證明了它具有聖祕的性質；而且，這種類型的各式經驗、夢境與異象確實都帶著令人震撼陶醉、難以忘懷的品質，即便是那些對先驗的心理

32 有些人實在非常奇怪，他們認為避免做出形而上學的評斷這點乃是我的破綻。一名科學家若是不能證實某個事物，或至少呈現出其可能性，那他的職業道德就不會允許他聲稱、斷定。空口說白話並不能確立任何事物的存在。只有上帝才能坐擁「他說要有，就有了」的特權。

知識並無抱持定見的人，也能夠自發地感受到這樣的品質。所以，原始心智（naïve mind）無法分辨他們所經驗到的異象與天神有何區別，也就不足為奇了。因此，無論我們從何處找到意味心靈全體的象徵，我們都會碰上認為象徵就代表神的原始觀念。例如，中世紀的羅馬式繪畫（Romanesque pictures）很常將有四位天使相伴的人子（the Son of Man）作為題材，其中三位天使為獸首，一位是人首，針對這樣的案例，比較簡單的說法是將人子視為原初之人（the ordinary man），而一與三相抗衡的問題則指向廣為人知的心理學模型，即一個已分化的心理功能與三個未分化的功能。不過，根據傳統的看法，此種詮釋會貶損這個繪畫題材的價值，因為它是一個象徵，代表著上帝神格中的第二位格，祂坐鎮於自己那包羅萬象的四重面向中央。心理學當然不能把這種看法照單全收；它只能肯認這樣的陳述確實存在，並運用比較的方法指出：與此相同的象徵，特別是一與三的困局，基本上時常出現在無意識的自發性產物之中，在其中，這類象徵會明確地涉及個人的心靈整體（the psychic totality of the individual）。它們表明了某種類似自然本性的原型存在，此原型的衍生物之一似乎就是能夠導引意識方向的四種心理功能。但是，因為這種心靈整體遠遠超出了個體意識的範圍，到達不可估量、不可測定的程度，所以它的領域之內向來都包含著無意識，因此也包含所有原型的總和。不過，原型其實是「外在世界」（outside world，太空）的補償性對等相應物，所以它們擁有「宇宙」性（cosmic character）。這就解釋了它們為何具有聖祕、「似神」（"godlikeness"）的性質。

為使我的闡述更為完整，我想談論一些有關普世遍存之「根基」或奧祕的諾斯替派象徵，尤其是那些意義等同於「根基」的同義詞。以心理學而言，這個概念可視為意識心智的無意識背景，此外，它還有個意象是意識的孕育催生者。其中最重要的，就是德謬哥這號人物。諾斯替派對於本源、起源、存在的核心、造物者，以及隱藏在造物之中的神聖精髓都有為數眾多的象徵。為了不讓讀者被這些繁複的意象所困惑，還請各位記得：每個新的意象不過就是一切造物之中那本具固有的神聖奧祕的另一個面向罷了。我列舉出的諾斯替象徵充其量只是單一個超驗概念的擴大法（amplification），這個概念無所不包，而且本身就很難具體表明，為了揭示出它的多面性，就勢必得運用大量不同的表達方式才行。

307 根據愛任紐的記載，諾斯替派認為索菲亞代表的是八元世界（the world of the Ogdoad）[33]，那是一個雙重的四元體。她化身為鴿子，降落到水中，生出了薩杜恩（Saturn，土星），而他等同於雅威（Yahweh，耶和華）。就像我們前面提過的，土星是「另一顆太陽」，是煉金術中的**黑日**。在這裡他則是「原人」（the "primus Anthropus"）。他創造了第一個人類，這人卻只能像蠕蟲一般爬行[34]。在納塞內派中，造物者伊索達尤斯（Esaldaios）是「火爆的神，位列第四」，被視為聖父、聖母、聖子之三位一體的對手。其中最崇高的乃是聖父，祂是不具任何品質的始源之人（the Archanthropos），也被稱為更高的亞當（the higher Adam）。在許多體系中，索菲亞取代了原人普羅安索羅波斯（the Protanthropos）的角色[35]。伊皮法紐提到，伊便尼派的教導是最早的人類亞當等同於基督[36]。在修多·巴庫尼（Theodor Bar-Kuni）[lxv]的作品裡，原人是第五種元素（也就是「四」加「一」）[37]。在《多馬行傳》（the *Acts of Thomas*）[lxvi]裡，那龍對著自己說：「我是他的兒子……我將那四個挺身屹立的弟兄們重重地打傷了。」[38]

308 就諾斯替派而言，最原初的四元體意象是和造物者德謬哥或安索羅波斯的形象結合在一起的。他可以說是自身創世行動的受害者，因為，當他下降到自然界（Physis）時，就被她的擁抱給擒獲了[39]。**世界靈魂**或原人，兩者都潛藏在物質的黑暗之中，這兩個意象說明了有超意識中心（transconscious centre）的存在，它必須被看作是一種完全體象徵，因為它具有四元體或圓球體的性

33 *Adversus haereses*, I, 30, 3。在芭碧蘿—諾斯替派（Barbelo-Gnosis, ibid., 29, 4）的體系裡，與索菲亞相對應的是普魯妮可（Προύνικος，Prunicus），後者「沉落到更下層的領域裡」。「普魯妮可」這個字同時帶有「背負重擔」和「淫穢的」之意，且更有可能是後者，因為這個諾斯替教派的信徒相信：他們可以透過性行為重新為芭碧蘿灌注已從這個世界失去了的精氣（pneuma）。在西門．馬格斯（Simon Magus）的教義裡，則是海倫（Helen）這位**母親**（μήτηρ）和**心志**（ἔννοια）「下降到更下層的地方去……並創生了下界的各力量、眾天使、諸重天」。下界的力量迫使她束手就擒（Irenaeus, I, 27, 1–4）。她與「受桎梏的靈魂」（soul in fetters）這個相對晚近的煉金術概念遙相呼應（Dorn, *Theatr. chem.*, I, pp. 298, 497; Mylius, *Phil. ref.*, p. 262; *Rosarium philosophorum* in *Art. aurif.*, II, p. 284; "Platonis liber quartorum," *Theatr. chem.*, V, pp. 185f.; Vigenère, *Theatr. chem.*, VI, p. 19）。源自於希臘煉金術的概念可以在佐西默斯的著作中找到（Berthelot, Alch. grecs, III, xlix, 7; trans. in Psychology and Alchemy, pars. 456ff.）。《Liber quartorum》一書裡的概念則是源自示巴語（Sabaen），見Chwolsohn, *Die Ssabier und der Ssabismus* (II, p. 494)：「靈魂曾經一度轉向物質、戀上物質，並且在肉體的歡愉之中隨著慾火一同燃燒，再也不願讓她自己與物質捨離。世界就是這麼誕生的。」在瓦倫廷派的教義裡，索菲亞－阿卡莫特（Sophia Achamoth，中譯注：即希伯來詞chokmah，與Sophia同樣是智慧之意，但在瓦倫廷派的用語裡，阿卡莫特專指索菲亞從普羅若麻墮落後的低階形式）就是八（Ogdoad）。在《皮斯蒂斯．索菲亞》裡，她是芭碧蘿的女兒；她遭到惡魔奧色達（Authades）偽造的光芒所誘惑，因而墮落到混沌的囚禁狀態之中。愛任紐（I, 5, 2）稱造物者為七（Heptad），但稱阿卡莫特為八（Ogdoad）；他又說（I, 7, 2）救世主是透過重複初始四位（the first Tetrad）的四元才和合而成的。四大元素就是取自這個四（the Four）的其中一項複製品（I, 17, 1），所以在芭碧蘿—諾斯替派的自孕自產者（Autogenes）身旁有四道光束佇立（I, 29, 2）。

34 *Adv. haer.*, I, 24, 1.

35 Bousset, *Hauptprobleme der Gnosis*, p. 170.

36 *Panarium*, XXX, 3.

37 Theodor Bar-Kuni, *Inscriptiones mandaïtes des coupes de Khouabir*, Part 2. p. 185.

38 *The Apocryphal New Testament*, ed. James, p. 379.

39 Bousset, pp. 114ff.

質。我們可以謹慎地假設，它意味著某種心靈的全體（例如意識加上無意識），雖然這個象徵歷來都被用來當作神的意象。如我先前所說，心理學沒有立場做出形上學的陳述。它充其量只能確立心靈的全體象徵與上帝意象之間的一致性，卻永遠無法證明上帝的意象就是上帝本尊，也不能用自性取代上帝。

309

古埃及的赫布賽德慶典（Heb-Sed Festival）[lxvii]非常清晰地表現出這種一致性，科林．坎貝爾（Colin Campbell）對此做了這樣的描述：「國王會從某個被稱為聖所的房間走出來，隨後拾階進入四面敞開的亭閣，有四道階梯向上通達此亭。國王配戴歐西里斯的標誌，登上他的王座，並接連轉頭望向四個方位……這是某種再度登基的儀式……且有時國王會擔任祭司的角色，向他自己獻上供品。最後這個舉動可說是將國王神格化的最高潮。」[40]

310

所有王權都是根植於這種心理，因此，對於個別的無名老百姓而言，每個國王都承載著自性的原型。國王的所有代表標誌——王冠、披風、寶球、權杖、閃耀如星的勳章等，都讓他顯得如同宇宙天人（cosmic Anthropos）一般，世界不僅由他所造，他就是世界本身。他也是那**偉大之人**（*homo maximus*），我們在史威登堡（Swedenborg）的論著裡可以再次看到這個說法。諾斯替派也是如此，他們一直致力於為這個存有（being）賦予具體的形象並用一個合適的概念來包裝，也猜想著他可能就是產出意識的原質、組織意識的原則。就像希波律陀曾記載的「弗里吉亞人」（Phrygians，納塞內派）[40]的說法，他是那「未分割的圓點」，那生長直入神之天國的「芥菜種子」。這個圓點「存在於身體裡」，但只有 πνευματικοί 這種「屬靈」的人（"spiritual" men）才知道這件事，反觀 ψυχικοί 和 ὑλικοί 這種「屬物」的人（"material" men）是不知道的。他是**聖言**（*sermo Dei*），是上帝的話語（τὸ ῥῆμα τοῦ θεοῦ）[41]，也是「眾溢湧的母體原質、權柄、智慧、諸神、諸天使與諸使靈（Emissary Spirits），既存在又不存在，既受造又未受造，既可理解又不可理解，他是歲、是月、是日、是時……」；這圓點「什麼都不是，什麼都沒有」，卻會增長為「不可思量的無邊浩瀚」。希波律陀指控納塞內派的信徒將所有東西都和他們的思想綁在一塊，就像宗教的融合主義者（syncretists）似的，顯然，對他來說這個圓點和「聖言」為什麼會擁有人類的形式，是根本無法理解的。他抱怨道，納塞內派還將這個存有稱為「千變萬化的阿提斯」（the "polymorphous Attis"），即大母神（the Great Mother）那位年輕早逝的兒子，又或稱其為「瑞亞的黑暗流言」（the "dark rumour of Rhea"），就如希波律陀引述的讚美詩所言。在這首詩中，他的同義詞還有阿多尼斯、歐西里斯、亞當、科律巴斯（Korybas）、潘恩（Pan）、巴克斯（Bacchus）以及「白色群星的牧者」（"shepherd of white stars"，ποιμὴν λευκῶν ἀστρῶν）。

40 *The Miraculous Birth of King Amon-Hotep III*, p. 81.
41 *Elenchos*, V, 9, 5f. (Legge trans., I, pp. 140f.)。（中譯注：弗里吉亞位於今日土耳其中西部，中文和合本譯作「弗呂家」。）

311

納塞內派（Naassenes）將納斯（Naas，蛇）視為他們最重要的神明，將其解釋為「潮濕的物質」（moist substance），米利都的泰利斯也同意這個說法，他說水乃是受萬物仰賴的本源。與此相似，一切活物也都仰賴大蛇納斯；「牠就如獨角牛之角一般，將萬物之美涵藏於己身。」牠「瀰漫萬物，如同那自伊甸園裡流出並分流為四股**源頭**（sources，ἀρχάς）的水」，「人們說，這個伊甸就是大腦。」樂園裡的其中三條河是感官功能：比遜（Pison）是視覺，基訓（Gihon）是聽覺，底格里斯（Tigris）是嗅覺；然而第四條河——幼發拉底河——卻是嘴巴，是「禱告之所在，食物的入口」。作為第四功能的幼發拉底河具有兩層重要意義[42]，一方面它代表的是滋養身體的純粹物質活動，另一方面它也「取悅[43]、餵養、形塑（forms，χαρακτηρίζει）那屬靈的、全然而完美的人類。」[44]「第四者」代表某種特別而矛盾的東西，也就是魔鬼（daimonion）[lxviii]。有個很好的例子出現在《但以里書》三章二十四節之後，這段經文提到有三個人被捆起來扔在烈火的窯裡，有第四個人加入，其相貌「好像神子」（like a son of God）。

312

幼發拉底河的水是「穹蒼之上的水」、「救世主所說的那種活水」[45]，而且就像我們前面看到的，這水還帶有磁性。橄欖的油、葡萄的酒，也都是透過這種神奇的水汲取出來的。「這個人，」希波律陀繼續說道，卻又好像還是在講幼發拉底河的水似的，「在這世界上不受崇敬。」[46]這是有關**完美人類**（τέλειος ἄνθρωπος）的典故。這種水**確實就是**所謂的「完美人類」，是上帝說出的道（the Word， ῥῆμα θεοῦ，神的話語）。「從這活水裡頭，我們屬靈的人選擇那些屬於我們的東西」[47]，因為當一切本質浸入這水以後，都會「選擇它自己的精髓（substance）……再從這水奔向一切與它相配的本質。」[48]這水——或說它是基督——可以說是宇宙萬物的創生始源，是一切可能性的源頭與集合，**屬靈**（spiritual，πνευματικός）的人可以從中選出「他的奧索布」，即專屬於他之物，它會「朝他飛去，比鐵飛向磁石還要更快」[49]。不過這些「屬靈的人」需要走過那扇「真正的門」，也就是那蒙福的耶穌（Jesus Makarios），如此一來才能達致他們的本然本質，並且因此獲得有關他們自身心靈全體性的知識，也就是瞭解那位完美的人類。此人在這世上不受崇敬，他顯然是內在的、精神性的人，只有走進並穿越基督這扇生命之門，並且受祂啟蒙的那些人，才能讓這完美之人化為意識。此處混合了兩個意象：「窄門」[50]以及《約翰福音》十四章六節所說的，「我就是道路、真理、生命；若不藉著我，

42 《心理學與煉金術》，詞條「馬利亞公理」（Axiom of Maria）。參見本書段395及其後。

43 這是在玩文字遊戲：εὐφραίνει（取悅）和 εὐφραστής（能言善道）。

44 *Elenchos*, V, 9, 15ff. [Cf. Legge, I, p. 143.]

45 此處暗指《約翰福音》四章十節。

46 Legge, I, p. 144.

47 *Elenchos*, V, 9, 21.

48 V, 9, 19 (Legge trans., p. 144).

49 這意味著對自性的整合過程，此處也和前述的波格米勒派文獻（段225及其後）運用了非常類似的語言，將魔鬼視為世界的創造者。魔鬼也同樣找到了「適切」（ἴδιον）於他之物。

50 《馬太福音》七章十四節：「引到永生，那門是窄的，路是小的，找著的人也少。」

沒有人能到父那裡去。」[51]這兩個意象表現出心理學個體化歷程所特有的整合過程。我已經清楚說明過，水的象徵不斷和基督合流，而基督的象徵又一再與內在之人合流。對我來說，這點似乎並非思想上的混淆，而是心理學上關於事實的正確闡述，因為基督即是「道」，同時也就理所當然是那「活水」，更是內在那位「完整」人類的象徵，也就是自性的象徵。

313

對納塞內派來說，那普世遍存的「根基」就是原初之人亞當，而對他的認識被視為邁向完美的第一步，也是進一步認識上帝的橋樑[52]。他既男且女；從他之中生出了「父親與母親」[53]；他包含了理性（the rational，νοερόν）、靈魂（the psychic）與塵世（the earthly，χοικόν）三個部分。這三者「一同下降進到一人裡面，那人便是耶穌」，且「這三人一齊說話，各個都是由他自己的精髓（substance）向他自己說話」，也就是發自理性，對著理性說話。諸如此類。根據此教義，耶穌和原初之人有關（基督則有如第二亞當）。他的靈魂是「雖三，實一」的三位一體[54]。談到原初之人，有份文獻舉了卡比洛斯（Cabiros）[55]和俄內安為例。後者擁有能夠擔受苦難的靈魂，所以那位「偉大、絕美而完美，且對奴隸也謙遜以對之人的造物（πλάσμα）」可能也要因懲罰而受苦。他是那「已經成就與將要成就之萬物的蒙福本性（blessed nature），其雖掩藏，卻也開顯」，是那「要在人的裡面尋尋覓覓的天國」，甚至要在「七歲的孩童裡面」尋覓[56]。希波律陀說，這是因為納塞內派將「擁有完全者（the Whole）那份創造潛能的本質」放到了「擁有創造潛能的種子（the procreative seed）之中」[57]。乍看之下，這彷彿是關乎潛藏心靈實體的「性學理論」濫觴，令人想起現代也有某些人在進行與此異曲同工的努力。然而，人們不應忽略這個事實：現實生活中，人類的生殖力量只不過是「完全者的那份創造潛能」其中一個特殊的例子而已。「對他們來說，這種子就是那隱而不顯且奧祕難解的道（邏格式）」，該文本又接著說，此道和歐西里斯的陽具很相似——而「他們又說歐西里斯是水」。雖然這顆種子的精髓是創生萬物的源頭，但它卻並不參與在萬物的本質之中。於是他們說：「我成我所願，我如我所是。」(I become what I will, and I am what I am.）因為那致動萬物者，其本身是不動的。「他們說，他是唯一的善。」[58]他還有個更直接的同義詞：勃起的庫勒涅山的赫密士（the ithyphallic Hermes Kyllenios）[lxix]。「因為他們說赫密士就是邏格式，即曾是、現是、將是之物的釋義者（interpreter）與賦形者（fashioner）」。這正是為何祂會被以陽具的形象崇拜，因為祂就像男人的性器官一樣，「有一種從下面湧上來的**衝動**（ὁρμήν）」。[59]

---

51 這裡討論的段落是 *Elenchos*, V, 9, 4ff. (Legge trans., I, p. 140)。

52 *Elenchos*, V, 6, 6: Θεοῦ δὲ γνῶσις ἀπηρτισμένη τελείωσις（對上帝的認識乃是完美而圓滿的）。

53 V, 6, 5 (Legge trans., I, p. 120).

54 V, 6, 6f. (p. 121).

55 別名 *καλλίπαις*，即「伴著美麗的孩童」或「那美麗的孩童」。(*Elenchos*, V, 7, 4.)

56 根據希波克拉底，男孩到了七歲就是半個父親。(*Elenchos*, V, 7, 21.)

57 *τὴν ἀρχέγονον φύσιν τῶν ὅλων ἐν ἀρχεγόνῳ σπέρματι*。*Archegonos* 是部落的父親（中譯注：希臘文 arche 指「最初的、始源的」，gonos 則有「種子」的意思）。

58 這和《馬太福音》十九章十七節非常相似：「除了神以外，沒有一個良善的」。

59 參見 Legge trans., p. 128.

四

314 不僅諾斯替派的邏格式被納入了性象徵的領域裡，基督本身也是，伊皮法紐所引述的《大馬利亞訊問書》（*Interrogationes maiores Mariae*）片段[60]可以證實這點。文中提到基督帶著這位馬利亞同行上山，他在此用自己的肋骨造了一個女人，並開始與她交歡：「……喝下他那流動的精液，代表此事已然完成，我們可以擁有生命了。」[61]可想而知，這種粗野低俗的象徵會讓我們現代人的心裡感到不大舒服，不過它同樣令三、四世紀的基督徒十分震驚；除此之外，當一個象徵和某種具體的誤解產生關聯，它必然會被拒斥，這就是某些教派的情況。《訊問書》的作者絕不可能沒有料到諸如此類的反應，文本本身就能證明這一點。文中說到那位馬利亞受到驚嚇，因而摔倒在地，基督於是對她說：「妳何故對我有疑，何故信心微小？」這裡有意參照《約翰福音》三章十二節：「我對你們說地上的事，你們尚且不信，若說天上的事，如何能信呢？」以及《約翰福音》六章五十三節：「你們若不吃人子的肉，不喝人子的血，就沒有生命在你們裡面。」

315 這個象徵最早很有可能源自於某些異象經驗（visionary experience），這類經驗在今日的心理治療過程中並不罕見。對醫學心理學家而言，這也不是什麼駭人聽聞的事。根據該文本的前後文脈絡就能做出恰當的詮釋。這個意象表達的是一種心理情境（psychologem），因其幾乎無法用理性詞彙清楚闡明，只能透過具體的象徵來表達，這就像是人們入睡時的情況：**意識水準下降**時出現的那些或多或少有點「無法言傳」的念頭，也只能透過夢境來表達。夢境中絕對少不了這種「意想不到」的驚人內容，雖然它們為自己披上了看似既淫穢又猥褻的肉慾外衣，但永遠要記得它們其實只是「看似」如此罷了。它們其實與冒犯一點關係都沒有，因為它們並不是真的有意讓人不悅。打個比方，它們彷彿只是賣力地、結結巴巴地試圖表達那些吸引夢者注意力的費解意義而已。[62]

316 根據該異象（《約翰福音》三章十二節）的前後文，顯然不應該將此意象視為具體的事實，而應該以象徵性的觀點來理解；因為基督說的不是地上的事，而是那天上的、屬靈的奧祕——之所以這事是「祕」，並不是他遮掩了什麼，或對什麼守口如瓶（是啊！還有什麼能比這赤裸又淫穢的意象

---

60 *Panarium*, XXVI, cap. VIII.

61 "...seminis sui defluxum assumpsisset, indicasse illi, quod oporteat sic facere, ut vivamus."

62 另一方面，夢確實偶爾會用粗俗下流的方式扭曲事物，這個印象又是我所無法擺脫的。這就讓佛洛伊德得出了奇特的假設，認為夢會基於所謂的「道德」考量而偽裝、變形。不過，事實上夢境也有很多時候會做出截然相反的事，這又與佛洛伊德的觀點相牴觸了。因此我傾向以煉金術式的觀點來看，也就是將無意識的智慧（Nous）理解成「搗蛋鬼」（trickster）：墨丘利。（英編按：參見《神靈墨丘利》和《搗蛋鬼形象的心理學》〔*The Psychology of the Trickster Figure*〕。）

更明白坦蕩呢？），而是意味著它還隱藏在意識無法觸及之處。這也是現代的解夢、釋夢理論所遵循的指導原則[63]。我們如果將此原則套用到這個異象上，就會得出下述四點結論。

317

（一）、「**山**」代表向上攀升，尤其是攀登到那神祕莫測、精神性的高處，攀登到神靈所在的啟示之地。這已然是家喻戶曉的母題，無須贅述。[64]

318

（二）、「**基督形象**」有著至關重要的核心意義，在那個時代有相當豐富的事例足以為證。基督形象是上帝的顯像化表達（visualization），也是始源之人、原人亞當，因此也成了全人類的縮影，是「人類與人子」。基督是那必須走過自我認識之路才能觸及的內在之人，是「汝等裡面的天國」。身為安索羅波斯的基督對應的是人類經驗中最重要的原型，此外，基督身為生者與死者的審判官及榮耀的君王，則對應到無意識中真正的組織原則，也就是自性的四元體或天圓地方[65]。我並非毫無根據地胡說這些，曼陀羅結構是無意識人格的中心[66]，此即它的意義與功能，我的觀點便是建立在此經驗事實之上。針對這個異象，一定要聯想到基督的四元體，十字架的象徵、**榮耀的王**、年歲的基督（Christ as the year）[lxx]都是它的例證。

（三）、「女人」是他從肋部造出來的，這就暗示了他可以被詮釋為第二亞當。生出一個女人，代表他扮演了造物主在《創世紀》中的角色[67]。就和亞當一樣，許多傳統都認為他在夏娃受造以前既男且女[68]，所以基督在此以戲劇化的方式展現出他的男女雙性特質[69]。原初之人通常都是雌雄同體者，《吠陀經》裡的原人也是如此，他產下自己女性的那一半，並與她交合。基督教的寓意解經法則認為基督肋側生出的這名女子代表有如羔羊新婦的教會。

---

63 但佛洛伊德式的「精神分析」方法並非如此。他的方法對夢境內容的呈現置之不理，認為那只不過是夢的「表象」，這是因為歇斯底里症的精神病理學引導人們去懷疑有某些與夢境主題相矛盾的願望（wishes）存在。夢和意識都立足於本能的基礎之上，這是事實，但這和夢中人物的意義、意識內容的意義都絲毫無關，因為關於這兩個問題，**心靈利用本能衝動所生產出來的東西**才是真正的關鍵。帕德嫩神廟之所以偉大，並非因為它是由石頭建成，且是雅典人為了滿足自己的雄心壯志而建，而是因為它就是它——帕德嫩神廟。

64 參見《童話中的神靈現象學》，段403。

65 參見《東洋冥想心理學》，段942及其後。

66 參見《個體化歷程研究》。

67 這個說法和他的本質相符：他是道，是三位一體的第二位格。

68 教會當然駁斥了這種觀點。

69 這裡混合了三種關於基督的不同詮釋。這樣的染汙（contaminations）不僅是諾斯替思想的特點，也是所有無意識在塑造所有意象時的特色。

原初之人一分為二成了丈夫和妻子，這體現的是意識的初生；該動作產生了一組對立面，從而令意識的存在成為可能。對大馬利亞這位奇蹟的目睹者而言，此番異象乃是她內在某個無意識過程的顯像或投射。經驗顯示，無意識過程往往是在補償某個特定的意識情況。因此，這個異象中的分裂暗示它是在補償有意識的統合狀態（a conscious condition of unity）。這個統合體一開始可能和安索羅波斯這個道成肉身之神的形象有關，此神後來成為最炙手可熱的信仰對象。用俄利根的話來說，祂是「太一之男」（Vir Unus，the One Man）[70]。大馬利亞在她的異象之中遭遇到的，正是太一之男這號人物。如果我們假設這個異象的領受者在現實世界是個女人——這個假設絕非空穴來風——那麼，當時在那純粹而聖潔的基督陽性品質之中，她所失去的就是與其對應互補的陰性品質。所以基督形象向她揭示：「男人與女人，我兩者皆是。」在今日的天主教內部仍有基督是「童貞女所生的童貞女」（Virgo de Virgine）這樣兩性兼有的概念，雖然這比較是**未經教會正式肯認的普遍共識**（*sententia communis*），而非**教界定論**（*conclusio*），但仍和異象中的心理情境不謀而合。根據中世紀的肖像研究，基督有時被繪上了雙乳，這和杜埃版聖經《雅歌》一章一節所言相符：「因你的雙乳比酒更美。」[lxxi]在馬德堡的梅希蒂德（Mechthild of Magdeburg）[lxxii]的著作中，當靈魂被上主親吻時[71]，她意外發現上主沒有鬍鬚，也沒有男性的性徵。梅希蒂德見過一個和大馬利亞類似的異象，其從不同的角度處理了同樣的問題：她看見她自己被送到一座「岩石遍布的山」上，那位蒙大福的童貞女坐在那兒，等待著聖嬰的降生。當他出生以後，她抱著他親吻了三下。如文中所示，那座山寓指著「靈的習性」（spiritulis habitus）或靈的態度（attitude）。「藉著神聖的天啟，她知曉了聖子為何是聖父之心的至深核心（*medulla*，神髓）[lxxiii]。」天父的**神髓**「予人力量及療癒，且至為甜美」；上帝的「力量和無比的甜美」是藉由聖子賜予我們的，祂是「救世者，是最強壯也最甜美的撫慰者」，不過「靈魂最深處（的核心）便是那最甜美之物」[72]。從這裡可以清楚看到，梅希蒂德將「髓」等同於天父之心、聖子及內在之人。就心理學而言，這「最甜美之物」對應的就是那無法與上帝意象難分難辨的自性。

321

這兩個異象之間有個非常重要的差異。古代的啟示描述夏娃從亞當的身上誕生；後者指的則是第二亞當（基督）的精神層面，由他的肋部出現了那女性的靈（**feminine pneuma**）或第二夏娃（second Eve），即靈魂，她就像是基督的女兒一樣。如前面所說，基督教的觀點將靈魂視為教會：她是那「擁抱男人」的女人[73]，是為主的雙足塗抹膏油的人。梅希蒂德的意象則是上述神話的延續：女兒－新娘成了一名母親，並以聖子的形式懷著聖父。聖子和自性非常相似，這點可以從對基督四元性質

70 Gregory the Great, *Expositiones in librum I Regum*, Lib. I, cap. I (Migne, P.L., vol. 79, col. 23)：「因為上帝和人是一個基督。因此在那裡他被稱為一，他的舉世無雙、獨一無二被解釋為『他超凡的美德』。」不過，這件事本身就是有意義的。

71 「他用他那薔薇似的唇（rosy mouth ——原文如此！）吻了她」（Liber gratiae spiritualis, fol. J iv）。

72 "Medulla vero arrimae est illud dulcissimum." Ibid., fol. B.

73 Gregory the Great; Migne, *P.L.*, vol. 79, col. 23。參見《耶利米書》三十一章二十二節：「女子護衛男子」（a woman shall compass a man ——中譯注：compass 一詞也有包圍、環繞之意）。

的強調得到證明：他有「**四重之聲**」（*quadruplex vox*）[74]，他有四股脈搏[75]，且有四道光芒自他的面容射出[76]。這個意象涉及的是新的千禧年。艾克哈特大師採用的闡述方式則不同，他說：「上帝是從靈魂誕生的」，當我們再來到安格魯斯・希萊修斯（Angelus Silesius）的《天使般的流浪者》（*Cherubinic Wanderer*）[77]時，上帝和自性便全然一致了。這點隨著時代變遷有了相當深遠的轉變：創生之力不再出自於上帝，反倒變成是上帝從靈魂中誕生。而垂死的年輕神祇這個神話主題則開始展現出某種心理學上的意義，代表著意識的進一步整合及實現。

322

（四）、不過，且讓我們回到第一個異象：女人被造出來之後，緊接著的就是「**交合**」。山上的**聖婚**是廣為人知的神話母題[78]，就像古老煉金術繪畫裡的雌雄同體者總是偏好站在被高高托起之處一樣[lxxiv]。煉金術士也曾談到一位亞當，他總是將他的夏娃帶在身邊。他們的「結合」是亂倫之舉，但並非父女亂倫，而是與那些已經轉變了的時代一樣是兄妹、姊弟或母子之間的亂倫。最後這個神話主題的變體和古埃及神話裡的阿蒙（Amen）一模一樣，祂被稱為卡穆特夫（Ka-mufet）或穆特（Mut），前者意思是「他母親的丈夫」，後者則是「她父親的母親、她兒子的女兒」[79]。在描述創世者時，自體交配（self-copulation）的概念是經常出現的主題：例如天神將自己分裂為男性／女性兩半[80]，或者祂使自己受精——如果一定要為《大馬利亞訊問書》假設出一個文學上的淵源，後面這個主題可以很輕易地被視為該書的模型。因此，赫里奧波利斯創世神話（Heliopolitan story of the Creation）[lxxv]的相關段落是這麼說的：「我，即便是我，也要與我緊握的手掌交合，在我影子的擁抱之中我與我自己相連，我將種子灑入我的口中，我自己的種子，我發出的氣息化成了舒（Shu），我發出的水氣化成了泰芙努特（Tefnut）。」[81]

323

雖然前述的異象並沒有觸碰到自體受精（self-fertilization）的概念，但該異象毫無疑問地和這個創造自己並創造宇宙者的概念有密切的關聯。然而，在該異象中並無世界的創造，有的乃是精神的更新，所以即便吞下了種子，卻沒有看見任何生物出現；這代表的是一種生命的滋養，所以「我們可以擁有生命了」。而且就如文本所示，因為該異象必須從「天上的」或精神性的層次來理解，所以那**噴湧而出**（*ἀπόρροια*）的東西指的是「賜人生命的道」（*λόγος σπερματικός*），若用福音書裡的話來說，

74 *Liber gratiae spiritualis*, fol. A viir。這裡的四元指的是四部福音書。

75 Ibid., fol. B iiv.

76 Ibid., fol. B viiv.

77 參見 Flitch, *Angelus Silesius*, pp. 128ff.。

78 宙斯與赫拉（Hera）在「加爾加羅峰之巔」（the heights of Gargaros）的**聖婚**，見《伊里亞德》（*Iliad*），XIV, 246ff。

79 Brugsch, *Religion und Mythologie der alten Ägypter*, p. 94.

80 在古埃及人的觀念裡，神是「孕育自己、產下自己」的「父親與母親」（Brugsch, p. 97）。印度教的普拉亞帕提（*Praja-pati*，創生之主）也是一分為二，雌雄兩半自相交合。

81 Budge, *Gods of the Egyptians*, I, pp. 310f.

那便是「直湧到永生」的活水[lxxvi]。整段異象都讓人不禁聯想到煉金術的象徵。它那魯莽粗俗而使人不自在的強烈自然主義色彩，和教會內部拘謹小心的語言截然不同，這一方面是源自於上古時代的宗教特色，其意象與表達模式已遭拋棄、取代許久，但在另一方面，這更說明了古人對於大自然仍然頗為粗野原始的觀察，這種觀察才剛剛融入到人類的原型之中。這份努力不斷延續到十七世紀，直到克卜勒瞭解到三位一體乃是潛藏在宇宙萬物之下的基礎結構，他將這個原型融入到天文學家的世界圖景之中。[82]

五

324 原初之人這些與陽具有關的同義詞乃是題外話，現在起，我們將要回到希波律陀敘述中的納塞內派核心象徵，並繼續談談一連串有關赫密士的描述。

325 赫密士是眾靈的召喚者（ψυχαγωγός）、眾魂的領路人（ψυχοπομπός）及靈魂的負責者（ψυχῶν αἴτιος）。但靈魂是「從那位高高在上的蒙福者，人祖阿達馬斯（the archman Adamas）[lxxvii]那裡帶下來……進到黏土的形貌裡，好讓他們得以服侍這個世界的創造者伊索達尤斯，祂是一位火爆的神，位列第四」[83]。伊索達尤斯對應的是薩杜恩及最高的執政官亞它伯[84]。「第四」指的是與三位一體對立的第四位格：魔鬼。「亞它伯」意指「混沌之子」；歌德（Goethe）借用煉金術的術語將魔鬼稱為「混沌的怪兒子」（strange son of chaos），這真是個十分貼切的名字。

326　赫密士配有金杖（the golden wand）[85]。祂用這柄金杖「令亡者闔眼安睡，又將睡者喚醒」。納塞內派談到了《以弗所書》五章十四節：「你這睡著的人當醒過來，從死裡復活！基督就要光照你了。」煉金術士將「房角石」（*lapis angularis*）這個廣為人知的基督類比拿來比喻他們的**哲人石**，無獨有偶，納塞內派也用它來象徵原人亞當，或更精確地說，是象徵「內在之人」，他是一塊石頭或原礦，因為他來自於那塊「從高高在上的人祖阿達馬斯墜落下來」的「阿達馬斯之石」（πέτρη τοῦ Ἀδάμαντος）[86]。煉金術士說，他們的石頭「非以人手鑿自山中」[87]，而納塞內派關於內在之人的說

82 這個觀念受到包立（Wolfgang Pauli）教授在蘇黎世發表的某場演講啟發，講題是關於克卜勒天文學的原型基礎。詳見他的《論原型式理念的影響》（*The Influence of Archetypal Ideas*）等著作。

83 *Elenchos*, V, 7, 30f. (Cf. Legge trans., I, p. 128.)

84 Bousset, *Hauptprobleme der Gnosis*, pp. 352f.

85 希波律陀在此引述的是《奧德賽》二十四章二節的內容。

86 *Elenchos*, V, 7, 36 (Legge trans., I, pp. 129f.).

87 《但以理書》二章三十四節：「你觀看，見有一塊非人手鑿出來的石頭」，就是這塊石頭將那雕像半鐵半泥的腳掌砸得粉碎。

法與此不謀而合：他從上面被帶進了「遺忘之境」[88]。在伊皮法紐的筆下，這座山就是始源之人基督，那石頭或內在之人便是從他身上鑿下的。就像伊皮法紐對此的詮釋，這意味著內在之人「不是藉著人類的種」生下來的，而是「一顆化為大山的小石子」。[89] lxxviii

327

始源之人就是道（邏格式），跟隨著他的靈魂都在「細語呢喃」，就像古希臘**乞靈術**（*nekyia*）中那些跟隨著赫密士的蝙蝠一樣。赫密士將牠們帶到歐開諾斯（Oceanus，海神）那裡，並——以荷馬（Homer）那不朽的語言來說——帶到「赫利歐斯（Helios，太陽神）之門與夢幻之境」。「祂﹝赫密士﹞即是歐開諾斯，是諸神與人類之父，無盡地潮退潮湧、時進時退。」人類是在退潮時誕生，諸神則生於漲潮之時。「他們說，這便是經上說的『我曾說：你們是神，都是至高者的兒子。』」[90]在此，《聖經》正典將神與人之間的相似性或一致性表露無遺，絲毫不亞於納塞內派的教誨。

六

328

如希波律陀所說[91]，納塞內派認為世間萬物都源自於一個三元體，其中首先包含的是「蒙福上位者阿達馬斯的蒙福本質」，其次是較低人類的道德本質，最後則是「上界所生的無王種族」（kingless race begotten form above），這族人屬於「追隨者米利暗（Mariam the sought-for one）、大智者流珥（Jothor the great wise one，葉忒羅）[92]、預見者西坡拉（Sephora the seer）[93]以及摩西，而摩西的後代子孫並不在埃及裡面[94]。」這四人合在一起，就共同構成了典型的婚姻**四元體**[95]：

88 即：τὸ πλάσμα τῆς λήθης，即類似死亡的遺忘、沉睡狀態（lethargia）。「內在之人」就彷彿被埋葬在人類的肉體之中。如煉金術之所言，他是「受桎梏的靈魂」或「囚於肉身之中」。所謂忘川（*Lēthē*，遺忘）對應的就是無意識這個現代概念。

89 *Ancoratus*, 40。參見《但以理書》二章三十五節：「打碎這像的石頭變成一座大山，充滿天下。」

90 *Elenchos*, V, 7, 37 (Legge trans., I, p. 130)。此句出自《詩篇》八十二章六節（武加拉丁譯本為八十一章），《路加福音》六章三十五節及《約翰福音》十章三十四節可與此節參照。

91 V, 8, 2 (ibid., p. 131).

92 流珥即葉忒羅（Ιοθώρ =Jethro），是米甸（Midian）的祭司，也是摩西的岳父。（中譯注：《出埃及記》二章稱摩西岳父為流珥，三、四、十八章則稱葉忒羅。）

93 西坡拉（Sephora 或 Zipporah）是摩西的妻子。

94 這有可能是在比喻摩西所生的「後代子孫」（generation）本質是屬靈的（pneumatic），因為據《Elenchos》（V, 7, 41）所說：「埃及就是肉體」（Legge trans., I, p. 130）。

95 所謂婚姻四元體是一個原型，對應的是原始階段的姑表聯姻制。我在《移情心理學》段425及其後對此做過詳細闡述。

丈夫	——	妻子
∣		∣
姊妹	——	兄弟

他們的同義詞則是：

母親——父親

皇后——國王

未知的女人——遠方的愛人

阿尼瑪——阿尼姆斯

329

摩西對應的是丈夫，西坡拉對應妻子；米利暗（希臘文譯為馬利亞）是摩西的姊妹；如果這個**四元體**是屬於女性的話，則流珥（葉忒羅）就是智慧老人的原型，對應父親－阿尼姆斯。但事實上流珥被稱為「大智者」，這暗示了該**四元體**是屬於男性的。若是屬於女性，則此處對於智者的強調應該要落在米利暗的身上，如此她就會具有大母神的意義。話說回來，我們的這個**四元體**之所以特別，是因為其中缺少了兄弟與姊妹之間的亂倫關係，取而代之的是，米利暗對於摩西而言具有某種類似母親的意義（參見《出埃及記》二章四節及其後）。身為女先知（《出埃及記》十五章二十節及其後），她具有「魔法般的」人格（"magical" personality）。當摩西娶了膚色黝黑的古實女子（Ethiopian woman）[lxxix]為妻，這事大大激怒米利暗，她不久後便染上痲瘋病，全身變得「像雪那麼白」（《民數記》十二章十節）。因此，米利暗並非完全不適合扮演阿尼瑪的角色。《舊約聖經》中最廣為人知的阿尼瑪人物是書拉密女（Shulamite），《雅歌》一章五節記載她說：「我雖然黑，卻是秀美」。在克里斯帝安．羅森克魯茲（Christian Rosenkreutz）的《化學婚配》（*Chymical Wedding*）中，那位皇室新娘就是摩爾（Moorish，黑）國王的妾室。黑色人種，尤其是古實人（Ethiopians），在煉金術中扮演相當重要的角色，其是**烏鴉的頭**（*caput corvi*）及**黑化**的同義詞[96]。他們也出現在〈聖蓓圖殉難記〉（the *Passion of St. Perpetua*）[97][lxxx]中，代表罪惡深重的異教世界。

96 參見《心理學與煉金術》，段484。

97 請見瑪麗—路易絲．馮．法蘭茲對此的研究。

這個三元體的特色是它有許多可能是狀聲詞的稱謂：Kaulakau、Saulasau、Zeesar[98]。Kaulakau的意思是較高的亞當，Saulasau指較低的、道德的人，Zeesar則是「逆流的約旦河」。是耶穌令約旦河逆流的，此即漲潮的洪水，而前面說過，諸神誕生於漲潮之時。「人們說，這就是一切造物中的雌雄同體之人，無知之輩稱他為『三身巨人革律翁』（Geryon，也就是『流自大地』〔flowing from the earth，ὡς, ἐκ γῆς ῥέοντα〕）；但希臘人稱他為月亮的天之角（the celestial horn of the moon）」。這段文本認為前面提到的**四元體**等同於逆流的約旦河Zeesar、雌雄同體人、三身巨人革律翁及月亮的天之角，它就像《約翰福音》第一章的太初創世之道及一章四節的「神裡面的生命」所說的，是一個「完人的世代」（generation of perfect men，τέλειοι ἀνθρώποι）[99]。

這個道或四元體，乃是「宰相用來飲酒、占卜的杯」[100]或阿那克里翁（Anacreon）[lxxxi]的酒樽。這個酒杯讓希波律陀想起迦拿（Cana）的神蹟之酒[lxxxii]，他說，這酒杯「顯出了天上的國度」；因為天國棲於我們裡面，就像酒裝在杯中。酒杯還可以更進一步對比於薩莫色雷斯島（Samothrace）[lxxxiii]上那些陽具雄起的諸神以及庫勒涅山的赫密士，後者代表原初之人及重獲新生的屬靈之人。重生的屬靈之人與由赫密士所象徵的原初之人「方方面面皆同體同質」。希波律陀又說，因為這個原因，基督說人們必要吃他的肉並喝他的血，由於他對門下每一位門徒的**個體化之本質**瞭然於心，所以也對他們「憶起自己獨特本性」的需要瞭然於心。[101]

另一個同義詞則是科律巴斯，祂是源自於未成形的（ἀχαρακτηρίστον）大腦，又從頭頂上的王冠降到下方，這就像發源自伊甸並瀰漫萬物的幼發拉底河一樣。祂的形象雖然無法辨識，但至少確定是「土模土樣的」（in earthly form）。祂是**棲身洪水之中**的神。對於這個象徵，我已在針對帕拉西爾蘇斯的研究[102]中花了一些篇幅討論，所以無需在此贅述。目前為止，科律巴斯都被認為等同於原人普羅安索羅波斯，理由是，根據古代觀點，科律班提斯（corybants）[lxxxiv]就是原初之人[103]。「科律巴斯」這個名字並不指涉特定的對象，而是一群具有集體性的無名成員，例如庫瑞特斯（Curetes）、卡比里（Cabiri）、達克堤利（Dactyls）等[lxxxv]。在字源學上，它向來被認為與 κορυφή（crown，頭的冠部）有關，

98 這幾個字出現在希伯來文的《以賽亞書》二十八章十節，該節描述「藉著結巴人的唇與外邦人的舌」對百姓說的話。（英編按：希伯來文如下：tsaw latsaw, tsaw latsaw, kaw lakaw, kaw lakaw, zeer sham, zeer sham.）欽定版《聖經》作：「For precept must be upon precept, precept upon precept, line upon line, line upon line; here a little and there a little.」（中譯注：和合本作「命上加命，令上加令；律上加律，例上加例；這裏一點，那裏一點。」）

99 參見《心理學與煉金術》，段550及其後。〔Cf. Legge trans., I, p. 131.〕

100 參見《創世記》四十四章五節。

101 *Elenchos*, V, [illegible], 12 (Legge trans., I, p. 133).

102 《帕拉西爾蘇斯的精神現象》（*Paracelsus as a Spiritual Phenomenon*），段181及其後。

103 Roscher, *Lexikon*, II, part 1, col. 1608, s.v. "Kuretes."

但這點並不確定[104]。從上述文本看來，科律巴斯這個名字似乎代表某個單一的人格，即庫勒涅山的赫密士，祂在這段文本中等同於薩莫色雷斯島上的卡比里。基於這份關聯性，文中的赫密士說道：「他這位色雷斯人（Thracians）……名叫科律巴斯。」[105]我之前曾在著作中論述過[106]，這個單數的人格很不尋常，有可能是科律巴斯的形象受到混雜之後的結果，我們從戴奧尼索斯（Dionysus）的傳說中可以看到這點，因為就如同我們在琉善（Lucian）的《論敘利亞女神》（*De dea Syria*）中所見，祂似乎也是與陽具崇拜有關的神祇。[107]

333

從「完美之人」的核心之處，流出了大海（ocean，如我們前面說過的，上帝就住在海裡）。如耶穌所說，這個「完美」的人就是那扇「真正的門」，「完美」之人為了重獲新生，就必須走過這扇門。在此，τέλειος（完美／完全／完整）這個字究竟應該如何翻譯就成了關鍵問題；因為，我們不得不問，為什麼「完美」（perfect）的人還需要透過重生來更新自己呢[108]？人們唯一能夠得出的結論就是，這個完美之人並沒有完美到再也不能變得更完美。我們在《腓立比書》三章十二節也碰到了相似的難題，保羅在此說道：「這並不是說我……已經完全了（τετελείωμαι）。」但在三節之後，他又寫道：「所以在我們中間，凡是完全（τέλειοι）的人總要存這樣的心。」諾斯替派對 τέλειος 的用法顯然跟保羅一致。這個字只有一種略可捉摸的意思，就和「屬靈的」（πνευματικός）[109]情況一樣，「屬靈」與某種完美性或精神性有關，但兩者卻都絲毫沒有被明確地闡釋。只有在談論上帝的時候，將希臘字 τέλειος 翻譯成「完美」才能說得通，但當它用來描述一個人，且這個人還需要重獲新生，那麼它最多只能意味著「完全」（whole）或「完整」（complete）；此外，如果像這段文本所說，這個完整的人必須通過那扇門，否則便不能得救，那麼，就更加不能說他是完美的。[110]

---

104 Ibid., col. 1607。古代有個觀念認為，精液是從頭部經由脊椎向下輸送到生殖器的；這裡之所以說從腦部降到下方，可能與此暗合。

105 *Elenchos*, V, 8, 13 (Legge trans., I, p. 133).

106 《神靈墨丘利》，段278。

107 Roscher, col. 1352 詞條「Korybos」，這裡提供了完整的文獻。

108 煉金術士說得相當中肯：「完美並非十全十美。」（Perfectum non perficitur.）

109 *Elenchos*, V, 8, 22 將 πνευματικο 描述為「被賦予理性的完人」，從這裡就可明白，擁有**理性靈魂**（*anima rationalis*）才能成為「屬靈」的人。

110 *Elenchos*, V, 8, 21 (Legge trans., I, p. 134). 克拉莫（Cramer, *Bibl.-theol. Wörterbuch der Neutestamentlichen Gräzität*）對 τέλειος 的釋義是「完整、完美、毫無缺少匱乏、已然實現天命（having reached the destined goal）」。鮑爾（Bauer, Griech.-deutsch. Wörterbuch zu den Schriften des Neuen Testaments, col. 1344）的說法則和年齡及奧祕有關：「成熟、完熟」及「明心見性」（initiated，啟蒙）。萊特福特（Lightfoot, *Notes on the Epistles of St Paul*, p. 173）說道：「當其中的各個部分都已全然發展，才會選用 τέλειος 這個字，至於 ὁλόκληρος 則是其中沒有任何缺失短少，臻至『完熟』（full- grown）的意思；它的反義詞是 νήπιος 或 παιδία，即『幼稚的』、『未成熟期』。」Teleios 指的是已經得著智慧（Nous）、掌握真知（gnosis）的人（Cf. Guignebert, "Quelques remarques sur la perfection (τέλειος) et ses voies dans le mystère paulinien," p. 149）。懷斯（Weiss, *The History of Primitive Christianity*, II, p. 576）斷言，τέλειος 只是「對於不完美的知曉（consciousness to imperfection）、對於越變越好的意志（will to progress），而這即是完美的先兆。」懷斯的這番說法是承襲自愛比克泰德（Epictetus, *Enchiridion*, 51 1f.）所言：可想而知，當一個人下定決心越變越好（προκόπτειν）時，他就已經完美了。

334

這份「完美」之父就是那更高的人類，或原人普羅安索羅波斯，祂「形體不清」且「沒有本質」。希波律陀還說，祂被弗里吉亞人稱為父神（Papa，阿提斯）。祂是帶來和平者，也是人類肉體內「眾元素之戰爭」的平定者[111]，我們可以在中世紀煉金術裡看到用字極為神似的描述，術士說，**哲人之子**可以「在仇敵或眾元素之間帶來和平」[112]。這位「父神」還被人稱為「屍體」（νέκυς），因為祂被埋藏在人的身體裡，就像木乃伊被葬在墳墓中。在帕拉西爾蘇斯的著作中，我們也可以找到類似的概念；他的《長生之書》（*De vita longa*）是用這樣的語句開篇的：「誠然，所謂生命，不過就像是經過防腐處理的木乃伊，好讓終有一死的肉身倖免於終有一死的蠕蟲。」[113]身體唯有藉助「木彌亞」（Mumia，其同義詞還有Adech、Archeus、Protothoma、Ides、Idechtrum等）才能存活，藉此，「徘徊失所的小宇宙」（peregrinus microcosmus，對應於宏觀的大宇宙）便能掌管物質的身軀[114]。木彌亞乃是「普羅托普拉斯特」（the “Protoplast”，第一位被創造的），而作為伊迪斯（Ides），他則是「一切造物從中而出的那扇門」[115]。（參見前述的「真正的門」！）木彌亞與肉體一同誕生，並持存維繫著肉體[116]，雖然還不及「天界之上的木彌亞」（supercelestial Mumia）那種程度[117]。後者可能和納塞內派的更高亞當相對應。當帕拉西爾蘇斯談到伊迪斯或伊迪烏斯（Ideus）的時候，他說，在他之中「只有那合一的男人（One Man）……而他就是普羅托普拉斯特。」[118]

335

於是，無論從什麼角度來看，帕拉西爾蘇斯所說的木彌亞都和原初之人完全一致，祂在終有一死的人類內在構築了一個小宇宙，藉此與人分享大宇宙中的所有力量。人們時常爭論帕拉西爾蘇斯究竟有沒有受到卡巴拉思想的影響，所以，在此聯想到猶太卡巴拉思想裡的麥達昶（*Metatron*）並非畫蛇添足之舉。在《光輝之書》裡，彌賽亞被描述為「中柱」（central column，即卡巴拉生命樹裡的中央之柱），而關於這根中柱，書中如此說道：「位在中央的這根柱子即是麥達昶，其名有如上主之名。它被創造並形塑成與上主肖似的形象，且包含了上界（Above）至下界（Below）以及下界至上界的所有層次，並（將它們）一併綁束在中央。」[119]

111 首次提到是在V. 8, 19。（英編按：參見Legge, I, p. 134。）

112 *Hermetis Trismegisti Tractatus vere Aureus cum scholiis* (1610), p. 44.

113 一五六二年由Adam von Bodenstein 出版，收錄於*Paracelsus Sämtliche Werke*, ed. Sudhoff, III, p. 249（〔英編按：參見《帕拉西爾蘇斯醫師》，段21。〕）

114 關於木彌亞，《De origine Morborum invisibilium》第四冊的開頭是這樣說的：「在木彌亞身上可以找到一切草藥及一切樹木的力量，不僅是生長在地裡植物的力量，水生的亦可；並一切金屬的特性，一切白鐵礦（marcastites）的品質，一切寶石的精髓。我應該如何細數、命名這些物事呢？它們都在木彌亞之內，也全都在人類之內，絲毫不多，絲毫不少，同樣強大，同樣有力。」（*Volumen Paramirum*, pp. 291ff.）

115 *Fragmentarische Ausarbeitungen zur Anatomie* (Sudhoff, III, p. 462).

116 據說（*De mumia libellus*：出處同上，頁375），木彌亞是一種解毒劑（alexipharmic）。

117 *De vita longa*, Lib. IV, cap. VII (ibid., p. 284).

118 《帕拉西爾蘇斯的精神現象》，段168。

119 摘自Schoettgen 引述（*Horae Hebraicae et Talmudicae*, II, p. 16.）的《光輝之書》。

希波律陀繼續說道，藉由穿越那扇「天堂之門」（the gate of heaven），死者將會再次復甦。雅各（Jacob）在前往美索不達米亞（Mesopotamia）的路途中看見了這扇天堂之門，「不過他們說美索不達米亞乃是汪洋之溪（the stream of the great ocean），完美之人的內中即其源頭。」正是這扇天堂之門，讓雅各說出：「這地方何等可畏！這不是別的，乃是神的殿，也是天的門。」[120]這條從原初之人（天堂之門）涓流而出的溪水，在此被詮釋為大洋之神歐開諾斯的潮湧，誠如所見，這股潮湧生出了諸神。希波律陀所引述的這個段落可能參考了《約翰福音》七章三十八節，或者，這段與該節經文同樣參考了某個非正典的來源。《約翰福音》的這節經文——「信我的人就如經上所說：『從他腹中要流出活水的江河來。』」——與某個《聖經》以外的來源有關，然而，它對作者來說卻是經內的內容。俄利根則說，不論是誰，只要喝下這水，它即在那人的裡面化為一口直湧到永生的泉水[121]。這水乃是「較高」的水，是**教義之水**，是從基督腹中流出的江河，也是神聖的生命；這水與「較低」的水，即**深淵之水**（*aqua abyssi*）恰好相反，後者乃是一切黑暗所在之處，也是塵世王子（the Prince of this world）、欺瞞之龍及祂的眾天使的棲身之所[122]。這活水的江河即是「救世主」本身[123]。基督即是藉著四部福音書湧入世界的江河[124]，猶如樂園裡的四條河。我刻意在此大量引述了教會內部對經文的寓解，如此一來，讀者便能看見天主教會的語言中到底飽含多少諾斯替派的象徵色彩，另一方面，各位也能看見（特別是在俄利根筆下）教會對象徵的擴大與詮釋和諾斯替派的觀點究竟何其神似。因此，俄利根的許多同輩以及後進其實非常熟悉「『屬靈的內在之人』與整個宇宙彼此相應」的這個概念：在俄利根關於《創世紀》的第一篇釋經書（Homily）中，他說上帝首先創造了天堂這個圓滿無瑕的屬靈之物，而與此相對應的則是「我們的心智，它本質上即是靈，也就是說，心智就是我們屬靈的內在之人，他能看見並瞭解上帝。」[125]

337　諾斯替派的部分觀點異於基督教，但我舉了這些基督教內與之相應的例子，應該足夠讓讀者心中對於我們這個時代最初兩百年的人類心理有個大致的畫面，也能讓讀者一瞥那個年代的宗教教導與人類的心靈真相有多麼靠近。

---

120 《創世紀》二十八章十七節。

121 *In Genesim hom.* XI, 3 (Migne, *P.G.*, vol. 12, col. 224)：「然後你會看見那口異象之井（well of vision）並從中取出活水，那水將在你裡而成為一股直湧到永生的泉。」

122 Ibid., I, 2 (col. 148).

123 *In Numeros hom.* XVII, 4 (Migne, P.G., vol. 12, cols. 707f.)：「這些在水之上的樂園，都與生命之樹所在的那座樂園相仿相似，而我們可以將其中的水看作是門徒或宣教者的寫作，或是看成眾天使及天界之力賜給這類靈魂的援助；因為藉著這些作品或援助，他們就被水淹漫漶了，也對天上一切事物有了認識與體會，並因此得著灌溉滋養；雖然我們的救世主也是一條能令上主之城歡喜的江河，且聖靈不僅本身就是這河，更是從那些有聖靈降在身上的人們肚腹中流出的河。」

124 參見Rahner, "Flumina de ventre Christi," pp. 269ff.，其中對早期教父的寓意解經法的彙整非常值得參考；前引取自該書第370頁，以及希波律陀 *Commentary on Daniel*, I, 17 (Werke, I, pp. 28f.)。

125 *In Genesim hom.* I, 2 (Migne, P.G., vol. 12, col. 147).

現在且讓我們回到希波律陀列舉的各種象徵。當原初之人處在他的**潛在狀態**（*latent state*）時——我們可以這樣詮釋 *ἀχαρακτηριστός* 這個字眼——他被稱為**牧羊人**（*Aipolos*），「並非因為他餵養了公山羊及母山羊」，而是因為他乃**恆動者**（ἀειπόλος），是令宇宙旋繞運行的天極[126]。這讓我們想到煉金術士也有與此平行對應的觀念，前面在討論墨丘利時曾經提過，祂就是在北極之地被人發現的。與此相似，納塞內派將這位**牧羊人**——以《奧德賽》（*Odyssey*）的語言——稱為**普羅透斯**（*Proteus*）。希波律陀如下引述了荷馬所言：「汪洋老翁（the Old Man of the Sea）經常造訪此地，祂即是埃及永生的普羅透斯……祂所說的話語永遠為真……」[127]荷馬繼續寫道：「……祂效忠於波賽頓（Poseidon），並且知曉海中一切幽深之處。」[128]普羅透斯顯然是無意識的人格化[129]：人們非常難以「捕捉到這位神祕的古老神祇……祂或許早早看見了來人，或許知曉來人所在之處並避而不見。」人們若是想強逼祂說話，就必須飛快地將祂手到擒來才行。祂雖然生活在海中，但是一到神聖的正午時分，祂就會像隻兩棲生物一般爬上無人的海岸，在祂的海豹群中躺臥安睡。我們應當謹記，這些海豹是溫血動物——也就是說，牠們可以被視為能夠成為意識的無意識內容，且這些內容會在某些特定的時刻自發性地出現在開闊而明亮的意識世界裡。漂泊失所的英雄是從普羅透斯那裡學習到如何「穿越賜人漁獲的海」，找到回家的路，這就證明了這位汪洋老翁也是一名引路神（psychopomp）[130]。希波律陀用 *οὐ πιπράσκεται* 來形容祂，最好的翻譯就是法文俚語所說的「**il ne se laisse pas rouler**」（他不會讓人稱心如意）。文本繼續寫道：「然而祂會繞著自己旋轉，並變化祂的外形」，因此，祂所表現的樣子就像無法被人掌握住的旋轉意象。祂是「真言者」（soothsayer），祂所說的話則是千真萬確、鐵口直斷的涅梅特斯（νημερτής，「真言」）。所以納塞內派說「完人的知識既深奧又費解」，此話並非空穴來風。

339

後來，普羅透斯在厄琉西斯祕儀（Eleusinian mysteries）中被比作是玉米的新穗。主祭者會向祂高聲呼喊：「母神生下了聖嬰，布里默（Brimo）生下了布里默斯（Brimos）！」希波律陀還說，對比於較為崇高的厄琉西斯入教啟蒙儀式，還有一種「比較低階的」，屬於波西鳳的暗路（dark path），而波西鳳就是冥府之王強擄走的那位女神；這條暗路是通往「引人愛慕的阿弗羅黛提之森，祂勾起人們對愛的鄉愁」。男人如果想要得到啟蒙，從而「進入那偉大而神聖的」奧祕，就必須遵循這條路

---

126 *Elenchos*, V. 8. 34 (Legge, I, p. 137)。這是在 αἰπόλος（牧山羊人，源自 αἰγοπόλος）和 ἀειπόλος（運轉不息，源自 ἀεὶ πολεῖν）之間玩文字遊戲，所以 πόλος 就是大地之軸，即天極。

127 *Odyssey*, trans. by Rouse, p. 65.

128 Ibid., trans. by Rieu, p. 74.

129 他具有某種「搗蛋鬼」的特質，見本章注釋62。

130 普羅透斯和赫密士有很多共同點，如預見未來（second sight）的天賦、變形（shape-shifting）的能力。在《浮士德》第二部第五幕裡，普羅透斯告知赫蒙庫魯茲開始任務的地點與方法。

徑[131]。因為這份奧祕乃是「天的門」、「神的殿」，而居住在此殿中的就只有良善的上帝，祂只為屬靈的人們而存在（destined）。男人必須脫下他們的衣物，全數成為「新郎」（νυμφίοι），還要「讓處女之靈奪走他們的男子氣概（virility）」[132]。此處有個《啟示錄》十四章四節的典故：「……他們原是童身（virgins）。羔羊無論往哪裡去，他們都跟隨他。」[133]

八

340　在自性的種種象徵之中，我已經討論過納塞內派的**不可分割之點**（ἀμέριστος στιγμή）這個概念。這個概念和莫尼穆斯（Monoïmos）所提出的「元點」（Monad）和「人子」（Son of Man）完全符合。希波律陀說道：

> 莫尼穆斯……認為有一位如同歐開諾斯一般的人（Man），對於這人，詩人如此說道：歐開諾斯，諸神與人類的始源[134]。換言之，他是在說這人即是全（All），是宇宙之本源，未曾出生、永垂不朽；而前述的這人有個兒子，他生於苦痛，能忍苦痛，而他的誕生是在時間之外，既非所願（willed），亦非預定（predetermined）……這人是個單獨的元點，此點既非和合，〔亦〕不可分，〔但卻又〕和合（compounded）且可分（divisible）；它愛著萬物，與萬物和睦，〔卻又〕與萬物爭戰，並在萬物之中與它自己交戰；它與自己雖是相似，卻不雷

同，彷彿一派包羅萬象的和諧樂章……顯出萬物，賜生萬物。它是自己之母，亦是自己之父，它即是這兩個不朽的名諱。莫尼穆斯說，這位完美之人的代表符號就是微點細劃（jot or tittle）[135]。這個微點細劃是單純的、非和合且未混雜的元點，其中了無一物，卻又是由諸多

131 當年我參觀位於南印度 Turukaludundram 的古代佛塔時，一位當地的梵學家向我解釋：古代的神廟外側上上下下全都是淫穢的雕刻，這是刻意要讓凡夫俗子憶起自己的性慾。他說，靈修是非常危險的，因為人們要是毫無準備就想直接踏上靈性之路，死亡之神閻摩（Yama）便會即刻奪去這些「不完善者」（imperfecti）的性命。這些色情雕刻的用意是提醒世人憶起他們的「**法**」（*dharma*，規矩、本性），提醒他們要圓滿俗世的生活。只有當人們完成了自己的**法**，才能夠踏上靈修的道途。這種種淫穢猥褻都是為了勾起前來神廟朝聖者的性慾及渴望，這樣他們才不會忘記自己的**法**；若非如此，他們就不會去圓滿自己的**法**了。只有**業緣**（karma，過去生修持積累的福報）俱足的人，或是此生註定要來修行的人，才可以無視此道禁令而不受罰，因為性事對這樣的人來說毫無意義。這也是為什麼神廟的入口處要立著兩尊婀娜多姿的誘人雕塑，在此勾引人們完成自己的**法**，因為對一般的人而言，唯有先圓滿俗世本務，才可能獲致更高的性靈發展。此外，由於神廟代表著整個世界，所以其中也描繪了人類的一切活動；而因為大多數人朝思暮想的都是性，所以寺廟內的色情雕塑自然就是數量最大宗的了。他還說，之所以神廟內殿**至聖所**（*garbha griha*，子宮之殿）中，密室（adyton，聖中之聖）的神聖凹處裡會立著一根**林伽**（lingam，陽具），也是同樣的道理。這位梵學家是譚崔修密者（Tantrist），**譚崔**（*tantra*）是「書」的意思。

132 他們的前身是被閹割的阿提斯，以及厄琉西斯的祭司；後者在舉行**聖婚**的慶典儀式之前，會先用一種毒芹（hemlock）的汁液使其不舉。

133 參見《馬太福音》五章八節：「清心（pure in heart）的人有福了！因為他們必得見神。」

134 此處是《伊里亞德》（*Iliad*, XIV, 200f. and 246）的縮影：「我要去到豐饒之地的盡頭拜訪諸神之祖（forbear of the gods）歐開諾斯和大洋母神特提斯（Mother Tethys）……甚至大洋江河之本身（Ocean Stream himself），這才是他們所有的祖先。」

135 所謂「微點細劃」（τὴν μιαν κεραιαν）指的是希臘字母裡最小的約塔（iota），對應於現代的英式句點（希臘文沒有句點）。參見《路加福音》十六章十七節：「天地廢去比律法的一點一畫落空還容易」；另見《馬太福音》五章十八節：「我實在告訴你們，就是到天地都廢去了，律法的一點一畫也不能廢去，都要成全」。就如愛任紐（*Adv. haer.*, I,3,2）所猜測的，這兩段經文很有可能就是微點／約塔之象徵意義的起源。

> 形式、諸多部分所構成。這個單獨的不可分割之點乃是多面、千眼、千名的無量之點（the jot of the iota）。此即那位完美且不可分割之人的代表符號……人子即是這所謂的無量之點，是從上界流溢而下的無量之點，其中圓滿又充盈萬物，而那人（the Man，即人子之父）的一切萬有、一切所是都被包含在人子之內。[136]

341　莫尼穆斯這位西元二世紀的思想家，受到了基督教福音書的影響，提出了元點這個矛盾弔詭的觀念，其描繪出了自性的心理學性質。

342　與此平行對應的概念也可以在普羅提諾（Plotinus）的作品中找到，他生活的年代比莫尼穆斯稍晚一些（約二〇五—二七〇年）。他在《九章集》（*Enneads*）中說道：「自知之明揭露了一項事實，即除非靈魂經受了某種偏差，否則其自然的運動軌跡並非一條筆直的線。反之，它會依其內在的某個東西繞圓而行，也就是某個中心。現在，圓就是從這個中心產生的，而圓即是靈魂。因此靈魂會繞此一圓心運動，也就是說，她是繞著靈魂所從出的原則運動；此外，她還會趨近於它，會將她自己歸屬於它，所有靈魂皆是如此。眾神性（divinities）的靈魂永遠都會將自己趨向於它，而這就是她們神性的祕密；因為存在之中的神性都從屬於那個中心……任何人要是出離了此一中心，那他便是仍未合一的人，或者他就是個野蠻之人（brute）。」[137]

343　在此，這個點就是被圓創造出來的圓心，換言之，圓心是透過靈魂的繞圓運動創造出來的。不過這個點乃是「萬物的中心」，即上帝意象。在現代人的夢境裡，這個觀念仍然潛藏在曼陀羅式的各式象徵中。[138]

344　在諾斯替的諸教派之中，有個觀念與此具有同等重要意義，那就是「微光」或「火花」（spark，σπινθήρ）[139]。它等同於艾克哈特大師所說的**靈魂之微光**（*scintilla vitae*）[140]，而我們在年代更早的撒特流

136 *Elenchos*, VIII, 12, 5ff. (Legge, pp. 107ff.)。這一整段都是從諾斯替派觀點對《約翰福音》一章的詮釋，同時也為心理學的自性下了非常好的注解。微點／約塔與自性之間的關係，就像希伯來字母 Yod(י) 和**石頭**在卡巴拉思想裡的關係一樣。原初之人亞當代表的就是這個字母頂端的小尖鉤。（Shaare Kedusha, III, 1.）

137 Ennead, VI, 9, 8（Guthrie trans., p. 163 略有改動）

138 見《個體化歷程研究》及《關於曼陀羅象徵》。

139 Bousset, *Hauptprobleme der Gnosis*, p. 321 寫，諾斯替派相信：「人類，或至少是某些人類，打從起初就在他們裡面攜帶源自於光明世界的更高元素（the *spinther*）；是這元素讓人類有能力揚升穿越七（the Seven）的世界，進入不可思量之父（the unknown Father）與天界之母（the heavenly Mother）所居住的光明上界。」

140 Meerpohl, "Meister Eckharts Lehre vom Seelenfünklein."

斯派（Saturninus）[141]那裡也可以看到這種説法。相似的是，「物理學家」赫拉克利特（Heraclitus）據説也認為靈魂具有「恆星的精髓之光」[142]。希波律陀説，在賽特派的教義中，黑暗「奴役、禁錮了光明與火花之光」[143]，且這個「極其微小的火花」與下界的黑暗之水[144]細緻地混融在一起[145]。西門·馬格斯（Simon Magus）[146]的教導也同樣認為在精液和牛奶裡面有一種火花，它雖然非常渺小，卻可以「旺盛起來，化作無邊無際的不朽力量」[147]。

345

關於這個小小的點，在煉金術裡也可以找到它的象徵，它在煉金術中代表的是奧祕物質；在米歇爾·邁爾（Michael Maier）[148]的作品裡，它意味著「事物精髓的純粹性與同質性」。它是蛋黃裡面那顆能夠長成小雞的「陽光之點」（punctum solis）[149]。在昆哈特的著作裡，它以「鹽點」（salt-point）的形式代表了智慧女神薩琵恩莎（Sapientia）[150]；邁爾則將它視為黃金的象徵[151]。對《黃金論》（Tractatus aureus）的注釋家來説，它是中央之點（midpoint）、「微小之圈」（*circulus exiguus*），也是能夠令彼此敵對之元素和解的「調和媒介」（mediator），而且這種媒介還能「透過持續不斷地旋轉，將有稜有角的方形轉變成與它相似的圓形」[152]。至於杜恩，則認為這個「不可思量之點」（punctum vix

141 Irenaeus, *Adv. haer.*, I, 24。屬靈的人擁有普羅若麻的一小部分（II, 29）。有關希波律陀所述的撒特流斯派教義，參見 *Elenchos*, VII, 28, 3 (Legge trans., II, pp. 80f.)。

142 Macrobius, *Commentarium in Somnium Scipionis*, XIV, 19.

143 *Elenchos*, V, 19, 7: Ἵνα ἔχῃ τὸν σπινθῆρα δουλεύοντα.

144 這個意象在煉金術裡的變體不勝枚舉，參見 Michael Maier, *Symbola aureae mensae*, p. 380。另外，《Scrutinium chymicum, Emblema XXXI》提到：「國王在海中划著水並大聲哭喊：『誰來救我出去，必有重賞。』」另見馮．法蘭茲編纂的《Aurora Consurgens》第57頁：「就因為這樣，我夜夜哭號，哭到嗓子都嘶啞了；誰才是那活著的、知道的、了悟的（living, knowing, understanding），能將我的靈魂從地獄的手裡帶離？」

145 *Elenchos*, V, 21, 1: "Τὸν σπινθῆρα τὸν ἐλάχιστον ἐν τοῖς σκοτεινοῖς ὕδασι κάτω καταμεμῖχθαι λεπτῶς."

146 *Elenchos*, VI, 17, 7。參見《彌撒中的體變象徵》，段359。

147 參見 Wickes, *The Inner World of Man*, p. 245 紀錄的異象。這是典型的個體化歷程象徵：「接著，我看見有個人影（human figure）倒吊在那桿子上，世界各地的孤單（loneliness）都在那人影的心裡。形單影隻、毫無盼望，那人影倒吊，眼神向下望入空無。那人影凝望了許久，將一切孤寂（solitude）都吸到它的身上。然後，在那深不可測的黑暗之中，生出了一抹小到不能再小的火光。慢慢地，它從無底的深淵中升起，並在升起途中逐漸增長成一顆星星。那顆星子就懸在人影對面的半空中，白色的星光川流到那位孤獨者（the Lonely One）的身上。」這個異象和瑣羅亞斯德（Zoroaster）正好相反，後者將一顆星星的火花從天上牽引下來，把他自己給燒焦了。（Bousset, p. 146.）

148 Maier, *De circulo physico quadrato* (1616), p. 27.

149 或寫作 *punctus solis*。「所以蛋的裡面有四樣東西：土、水、風、火；但『陽光之點』不同於這四者，（它是）位在卵黃的正中央的小雛」（*Turba*, Sermo IV）。魯斯卡（*Turba philosophorum*, p. 51）認為應將「陽光之點」改寫成「泉湧之點」（*saliens solis*，springing point）才對，而前者是所有抄寫員一再重抄前人筆誤的結果。我對此不太確定。

150 *Von hylealischen* Chaos, p. 194.

151 *De circulo quadrato*, p. 27.

152 *Theatr. chem.*, IV, p. 691.

intelligibile）乃是創世的起始點[153]。約翰．迪伊（John Dee）所見略同，他說世間萬物盡皆源自於一個小點（monad）[154]。誠然，上帝本身既是圓心，又是圓周，祂兩者皆是。米利烏斯將這個點稱為赫密士之鳥[155]。在《新光之書》（*Novum lumen*）裡也有與此類似的說法，書中稱它是聖靈與火焰，也是奧祕物質的生命[156]。這個關於點的概念或多或少與諾斯替派的看法有異曲同工之妙。

346

從這些引文當中，我們可以看到基督是如何融入到那些同時意味上帝天國的各種象徵裡的，例如芥菜的種子、隱藏的寶藏、價值連城的珍珠。祂與祂的國度所擁有的意義相同。人們總是反對為基督做出這樣的解讀，彷彿如此會令祂身為人類的身分化為烏有，然而人們不明白的是，將基督的人格消解（dissolution）不僅能讓基督融入人類的心靈，還能將祂整合到其中[157]。而此一結果，從人類的人格成長與意識發展歷程就可以看見。但在我們這個敵基督時代中，這種種非凡成就如今都面臨嚴峻的威脅，不僅是來自充滿錯誤觀念的社會政治體系，理性主義式的傲慢自大更是罪魁禍首；人類意識的根基應該是超越性的，但這份傲慢卻將意識從中連根拔起，並對其予取予求。

153 "Physica genesis," *Theatr. chem.*, I, p. 382.

154 *Monas hieroglyphica*（一五六四年初版）。另見 *Theatr. chem.* (1602), II, p. 218。

155 *Phil. ref.*, p. 131.

156 *Mus. herm.* p. 559.

157 在此，我想引述一個神學觀點：「耶穌其實是綜合（synthesis）、發展（growth），其綜合與發展後的最終形式講述一百種力量（forces），每種都和他〔耶穌本身〕的製造（making）有關。不過有趣的是，這個過程並不會隨著教義的規範化而停止。耶穌仍舊持續製造著。」（Roberts, "Jesus or Christ?—A Reply," p. 124.）

第十四章 自性的結構與動力

THE STRUCTURE AND DYNAMICS OF THE SELF

一

347

前一章所舉的例子，應該足以說明潛藏在自我－意識之下的原型是如何漸進地同化及擴大。接下來，我並不想畫蛇添足地繼續舉例，而是試圖總結這些例子，進而整理出一幅全覽的圖景。根據希波律陀留下的諸多線索，許多諾斯替派的信奉者顯然根本就是心理學家，這點完全無庸置疑。因此，他提到他們時說道「靈魂是極難找到、極難領會的」[1]，而要找到並領會完人的知識，也是同樣困難。「因為人的知識是邁向圓滿（τελείωσις）的第一步，但神的知識卻是完美的圓滿（ἀπηρτισμένη τελείωσις）」，亞力山卓的革利免在《教育家》（*Paedagogus*, III, 1）中說道：「所以說，看來一切誡律之中最重要的就是認識自己；因為，當人認識了自己，他便認識了上帝。」此外，莫尼穆斯也在致提奧弗拉斯托斯（Theophrastus）的書信裡寫道：「要在你之外尋找他，且要領悟誰才是你內在一切事物——所謂**我的**神、**我的**靈、**我的**思想、**我的**靈魂、**我的**肉身——真正的擁有者；要去領悟悲與喜、愛與恨從何而來，儘管走不下去仍要前行，儘管不能安睡仍要睡去，儘管無法憤怒仍要發怒，儘管無法陷入愛中仍要去愛。而，凡此種種，你若細細審視，你將會發現祂就在你裡面，祂即是一，祂即是全，就如那小小的點（κεραία）。並且，正因這個小點在你之內，祂才能得著祂的起源、祂的解救。」[2]

348　讀到這段文本，不由得令人想起在印度的觀念中，梵（brahman）及阿特曼即是自性，例如《由誰奧義書》（*Kena Upanishad*）[lxxxvi]有云：「由誰指使具有指揮功能的心照亮它的對象？由誰命令優於一切的呼吸持續著？由誰的意志讓人們用言語表達？是哪位神明推動眼睛與耳朵的活動呢？因為那位是耳朵的耳朵、心的心（thinking of the mind）、語言的語言……那個無法以語言描述的，祂顯現言語……那個心（mind）所無法理解的，正是祂讓心可以思考；你知道那個就是梵。」[3]

349　在《廣林奧義書》（*Brihadāranyaka Upanishad*）中，耶若婆佉（Yajñyavalkya）用間接的方式為自性下了定義：「彼居萬物內中者，而有異於萬物，為萬物所不知，而以萬物為身，於萬物內中管制之，

1 *Elenchos*, V, 7, 8 (Legge trans., I, p. 123).

2 *Elenchos*, VIII, 15, 1ff. Cf. Legge trans., II, p. 10.

3 此段以拉達克里西南（Radhakrishnan）的《奧義書的哲學》（*The Principal Upanishads*）第581頁及其後為基礎。

此即汝之性靈（your Self）、內中主宰、永生者……外乎彼，無見者也。外乎彼，無聞者也。外乎彼，無思者也。外乎彼，無識者也。此即汝之性靈、內中主宰、永生者！異於彼者，盡皆是苦。」[4]

350

莫尼穆斯被人稱為「阿拉伯人」，他的著作若有受到印度的影響，倒也不無可能。他的論述之所以格外重要，是因為它顯示出早在西元二世紀[5]，自我就已經被視為某個包羅萬象的完整體之表徵，也就是自性的表徵——即便是在今天，也不是所有的心理學家都熟悉這個觀念。在近東及印度地區，這些洞見都是深刻精進之內省觀察的產物，因此它們絕對是心理學的洞見。**無庸置疑，諾斯（*gnosis*，真知）乃是心理學的知識，而其內容都是從無意識中衍生出來的**。要獲得這種洞見，就必須專注在「主觀因素」（subjective factor）[6]上，以經驗來說，此主觀因素是由集體無意識施加在意識心智之上，顯而易見的影響所構成。這就可以解釋，諾斯替象徵與無意識心理學的各項發現，兩者之間為何有如此驚人的高度相似性。

351

我將總結先前討論過的象徵，藉此描述這種相似性。為此，我們首先必須重新審視讓心理學家構思出自性這個全體原型的各種線索。最早的線索即是夢境與異象，其次則是出現在積極想像中的全體象徵。各種線索之中最為重要的，是那些包含圓形及四元結構的幾何形式[7]——換言之，前者指的是圓形或球體，它們可能只是單純的幾何形式，又或者是某種具體的物件；至於後者，則是指十字架或被劃分為四塊的四邊形，也可能是在意義上或排序方式上與彼此相關的四樣物件、四個人物。數字八作為四的倍數，也有同樣的意義。三與一之間的對立衝突是四元體母體的特殊變體，而十二（三乘四）似乎是這種衝突的解套，它同時也是全體的象徵（黃道有十二宮位、一年有十二個月）。數字三可以被視為相對的整體，因為思想所建構的精神性完整體經常用數字三來代表（譬如聖三位一體[8]），而本能性的、地下世界的完整體也是如此，譬如下界諸神的本質就是三元的，即「低階三元體」（lower triad）。然而，就心理學來說，如果數字三出現的脈絡顯示它是指涉自性，那麼，三就應該被理解為一個有缺陷的四元體，或是通向四元體的墊腳石[9]。在經驗上，每個三元體都會有一個與之對反的三位一體作為補償物。四元體的補償物則是一元的統合體（unity）[10]。

4 Ibid., pp. 228f.
5 希波律陀大約生活在西元二三〇年左右，所以莫尼穆斯的年代一定更早。
6 《心理類型》，段620及其後。
7 圓形之所以具有全體的性質，是因為它「完美」的外形；至於「四」的全體性質，則是由於四是圓形在自然狀態下可被劃為等分的最小數字。
8 參見《三位一體教義的心理學考究》，段182及其後。
9 參見《童話中的神靈現象學》，段425及其後、段436及其後；《三位一體教義的心理學考究》，段182及其後。
10 「五」對應的則是四與一之間難分難辨的關係。

352　從圓形及四元體的主題中，又衍生出了幾何結晶體及奇蹟之石（wonder-working stone）。由此又再衍生出城市[11]、城堡、教堂[12]、房屋[13]、煉金燒瓶[14]等類比性的構造，這種主題強調的是自我被包含在更巨大的自性向度之中；**轉輪**則是另一種變體，強調自性的周轉運動，這在儀式性的繞圓循行之中亦可見得。這種繞行在心理學上意味著對於某個中心的全神貫注、聚精會神，這個中心有如圓形的圓心，因此會表現為一個小小的點。這個意象非常容易關聯到天之極軸和以此周轉的繁星點點的碗狀穹頂。本命盤這種「誕生之輪」即是占星學上的平行類比。

353　城市、房屋、燒瓶，這些意象令我們聯想到其中的內容物——住在城市或房屋中的百姓、裝在燒瓶中的水。關於住在城中的人，他和四元體有關，也與第五有關，五即是四的統合體。當水出現在現代人的夢境與異象中，它可能是一片倒映出天空的遼闊水面、一座湖泊、四條河流（譬如，瑞士作為歐洲的中心，有著萊茵河〔Rhine〕、提契諾河〔Ticino〕、隆河〔Rhone〕、茵河〔Inn〕；樂園伊甸則有比遜、基訓、底格里斯、幼發拉底四條河），或是療癒之水、祝聖之水等。有時，水和火有關，甚至會以火之水（酒、酒精）的形式結合在一起。

354　四方空間中的居住者，這令人想到人類的形象。除了幾何象徵與數字象徵之外，人形是自性最常見的象徵。它也許是一尊神明，或一個似神的人，後者譬如王子、教士、偉人、歷史名人、摯愛的父親、欽佩的榜樣、傑出的兄長——簡而言之，那是超越夢主自我人格的人物形象。相對應地，在女人的心理也會有這樣的女性人物。

355　圓形對比於四方形，就如同四元體對比於三加一的母題，或如正面、美麗、善良、令人欽羨愛慕的人類形象對比於負面、醜陋、邪惡、卑劣、聲名狼藉又令人恐懼的魔鬼般的生物。自性一如所有的原型，具有矛盾弔詭、兩極對反的特質。它是男性也是女性，既是老人又是小孩，強而有力卻又軟弱無助，大如須彌但又渺若芥子。自性乃是真正的「對立結合體」(complexio oppositorum)[15]，但不代表自性和在它裡面的那些矛盾物有任何相像之處。對於全體，意識可能抱持著喜愛或厭棄之情，而自性這種表面上的矛盾弔詭，相當有可能只是反映出偏頗的意識態度經過反向補償之後的變化而已。同樣地，這話用在無意識上也說得通，因為它那些恐怖駭人的形象可能正是被意識心智對於無意識的恐懼所呼喚出來的。意識的重要性絕不應該被低估；因此我們可以說，那些與人處處作

11 英編按：見《心理學與煉金術》，段138及其後，插圖31。

12 《赫馬牧人書》中的教堂是用活石建成的。〔英編按：《心理類型》第五章，4a。〕

13 《金花的秘密》，一九六二年版，頁22、頁36。

14 《心理學與煉金術》，段338。

15 這是尼可拉斯．考辛對神的定義。參見《移情心理學》，段537。

對的無意識表現方式和意識態度之間具有因果關聯，至少在一定程度上是如此。不過，我們也不應該過於高估意識，因為無意識的補償過程具有其自主性，而經驗已為我們提供了太多無可辯駁的證據，證實唯有在意識心智中，才能尋獲這些對立且並存的兩極性起源。在意識與無意識之間，存在著「不能確定的關係」，因為觀察者無法從被觀察者中抽離出來，並且觀察的行為本身總是干擾著被觀察的對象。換句話說，對無意識的仔細觀察會讓對意識的觀察產生偏頗，反之亦然。

356 因為自性彷彿超越自我人格範疇的守護神靈，因此，從至高無上到最為低下的一切外形都可以是自性現身的方式。自性當然也有野獸形式的象徵，這點無庸贅言。根據我的經驗，現代人夢中最常見的獸形象徵是大象、馬、牛、熊、黑鳥與白鳥、魚和蛇。人們偶爾也會夢到陸龜、蝸牛、蜘蛛和甲蟲。花朵與樹木是最主要的植物象徵。至於無機體，最常見的則是山巒和湖泊。

357 凡是低估了性的價值的地方，自性就會以陽具作為象徵。所謂的低估價值（undervaluation）可以是尋常的壓抑，或是公然地貶低。至於有某些特定人士用純粹生理學的角度來詮釋、評估性的價值，這也會帶來同樣的效果。像這樣的觀念，無非都是忽略了性本能之中那精神性的、「奧祕的」意涵[16]。這些意義亙古以來都是心靈的事實，但其價值卻在哲學及理性主義的土地上遭人貶抑與踐踏。根據補償法則，可想而知，這樣的人具有無意識的陽具崇拜。譬如佛洛伊德，他將性理論作為探索心靈的主要方法，這便是最好的例子。

二

358 回到諾斯替派的自性象徵。從希波律陀的記載中，我們可以發現納塞內派最為重視的是人類的意象；至於幾何及數字的象徵，最重要的則是四元體、八元體、三位一體以及統一體。在此，我們應該將目光著重在四元體的完整體象徵上，前一章第六節談到的象徵尤其重要，為求簡便，我將其稱為摩西四元體（the Moses Quaternio）。接著，我們還要思索納塞內派的第二個四元體，它包含了伊甸園裡的四條河流，我將其稱為樂園四元體（the Paradise Quaternio）。這兩個四元體雖然組成單元有所不同，但表達的概念基本上是一致的，在下文中，我不僅會嘗試指出兩者在心理學上的關聯，還要帶出它們與後世的（煉金術的）四元結構之間的連結。在這些探究的過程裡，我們將會看見這兩個四元體反映了多少諾斯替時代的獨特之處，並看見它們和基督教紀元的心智原型歷史有著多麼深厚的淵源。

16 參見 Hurwitz, “Archetypische Motive in der chassidischen Mystik,” ch. VI。

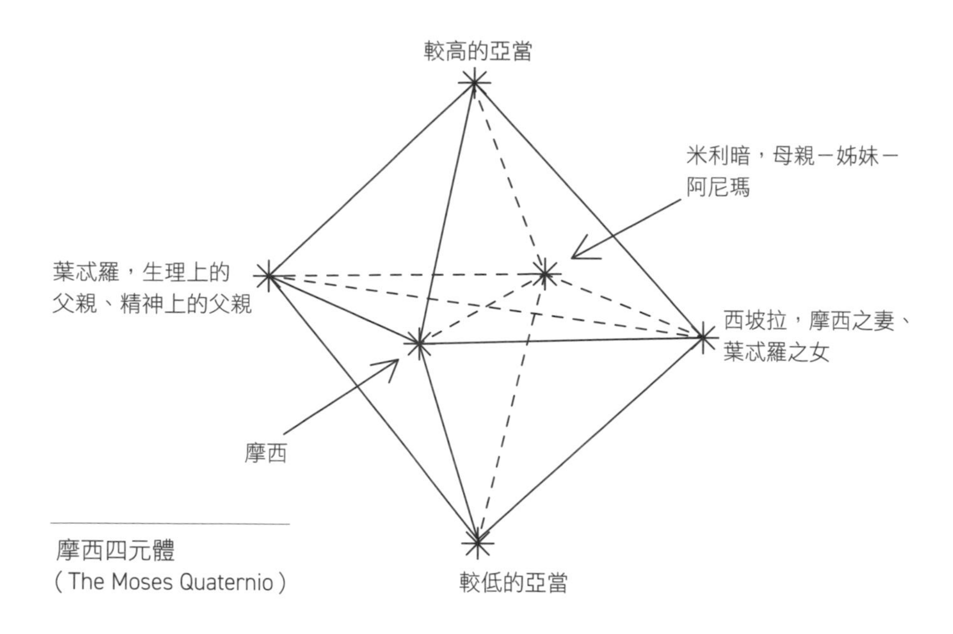

摩西四元體
（The Moses Quaternio）

359 摩西四元體[17]的四元結構顯然是依據這樣的圖式構築而成的：

360 「較低的亞當」對應的是平庸而必朽的人，摩西則對應文化英雄和律法的頒布者，因此，摩西在個人的層次上對應於「父親」；西坡拉作為君王－祭司之女，對應的是「較高的母親」。對平民百姓而言，摩西夫婦代表的是所謂「皇室配偶」（**royal pair**）[18]，這個組合對摩西來說一方面對應他的「更高的人」（**higher man**），另一方面則對應於他的阿尼瑪，即米利暗。這所謂「更高」的人，在摩西四元體中以葉忒羅為代表，其意義等同於「屬靈」之人及「內在」之人。當我們從摩西的角度來觀看這個四元體，其意義便是如此。但是，由於摩西是以較低的亞當或者凡人的身分與葉忒羅建立關係的，因此不能單單將這個四元體看作

是摩西的人格結構，還必須從較低亞當的角度來觀看才行。於是我們可以得出以下這個四元體：

摩西（作為文化英雄）——西坡拉（作為較高的母親）
較低亞當（作為凡人男子）——夏娃（作為凡人女子）

361

由此，我們可以看出納塞內派的四元體其實並不對稱，因為它構成一個只有片面向上趨勢的六元體：方才列出的四元結構必須再將葉忒羅與米利暗放在頂端，如同加蓋第三層樓那樣，以作為摩西和西坡拉的高階對應物。如此一來，我們就得到了從較低亞當通向較高亞當的漸進級數或階層序列。瓦倫廷派那一長串成對的流溢神祇，顯然就有這樣的心理潛藏其下。在各個階層之中，較低亞當或肉身的人位居最底層，在此就只能向上攀升。不過，就如我們已經討論過的，納塞內四元體裡的四名人物都是經過精心挑選的，好為婚姻四元體裡必不可少的亂倫母題（葉忒羅—米利暗）保留了空間，同時也保留了向下的空間，讓凡人的心靈結構可以向下延展到那由陰影原型所代表，低於人類的、黑暗而邪惡的面向。換言之，當摩西迎娶那名「古實女子」時，米利暗這名女先知、母親—姊妹就「長了大痲瘋」，這顯然證明了她與摩西的關係已經轉趨惡化。這點可以從米利暗「毀謗」摩

17 *Elenchos*, V, 8, 2.
18 參見《移情心理學》，段410及其後。

西，甚至慫恿摩西的兄弟亞倫（Aaron）一起毀謗他得到進一步的證實。據此，我們可以得出下面這個六元體：

較低亞當————夏娃
摩西————古實女子
異教祭司葉忒羅————**雪白的**痲瘋病人米利暗

362 雖然《聖經》故事並未對葉忒羅這位「大智者」有所批評，不過身為米甸大祭司的他既不服侍耶和華，也不屬於被選之民，但卻離開以色列人往本地去了[19]。葉忒羅出生時似乎有另一個名字叫作「流珥」（Reguel，上帝之友），他也曾用他的高明智慧幫助過摩西。這麼說來，葉忒羅這個具聖祕性的人物顯然就是「智慧老人」原型的具體化身，此原型在神話和民間傳說中會化為人形的神靈。誠如我在別處[20]論述過的，這類神靈本質上都是雙面性的。譬如在這個例子裡，摩西娶了膚色黝黑的大地之女為妻，這就表現出他自己的陰影；至於葉忒羅，他既然是異教祭司及外邦人，這個四元體所包含的必然是他身上「較低」的那一面，而且這個面向是帶有魔法神祕及邪惡背德的意涵（雖然這一點無法從經文中得到證實）[21]。

就如我曾經解釋過的那樣，摩西四元體是民間傳說中常見的婚姻四元體之獨特變體[22]。因此它也可以用其他神話學式的稱呼來代換。姑舅表婚[lxxxvii]的基本圖式如下：

丈夫——以表姊妹為妻
|　　　　　　　　|
丈夫的姊妹—妻子的兄弟

這個圖式可以有非常多種變形；例如，丈夫的姊妹可以代換成母親，妻子的兄弟也可以用父執輩人物來代換。但無論如何，其特徵都是亂倫的母題。因為這是一個原始的圖式，描繪出了戀愛關

19《出埃及記》十八章二十七節。

20《童話中的神靈現象學》，段400及其後。

21 因為陰影四元體本身的結構是對稱的，所以「善良的智者」在此勢必會由一股與之對反、背德的邪惡人物來補償。

22 參見《移情心理學》，段425及其後。

係及移情現象的特徵，因此，它顯然就和所有性格學的圖式一樣同時有「利」又有「弊」，因為前述的人際關係也示現了同樣的曖昧雙重性：人類的一切行為都有其正反兩面。

364　正因如此，雖然諾斯替派的命名方法稍嫌粗鄙，但還請讀者不要對此太過反感。圖式本身乃普世通用，其中的名諱並非重點。同理，「陰影四元體」（the Shadow Quaternio）也是如此，而我之所以沿用同樣的名字，是因為摩西的生平故事提供了某些非常適合用來描繪陰影的細節。

365　低階六元體的最低端點並不是較低亞當，而是他那黑暗、獸形的預表，即在人類之前就被創造的**蛇**，或說是諾斯替派的**納斯**。據此，我們就得出下文所示的兩個結構。

366　這個圖式並非茶餘飯後的遊戲，因為有大量的文獻表明，諾斯替派的信眾非常熟悉這些形而上人物的黑暗面，他們之所以飽受抨擊也是因為如此。（人們不禁會想起善良的上帝與生殖之神普里阿普斯〔Priapus〕的同一性[23]，或是安索羅波斯與陽具雄起的赫密士之間的同一性。）此外，諾斯替派的信徒（如巴西里德）也殫精竭慮地探討關於惡的議題——πόθεν τὸ κακόν，「惡從何而來？」靈知之神諾斯（Nous）和阿伽索代蒙雖然都是蛇形，但不表示蛇單單只有善的一面。例如大蛇阿佩普就是埃及太陽神傳說中的宿敵，無獨有偶，名叫撒但的「那條古蛇」（that ancient serpent）[24]也是基督這顆「新太陽」（novus Sol）的敵人。上帝是良善、完美、精神性的，其對立面則是無知、無能、自負又不完美的造物者德謬哥。過去曾有掌權的大能者（archontic Powers）給了人類一紙腐敗墮落的「債券」（chirographum），基督不得不從中將人類救贖出來[25]。

367

自從進入第二個千禧年以後，黑暗的那面變得越來越受強調。德謬哥變成了創造世界的魔鬼，稍晚，中世紀煉金術又發展出一個觀念，認為墨丘利是部分物質、部分非物質的神靈，從礦石、金屬，乃至於最崇高的有機生命體都是由祂充盈、持存。祂化身為棲居於大地之內的蛇，擁有肉體、靈魂、精神，當祂作為赫蒙庫魯茲（homunculus，人造人）或**高級人類**（homo altus）時，被認為具有

---

23 可見於殉道者猶斯定。見希波律陀，*Elenchos*, V, 26, 32 (Legge trans., I, p. 178)：「不過，那位善良者是普里阿普斯。」

24 《啟示錄》十二章九節。

25 《歌羅西書》二章十四節：「抹去了在律例上所寫、攻擊我們、有礙於我們的債券，把上頭的字據（handwriting）撤去，釘在十字架上。」（中譯注：和合本《聖經》將 chirographum 譯為「字據」，思高版譯為「債卷」。此節譯文綜合兩者，並略有改動。）這些字跡是刻印在**肉體**上的。四世紀末的知名羅馬神學家奧羅修斯（Orosius）也肯認了這個觀點（"Ad Aurelium Augustum commonitorium de errore Priscillianistarum et Origenistarum," p. 153）。他說，在普里西利安的觀點中，靈魂在穿越重重天界降生於世的過程中，會被邪惡的力量擒住，並在「得勝者的誡命」（victoris principis）之下被擲入分隔的各個肉體（separate bodies）裡，「字據」就是寫在那上頭的。靈魂的各部分領受了一份神聖的**債券**，肉體的各部分則被刻印了天上的記號（*caeli signa*）。

安索羅波斯（較高的亞當）
正面的米利暗
較高的葉忒羅
智慧的西坡拉
較高的摩西
人（較低的亞當）

A. 安索羅波斯四元體
（The Anthropos Quaternio）

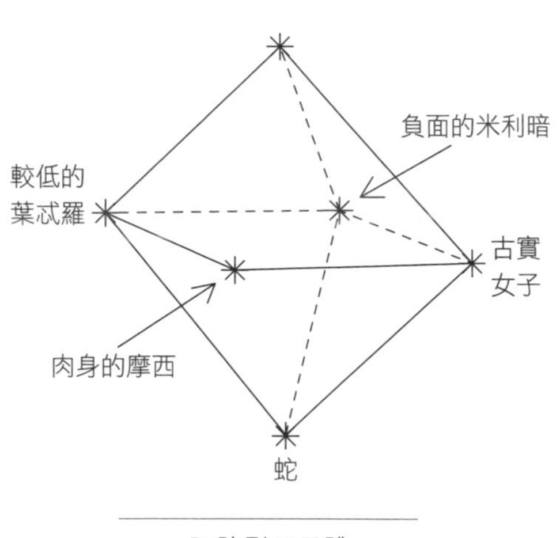

B. 陰影四元體
（The Shadow Quaternio）

人形，且被視為地底的上帝[26]。由此我們可以清楚看見，蛇既然是人類的先驅者、與安索羅波斯相距遙遠的仿造物，那麼「納斯＝諾斯＝道＝基督＝較高亞當」這串等式就顯得非常合理。這串等式在中世紀的時候繼續往黑暗面延展，如我所述，此一發展早在諾斯替派的陽具崇拜中便可見端倪。其最早在十五世紀時的煉金術文獻〈埃仕本罕手稿一一六六〉（*Codex Ashburnham* 1166）[27]就已出現，而墨丘利在十六世紀時就和庫勒涅的赫密士混同了[28]。

368

諾斯替哲學在煉金術中得到延續[29]，這點有著重大意義。「煉金術之母」只是現代科學眾多起源的其中之一，而關於物質的「黑暗」面，現代科學給了我們一份前所未有的認識。它也直搗物理

26《神靈墨丘利》，尤其注意段271、282、289。

27 見《心理學與煉金術》，插圖131。

28 見奧古雷洛（Augurello）（中譯注：拉丁名Augurellus，十五世紀的義大利詩人及煉金術士）呈獻給教宗李奧十世（Pope Leo X）的詩作〈製金術〉（*Chrysopoeia*，收錄於Gratarolus, *Verae alchemiae artisque metallicae*, 1561, pp. 269ff.）。詩中有一段對日神（Phoebus）的姊妹滋養（*alma soror*）的呼請詞：

"Tu quoque, nec coeptis Cylleni audacibus usquam
Defueris, tibi nam puro de fonte perennis
Rivulus argentum, vulgo quod vivere dicunt,
Sufficit, et tantis praestat primordia rebus."

庫爾勒涅，創舉成功，
溪水汨汨，清泉湧汞。
銀般汞哉，人言其「速」，
原始之貌，奇工之初。

——詩作中譯引用《自我與自性》，趙翔譯，世界圖書出版，北京，二〇一四年版，頁227，注4。）

29 在西羅馬帝國，這一發展存在一個間隙，從西元三世紀綿延至十一世紀左右。這段時期正是首次將阿拉伯文獻翻譯為拉丁文的時代。

學和演化論的祕密，並將生命的根源當作它的探索對象之一。藉此方式，人類的心智深深地沉入由物質構成的塵世之中，從而重演著諾斯替派的靈知之神諾斯的神話，祂在下界的深淵之中端詳祂的思緒，又縱身躍進自然界（Physis）的懷抱裡，並在那裡遭到吞食。十八世紀的法國大革命標誌了此一發展的最高峰，十九世紀科學物質主義亦復如是，而二十世紀的巔峰則是政治與社會上的「現實主義」（realism），這使得歷史的巨輪倒退了足足兩千年，令我們目睹專制主義的復辟與橫行、個人權利的喪失，以及前基督教時代那個殘虐、屈辱、奴役人性的世界，那個世界是用「農奴監獄」（ergastulum）來解決「勞動問題」的。「所有價值的顛覆翻轉」此刻正在我們眼前上演。

369

一如《新約聖經》裡的敵基督，諾斯替派以及中古時期的象徵似乎早已預見了此處扼要概述的發展趨勢。接下來，我將盡我所能闡述這是如何發生的。我們已經討論過，較高亞當對應到較低亞當，而較低亞當又對應到蛇。在古典時代晚期以及中世紀人們的心理，第一個八面雙錐體，即**安索羅波斯四元體**代表的是精神世界、形上世界；其次的**陰影四元體**代表的則是塵世的本質，尤其是指人類本能性的那部分——以諾斯替－基督教的術語來說，即是「肉身」（flesh）——其根源位在動物王國，或更精確地說，是根植於溫血動物的世界。這個錐體的最底端乃是冷血的脊索動物——蛇[30]。人類幾乎可以和所有溫血動物建立起心靈交流，但人蛇之間毫無靈犀可言。意想不到的是，蛇居然是安索羅波斯的極端對應物，這份關聯應該是建在下列的事實上——蛇一方面是廣為人知的基督隱喻，另一方面又看似擁有天賜的智慧和極高的靈性[31]，這在中世紀時格外重要。此外，誠如希波律陀所言，諾斯替派將蛇等同於脊髓和骨髓，而兩者都是反射作用的同義詞。

第二個四元體是第一個的負面形式，前者是後者的陰影。我所謂的「陰影」是指較為低劣的人格，是無法和動物性本能有所區隔的最低階層次。這種觀點可以追溯到非常早期，例如所謂「贅生的靈魂」（excrescent soul，προσφύης ψυχή）這樣的概念[32]——語出依西多祿（Isidorus）[33]。俄利根也描述過類似的觀念，他稱其為包含在人類裡面的動物[34]。因為陰影本身對大多數人而言都是無意識的，所以蛇可以等同於那些全然沒有意識，也完全不可能成為意識的內容，但作為集體的無意識與本能，其本身似乎卻又擁有經常令人感覺超乎自然的奇特智慧與洞見。這就是由蛇（或龍）所守護的寶藏，而蛇也因此既是邪惡與黑暗的代表，同時又是智慧的化身。牠漠然、冰冷又危險，殘忍地表達生物的本能，無情地凌駕於人類一切道德、願望與思慮之上，因此，當人類不期然與一條毒蛇相對而視，那將是既駭人又迷人的感受。

30 蛇和龍（dragon）是同義詞，因為拉丁字 *draco* 也可以指蛇。

31 *ζῷον πνευματικώτατον*，「最有靈性的（spiritual）動物」。

32 在瓦倫廷派中，「多出來的東西」（appendages）是指棲身於人類裡面的靈。亞力山卓的革利免，*Stromata*, II, 20, 112 and 114 (trans. Wilson, II, pp. 64f.)。

33 依西多祿是巴西里德的兒子。見亞力山卓的革利免，出處同上，II, 20, 113 (Wilson, II, p.65)。「過度生長之物」（outgrowths）是指動物的靈魂，像是狼、猴、獅子之類的。

34 *In Levit. hom.* V, 2 (Migne, *P.G.*, vol. 12, col. 450)：「所以，當你發現自己身上擁有世間的萬物時，不要懷疑，就連用來獻祭的動物也都包含在你裡面。」

371 在煉金術裡，蛇是**非凡墨丘利**（*Mercurius non vulgi*）的象徵，這位神靈相當於靈啟之神赫密士。兩者的本質都是精神性的。**墨丘利之蛇**（*serpens Mercurii*）是居住在物質之中的地底精靈，祂尤其會棲息在藏身於造物裡頭的迷你原初混沌（a bit of original chaos）之中，也就是**混沌**（*massa confusa*）或**渾圓**（*globosa*）。從歷史的角度來看，煉金術中的蛇象徵指向一些更古老的意象。因為術士將煉金**偉業**理解成對於上帝創世的再現或模仿，墨丘利這位狡黠奸詐的神靈也就令他們聯想到伊甸園裡的那條蛇，也讓他們想起魔鬼與誘惑者，故而在煉金術士的自白中，他們會在煉金工作的過程中耍盡各式各樣的把戲。梅菲斯托費勒斯（Mephistopheles）的「姑姨就是蛇」，對歌德來說，那就是煉金術裡的神靈墨丘利。墨丘利和龍一樣都是陰險狡詐、劇毒而危險之物，也是雌雄同體者的前身，正因如此，人必須將祂打敗。

372 在納塞內派看來，樂園是個和摩西四元體非常相似的平行對應物，兩者都具四元結構，意義也相仿。樂園的四元性是由其中的四條河所構成：比遜河、基訓河、底格里斯河及發拉河（Phrat）[35]。《創世紀》將蛇描繪成樹靈（tree-numen）的化身；因此，蛇在傳統上都被表現為藏在樹上或盤繞著樹。蛇是樹木之聲，這聲音誘惑了夏娃——根據馬丁．路德的版本——那聲音說「吃下這樹是件好事，將它視為一株欲力旺盛（lusty）的樹也是歡愉的事」。在〈瓶中精靈〉（*The Spirit in the Bottle*）[lxxxviii]這則童話裡，墨丘利同樣可以被詮釋為一位樹靈[36]。在《里普利卷軸》（*The Ripley Scrowly*）中，墨丘利也是以蛇形出現，祂被描繪為一隻從哲理之樹（the Philosophical Tree，智慧樹）下降的美露辛（Melusina）[lxxxix] [37]。樹木代表轉化過程的發展狀態及不同階段[38]，樹上的果實或花朵則意味著轉化工作的圓滿完成[39]。在童話故事裡，墨丘利藏身在巨大橡樹（oak）的根部，換言之是藏身於大地之中。樹根位在土地內部，而那裡即是墨丘利之蛇的棲身處。

373

對煉金術上來說，**白化**（*albedo*）就是重新回到天真清白的狀態，其最佳的象徵就是樂園[40]，而樂園四河的源頭則是**永恆之水**的象徵[41]。在教會教父看來，基督就是那個源頭[42]，樂園則意味著靈魂之

35 即幼發拉底河（Euphrates）。

36 〈神靈墨丘利〉，第一部分。

37 見《心理學與煉金術》，插圖257。

38 出處同上，段357。

39 出處同上，插圖122；另見《哲理之樹》（*The philosophical tree*），段402及其後。

40 Ripley, *Cantilena*, verse 28 [cf. *Mysterium Coniunctionis*, p. 317], and *Chymische Schriften*, p. 51; also Mylius, Phil, ref., p. 124.

41 「一片以樂園淨水灌溉之地」（Hollandus, "Fragmentum de lapide," *Theatr. chem.*, II, p. 142）。"Tractatus Aristotelis ad Alexandrum Magnum (conscriptus et collectus a quodam Christiano Philosopho)," *Theatr. chem.*, V, p. 885，文中將「亞里斯多德式的實踐」（practica Aristotelis）和可以讓人變得「完全」（*incolumen*）且不朽的樂園之水相比較：「藉著這水，所有真正的哲學家都能得著生命及無盡的財富。」

42 Didymus of Alexandria, *De trinitate* (Migne, P.G., vol. 39, col. 456).

地，生命之道的四條河流就是從這地裡泉湧而出[43]。我們在約翰．波達奇（John Pordage）[xc]這位煉金術士、神祕主義者身上也可以找到同樣的象徵，他說神聖的智慧乃是一片「嶄新之地（New Earth）、天堂之地（the heavenly Land）……所有的生命樹都是從這片地上長出來的……因此，樂園……從這片嶄新之地的中心及中央地帶升起，那曾經失落的伊甸園也因而變得綠意盎然。」[44]

四

374 蛇的象徵帶領我們來到樂園、樹木、大地的意象。這是演化上的退行：從動物界退回植物界再退到無機物，煉金術裡的**石頭**（*lapis*）既是物質的奧祕，也是此一過程的縮影。在此，不應將**石頭**理解為煉金**偉業**的最終產物，它反而是煉金工作的初始原料。煉金術士也會把奧祕物質這項原料稱為**石頭**。此段描述的這些象徵可以圖示為另一個四元體或八面雙錐體。

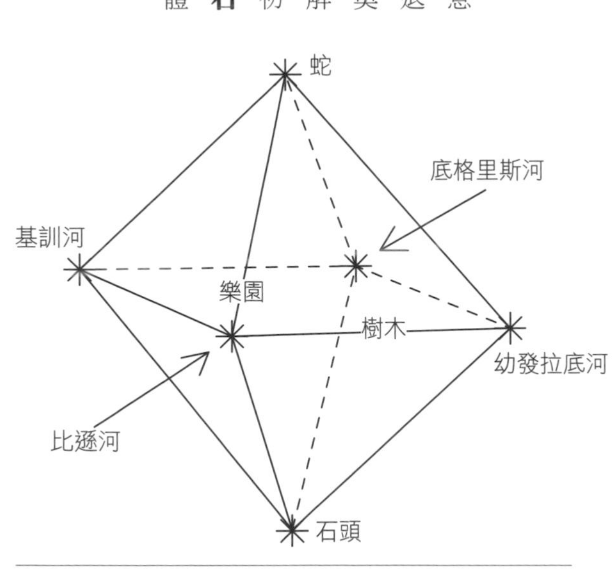

C. 樂園四元體（The Paradise Quaternio）

石頭通常會被視為統合體，因此經常被用來代表**原初物質**。後者是物質之中的迷你原初混沌，一般認為它藏身在金屬（尤其是水銀）或其他物質裡面，而且本身絲毫不是個成分單純的東西（就如**混沌**這個稱呼所示）；同樣地，**石頭**也包含了四種元素，或說**石頭**必須要用四種元素構成[45]。混沌裡面的物質並未糾合，它們只不過是彼此待在一塊而已，仍有待透過煉金流程加以結合。它們甚至彼此敵對，不願自行和解。因此，它們代表的是彼此衝突、相互排斥的原初狀態。這個意象描繪了太初的合一（original unity）化為可見世界繁多（multiplicity）的分裂或開展過程。在四元體之外，煉金**偉業**將**石頭**這個統合體與無機物領域聯繫在一起。如同**大宇宙之子**是一個活生生的存有，**石頭**也不只是一個比喻，其本身就是基督[46]、較高亞當、上界原初之人的平行對應物，也是第二亞當（基督）和蛇的對應物。因此，這個樂園四元體的最低端點同樣也與安索羅波斯遙相呼應。

---

43 St Ambrose, *Explanationes in Psalmos*, Ps. 45, 12 (*Corp. Script. Eccl. Lat.*, LXIV, p. 337). Cf. Rahner, "Flumina de ventre Christi," pp. 269ff.

44 Sophia (1699), p. 9.

45 **石頭**是用四種元素造成的，就像亞當一樣。四方之圓（squared circle）的中央是「調和媒介，能令眾仇敵或各元素歸於和平，從而他們將能相親相愛、相視相擁。」（"Tractaus aureus," *Theatr. Chem.*, IV, p. 691.）

46 關於這一點的證明，參見《心理學與煉金術》，「石頭—基督的類比關係」。

376

誠如前述，**石頭**由四大元素的統合構成[47]，而這四種元素依序代表著不可思量的原初狀態開展過程（unfolding），也就是宇宙初始的無序狀態。此即**原初物質**、**奧祕**、煉金原料，帕拉西爾蘇斯及其追隨者將它稱為「未造物」（*increatum*），此物被認為可與上帝永恆共存——這正確地詮釋了《創世紀》一章二節的「淵」（Tehom）這個字：「〔未受造的（uncreated）〕大地是空虛混沌，淵面黑暗；神的靈〔籠罩（brooded）〕運行在水面上。」這種煉金原料是渾圓的（*massa globosa*，*rotundum*，στοιχεῖον στρογγύλον），就像世界和世界靈魂一樣；它就在「有靈的石頭」之中[48]，若套用現代人的說法，它就是物質結構中最基礎的建構基石，是原子（atom），是人類據以認識世界的模型（intellectual model）。關於這個「渾圓元素」，煉金術士時而形容它是原初之水，時而又是原初之火、原初之土、精氣（pneuma）或「吾等智慧的微小身體」（corpusculum nostrae sapientiae）[49]。當它是火或水，它就是萬能的溶劑；當它是礦石或金屬，它又是某種需要被溶解並化為風（氣體、精氣、靈）的東西。

377

這個**石頭**的象徵又可以進一步用八面雙錐體的圖示來表達：

47 米利烏斯（*Phil. ref.*, p. 15）認為，構成**石頭**的元素是**身**（*corpus*）、**靈**（*spiritus*）及**魂**（*anima*）——**身**是物質及土元素；**靈**是**魂與肉之間的繫結**（*nodus animae et corporis*），因此對應到火元素；水元素及風元素則恰如其分地表達了**魂**和「聖靈」（spirit）的特質。四元素之中有三個是「動」的，只有一個（土）是「不動」的。參見本章注釋89。

48 取自佐西默斯（Berthelot, Alch. grecs, III, vi, 5）對歐斯坦內的引用：「Sur l'art」。

49 "Aurora consurgens," *Art. aurif.*, I, p. 208.

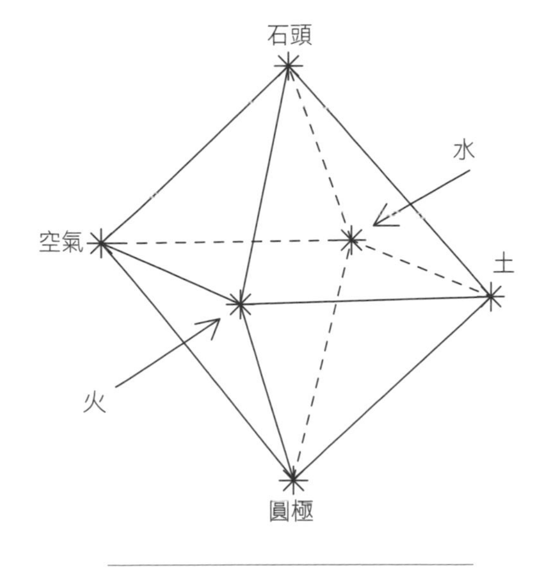

D. 石之四元體
（The Lapis Quaternio）

佐西默斯將**圓極**（*rotundum*）稱為奧米加元素（omega element，Ω），這可能是代表頭部[50]。《Platonis liber quartorum》[51]這份示巴文獻提到了顱骨，並將其描述為轉化過程的容器；至於文中那些將自己打扮成「金頭孩童」的「哲人」[52]，或許和「智慧之子」（filii sapientiae）是一樣的意思。**容器**（*vas*）時常和**哲人石**同義代換，所以燒瓶本身和瓶中的內容物其實並無不同；換言之，兩者乃是同一份奧祕[53]。根據古代的靈魂觀，靈魂是圓球形的[54]，其容器必然也是如此，就像世界和各重天（the heavens）一樣[55]。原初之人的外形也是球體。根據杜恩所說，容器「應當是透過圓形的某種方形化（squaring）來打造，如此一來，我們原料的精神與靈魂才能從它的身體裡分離出來，並且運用它們使這身體提升到它們自身天堂的高度。」[56]關於圓形的方形化，《黃金論》的匿名注釋者也有寫到這點，並且繪製了一個四角由四大元素所構成的正方形。方形的中央有一個小小的圓。作者寫道：「將你的石頭還原為四大元素，將它們修正並合而為一，你便能得到完整的萬靈藥（magistery）。各個元素都必須還原為一（One），一便是這個方形圖案中央的小圓。它是能令眾仇敵或各元素歸於和平的調和者（mediator）。」[57]在後續的章節中，作者用「真正的哲人鵜形瓶」（the true philosophical Pelican）[58]來描述這種容器，如接下來這張圖所示[59]。

378

作者論道：「A點位在內部，彷彿其他的字母都是從它這個源頭與起點流出，又彷彿其他的字母都要流回這最終的目標，一如小溪入海，河入汪洋。」這段解釋完全足以說明這種容器不是別的，它是象徵自性的曼陀羅，或是象徵較高亞當及祂的四位流出者（emanations），如同荷魯斯及

50 有關頭部之意義的評述，參見拙著《彌撒中的體變象徵》，段365及其後。「頭」部也有「開端／起點」（beginning）的意思，例如「尼羅河的源頭」（head of the Nile）等。

51 *Theatr. chem.*, V, p. 151.

52 Berthelot, III, x, 1.

53「有一塊石頭、一劑藥、一個容器、一種方法、一套配置」（Rosarium philosophorum, Art. aurif., II, 206）。「在我們的水中，一切萬物的模式（all modes of things）都被造了出來……它們在我說的這種水裡生成，就好像是在人造容器裡生成一樣，這是偉大的奧祕」（Mylius, *Phil. ref.*, p. 245）。「哲人的水即是他們的容器」（出處同上，頁33）。這個說法來自霍格蘭德的文章（*Theatr. chem.*, I, p. 199），我們可以在文中看到：「盧利（Lully）也把硫磺稱作『大自然的容器』（*vas naturale*，the vessel of the Nature）」，而赫里（Haly）則把這種容器形容成「卵」（ovum）。卵是內容，同時也是容器。**大自然的容器**即是**永恆之水**、哲人的「醋」（vinegar）（"Aurora consurgens," Part II, *Art. aurif.*, I, p. 203）。

54 Caesarius of Heisterbach, *Dialogue on Miracles*, trans. Scott and Bland, Dist. I, chs. XXXII and XXXIV.

55 奧林匹歐多羅斯（Olympiodorus）認為轉化用的容器是「球形玻璃瓶」或「球狀設備」（ὄργανον κυκλικόν）（Berthelot, II, iv, 44.）。「煉化用的容器是仿照大自然的容器製作的。所以我們彷彿可以在它圓球狀的瓶身上看見諸天界和眾元素」（Dorn, *Theatr. chem.*, I, p. 430）。「這一連串物質工作的最後一步，是將哲人水銀放進這天一般的球中」（ibid, p. 499）。特維薩諾斯將這種容器稱為「球形的嫁床」（*rotundum cubile*）（"Liber de alchemia," *Theatr. chem.*, I, p. 790）。

56 "Congeries," *Theatr. chem.*, I, pp. 574f.

57 Ibid., IV, p. 691.

58「在諸世界中，再沒有別的什麼要去追尋。」鵜形瓶（Pelican）是一種蒸餾用的容器，但蒸餾物並不會滴落到承接器（receiver）裡，而是回流進曲頸甑（retort）的腹部。我們可以將這個意象看作是在描繪意識的實現過程，也是描繪意識將對於無意識的洞見進行二次利用的過程。談到鵜形瓶時，作者說道：「對於一度瀕死的人，它能為其恢復生命原有的安然」，如我們所知，此話和基督極其相似。

59 參見《心理學與煉金術》，段167，注釋44。（英編按：另見《帕拉西爾蘇斯的精神現象》，插圖B7。）

其四個兒子。作者將此容器稱為「隱而不顯的魔法數字七」（Septenarius magicus occultus）[60]。無獨有偶，女先知馬利亞（Maria the Prophetess）說道：「哲人教導一切，但煉金燒瓶是唯一的例外，因著上主的智慧，它是要對外邦人隱藏的神聖之物；無論他們知道此物與否，皆無法知曉真正的法門，因為他們對赫密士的容器一無所知。」霍格蘭德補充道：「長者說，比起〔明白〕經文，經上的異象才更應該追尋探究。」女先知馬利亞還說：「此即斯多噶學派（Stoics）藏匿的赫密士容器，它並非什麼玄妙神祕的器皿，乃是**汝之火焰的量器**（*mensura ignis tui*）」。[61]

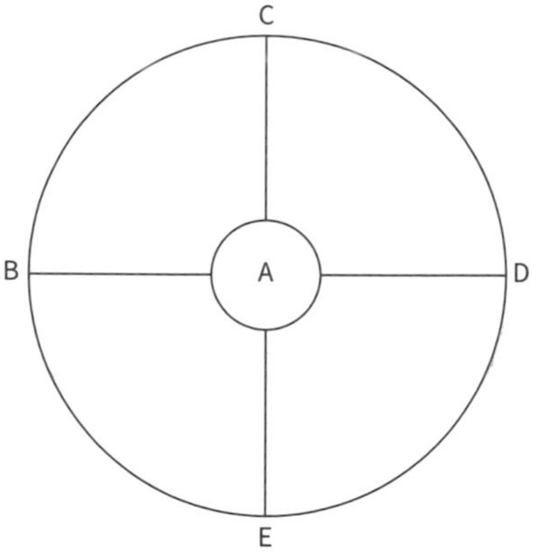

379

從這些引文就可以看出，這種容器具有非比尋常的偉大意義[62]。費拉勒特斯統整了墨丘利數不勝數的同義詞，並說墨丘利不僅是煉金這門技藝的關鍵，還是「守衛在通往生命樹路上的那位基路伯（cherub，智天使）手中的雙刃劍」，但也是「我們的真相、隱藏的容器、哲人的花園，我們的太陽（our Sun）就在這園裡升落」[63]。這多少有助於我們理解盧佩西薩給出的古怪建議：「取一燒瓶，此瓶要仿著基路伯的模樣，亦即上帝的形象（the figure of God），其形六翼、六臂，各臂曲返其身；瓶頂有一圓首……再將此瓶置入前述的滾水之中」[64]等。在此，盧佩西薩用「上帝的形象」來描述基路伯，這表示作者是在暗指以西結的異象[xci]，該意象被一平面水平穿過，從而產生了一個一分為四的曼陀羅。這個意象等同於圓形的方形化，而根據前面提過的煉金指南，煉金燒瓶就是要用方化的圓來構築。曼陀羅代表人類、神聖自性、完整體或有關上帝的意象，就像這個案例清楚顯示的。這類的煉金指南想當然只能「哲理式地」(philosophically)解讀，也就是用心理學的方式理解。如此一來，它就會變成：從你的心靈全體之中造出這個煉金燒瓶，並將**永恆之水**或**教義之水**注入其中，而此水有個別稱是**火熱的酒**(*vinum ardens*，參見盧佩西薩的「滾水」)。哲人應當將此暗示「融會貫通」(inwardly digest)，並以煉金教義轉化自身。

380 從這一點看來，我們就可以理解《曙光乍現》(*Aurora consurgens*)[xcii]第二部分所說的，那作為**原質**(*matrix*)的**本然容器**(*vas naturale*)是什麼意思：它是「太一，一中有三，即水、風、火。它們是二個玻璃蒸餾器(glass alembics)，哲人之子誕生其中。所以他們將它們稱為酊劑(tincture)、血液、

60 數字七是要將字母F和G(沒有呈現在圖上)也算進去，兩者分別代表上界(Above)與下界(Below)。

61 *Art. aurif.*, I, p. 324; *Theatr, chem.*, I, p. 199; *Art. aurif.*, I, p. 323.

62 參見《心理學與煉金術》，段338。

63 *Mus. herm.*, p. 770.

64 *La Vertu et la propriété de la quinte essence* (1581), p. 26.

蛋」[65]。這三個蒸餾器是聖三位一體的隱喻。一五八八年版《潘朵拉》（*Pandora*）的第249頁有一幅插圖，圖中有三個蒸餾器浸在一口大煮鍋（cooking-pot）裡，鍋旁站著一個像是基督的人物，鮮血從他胸部的矛傷裡潺潺流出（「基督腹中的江河」！）。[66]奧祕的轉化過程是在圓球形的煉金燒瓶中完成，而燒瓶即是上帝本身，是（柏拉圖的）世界靈魂，是人類自身的圓滿全體。因此這種燒瓶是安索羅波斯的另一個對應物，也是宇宙最微小也最物質化的形式。於是，不難想見第一個嘗試創建原子模型的人為何會以行星系統作為範本。

五

381

四元結構是一種絕佳的組織圖式（organizing schema），就像望遠鏡頭的十字標記一樣。四元結構彷彿座標系統，當我們要為混亂紊雜的繁多之物做出區隔及編排，就會幾乎本能性地使用到它，譬如劃分視野可及的地表、一年的週期、月相的變化、氣質類型（temperaments）、各種元素、煉金術的顏色，或是要將一群個體分成幾組[67]等等；因此，當我們碰上諾斯替四元體時，會在其中發現，諾斯派的信仰者試圖藉此——或多或少是有意識地——將那些傾瀉在他們身上，混亂無序的聖祕意象組織出一些頭緒。如我們先前所見，姑舅表婚的婚姻四元體就是衍生自此類排列的形式[68]。這種婚姻形式和原始形式的差異在於，姊妹交換婚（sister exchange marriage）[xciii]的生物學特徵已然剝落，男方姊妹要嫁的男人不再是妻子的兄弟，而是妻子的另一名至親（就像摩西四元體中的妻子的父親）

甚或是一位陌生人。表親屬性及兄弟屬性（cousin- and brother- attribute）喪失了以後，就會以魔法般的品質（magical qualities）作為補償，例如更高的階層、神奇的力量等，這點在男方姊妹及女方兄弟的例子中都是相同的。也就是說，此時發生了阿尼瑪－阿尼姆斯投射（anima-animus projection）。這種修正為文化帶來大幅進展，因為投射將夫妻關係中的無意識情結標示了出來，這意味著婚姻必須在**心理上**變得更為複雜。婚姻不再只是某種生物學且社會性的共存形式，而是逐漸轉變為有意識的人際關係。當結婚組（marriage classes）[xciv]演變為有六、八或十二組的組別系統，導致傳統的姑舅表婚顯得不合時宜時，上述的發展便會發生。這種發展趨勢和被活化的無意識有密不可分的關係，而後者之所以被活化，是因為內婚制傾向（endogamous tendency）式微，當人們和結婚對象之間的認識越來越淡薄，「親屬欲力」（kinship libido）便再也無法得到足夠的滿足。[69]

65 *Art. aurif.*, I, p. 203.

66 《帕拉西爾蘇斯的精神現象》，插圖B4。

67 分組婚配制度。

68 《移情心理學》，段433及其後。（英編按：參見Layard, *Stone Men of Malekula*, chs. 5 and 6, and "The Incest Taboo and the Virgin Archetype," pp. 266ff.。）

69 《移情心理學》，段438。

382 除了婚姻四元體之外，樂園四河的四元性也被諾斯替派用來組織他們為數眾多的象徵。因此，在我們先前列舉的那些象徵之中存在兩股（補償性的）企圖，欲將顯然已經失去連結的意象統整起來。這和我們的經驗相符：在積極想像或混亂失序的心靈狀態下，會有一系列的圖像產生。具四元性的象徵在這兩種情況中都會時不時地出現[70]。這些象徵意味著由秩序所帶來的穩定作用（stabilization），此作用是要對抗由混亂所引起的不安定狀態，具有補償性意義。

383 諾斯替主義的象徵繁複龐雜，幾難窮盡，煉金術作為其承繼者亦復如是，前文所述的四個四元體即是針對這兩者做出史無前例的系統化整理。不過，事實證明此番整理所得出的原則有助於我們理解現代人夢境中的個體化象徵。我們在這個領域所遭遇的意象甚至還要更加多變、更加複雜難解，因此某種程度的組織圖式顯然有其必要。我之所以先從摩西四元體開始論述，是因為它是直接從姑表交婚制的原始圖式衍生出來的，所以很適合從歷史的角度繼續談下去。當然，這個四元體只具有範例性的意義。其他任何一個婚姻四元體都可以輕易拿來作為此一架構的基礎，但並不是任何四元結構都能如法炮製，例如荷魯斯及其四子就不行，因為其中缺少了對立性的女性元素，所以它還不夠原始[71]。最重要的是，極端對立的兩面（如男性／女性等）必須彼此連結出現。這就是為何煉金術裡的成對對立面都會在四元結構中彼此連結，例如冷－熱（warm-cold）、乾－濕（dry-moist）。運用到摩西四元體上，其人物關係如下圖所示：

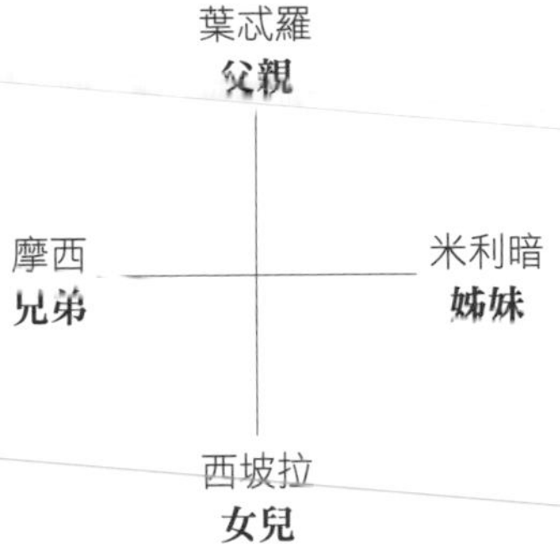

葉忒羅
父親

摩西
兄弟

米利暗
姊妹

西坡拉
女兒

384 第一個八面雙錐體，即安索羅波斯四元體，其與諾斯替派的模型完全一致，至於第二個雙錐體，則是以前者為基礎，並根據包含其中由諾斯替派人士所引用的《聖經》文獻資料推演而出。之所以要建構第二個雙錐體是有心理學上的理由的，前文也已討論過。二號雙錐體必定是一號雙錐體的「陰影」，因為較低亞當這位凡人男子擁有一個屬於地下世界的心靈（a chthonic psyche），因此位置在他之上的四元結構並不能充分地表達他。若後者能夠充分表達較低亞當，那麼他就會是非對稱人物（unsymmetrical figure），這就像是較高亞當也是非對稱的，因而必須透過一個位置在祂之下，又與祂有關聯的四元結構來加以補償，而這個較低的四元結構就彷彿是較高亞當的影子或翦影。

385 那麼，就像安索羅波斯四元體在較低亞當身上找到了與它相對稱的補償物，較低亞當也同樣因為位置比他更低的陰影四元體得到了平衡，而後者乃是依據位在其上方的安索羅波斯四元體的模式

70 見《心理學與煉金術》第二部分收錄的案例。三元性的象徵也會出現，但相對罕見。

71 從年分來看，諾斯替派的四元體當然晚於荷魯斯及其四子的神話，但前者從心理學而言卻是比較古老的，因為女性元素在其中重獲應有的地位，但在家父長制的荷魯斯四元體裡卻看不到這一點。

構築而成。較低亞當的對稱補償物則是**蛇**。這個象徵是相當合理的選擇，首先因為蛇與亞當之間的著名關聯，蛇是他熟悉的精靈、地府的惡魔；其次，對本能那黑暗的地下世界而言，最普遍的象徵就是蛇。蛇也有可能被替換成別種相應的冷血動物，諸如龍、鱷、魚，而這經常發生。不過，蛇不只是邪惡而陰森的生物，誠如前文論述過的，牠也是智慧、光明、良善及療癒的象徵[72]。《新約聖經》裡的蛇甚至還同時寓指基督和魔鬼，就像前述的魚一樣。相似地，龍雖然對我們而言只有負面消極的意義，但中國的龍卻是正面積極的，西方煉金術裡的龍有時也是如此。內在於蛇象徵的兩極性顯而易見，也遠比人類內在的兩極性更為極端，後者是部分潛伏或尚未彰顯的（partly latent or potential）。蛇比亞當更加聰黠、淵博，還能智取亞當。蛇比亞當更古老，而且上帝顯然賦予了牠超越人類的智識，就像那位接手撒但角色的上帝之子一樣[73]。

386

「光明」而善良的上帝概念令人類登峰造極，而當人類處在低處，就必須安歇在黑暗而邪惡的原則上，傳統上將其描述為魔鬼或蛇，後者是亞當不順服行為的人格化展現。此外，如同我們用蛇來與人類相對稱，蛇在第二個八面雙錐體，即樂園四元體中也有其補償對應物。樂園將我們帶入動物和植物的世界。事實上，樂園是因為各種動物才顯得生機蓬勃的林圃或花園，也是從大地萌生滋長的萬物縮影。當蛇以**墨丘利之蛇**（*serpens mercurialis*）的象徵出現，牠就不只和赫密士這位靈啟之神有關，還是能讓「神聖綠意」（blessed greenness）顯現的植物靈（vegetation numen），也就是能令所有植物體萌發、綻放[74]。誠然，蛇實際上就是棲息在大地內部並藏身**石**中的靈（pneuma）。[75]

387 所以，與蛇對稱的補償對應物就是代表大地的**石頭**（*stone*）。在此我們進入了一個比較晚進的象徵發展階段，也就是煉金術的階段，其核心概念正是**石頭**（*lapis*）。**石頭**補償了蛇的不足之處，如同蛇構成了人類的低階對立面。另一方面，**石頭**也對應人類，因為它不僅以人類的外形現身，甚至還擁有「身體、靈魂與精神」，它是人造的小小人（homunculus），而且如同文獻所示，它還是自性的象徵。然而，它並不是單一人類的自我，而是集體性的實體（collective entity）、集體的靈魂，猶如印度的**金胎**（*hiranyagarbha*，「黃金之卵」）[xcv]。這顆**石頭**是眾金屬的「父－母」（father-mother），是個雌雄同體物。雖然它是終極的統合體，但卻並非單純的一體，而是一種經過演進的複合統合體（evolved composite unity）。**石頭**是煉金術士最重要的象徵，我們大可交替使用他們為其發明的「千般名諱」來稱呼它，然而縱有千名，依舊絲毫不能貼切道出箇中奧妙。

72 例如阿斯克勒庇俄斯的蛇、阿伽索代蒙的蛇。

73 Schärf, "Die Gestalt des Satans im Alten Testament," p. 151.

74 「孕育萬物的神聖綠意啊！我從您知曉，芽苞（bud）若是不帶綠色，當中就無菜蔬，亦無果實。我亦知曉，此物之輩皆是綠的，正因如此，哲人才會喚它為芽苞。」（*Ros. phil., Art. aurif.*, II, p. 220.）

75 參見佐西默斯引述的歐斯坦內的話，《心理學與煉金術》，段405。

388 對此象徵的挑選也並非隨意之舉，而是有西元一到十八世紀的大量煉金術文獻可以支持。誠如前述，**石頭**是從四大元素的分裂與聚合之中製成，是以**圓極**（*rotundum*）製成。**圓極**是高度抽象的超越性概念，因為它的渾圓性（roundness）[76]和全體性（wholeness）指涉了原初之人安索羅波斯。

389 綜上所述，我們的這四個八面雙錐體可以自行排列成一個**循環的圓**（*circle*），進而構成著名的**銜尾蛇**。因此在第五個層次，**圓極**就會跟第一個雙錐體疊合，換言之，**金屬**（*metal*）這種大地的沉重黑暗之物和安索羅波斯之間存在著祕密關係。這點在煉金術中非常明顯，且在宗教史裡也曾出現，即金屬從迦約馬特（Gayomart）的血液裡生出[77]。這份奇妙的關聯，可以從最物質性之最低者與最精神性之最高者之間的同一性得到解釋，就像我們談到蛇的時候論述過的，牠雖是地下世界的住民，同時卻又是「最屬靈的」動物。在柏拉圖筆下，**圓極**就是世界靈魂，也是「聖神」（a "blessed God"）[78]。

六

390 接下來，我們要試著濃縮前面幾章的論述，並用圖像將之表現出來。垂直排列以後，我們的圖式看起來就會如同下圖所示：

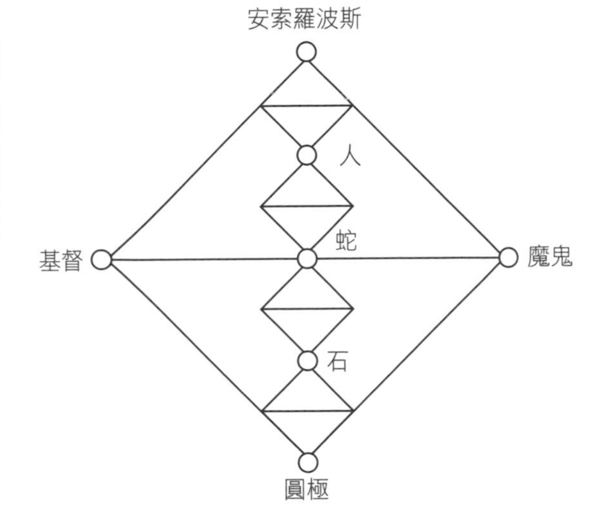

76 這暗示著旋轉（rotation）或許是物質法則。

77 根據達姆達－納許克（Damdad-Nashk）的報告（Reitzenstein and Schäder, *Studien zum antiken Syncretismus aus Iran und Griechenland*, p. 18），在查拉圖斯特拉（Zarathustra）體系的神智學（Theosophy）觀點裡，迦約馬特就是原初之人。此外，古代亞利安傳說中的伊馬（Yima）也是原初之人，他的名字是「光耀的伊馬」（Yimô kshaêtô）。根據《智靈之書》（*Mainyo-i-Khard*），各種金屬就是從他的身體裡被造出來的（Kohut, "Die talmudisch-midraschische Adamssage," pp. 68, 70）。在《班達希經》（*Bundahish*）中，迦約馬特的身體由各種金屬構成（Christensen, "Le Premier Homme et le premier roi dans l'histoire légendaire des Iraniens," p. 21）。

78 英編按：參見《三位一體教義的心理學考究》，段185。

在此圖中，我特別強調了對立面之間張力最為劇烈的端點，也就是具有雙重重要意義，並位居這個系統正中央的蛇。蛇同時寓指基督與魔鬼，牠包含並象徵最強烈的兩極對立性，當安索羅波斯下降到自然界時，祂就墜入到這份極性之中。一般而言，人類並不會觸及這個衝突張力點，惟有在無意識（也就是蛇）中才會碰上[79]。**石頭**是人類的補償對應物，在它之中，對立的兩面可以說是已經統合了，但仍然有著可見的接縫或間隙，就像雌雄同體人的象徵那樣。此一縫隙損傷了**賢者之石**這個概念，就如同太過人性的元素（all-too-human element）也會損傷所謂的**智慧之人**（*Homo sapiens*，智人）。雖然在較高亞當和**圓極**身上都看不見二元對立的跡象，不過可想而知，這兩者是截然對立的。但是，如果這兩者其實是一，是同一個不可思量的超越性實體，那麼這個弔詭的組合就合乎以下法則了：對於某一形而上事物的描述，必定是超越二元的悖論。

391

下圖呈現的即是銜尾蛇式排列：

這樣的排列凸顯了**安索羅波斯－圓極**（Anthropos-rotundum）和**蛇**之間存在著更強大的張力，而**人**與**石**之間的張力則比較輕微，因為前者彼此之間的距離要比

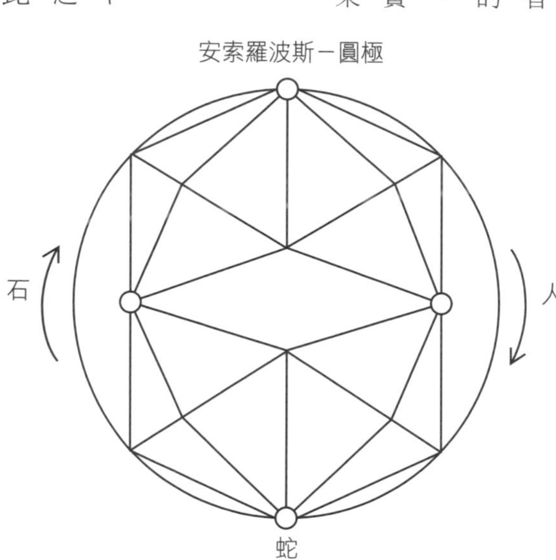

後者未得更遠。兩側的箭頭表示朝自然界下降及朝向精神性上升。蛇是最低的端點。**石**的物質性雖然無庸置疑，不過它同時也是精神性的象徵，因為**圓極**這個超越性實體是由物質的奧祕所象徵的，所以**圓極**可以和原子的概念相提並論。這些概念的發展過程矛盾對反，且與煉金術的弔詭本質亦步亦趨。

392

石之四元體乃是煉金術真知（gnosis）的產物，它帶領我們進到煉金術那引人入勝的物質假說之中。米歇爾・邁爾（Michael Maier，西元一五六八—一六二二年）的《化學求索》（*Scrutinium chymicum*, 1687）書中有一張四元素的插圖[80]，分別代表火的四個不同階段（見圖一）。

79 大多數人的意識都沒有足夠的寬廣度，無法覺察到人類本性之中與生俱來的對立性。對立面激起的張力多半都只能留在無意識裡，只有在夢中才能出現。傳統上，蛇類代表的是人類內在的弱點：牠具體表現出了人類的陰影，即人類脆弱且無意識之處。無意識最大的危險，在於其暗示（suggestion）的傾向。暗示作用的效果取決於某股無意識動力的釋放多寡，該動力的無意識程度越高，暗示的效果就越強大。因此，意識與無意識之間不斷拓寬的裂隙會導致個人心靈罹患疾病及集體精神失常的風險與日俱增。當象徵性的思維消失，通往無意識的橋樑也就隨之崩塌了。人們的本能再也無法抵禦病態的觀念及空洞的口號。事實證明，當理性失去了傳統，失去了本能的根基，它對荒誕錯謬就毫無招架之力了。

80 Emblema XVII, p. 49.

圖一：四大元素
圖片出自米歇爾·邁爾《化學求索》（一六八七）

如圖所示，四個球體都被火焰充滿。作者用以下這首詩加以評論：

> 欲仿擬自然之偉業者，必當尋覓此四球體，
> 其中，輕盈之火躍然。
> 以位居最底的球體呼召火神伏爾坎（Vulcan）；再讓次低的球體將
> 墨丘利明白示現；第三球體承載著月；
> 第四球體即日神阿波羅，又名本然之火。
> 且讓此串連鎖引領汝之雙手精熟技藝。

由此可知，最底部的球體對應於伏爾坎，也就是（地上的？）火神；第二個球體對應於墨丘利，即植物的生之精靈；第三個球體對應月亮，即陰性的、心靈的原則；第四個球體對應太陽，即陽性的、精神性的原則。從邁爾的評述可以清楚看見，他所關注的一方面是四大**元素**，另一方面又是四種類型的**火**，後者可以製造出各種不同的聚合狀態（state of aggregation）。邁爾所謂的 *ignis elementalis re et nomine*，根據它在序列中的位置就是對應於伏爾坎；墨丘利之火對應風；第三種火對應水及月亮；第四種火則對應於太陽，邁爾將其稱為「大地之火」（ignis terreus）。根據邁爾引用的里普利所言，**元素之火**（*ignis elementalis*）是「點燃木材」的火，因此它必然是普通的火。另一方面，太陽之火似乎是在地表下的火，也就是我們今日所說的「火山的／伏爾坎的」（volcanic）火，並且對應於固體的聚合狀態，即「大地的」。我們因此可以整理出以下這些組合（見表格一）：

VIGENERE SERIES[81]		RIPLEY SERIES	
ignis mundi intelligibilis	=	ignis naturaliss[82]	=
ignis caelestis	=	ignis elementaris[83]	=
ignis innaturalisss	=	ignis contra naturam[84]	=
ignis infernalis[81]	=	ignis elementalis	=

MAIER SERIES

ignis terreus	=	Sulfura et Mercurii	=	Sun (Apollo)	=	earth
ignis aqueus	=	aquae	=	Moon (Luna)	=	water
ignis aerius	=	dracones	=	Mercurius	=	air
ignis infernalis[81]	=	ignis elementalis re et nomine	=	Ordinary fre (Vulcan)	=	fire

STATES OF AGGREGATION
= solid
= liquid
= gas
= flame

▲ 表格一

值得注意的是，這份各類不同火焰之聚合狀態的對應表，某種程度上可說是**燃素理論**（*phlogistion theory*），這點誠然並不顯而易見，然而卻有很清楚的暗示，因為表中每一種聚合狀態都跟火脫不了關係，也就是說，每種狀態的組成都有火包含在其中。這個古老的概念[85]，最早見於《哲人集成》，書中的達達里斯（Dardaris）說道：「硫磺（sulphurs）是隱藏在四大元素裡的四個**靈魂**（*animae*）」[86]。雖然這裡說的致動原則／靈魂（active principle，*anima*）並不是火而是硫磺，不過概念仍然一樣，即各種元素或聚合狀態都可以化約出共同的普遍共有物。如今，我們知道**分子運動**（*molecular movement*）才是彼此水火不容的各元素之間共有的因子，也知道不同的聚合狀態關係到分子之間運動程度的不同。分子運動本身涉及到能量的多寡，所以，能量才是不同元素之間的共有因子。施塔爾（Stahl）以前面談過的煉金實踐為基礎提出了燃素理論[87]，成為啟發現代能量理論的先驅之一。因此，我們可以從這些煉金實踐中一窺能量理論最早的雛形[88]。

---

81 維吉尼爾評述道：「世上的神智之火，全然是光。天上之火，發光發熱。元素之火，光熱次之，閃閃爍爍。地獄之火，與神智之火相對，熾熱而焚，絲毫無光。」（"De igne et sale," Theatr. chem., VI, p. 39.）（英編按：參見本書段203。）

82 「它存在萬物之中。」

83 「火燼及澡盆的熱。」

84 「折磨百體者，也就是龍。」

85 最早可以追溯到赫拉克利特。

86 *Turba*, ed. by Ruska, Sermo XLIII, p. 149.

87 施塔爾（Georg Ernst Stahl，西元一六六〇—一七三四年）認為只要是可燃（即可氧化）的物質，都含有稱為「燃素」的成分。他假設燃素不具質量，甚至質量為負值。參見H. E. Fierz-David, *Die Entwicklungsgeschichte der Chemie*, pp. 148f.。

88 當然，就心理學觀點而言，瑪那（mana）這個原始概念年代久遠得多，不過我們此處討論的是**自然科學**的觀點。在硫磺＝靈魂／致動原則（*anima*）的這個等式裡，依然可以看見原始的瑪那思想痕跡。從前，瑪那都被誤以為是**萬物有靈論**（*animism*）。（中譯注：瑪那是廣泛見於大洋洲諸語系裡的名詞，指普遍存在於生命體甚至無生物之中的力量，前者如人類或動植物，後者如石頭、水、火。瑪那只是純粹的自然力量之本身，概念類似中國的「氣」或印度的prana；因其不像「靈」那樣具有可供崇拜的人格，故與泛靈論有別。）

395 煉金術士提出的燃素理論雖然沒能走到這麼遠的地方，但卻指出了正確的方向。更甚者，建構出一套能量理論所需的所有數學、物理學要素，在十七世紀時都已經為人所知。能量這個抽象的概念，對於精確描述物體的運動行為不可或缺。同理，運動中的物體也唯有在時空座標系統中才能被人理解。無論運動發生在什麼地方，都必然位在時空四元體（space-time quaternio）裡，這種四元體可以藉由瑪麗亞定理（三加一）或三比四這個比例來表達。所以，時空四元體可以用來取代四元素四元體，其構成單元相當於時間座標，或是煉金元素排序中的第四位，而這**一個**元素的特徵就是它具有格外獨特的地位，譬如火或土。[89]

396 四元結構裡的這個因子也可以透過其**二重性本質**（*duplex nature*）表現出特殊性。例如伊甸園的第四條河，幼發拉底河，它代表吃進食物、吐出禱告與道（Logos）的嘴巴。在摩西四元體中，摩西妻子的角色是由西坡拉和古實女子共同擔任。如果我們根據邁爾的四大元素所對應的四位神靈——阿波羅、露娜、墨丘利、伏爾坎——來建構一個四元體的話，就可以得出帶有姊弟關係的婚姻四元體。

煉金術中的墨丘利兩性兼具，而且還經常化身為處女。這個特徵（三加一／三比四）在時空四元體裡也相當明顯：

397

如果我們用三維空間的角度來觀看這個四元體，那麼，時間就可以被視為第四個維度；不過我們若是從三種描述時間狀態的詞語——過去、現在、未來——來看它，則時態變化所發生之處，即靜止的空間，就必須作為第四者加入進來。在這兩個例子裡，第四個要素都表現為一個不可通約的

日神阿波羅　月神露娜

火神伏爾坎　二重性的墨丘利

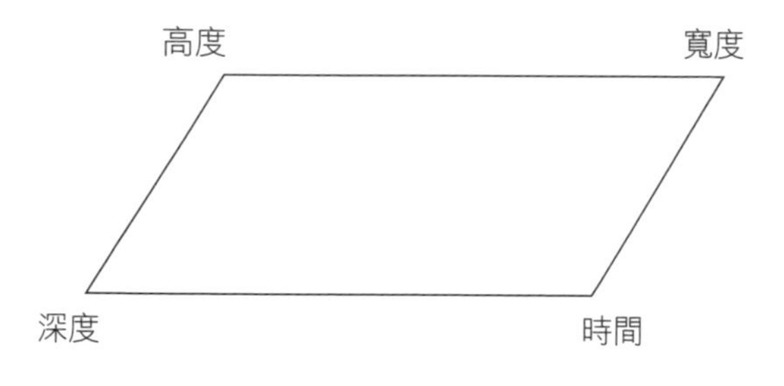

89 火是精神性的，其他元素則是物質性的；土元素是固定不動的，其他則是可動的。

它者（incommensurable Other），三態的時間不能缺少空間，三維的空間也不能缺少時間，所以我們必須藉著時間來測量空間，藉著空間來測量時間。這第四個它者，對應於諾斯替四元結構中「位列第四」的火爆神祇、摩西的兩位妻子（西坡拉和古實女子）、具二重性的幼發拉底河（河水與道）、煉金元素四元體中的火[90]、邁爾神靈四元體中的二重墨丘利，此外，也和「基督教四元體」（the "Christian Quaternity"）——如果像這樣的表達方式可被接受的話[91]——當中的聖母馬利亞及魔鬼相對應。最後這兩個形象互不相容，卻在煉金術的二重墨丘利身上合而為一。[92]

398

若要對物理世界有任何一點理解，時空四元體就是原型式的**必要條件**，誠然，它確實可以增進理解物理世界的可能性。在心靈的眾多四元結構中，時空四元體是一個再好不過的組織圖式，其架構恰恰對應心理學上的心理功能模型[93]。三比一這個比例也經常出現在夢境和自發性的曼陀羅繪畫裡。

399

段390所示的四元結構是逐層疊加，且與上升／下降的概念相結合，在我關於曼陀羅圖畫的論文插圖[94]中可以找到與此圖式相呼應的現代版本。同樣的概念亦可見於該文中與某位個案有關的繪畫，文中花了一些篇幅詳述這名個案，並分析構成各「節點」（nodes）的振動（vibrations）[95]。其中的每一個節點都代表一個獨特的人格，這點和段390的插圖如出一轍。下面這張圖出自於約雅敬的論文手稿[96]，圖中表現三位一體的方式或許也隱含了相似的主題。

90 波墨將「自然之火」稱為「第四形式」。（Tabula principiorum," *De signatura rerum* (1682), p. 279.）

91 撒伯流派（Sabellius，始於西元二世紀）的教義相當關注先於創世的元點（preworldly Monad）和元點的三種**位格**（*Prosopa*，在世上顯化的方式），以及那位「沉默而不作為的神」；這值得我們進一步細究，因為該派傳承給後繼者的教義，是第一次有人以四元的觀點來看待上帝。約雅敬因此對倫巴都彼得（Peter Lombard）做出這樣的指控：「Quod in suis dixit Sententiis, quoniam quaedam summa res est Pater et Filius et Spiritus Sanctus et illa non est generans, neque genita, neque procedens: unde asserit quod ille non tam Trinitatem, quam quaternitatem astruebat in Deo, videlicet tres personas, et illam communem essentiam quasi quartam.」因為倫巴都彼得在他的《神學四綱》（*Book of Sentences*）裡說，那至高無上者（supreme Something）是聖父、聖子和聖靈，且其並不生育、非被生育，亦不繼續；基於這點，約雅敬指控他講述的並非三位一體，而是四位一體；也就是說，在三個位格之外，還有一個三者皆有的某物（Something）是第四者。（Fourth Lateran Council, 1215. Decrees, Cap. II; Denzinger and Bannwart, Enchiridion, p. 190.）參見《三位一體教義的心理學考究》，段243及其後。（中譯注：倫巴都彼得，中世紀經院哲學代表人物暨重要神學家，曾任巴黎主教；《神學四綱》為其代表作之一，是經院神學的指定教材。）

92 參見《神靈墨丘利》，段267及其後。

93 即三種相對分化的功能，以及一個未分化的「劣勢」功能（"inferior" function）。參見《心理類型》（*Psychological Types*）及雅各比（Jacobi）《榮格心理學》（*The Psychology of C. G. Jung*）一書中的圖表。

94 《個體化歷程研究》，頁309、插圖2。

95 同上，插圖3及其圖說。

96 蘇黎世中央圖書館，圖稿館藏，B x 606。

400

最後，我想談談《克萊門布道集》對於創世的獨特理論。在上帝之中，靈肉為一（pneuma and soma are one）。當兩者分離開來，靈就顯現為聖子（the Son）及「來日的主宰者」（archon of the future Aeon），而肉——即具體的實體（οὐσία ὕλη）或物質（ὕλη）——則是一分為四，化作四大元素（各項啟蒙儀式向來都會鄭重地召喚它們）。從這四部分的混合物中，魔鬼誕生了，祂是「現世的主宰者」（archon of this Aeon）、此界的**靈魂**（*psyche* of this world）。肉從此被靈化（psychized，ἐμψῦχον）：「魔鬼、聖子，兩者同樣被上帝用來統管這世界，因為兩者都在祂的掌中」[97]。上帝以成雙對立面（syzygies）的形式在這世界上開顯祂自身，例如天／地、晝／夜、男／女等。而亞當／夏娃就是洪荒以來首次的一系列碎裂（fragmentation）之最後一組對立面。在這個碎裂的過程結束以後，便是重返起點，也就是透過淨化（purification）與消亡（annihilation）讓宇宙臻於圓滿完善（*τελευτὴ τῶν πάντων*）。[98]

401

若我們略去偽克萊門（pseudo-Clement）理論中的道德面向，那麼任何一個曉得煉金術的人都會不由得震驚，此番理論和煉金術士的基本概念竟然這般相似。如此一來，我們就整理出了基督與魔

97 Harnack, *Dogmengeschichte*, I, p. 334.

98 摘要自烏爾霍恩（Uhohorn）的重建版本，收錄於 *Realencyklopädie für Protestantische Theologie und Kirche*, ed. by Hauck, IV, pp. 173ff.。

鬼這對「相仇兄弟」(hostile brothers)，猶太基督教的傳統將兩者視為兄弟；得出了一分為四部分或四元素的四元分化(tetrameria)；得出了它們的成雙對立面及最終統合體；也得出**石頭**與墨丘利這兩者和基督之間的平行對應性，同時，因著蛇或龍的象徵，它們也對應於魔鬼；最後，我們還得出了二重墨丘利和**哲人石**的形象，而在後者之中，對立面可以被統合為一、無有分別。

◆

402

如果我們回顧至今的論述過程，將會在過程的一開始看到兩個諾斯替派的四元結構，其中之一是位在人類之上的「正向的摩西四元體」，即安索羅波斯四元體，另一個則是位在人類之下的樂園四元體[99]。希波律陀之所以特別提及這兩個四元體，很有可能並非偶然，也並非因為納塞內派只知道這兩者，因為在他們的系統中，人類和較高亞當有著緊密連結，卻和樂園這個屬於動植物的地上世界被分隔開來。人類唯有藉著自身的陰影，才和具有雙重意義的蛇有了關聯。這個情況完全就是基督教早期的諾斯替主義時代特徵。在那個時代，人類和「無王的族類」(kingless race，亦即獨立的族類)相當親近，換言之，人類鄰近且仰望天國這個高層的四元結構。然而，在至高處開始的事物並不會更上層樓，只會在低處告終。所以我們才會感受到必須用陰影四元體來和納塞內派的較低亞當彼此對稱——因為摩西等人的四元結構橫亙在較低亞當與較高亞當之間，所以前者無法直接揚升成為後者，同理，蛇也無法成為人(較低亞當)。因此我們必須假設，在較低亞當和蛇這個低階原則之間，存在著一個比人類更低階、更陰暗的四元結構，而它又和位在人類之上的四元結構彼此相應。諾斯替派的時代顯然不知道這種做法，因為不對稱的向上發展趨勢看似不會招誰惹誰，反而合乎眾人所望、正中下懷。於是，我們之所以要在人類和蛇之間安插文獻並未提及的四元結構，是因為我們再也不能想像那種一味朝向超凡入聖，卻沒有被凡夫俗子同等強壯的意識所平衡的心靈。這樣的想法是專屬於現代人的，因為在諾斯替派的思想脈絡下，人類從來不曾有意識地立足於意識世界的中心位置，因此，把人類置於中央是極度冒犯且不合時宜之舉。唯有藉著基督，人們才能真正看見這個在上帝與塵世之間居中調解的意識；此外，唯有透過將身為人類的基督視為自己敬拜的對象，人類才能逐步成為調解者，猶如基督的角色。基督在兩名盜賊之間被釘上十架而死，藉此，人類逐步認知到自身的陰影以及陰影的二元性。這份二元性早早就透過蛇的雙重意義示現出來了。就像蛇同時代表療癒和墮落的力量，其中一名盜賊必定要向上揚升，另一個卻必定向下[xcvi]；陰影也是如此，它的其中一面是當受譴責的可悲弱點，另一面卻是健康的本能、更高意識的先決條件。

403

因此，雖然陰影四元體是人類所處位置的互補與平衡，但唯有當人類充分意識到自己或其自身的存在，且這份意識遠比人對上帝的依賴和上帝對人的主宰更為強大時，這個位置才會變得足夠真

99 為了避免誤解，我必須強調：這裡所說的「樂園」並不是在暗喻「未來的天國」或蒙福者的居所，而是指在地上的伊甸園（the earthly Garden of Eden）。

實，陰影四元體也才能夠發揮居中調節的作用。趨於向上的靈性態度乃是早期基督徒和諾斯替派信徒的心理特徵，我們安插了一個與之對反的補償物來加以平衡，這個做法其實是符合歷史發展的。人類對於靈性領域有種原始的依賴性，人們緊抓後者不放，就像孩子緊抓母親，而靈性領域受到來自撒但國度的威脅。救贖之主打破了地獄大門，騙過了塵世的監守者阿爾亢，將屬靈之人從撒但那裡送了出來，然而屬靈之人受制於天國的程度也是完全相同的。屬靈之人和惡完全沒有半點瓜葛，人們對於基督再臨的殷切盼望更是劇烈強化了這種態度。然而，當基督並未再臨，退行（regression）便是在所難免的唯一可能。當如此巨大的希望化為泡影，如此巨大的期盼未能實現，此時，心靈能量（libido）便會強行回流到人類身上，並透過格外凸顯人類的心靈過程來強化人類自身的意識；換言之，人類會逐漸朝向意識世界的中心位置移動。這會將人從靈性世界帶離出來，並朝陰影的領域靠攏。藉此，人類的道德意識變得更加鮮明，與此同時，人們對於救贖的感受也慢慢淡化了。為了防範現實層面的侵門踏戶，天主教會只好高舉教內儀式的重要性和權威，但如此一來，教會就不得不變成「俗世的王國」（kingdom of this world）。從安索羅波斯四元體到陰影四元體的轉移描繪了一段歷史發展，在西元十一世紀，此發展致使世人普遍將邪惡之道視為世界的創造者。

404

蛇與牠那屬於地下世界的智慧共同形塑了這場歷史大戲的轉捩點。緊跟在後的樂園四元體與**石頭**則帶我們來到自然科學的濫觴（羅傑．培根，西元一二一四—九四年；阿爾伯圖斯．麥格努斯，西元一一九三—一二〇八年；還有眾煉金術士），自然科學的主要趨勢和宗教靈性的差異並非一百八十度的反轉，而是只轉了九十度——也就是說，自然科學對教會的精神性態度有深遠的影響，而與其說它對於信仰的否定，不如說它是把信仰的窘境凸顯了出來。

405　從**哲人石**（即煉金術）開始，線索直接指向煉金聚合狀態的四元體，誠如所見，後者根本上是以時空四元體為其基礎。它可被歸類為原型式的四元體，它也證明了，當心靈將來自運動體的感官印象組織起來時，時空四元體和其他原型式四元體都是不可或缺的原則。時間和空間構築了心理學上的**先驗之物**（*a priori*），這是原型四元體的一個面向，它在獲取關於物理過程的知識時必不可少。

406　從陰影四元體到石之四元體的發展過程，呈現了人類的世界觀在第二個千禧年期間的變化。這一系列四元體的終點是**圓極**或自轉（rotation）的概念，這對比於四元體的靜止性，而誠如前述，事實證明，此靜止性對於理解現實世界是至為重要的。科學唯物主義和此一發展過程有關，這一方面是邏輯上的必然走向，另一方面則是源於對物質的神格化（deification）。在心理學上，後者是奠基於**圓極**和安索羅波斯的原型彼此相應的此一事實上。

407

銜尾蛇既是大自然**周而復始之偉業**（**opus circulare**）象徵，也是「煉金技藝」（Art）的象徵，而因著圓極和安索羅波斯的相應，銜尾蛇之環便收攏閉合了。

七

408

我們的四元體系列還可以用段410的等式來表達，其中，A代表初始狀態（在此是指安索羅波斯）及最終狀態，B、C、D則是中間狀態。從它們之中各自分岔出來的形式則以小寫的a、b、c、d表示。我們是以這個公式的結構來表達某個特定實體（substance）一連串的轉化過程，這點務必謹記。該實體與其相關的轉化階段，總是會產生出其相似物；因此，A會產出a，B會產出b；同樣地，b會產出B，c會產出C。此公式還假設了b是跟隨在a之後，而整個公式是由左至右運算。以心理學原則而言，這些假設也是合理的。

409

這個公式當然不能以線性方式排列，而必須是循環式的，這也是公式之所以要向右運算的原因。A產出其相似物a，接著，藉由a和b的連線，該過程繼續推進，而b又產出了B。此一轉化隨著太陽轉向右方，也就是說，這是意識化的過程；另外，這點也已經透過A、B、C、D各自分判與區別（discrimination）成四個在性質上互不相連的單元來表明了[100]。我們現今對科學的認識並不是奠基在四元原則上，而是三元的（時間、空間、因果關係）[101]。然而，在此我們無意深究現代的科學思想，而是要一探某個中世紀的典型世界觀，其可追溯至萊布尼茲（Leibniz）的時代，他認知到**符應性**（*correspondence*）原則，並以一種天真而懵懂的方式來運用它。為了判斷A的全體性特徵——這是由a、b、c所表達的——我們必須以符應性原則擴充那受制於時間的思考方式，這個原則即是我先前所說的**共時性**（*synchronicity*）[102]。之所以要做此補充，是因為我們對於自然界的描述方式，在某些面向上是不完整的，我們會按照一己的理解去排除可見的事實，或用一種不合理的消極方式來闡述這些事實，如「無因之果」（an effect without a cause）的悖論[103]就是一個例子。諾斯替派的四元體是無意識的天然產物，所以它表現了一個心靈事實，後者又可以和意識的四種定向功能關聯在一起；如我先前所說，這公式向右運算的過程表示意識的分別區辨作用[104]，因此，它是構成意識過程要素之四種心理功能的應用延伸。

100 對應於 *phylokrinesis* ——中譯注：字面意指「分門別類」（breakdown into parts 或 differences in kind）。（英編按：參見本書前文，段118、133。）

101 我並沒有將現代物理學的時空連續體（space-time continuum）算在裡面。

102 參見《共時性：一個非因果聯繫法則》（*Synchronicity: An Acausal Connecting Principle*）。

103 英編按：Jeans, *Physics and Philosophy*, pp. 127, 151。

104 我們由左而右移動的書寫方向是直接的原因。換句話說，右邊是由意識的理性所掌控——右邊無論如何都是「合理的」（right）：例如 upright（正直的）、downright（坦率的）、forthright（果決的）等。左邊是心之所在，心代表情緒，也就是人們受到無意識勾動之處。

這整個循環勢必得要回到它的起點，當D這個和A相差最遠的狀態，基於某種極後反償作用（enantiodromia）而轉變為a3的時候，此循環就會頭尾相連。我們由此得出如下的公式：

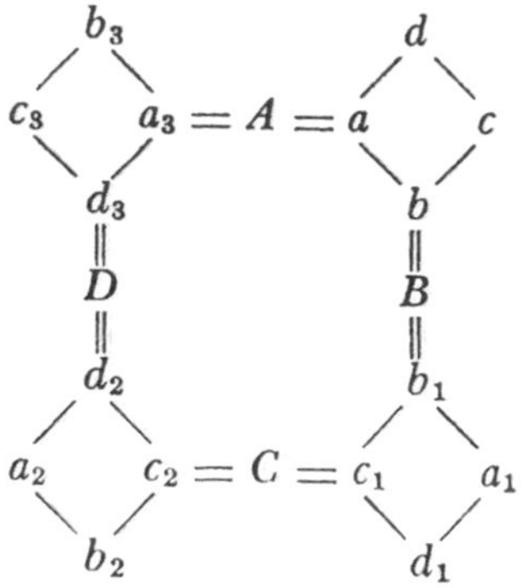

$$
\begin{array}{ccccccc}
 & b_3 & & & & d & \\
c_3 & & a_3 & = A = & a & & c \\
 & d_3 & & & & b & \\
 & \| & & & & \| & \\
 & D & & & & B & \\
 & \| & & & & \| & \\
 & d_2 & & & & b_1 & \\
a_2 & & c_2 & = C = & c_1 & & a_1 \\
 & b_2 & & & & d_1 &
\end{array}
$$

此公式精確重現了轉化作用之象徵性過程的本質特徵。它展示了曼陀羅的循環自轉[105]、補充（或補償）過程的兩極對立性、萬物復興（apacatastasis，即恢復到原初的圓滿狀態，煉金術士用銜尾蛇這個象徵來表達此一過程），最後，此公式還重現了古代煉金術裡的四元分化[106]，這點暗含在統合體A的四重結構之中：

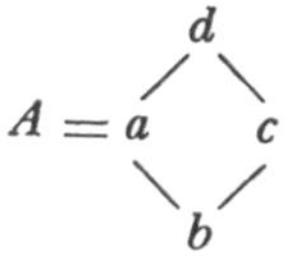

$$
\begin{array}{cccc}
 & & d & \\
A = & a & & c \\
 & & b &
\end{array}
$$

不過，這個公式所能暗示的唯一線索，就是必須透過轉化與整合作用才能企及的更高境界。所謂的「昇華」（sublimation）、進化、質變，全都寓於完整體的開展；其開展了四次，每次又都分為四個部分，這所代表的，無非就是由完整體化為意識的過程。心靈內容一旦分化為四個面向，就意味著它們已經被意識的四種定向功能給區辨開來了。唯有透過這四個面向的產物，才可能做出完整的表述。我們這個公式所描繪的過程，是將原初的無意識整體轉變為有意識的完整體。代表安索羅波斯的A，穿越祂的陰影（B）一路下降，從而進入了自然界（C，也就是蛇），並且，透過某種結晶化過程（crystallization process）變成能化混沌為秩序的**哲人石**（D），接著又向上升入初始的狀態，此時，無意識化為意識的轉化也就完成了。意識和理解是透過分別區辨，即合成（synthesis）之後的分析（溶解作用，dissolution）才有的，在煉金格言裡，是用「溶解與凝結」（Solve et coagula）的象徵性術語來表達此過程。符應性由諸如a1、a2、a3、a4等字母的一致性來代表，換言之，我們從頭到尾都是在處理同一個元素，它在公式裡雖然只是換了位置，不過在心理學上，其名稱和品質也都有所轉變。同時，位置的改換顯然總是代表了物極必反的反向運動，對應於心靈整體之中的某種補償性／補充性變化。古代中國的注經家，就是用這種方式來理解《易經》中的六爻變化。《易經》中的所有原型式排列都具有其聖祕性，這點從各個卦象被賦予的名字即可看出。因此，a到d是「無王的族類」；a1到d1是令人厭惡的陰影四元體，因為它代表著太過人類的人類（all-too-human human being，

105 參見《關於曼陀羅象徵》，插圖19、21、37、60。

106 有關四元**導向**（*regimina*）及四元**配置**（*dispositiones*），參見《心理學與煉金術》，段189、段209及其後。

即尼采所說的「最醜惡的人」）[107]；a2到d2是「樂園」，這點不言自明；最後，a3到d3是物質世界，其聖祕性以唯物主義的形式威脅著我們的世界，且扼殺其發展。至於這四者在過去兩千年來的人類思想史中對應著何種變化，自然不必由我贅述。

411

這組公式呈現了一個自性象徵，自性不僅是靜止的量值或恆定的形式，同時也是動態過程。同理，對於古人而言，人類內在的**上帝意象**並非只是一道印記、一種不具生命的刻板印象，而是一股積極自動的力量（active force）。上述四種轉化作用代表著復原或回春（rejuvenation）現象的發生，此過程可以說是發生在自性內部，且可以和發生在陽光中的碳氮循環（carbon-nitrogen cycle）相比擬。在此循環中，會有一個碳原子核捕捉住四顆質子（其中兩顆會立即變成中子），在循環的尾聲，又以一顆阿爾法粒子（alpha particle）的形式將它們釋出。碳原子核本身在此反應的前後並無變化，「猶如來自灰燼的鳳凰」[108]。存在（existence），也就是原子及其組成部分之存在的祕密，很可能也是由不斷重複的回春過程所構成，而人們若是試圖闡明各種原型的聖祕性，也會得出相似的結論。

412

我非常清楚這種比較本身是極端假設性的，但我認為接納這樣的反思是恰當的，即便要冒著被表象欺騙的風險亦然。核子物理學和無意識心理學，兩者遲早會更向彼此靠攏，並以各自獨立、方向相反的方式，邁入超驗的領域——前者以原子的概念邁進，後者則以原型的概念邁進。

413 和物理學的類比可不是題外話，因為象徵性的圖式本身就代表著下降到物質，而且還需要內在與外在的同一性。心靈並非與物質毫不相干，否則，心靈怎麼能夠驅使物質？同理，物質也不能和心靈截然二分，不然，物質又如何產生心靈？心靈與物質存在於同一個世界，兩者互相參與，若非如此，不可能會有任何交互作用。因此，倘若有足夠充分的研究，我們或許就能在心／物概念之間達成根本的和解。我們的這番嘗試，此刻也許看來魯莽，但我相信這是正確的方向。舉例而言，數學就不僅一次地證明了它那純粹邏輯性且超越一切經驗的結構，實乃相應於萬事萬物的行為。這點恰似那些我所謂的「共時性」事件，皆指向那份寓於一切存在形式之中的奧妙和諧。

414 由於類比結構（analogy formation）在很大程度上主宰了心靈生活，因此我們可以合理地設想，人類純粹理論性的構想——不論是哪種形式——並非新的發明，而是在更早期階段的思想中就已有跡可循。一般而言，這些跡象可以從神祕的轉化過程那五花八門的各階段中發現，或在不同程度的靈啟經驗裡尋得，我們還可以在古典時代及基督教的靈（the pneumatic）、魂（the psychic）、肉（the hylic）三分法中找到它們。這類嘗試之中，最包羅萬象的莫過於《柏拉圖四部曲》（the Book of Platonic

107 中譯注：尼采於一八七八年出版《人性的、太人性的》（德語 *Menschliches, Allzumenschliches*，英語 *Human, All Too Human*）一書，全書以格言體論述自己對道德、宗教、文化等主題的見解，並對傳統西方哲學提出批判。

108 Gamow, *Atomic Energy*, p. 72.

Tetralogies）[109]中的十六重圖式。因為我已經在《心理學與煉金術》中詳述了這個主題，所以在此僅略述其要點。該圖式化過程（schematization）及類比結構始於四個初始原則：自然之偉業（the *work of nature*）、水、複合的本性（composite natures）、感官覺受（the senses），這四個起始點各自都有三個轉化階段，加上初始階段，總共就有十六個。此外，這四原則除了可以橫向劃分為四階段，縱向來看，各階段還有其對應關係：

	I	II	III	IV
1	自然之偉業 *Opus naturalium*	水 *Aqua*	複合的本性 *Naturae compositae*	感官覺受 *Sensus*
2	區辨的本性 *Divisio naturae*	土 *Terra*	辨分的本性 *Naturae discretae*	智性的區辨 *Discretio intellectualis*
3	靈魂 *Anima*	氣 *Aer*	簡一性 *Simplicia*	理性 *Ratio*
4	智性 *Intellectus*	火 *Ignis*	更簡單的乙太 *Aetheris simplicioris*	奧祕物質 *Arcanum*

415

這張對應表展現了**煉金術工作**的各個不同面向，這項工作及占星學和所謂的降神術（necromantic arts）關聯密切，這從其對重要數字的使用、對親近神靈的呼請或召喚就能清楚看見。無獨有偶，歷史悠久的地占術（geomancy）[110]也是建立在由十六個部分組成的圖式上：四個孫子（nepotes）、四個兒子、四個母親，以及四個核心人物——包含審判官（Iudex）、調解人（Subor Superiudex）和兩名證人（Testes）。（這串人物是由右向左書寫的。）這些人物被排放在一個占星宮位的圖式中，但星圖的中央是中空的，並由一個四方形所代替，而四名核心人物就包含在方形之中。

416

亞薩納修斯．基爾歇（Athanasius Kircher）[111]建立的四元體系，在此值得一提：

1 太一（Unum）＝太初元點（Monas monadikē）＝神（Deus）＝萬物根源（Radix omnium）＝最簡心智（Mens simplicissima）＝神聖本質（Divina essentia）＝神聖的模範（Exemplar divinum）

2 十（1+2+3+4＝10）＝第二元點（Secunda Monas）＝十位（dekadikē）＝二元性（Dyas）＝精神世界（Mundus intellectualis）＝天使之智（Angelica intelligentia）＝太一與（來自對立面的）他物的結合（Compositio ab uno et altero）

3 10^2＝100＝第三元點（Tertia Monas）＝百位（hekatontadikē）＝靈魂（Anima）＝智性（Intelligentia）

---

109 這是一份題名為 *Platonis liber quartorum*，作者不詳的哈倫派（Harranite）文獻，刊印於 *Theatr. chem.*, V (1622), pp. 114ff.；據推測，是在十二世紀時從阿拉伯文翻譯過來的。

110 Fludd, "De animae intellectualis scientia seu Geomantia," *Fasciculus geomanticus* (1687), pp. 35f.

111 *Arithmologia, sive De abditis numerorum mysteriis*(1665), pp. 260ff。我要特別感謝馮．法蘭茲博士提醒我留意這份材料。

4

10^3 = 1000 = 第四元點（Quatra Monas）= 千位（chiliadikē）= 一切具象之物（Omnia sensibilia）= 肉體（Corpus）= 眾統合體最終而具象的開顯（ultima et sensibilis Unionum explicatio）

417

基爾歇論道：感官覺受只會影響到肉體，前三個統合體則是理解（understanding）的對象，所以，人們如果想要理解**由感官所覺察到的事物**（*sensibilia*），只能透過心智來達成。「因此，由感官所覺察到的一切都必須被提升為理性、智性或絕對的合一體（unity）。如此一來，我們就可以將那絕對的合一，從一切可覺知的、理性或智性的繁多那裡，帶回到無限的簡約之中，此時，再無一物可說，就連石（the Stone）自己也是**非石**、**非非石**（the Stone too is not so much *a* Stone as *no* Stone），而萬物乃是最簡潔純粹的合一。此外，就如同那具象而理性的石頭合一體有神為其模範，其智性的合一體亦即智性本身。你可以從這些合一體中看見，覺受的感官是如何回歸到理性，理性如何歸於智性，智性如何歸於神，在此完美的循環之中，起初與圓滿皆可覓得。」[112] 基爾歇選用**石**來當作具象事物與神之合一的代表，這顯然是挪用了煉金術的術語，因為**石**正是那含藏神的奧祕物質，或者是神藏身在物質之中的那個部分。

基爾歇的系統和我們的四元體系列，兩者呈現出某種近似性。因此，第二元點是由對立兩面所構成的二元物，對應於因路西法墮天而一分為二的天使世界。另一個重要的類比，是基爾歇認為他的圖式是由神所驅動的循環，如同從其自身開展顯化的初始因（the prime cause），卻又會透過人類的理解活動重歸於神，於是終結以後又回歸起點。這點也和我們的那組公式相仿。煉金術士喜歡將他們的**偉業**描繪成周而復始的過程，並且為此過程繪製了無數的圖畫，例如循環式蒸餾或從尾端吞吃自身的銜尾蛇等。**哲人石**的核心意義顯然地指向自性，同理，**煉金偉業**及其數不勝數的象徵，顯然也是在描繪個體化的過程，即自性從無意識狀態逐步化為意識的發展過程。這就是為何作為**原初物質**的**石頭**會同時出現在煉金過程的開頭與結尾[113]。根據米歇爾．邁爾，黃金——自性的另一個象徵——是來自於太陽那**周而復始之偉業**（*opus circulatorium*）。這個循環是「一條首尾相連的運行軌跡（猶如口銜其尾的蛇），由此軌跡，便能認出那位永恆的畫師與陶匠——上帝。」[114]藉此循環，本性（Nature）「和四大品質各自產生關聯，彷彿畫出了一個等邊四方形，因為對手與對手、敵人與敵人，都藉著同樣的永恆聯結（everlasting bonds）彼此相連。」邁爾將圓的方形化和「方人」（homo

112 Ibid, p. 266.

113 收錄於《心理學與煉金術》，特別是段427注釋4及段431。

114 *De circulo physico quadrato*, p. 16.

quadratus，四方形的人）相比較，後者無論禍福悲喜，皆能「自如自在」（remains himself）[115]。他將方人稱為「黃金屋、對切兩次的圓、四格方陣、堡壘、城牆、四邊戰陣」[116]。這種圓形是包含了對立面之統合的魔法咒圈，「一切傷害皆能免除」。

419

不僅西方有此傳統，在中國的煉丹術裡也可以找到**周而復始之偉業**這樣的概念：「回光（令光循圓運行），則天地陰陽之氣無不凝（crystallized，結晶化）」——《太乙金華宗旨》如是說。[117]

420

奧林匹歐多羅斯（Olympiodorus）很早就提到過一種稱為 *ὄργανον κυκλικόν* 的設備，它就是用來輔助這個循環過程的球形容器[118]。杜恩則認為「生理化學反應的循環運動」是來自於土這個最低層的元素。火是從土中生出，並將較細緻的礦物與水轉化成氣，而氣又能直達天界，於天凝結，復又落下。但在氣上升的過程中，揮發性元素會「從高處的星辰那裡得到雄性的種子，並將它們帶入四大元素的方陣之中，藉此提煉精華，以使眾元素受孕。」[119]這就是盧佩西薩所說，必須反覆千遍的「循環蒸餾」（circular distillation）[120]。

421

關於上升／下降的基本概念，我們在《翠玉錄》中就可以見到，至於轉化過程的各個階段，術士也一而再、再而三地加以描繪，其中著墨最多者，當屬《里普利卷軸》及其各版抄本。對此，我們應當這樣理解：他們以繪畫的形式，試圖間接地捕捉、掌握住個體化歷程的無意識過程。

115 Ibid., p. 17.
116 Ibid., p. 19.
117 Wilhelm, *The Secret of the Golden Flower* (1962 edn.), p. 30.
118 Berthelot, *Alch. grecs*, II. iv, 44.
119 "Physica genesis," *Theatr. chem.*, I, p. 391.
120 *La Vertu et la propriété de la quinte essence*, p. 26.

結語

CONCLUSION

422

在本書中，我已經試圖描述並闡明了現代人最需要瞭解的原型，即自性原型的方方面面。透過這番闡述，我描繪了那些會在任何深度心理治療過程中顯露自身的概念與原型。其中，首先提到的就是**陰影原型**，即那遭到隱藏、壓抑，並且多半低下卑劣、惡貫滿盈的人格，其根源可以一路上溯到我們的動物老祖宗那裡，所以其中包含了無意識的古往今來。透過分析陰影及包藏其中的心理過程，我們就能觸及阿尼瑪／阿尼姆斯這組成對而互補的原型。從表面來看，陰影是被意識心智拋除的，因此它是光的欠缺，就像緊隨著形體之物理上的影子一樣。心理學上的陰影伴隨著道德上的瑕疵，若以表面觀之，自然也會被視為善的缺乏；然而，若是細加審視，它事實上是暗藏具自主性與影響力之因素的一團黑暗，根據這些因素的表現，可以將它們進一步區分為阿尼瑪和阿尼姆斯。當它們大顯神威時，我們觀察到的就是女性身上那個盲目、固執、無理取鬧、剛愎自用的魔鬼，和男性身上那個媚人、善妒、喜怒無常、多愁善感的狐狸精——這讓人不禁捫心自問，無意識是否真的僅是意識那無足輕重的彗星尾，又是否僅是善與光的缺乏。

走筆至此，如果人類的陰影已經被看作是萬惡的淵藪，那麼，此刻我們其實可以再更仔細地檢視，因為人類的無意識部分（也就是陰影）所包含的，不僅只有那些在道德上應受譴責的傾向，同時也具有不少良善的品質，諸如正常的本能、適切的反應、實際的洞察、創造性的衝動等。從這個層面來理解的話，邪惡，毋寧更像是對於事實的某種失真、變形、曲解、誤用，但那些事實本身其實渾然天成（natural）。如今，這種種的造作與歪斜都展現成了阿尼瑪和阿尼姆斯的特殊效應，而這才是諸惡真正的源頭。不過我們不應就此滿足於這份理解，因為事實證明：所有的原型都會自發性地發展出利／弊、明／暗、好／壞的效應。最終，我們必須體認，自性之所以是**一切對立結合體**，正是因為：若無兩極，即無實相（there is no reality without polarity）。我們絕不應忽略這個事實：唯有在人類汲汲營營的範圍之內，對立的事物才具有道德上的意義，而且我們無法對善與惡給出放諸四海皆準的定義。換言之，我們並不知道善惡本身究竟為何。所以我們應當明白，善惡之別是源自於人類意識的需要，因此，一旦跨出人類的領域，它也就失去了效力。也就是說，不可能有形而上的本源派生出善與惡，因為若是如此，善惡的意義便蕩然無存了。如果我們將上帝允許的、所做的一切事物都稱為「善」，那麼邪惡也是善，所謂的「善」就變得毫無意義了。然而苦難──無論是基督的受難或世界的受苦──至今依舊。愚昧、犯罪、疾病、衰老、死亡的暗影，也仍舊不斷地襯托出生命那悅人的光輝。

424

認出與承認阿尼瑪和阿尼姆斯，會是一份特別的體驗，大多數的心理治療師似乎都對此淡然處之，至少主流如此。儘管如此，任何一個對「純文學」稍有瞭解的人，都可以輕而易舉地勾勒出阿尼瑪的模樣；她是小說家的良伴，特別是萊茵河西岸的小說家[1]。對夢境的詳細研究也並非總是必要。要辨識出女性的阿尼姆斯並不那麼容易，因為他的名字為數眾多。不過，若是有人能夠抵禦住同儕間的敵意而不受其影響，同時還能批判性地加以檢視，那麼，他必然會發現他們是被阿尼姆斯擄獲了。但是，話說回來，最有益處也最切中要點的方式，是用最為嚴謹的態度來審視自己的情緒，以及情緒的變化對其自身性格所帶來的影響。得知別人在何處犯錯並沒有大太幫助，只有當你瞭解**你自己**在什麼地方出錯，那才真正有意義，因為唯有如此，你才可以有所作為。我們總想要求別人改進，但此事若非全然的徒勞，至少也是萬分艱辛。

425

一開始，我們會先遭遇到的，往往都是阿尼瑪和阿尼姆斯負面而不受歡迎的模樣，就像邪惡的神靈似的，但它們其實遠遠不止如此。如前所述，它們也有同等正面的向度。因為它們具有能夠左右人心、撼動靈魂的力量，自古以來它們形塑出所有男神、女神的原型基礎，因此，它們值得受到所有心理學家的重視，當然，也值得善於思考的非專業人士的關注。作為人們的守護神，阿尼瑪和阿尼姆斯既不特意為善，也不刻意作惡，他們的二元對立性展現在性別上。它們因此代表了至高無上的對偶，兩者雖然在邏輯上截然相反，但其整合卻並非毫無可能，相反地，雙方之間的交互吸引力，預示著合一的契機，並在事實上使其成為可能。**對立物的接合**催生出了種種思想體系，諸如煉金術裡的「化學婚配」、卡巴拉生命樹上的悌孚瑞特（Tifereth）與瑪互特（Malchuth，即舍金納〔Shekhinah〕）[2] [vi vii]；此外，羔羊的婚嫁自是不必多言。

426　煉金術所謂的哲人石或賢者之石，是將對立的兩極合二為一之後所誕生的產物；它在文獻中的地位非常獨特，我們可以輕而易舉地將其指認為自性的象徵。心理學上，自性是意識（陽）與無意識（陰）的統合體，它代表的是心靈的整體性，所以它是一個心理學概念；但就經驗而言，自性會以某些特定的象徵性圖形現身，而其中最能展現其完整體的面向者，便是曼陀羅圖形及其各種變體；若以歷史角度觀之，事實則證明了這些象徵即是上帝意象。

---

1 施皮特勒的《意象》（*Imago*）乃是瑞士文學中的傑出範例。（英編按：至於英語文學，應首推哈葛德〔Rider Haggard〕的《她》（*She*）——中譯注：哈葛德，十九世紀末的英國暢銷通俗小說家，其作品廣受清末文人喜愛，如《She》一書就有《長生術》和《三千年豔屍記》兩譯本。）

2 Hurwitz, "Archetypische Motive in der chassidischen Mystik," ch. VI.

427

阿尼瑪／阿尼姆斯階段與多神信仰相關，自性則與一神信仰相關[3]。原型象徵自然描繪了光暗兼容的整體，這和基督教多少有些牴觸；信奉耶和華的猶太教與此卻不衝突，或者相形輕微，它們似乎更貼近於自然之道，因此更能將人類經驗如實地反映出來。雖說如此，基督教的異端教派卻試圖在摩尼教二元論的險礁周圍徘徊航行，後者體認到了象徵的本然面目，因而成了早期教會的眼中釘；而在基督的各式象徵之中，有些非常重要的象徵展現出了基督與魔鬼的共同點，但這點在教義中卻無跡可尋。

428

諾斯替派致力為自性找到適切的象徵性表達，其成果也是有史以來最為豐厚的。有別於正統教會的信仰者，諾斯替派中的大多數人（例如瓦倫廷和巴西里德）事實上都允許自身在很大程度上受到自然的內在經驗影響；因此他們就和煉金術士一樣，有如一座知識寶庫，收藏著那些從基督教福音浪潮裡自然浮升起的各式象徵。同時，**善的缺乏**的教義假定上帝有善無惡，現代人的意識與無意識之間也已然開裂出一道怵目驚心的深溝，導致人們普遍迷失了生命的方向；而諾斯替派和煉金術的觀念恰恰補償了上帝意象的此一失衡，將脫節斷裂的意識與無意識橋接在一起。

我非常清楚，這本書遠遠說不上是完整之作；它充其量只是一幅素描，向我們展示了，某些基督教的概念若從心理學經驗的立場來審視，會是什麼模樣。本書的主要目標在於指出：我們在經驗上的種種發現和傳統觀點之間，有何種相應或相異之處，所以勢必得要考量到時代及語言上的落差；這點在討論魚象徵的時候尤其明顯。在此，我們免不了會踏進一片充滿不確定的領域，從而必須時不時地仰賴某種理論性假設，或猶疑進退地修正原先的框架。誠然，身為研究者，理應對自己所闡述的發現有十足的把握；但是，也應當有膽量提出暫時性的假設，即便是要冒著可能犯錯的風險。畢竟，錯誤乃真理之基石。何況，對於未知之物，人就算不曉得它究竟**是**什麼，若是可以得知它**不是**什麼，也算是離「知道」更靠近了一步。

3 這個主題是 Amy I. Allenby 的牛津學位論文題目：《一神教起源之心理學研究》（*A Psychological Study of the Origins of Monotheism*）。

章節附注

i 中譯注：enantiodromia 是榮格受東方道家思想啟發後提出的心理學原則，意指在以二元對立為基本結構的心靈之中，只要任何一方過度發展，勢必激起其對立方之反動，意近中文成語「物極必反」。本書行文如遇作為名詞使用，或譯為術語「極後反償」，並適時加注原文。

ii 中譯注：自我沒有能力知覺到物質身體之「本身」，僅能擁有其「意象」，故言體內知覺具有心靈的性質。

iii 中譯注：原文直譯為「所有生命過程都是心靈的」(all life processes are psychic)。

iv 中譯注：anima 與 animus 皆為拉丁字，兩者原本皆有靈魂、精神等語意，而在榮格心理學中，前者字尾 -a 表陰性，用來指稱男性心中以女性形象現身的原型；後者字尾 -us 表陽性，則指女性心中以男性形象現身者。詳見第三章。

v 中譯注：原文 *syzygy* 的希臘字源與「牛軛」有關，指成對之物；榮格將阿尼瑪與阿尼姆斯合稱為 *syzygy*，藉此闡述兩者的成雙對應關係。此術語過去中文譯名莫衷一是，但以「會合／朔望會合」為大宗，取其兩者既互動且對立之意。本書統一譯為「聖耦」，因「耦」字有「配偶、婚嫁」及「兩人並肩耕犁」之意，前者貼近榮格理論的內涵，後者恰與希臘字源不謀而合，且「耦／偶」同音，音義兼顧；至於「聖」字，由於在榮格理論中，阿尼瑪／阿尼姆斯扮演引導個人通向深層心靈的重要角色（見本書第十四章關於摩西四元體的討論），也化身為各地神話中的男神女神（見第三章關於聖婚原型的討論）。故譯為「聖耦」。

vi 中譯注：此處的愛若思（Eros）與後文的邏格式（Logos）都是希臘字詞，榮格以這組詞彙指涉各種對立但又互補的心理法則，如：關聯／分別、感受／認知、情緒／理智……等，愛若思對應女性／母性，邏格式則對應男性／父性。

vii 中譯注：參見《啟示錄》十二章、十九章。

viii 中譯注：希臘文 psychopomp 字面上指「接引靈魂者」，即帶領亡魂前往死後世界的嚮導。榮格心理學以此指涉負責居中協調意識與無意識的心靈要素。本章的阿尼瑪／阿尼姆斯即屬此類。

ix 中譯注：本書統一將原文 they（指阿尼瑪／阿尼姆斯這組原型）譯成「它們」；但事實上，這兩者總是以人格化的形象現身於意識之中。原文單指其一時，則譯成「她／他」。

x 中譯注：恩培多克勒（Empedoclean），古希臘哲學家，主張世界由「地、水、火、風」四大元素組成，並由「愛、恨」兩股力量運行著——愛促使元素相互聚合，恨則將萬物彼此分離。

xi 中譯注：希臘字 pneuma 意指「呼吸、氣息」，而早期希臘哲學認為氣／風（air）的流動為世間萬物賦予了生命，pneuma 一詞遂衍生出「生氣」、「精神」、「靈」等意涵，亦可見於後來的希臘文《聖經》譯本；nous 也是希臘哲學概念，意近「智性、智能」（intelligence / intellect）。

xii 中譯注：關於原始婚姻制度與四元體象徵的關係，詳見本書十四章第五節。

xiii 中譯注：榮格在此加注《哥林多前書》五章一至二節：「風聞在你們中間有淫亂的事。這樣的淫亂連外邦人中也沒有，就是有人收了他的繼母。你們還是自高自大，並不哀痛，把行這事的人從你們中間趕出去。」

xiv 中譯注：中文的「道德問題」往往指傷風敗俗、違法犯紀之事，本章「道德挫敗」（moral defeat）則是指個人意志受制於內／外因素而無從施展的情況。

xv 中譯注：聖侃克勞斯（Brother Klaus），一四一七年生於瑞士，他在妻子的答允下離家潛修，成為隱士，並於一九四七年封聖；本書出版於一九五一年。

xvi 中譯注：原文為英美法系用語「Act of God」，指人力無法掌握，亦無須賠償的天災或意外。英語 act 亦指「法案／作為／作為／行動」。

xvii 中譯注：原文 crimen laesae maiestatis 是中世紀歐洲企圖冒犯君上、顛覆皇室的重罪。

xviii 中譯注：迪奧提瑪（Diotima），蘇格拉底的兩位老師之一，教導他關於愛的知識。

xix 中譯注：智性判斷（intellectual judgment）對應負責處理「意義」的思考功能；價值判斷（value judgment）則屬處理「價值」的情感功能。兩者皆屬段52所述的理性功能。

xx 中譯注：列維布留爾（Lévy-Bruhl），法國人類學與社會學家，一八五七年生於巴黎。榮格的集體無意識理論深受其啟發。

xxi 中譯注：至福樂土（Elysian fields），古希臘信仰中的死後極樂之地，唯有英雄和偉人得以前往。

xxii 中譯注：榮格常以全體（wholeness）、統合體（unity）、完整體（totality）三者描述自性的不同面向：wholeness 指自性涵容並體現了萬事萬物，unity 指其消弭並整合了所有對立，totality 則強調自性包含對立的各面向因而完整無缺。

xxiii 中譯注：梵語阿特曼（atman）原意近似「靈魂」，印度宗教哲學用來指稱個人內在的終極本質，常見中譯有「梵我、神我、本自真我」等。

xxiv 中譯注：空言（flatus vocis）是中世紀經院哲學唯名論的用語。唯名論主張事物的名稱只能代表人們對事物的分類概念，卻不能指涉個別事物的真實本質。因此，人必須藉著研究與運用理智，方能求得真理。

xxv 中譯注：籌碼只有在賭場裡才有實際價值，出了賭場就形同廢紙，榮格以此比喻智性的有限。

xxvi 中譯注：一六一〇年一月，伽利略透過望遠鏡陸續觀測到木星的四顆衛星，這顛覆了亞里斯多德「所有天體都繞著地球運行」的主張，因此最初遭到許多天文學家、哲學家的否認；但此發現不久後即被證實。

xxvii 中譯注：柏拉圖認為我們身處的世界乃是一純粹精神世界（理型世界）的投影，而非終極真實；榮格此處將自性與理型等同，全體的意象便是它在心靈中的投影，由此衍生出各地的宗教信仰。

xxviii 中譯注：原文 metaphysical 除了可指「抽象的」、「形上學的」，還可拆解成「表象背後的／超越物質的」（meta-physical）。

xxix 中譯注：原文 animimon 指「偽造的、仿冒的、瀆神的」。

xxx 中譯注：在古希臘文中，utopia 的字首 u 可以轉寫作 eu- 或 ou-，分別代表「美好」或「沒有」，因此 utopia 是一語雙關：「理想的國度／不存在的地方」；humbug 是一種雙色條紋的薄荷硬糖，同時也有謊言、騙局的意思。

xxxi 中譯注：基督教四聯像包含撰寫《四福音書》的四位門徒，即馬太、馬可、路加、約翰。

xxxii 中譯注：特士良（Tertullian）生於迦太基，自創許多拉丁神學術語及概念，被後世譽為拉丁神學之父。

xxxiii 中譯注：俄利根（Origen）為希臘教父代表人物，著作豐富，對早期基督教神學影響深遠。

xxxiv 中譯注：《使徒行傳》三章二十一節。

xxxv 中譯注：《路加福音》二十二章。

xxxvi 中譯注：耶穌受洗後在曠野獨行四十天，遭受撒但多次試探。參見《馬太福音》四章一至十一節。

xxxvii 中譯注：《啟示錄》二章六至七節記載：「他們必作神和基督的祭司，並要與基督一同作王一千年。那一千年完了，撒但必從監牢裡被釋放……」；敵基督到來的預言，參見《約翰一書》第二章。

xxxviii 中譯注：參見《約翰福音》第十九章。

xxxix 中譯注：genius 一詞的拉丁字根 gen- 意指「生育」，中世紀時指從人們出生開始就陪伴終生的守護神靈，祂們影響並引導著人的一生；後來才逐漸衍生出「天才、天賦」的詞意。

xl 中譯注：愛任紐（Irenaeus），西元二世紀初生於小亞細亞，基督教早期重要神學家，著有《駁異端》（*Against Heresies*）等知名護教作品，極力批判當時盛行的諾斯替教派，行文時常引述該派教義，意外為後世諾斯替研究保存了大量文獻。

xli 中譯注：pleroma 希臘文原意「豐盛」，基督教神學（尤其是諾斯替教派）用此描述上帝神性本質的圓滿。

xlii 中譯注：「乞題」是指論述的前提本身就是有待證明的命題，卻被論者預設為理所當然。

xliii 中譯注：拉丁字 vitium 有「錯誤、冒犯、瑕疵、犯罪」等意，此處依前後文意譯為「墮落」。

xliv 中譯注：拉丁字 sinistra 意為「左手、左側」。索菲亞（Sophia）是諾斯替創世神話中重要的女性意象。神話的最初，從普羅若麻之中流溢出多對神祇，索菲亞是其中的獨生老么，她極度渴望瞭解普羅若麻的全部，卻因智慧不足而跌墜出那個無限圓滿的世界；這整個物質世界與人類便是在她墜落途中意外誕生，並進一步成為她的囚牢。諾斯替信徒認為：人類必須獲致靈性真知（gnosis），才能從此界的囚禁當中解脫，與索菲亞重歸普羅若麻。

xlv 中譯注：索菲亞從普羅若麻墮落以後，生出了德謬哥（Demiurge，工匠之意，另有意譯為「巨匠造物神」者）。根據不同教派的見解，德謬哥在創造物質世界的途中無心（或惡意）地將其造成形同監獄的不完美世界，又創造一群低階神靈統御此界，即阿爾亢（archon），字面意指「執政官」。

xlvi 中譯注：地球自轉軸並非恆定指向天球北極，而是會以兩萬多年的漫長週期繞圓偏轉；春分點在黃道帶上的投影位置也會因此推移，逐一進入黃道十二星座，此即分點歲差現象。

xlvii 中譯注：帕塔里亞（pataria），十一世紀發生於北義米蘭教區的宗教運動，主要針對教區內買賣聖職、教士娶妻納妾等亂象，要求教宗進行改革。該運動支持者被稱為帕塔里尼（Patarenes）。

xlviii **中譯注**：瓦勒度派（Waldenses），十二世紀晚期由里昂富商彼得．瓦勒度（Peter Waldo）創立，他將《聖經》中的使徒貧窮精神奉為圭臬，將家財分發給貧民，崇尚衣食簡樸的生活，是故人稱「里昂窮人派」。該派認為非神職人員的平信徒也有為人宣講福音的資格，並積極向窮人傳道，後來因此遭到教會打壓。

xlix **中譯注**：貝居安會（Beguines）是在十二世紀早期，由西歐低地國家（今荷蘭、比利時、北法、西德地區）的平信徒婦女自發發起的半修道院式社群；她們過著清貧、貞潔的集體生活，以織染手工維生，致力服務貧病大眾、侍奉上帝，但卻不必如修女那般向教廷立誓終身奉獻。十三世紀中，這群女性紛紛購置房產，在各地建立會院，自號貝居安（Beguines）；貝格哈德（Beghards）則是由男性平信徒組成的類似社群。這股運動後遭教會查禁，日漸式微。

l **中譯注**：自由之靈兄弟會（Brethren of the Free Spirit），十三至十五世紀時，盛行於西歐低地區域的宗教運動；由一群反對教會權威的平信徒組成，組織鬆散，強調個人可以不必透過教士而直接向神禱告。該會思潮很快被教會定調為異端，長期遭受大力打壓。

li **中譯注**：英譯版此處人名有誤。根據中文思高版《聖經．多俾亞傳》第六章，和天使一起抓魚驅魔、治病的是多俾亞（Tobian），而非其父托比特（Tobit）。本譯文已有更正，特此注明。

lii **中譯注**：關於形容詞 *brh*，中文和合本譯作「快行的」；標準修訂版（RSV）英譯 swift（快速的）；新國際譯本（NIV）英譯 gliding（滑溜而行的／逃逸的）；本譯文綜合三者譯作「遁逃迅速的」。此處與本書英譯版原文「長刺的」（piercing）頗有不同，特此說明。

liii **中譯注**：關於「堅實的盤」（solid plate），本書原文如此，筆者從之；然英語聖經通常作 firmament 或 expanse，中譯多作「穹蒼」。

liv **中譯注**：eyewash（洗眼劑）也指「無稽之談」，一語雙關。

lv **中譯注**：原文如此，然而，缽水母綱事實上隸屬於刺胞動物門水母亞門，線形動物門成員也不具備刺絲胞。

lvi **中譯注**：普林尼，人稱老普林尼（Pliny the Elder），古羅馬博物學家，以《自然史》、《博物誌》等百科全書式的著作聞名。

lvii **中譯注**：欣嫩谷（Gehenna）是耶路撒冷城南一處谷地；王國分裂時期，以色列人與猶太人曾經在此焚燒孩童向假神獻祭，耶和華對此大為忿怒，稱該地為「殺戮谷」，見《耶利米書》七章三十二節。此外，這裡亦是廢棄物及罪犯屍體的焚化場，「欣嫩」日後因而成為地獄的同義詞之一。

lviii 中譯注：排中律（tertium non datur），邏輯學術語，意指兩個彼此矛盾的命題其中必有一真，不可能同時為假。

lix 中譯注：《道德經．谷神章第六》：「谷神不死，是謂玄牝。玄牝之門，是謂天地根。綿綿若存，用之不勤。」

lx 中譯注：阿斯克勒庇俄斯（Asclepius）是古希臘醫藥之神，以單蛇纏繞的木杖為代表；據傳埃皮達魯斯為其出生地，當地的神廟為最主要的崇拜場所，廟中有蛇四處遊蕩，與前來祈求療癒之夢的信徒共眠。

lxi 中譯注：聖母領報（Annunciation），《聖經》記載天使加百列曾對馬利亞昭告她將生下神子耶穌：「馬利亞，不要怕！你在神面前已經蒙恩了。你要懷孕生子，可以給他起名叫耶穌。他要為大，稱為至高者的兒子。」（《約翰福音》一章三十至三十二節）

lxii 中譯注：奧圖帕托（Autopator）是赫密士主義的創世神，其字首 auto- 指祂不僅是世界與萬物的父親，也是創造出祂自己的父親。

lxiii 中譯注：希臘文名詞 ἔννοια 意指「思考、思量、想法、概念」，或進行思想的動作本身。

lxiv 中譯注：中文和合本譯作「虛心的人」。

lxv 中譯注：修多．巴庫尼（Theodor Bar-Kuni），約生活於八世紀末，知名敘利亞注經家暨護教者。

lxvi 中譯注：《多馬行傳》又稱《多馬福音》，並未收錄於現今的新舊約中，其手抄本遲至一九四五年才在埃及拿戈瑪第鎮（Nag Hammadi）出土，是二十世紀重大的《聖經》考古發現。其內容約有半數可與對觀福音相互參照，其餘則是四部福音書都無收錄的，此發現令宗教及學術兩界大為震撼。

lxvii 中譯注：赫布賽德慶典，古埃及法老統治滿三十週年時會舉行的慶典，其後每隔三到四年會再陸續舉行，其目的是讓年邁法老在諸神庇佑下獲得強健體魄，以維持其統治。其中會有法老凝望四方，或向四方射箭等儀式。

lxviii 中譯注：中文和合本將 daimonion 譯作「鬼」或「污鬼」，見《馬可福音》一及五章。

lxix 中譯注：庫勒涅山（Kylleni 或 Cyllene）是希臘伯羅奔尼撒半島上的一座高山，據傳赫密士就是在山上一處洞穴裡誕生，因此山名常與赫密士並列。

lxx 中譯注：參見《詩篇》六十五章十一節：「你以恩典為年歲的冠冕；你的路徑都滴下脂油。」

lxxi **中譯注**：此節經文多數英文譯本作「your love」，中文和合本譯為「你的愛情」；但榮格此處引用的杜埃版天主教《聖經》英譯本（*Rheims-Douay Bible*）原文確實為「thy breasts are better than wine」（你的雙乳比酒更美），思高中譯本作並未直翻，而作「你的愛撫甜於美酒」。

lxxii **中譯注**：十三世紀初的女性基督教神祕主義者，以德語及拉丁語寫作。

lxxiii **中譯注**：拉丁字 medulla 原意指動物骨髓或植物莖部的髓質，此處依文意譯為「神髓」。

lxxiv **中譯注**：煉金術繪畫裡的雌雄同體者時常腳踩月牙或長翼的圓球，懸浮在半空中。

lxxv **中譯注**：赫里奧波利斯（Heliopolis）字面指「太陽之城」，接近現今開羅北部。主要崇拜拉神與阿蒙，為古埃及三大創世神話發源地之一。

lxxvi **中譯注**：《約翰福音》四章十三節，耶穌說：「人若喝我所賜的水就永遠不渴。我所賜的水要在他裡頭成為泉源，直湧到永生。」

lxxvii **中譯注**：adamas 字面意指「不可毀壞、無法馴服」，在拉丁文及希臘文中都指鋼鐵或金剛石（英語 diamond、德文 diamant）這類非常堅硬的材質。

lxxviii **中譯注**：此段用典，見《但以理書》二章。此章三十一至三十六節描述先知但以理（Daniel）為尼布甲尼撒（Nebuchadnezzar）解夢，夢境如下：「王啊，你夢見一個大像，這像甚高，極其光耀，站在你面前，形狀甚是可怕。這像的頭是精金的，胸膛和膀臂是銀的，肚腹和腰是銅的，腿是鐵的，腳是半鐵半泥的。你觀看，見有一塊非人手鑿出來的石頭打在這像半鐵半泥的腳上，把腳砸碎；於是金、銀、銅、鐵、泥都一同砸得粉碎，成如夏天禾場上的糠秕，被風吹散，無處可尋。打碎這像的石頭變成一座大山，充滿天下。這就是那夢。」

lxxix **中譯注**：古實（Cush）位於現今埃及南部、蘇丹北部。希臘文《七十士譯本》將古實人譯作 Αἰθίοπες，指「黑皮膚的人」，此後拉丁及英文譯本又音譯為「衣索匹亞人」（Ethiopians），中文和合本從之，然該地不同於現今東非的衣索匹亞共和國，故新譯本改譯「埃塞俄比亞」。參見各版本《使徒行傳》八章二十七節。

lxxx **中譯注**：聖蓓圖（St. Perpetua），西元二世紀末生於北非迦太基的女性基督徒；因篤信基督被捕入獄時已經懷有八月身孕，二○三年殉道。

lxxxi **中譯注**：阿那克里翁（Anacreon），希臘詩人，西元前六世紀生於小亞細亞，以飲酒詩聞名。

lxxxii 中譯注：迦拿（Cana），《聖經》地名。《約翰福音》二章記載耶穌與門徒受邀參加迦拿一場婚宴，席上耶穌首次施行神蹟，將水變成好酒。

lxxxiii 中譯注：薩莫色雷斯（Samothrace），愛琴海北部的一座島嶼。

lxxxiv 中譯注：科律巴斯（Korybas）一說為女神西布莉之子，在後者的狂歡慶典中為男舞者賜名，喚作「科律巴特斯」（corybats）。

lxxxv 中譯注：庫瑞特斯、卡比里、達克堤利，三者都是一群男性形象，且皆與前希臘時期的古代母神崇拜有關，如宙斯之母瑞亞（Rhea）或小亞細亞母神西布莉（Cybele）。三者在現存的神話資料中時常混淆不清，有時是母神慶典的男舞者群，有時則與宙斯童年居住的克里特島有關。

lxxxvi 中譯注：段348《由誰奧義書》譯文引自《印度文明選譯》，何建興、吳承庭編譯，立緒文化，二〇一七年版，頁127。段349《廣林奧義書》譯文引自《奧義書選譯》，徐梵澄譯，頁547至548，末句稍有改動。

lxxxvii 中譯注：姑舅表婚（cross-cousin marriage）又譯交表婚、交錯從表婚。表親（cousin）分為四類：父親兄弟的子女（堂表）、母親姊妹的子女（姨表）、父親姊妹的子女（姑表）、母親兄弟的子女（舅表），前二為「平表／平行從表」（parallel-cousin），後二為「交表／交錯從表」（cross-cousin）；放眼各地的古今婚姻制度，平表通婚通常被視為禁忌，交表通婚則較被允許，東亞、南亞尤其常見，如周朝姬、姜兩姓世代通婚即屬姑舅表婚。

lxxxviii 中譯注：《里普利卷軸》，相傳作者是十五世紀的英國煉金術士喬治．里普利爵士，此作品以大量插畫描述了賢者之石的煉製過程，對後世的煉金術研究有重大影響。

lxxxix 中譯注：美露辛（Melusina），西歐民間傳說中的奇幻生物，上半身是女人，腰部以下則是蛇或魚的形象，通常出現在流動水域或聖井、聖泉之中。

xc 中譯注：約翰．波達奇（John Pordage），十七世紀英國國教派牧師，亦是鑽研煉金術及占星學的基督教神祕主義者。

xci 中譯注：此指《以西結書》所述的「輪中套輪」（wheel within a wheel）異象，相套的兩輪輻心彼此重合，輻框卻又彼此垂直，若從頂端俯視即呈十字。圓（輪）中有方（十字），故為曼陀羅。

xcii 中譯注：《曙光乍現》為十五世紀一份著名的拉丁煉金著作，一般認為作者是偽阿奎納（Pseudo-Aquinas）。該書圖文並茂，是重要的煉金術參考文獻，榮格關門弟子馮．法蘭茲（Marie-Louise von Franz）女士曾翻譯出版此作。

xciii 中譯注：姊妹交換婚（sister exchange marriage）是古代社會常見的婚約形式，指分屬不同家族的適婚男子互相迎娶對方的姊妹為妻，若男方沒有待嫁的親姊妹可供交換，表親亦可。中國古代亦有「交婚」傳統，除了兩男互換姊妹為妻，亦有兩家互換女兒為媳者。

xciv 中譯注：結婚組（marriage classes）為外婚制部落（exogamy tribe）特有的複雜婚約形式。一個部落可以內分為兩個半部族（moieties），其中又各自劃分若干結婚組，男女雙方只能從對方半部族的指定分組中選擇嫁娶對象，所生子女則歸入和父母不同的分組，以此類推。（參見《文化人類學》，林惠祥著（二〇一〇）。新北：華藝數位，頁174至177。）

xcv 中譯注：在印度神話中，宇宙誕生之前，世上只有一片無盡的汪洋，某日，漂來一顆金卵（hiranyagarbha），從中誕生了創世之神梵天，祂用蛋殼造出天地，世界於焉而生。

xcvi 中譯注：和耶穌一同受釘刑的兩名盜賊中，一個譏笑耶穌說：「你不是基督嗎？可以救自己和我們吧！」另一個則當下悔改，信靠耶穌，耶穌對他說：「我實在告訴你，今日你要同我在樂園裡了。」參見《路加福音》二十三章三十二至四十三節。

xcvii 中譯注：悌孚瑞特（Tifereth）位於生命樹中央，「具有男性勢能，象徵平衡、靈性、慈心與和諧……是具現的神之光，反映出神的形象……也是新娘舍金納要嫁的新郎」。舍金納（Shekhinah）位於生命樹最底端，即「存在」之意，別稱瑪互特；「具有女性勢能，象徵這個地球世界……是神可見、可知的女性面向……從男性的悌孚瑞特接受生命力，再將生命力散至萬物」。參見《儀式魔法全書》上冊，楓樹林文化，二〇二一年版，頁58至59。

榮格全集[1]

The Collected Work of C.G. Jung

第一卷：《精神病學研究》（Psychiatric Studies）（1957初版，1970二版）

論所謂神祕現象的心理學與病理學

On the Psychology and Pathology of So-Called Occult Phenomena（1902）

論歇斯底里的誤讀

On Hysterical Misreading（1904）

潛隱記憶

Cryptomnesia（1905）

論狂躁性情感疾患

On Manic Mood Disorder（1903）

一名拘留所犯人的歇斯底里昏迷案例

A Case of Hysterical Stupor in a Prisoner in Detention（1902）

論假性精神失常

On Simulated Insanity（1903）

假性精神失常案例的醫學觀點

A Medical Opinion on a Case of Simulated Insanity（1904）

關於兩個相互矛盾之精神病學診斷的第三及最後一項意見

A Third and Final Opinion on Two Contradictory Psychiatric Diagnoses（1906）

1 編者：Sir Herbert Read、Michael Fordham、Gerhard Adler；William McGuire主編。英譯者為RFC Hull，例外處另行註記。

論事實的心理診斷

On the Psychological Diagnosis of Facts（1905）

第二卷：《實驗研究》（Experimental Researches）（1973）[2]

字詞聯想研究（Studies In Word Association）（1904-7, 1910）

普通受試者的聯想（由榮格與 F. 瑞克林合著）

The Associations of Normal Subjects（by Jung and F. Riklin）

一名癲癇症患者的聯想分析

An Analysis of the Associations of an Epileptic

聯想實驗中的反應時間比

The Reaction-Time Ratio in the Association Experiment

記憶能力的實驗觀察

Experimental Observations on the Faculty of Memory

精神分析與聯想實驗

Psychoanalysis and Association Experiments

證據的心理學診斷

The Psychological Diagnosis of Evidence

聯想、夢和歇斯底里式症狀

Association, Dream, and Hysterical Symptom

聯想實驗的精神病理學意義

The Psychopathological Significance of the Association Experiment

聯想實驗中的再現障礙

Disturbances of Reproduction in the Association Experiment

聯想法

The Association Method

家庭情結

The Family Constellation

心理生理學研究（Psychophysical Researches）（1907-8）

論聯想實驗中的心身關係

On the Psychophysical Relations of the Association Experiment

用電流計和呼吸描記器對一般個案和精神病患者進行的心身研究（由 F. 彼得森與榮格合著）

Psychophysical Investigations with the Galvanometer and Pneumograph in Normal and Insane Individuals (by F. Peterson and Jung)

對一般個案和精神病患者的電流現象與呼吸的進一步研究（由 C. 里克舍與榮格合著）

Further Investigations on the Galvanic Phenomenon and Respiration in Normal and Insane Individuals (by C. Ricksher and Jung)

附錄：徵兵的統計細節（Statistical Details of Enlistment，1906）；犯罪心理學的新向度（New Aspects of Criminal Psychology，1908）；蘇黎世大學精神病診所採用的心理學調查方法（The Psychological Methods of Investigation Used in the Psychiatric Clinic of the University of Zurich，1910）；論情結學說（On the Doctrine Complexes，[1911] 1913）；論證據的心理學診斷（On the Psychological Diagnosis of Evidence，1937）

第三卷：《精神疾病的心理成因》（The Psychogenesis of Mental Disease）（1960）[3]

早發性癡呆症的心理學

The Psychology of Dementia Praecox（1907）

精神病的內容

The Content of the Psychoses（1908/14）

2 由 Leopold Stein 主譯，Diana Riviere 合譯。

3 中譯注：為去除患者汙名形象，我國衛生福利部已於二〇一四年將 Schizophrenia 中譯正名為「思覺失調症」，此處從之；舊譯「精神分裂症」。

論心理學的認知
On Psychological Understanding（1914）
對布魯勒思覺失調抗拒症理論的批評
A Criticism of Bleuler's Theory of Schizophrenic Negativism（1911）
論無意識在心理學中的重要性
On the Importance of the Unconscious in Psychology（1914）
論精神疾病之心理起因問題
On the Problem of Psychogenesis in Mental Disease（1919）
精神疾病與心靈
Mental Disease and the Psyche（1928）
論思覺失調症的心理起因
On the Psychogenesis of Schizophrenia（1939）
針對思覺失調症的新近見解
Recent Thoughts on Schizophrenia（1957）
思覺失調症
Schizophrenia（1958）

第四卷：《佛洛伊德與精神分析》（Freud and Psychoanalysis）（1967）

佛洛依德的歇斯底里症理論：答阿莎芬伯格
Freud's Theory of Hysteria: A Reply to Aschaffenburg（1906）
佛洛依德的歇斯底里症理論
The Freudian Theory of Hysteria（1908）
一項對謠言心理學的貢獻
A Contribution to the Psychology of Rumour（1910-11）
論數字夢的意義
On the Significance of Number Dreams（1910-11）
針對莫頓．普林斯〈夢的機制和詮釋〉的批評性回顧
Morton Prince's "The Mechanism and Interpretation of Dreams": A Critical Review（1911）
論對精神分析的批評
On the Criticism of Psychoanalysis（1910）
關於精神分析
Concerning Psychoanalysis（1912）

精神分析的理論
The Theory of Psychoanalysis（1913）
精神分析學概覽
General Aspects of Psychoanalysis（1913）
精神分析與精神官能症
Psychoanalysis and Neurosis（1916）
精神分析中的一些關鍵：榮格博士和洛伊博士的一則通信
Some Crucial Points in Psychoanalysis: A Correspondence between Dr. Jung and Dr. Loÿ（1914）
《分析心理學論文集》序文
Prefaces to "Collected Papers on Analytical Psychology"（1916, 1917）
父親對於個人命運的重要性
The Significance of the Father in the Destiny of the Individual（1909/1949）
克蘭費爾德〈精神祕徑〉之引言
Introduction to Kranefeldt's "Secret Ways of the Mind"（1930）
佛洛依德和榮格的對比
Freud and Jung: Contrasts（1929）

第五卷：《轉化的象徵》（Symbols of Transformation）
（[1911-12/1952] 1956；1967二版）

第一部
前言
Introduction
兩種思惟方式
Two Kinds of Thinking
米勒小姐的幻想：病歷
The Miller Fantasies: Anamnesis
詠造物
The Hymn of Creation
蛾之曲
The Song of the Moth

第二部
前言
Introduction
力比多的概念
The Concept of Libido

力比多的轉化

The Transformation of Libido

英雄的起源

The Origin of the Hero

母親和重生的象徵

Symbols of the Mother and of Rebirth

從母親脫離的戰役

The Battle for Deliverance from the Mother

雙面性的母親

The Dual Mother

犧牲

The Sacrifice

結語

Epilogue

附錄：米勒的幻想

Appendix: the Miller Fantasies

第六卷：《心理類型》（Psychological Types）（[1921] 1971）[4]

前言

Introduction

古典時代與中世紀思想中的類型問題

The Problem of Types in the History of Classical and Medieval Thought

席勒對於類型問題的見解

Schiller's Ideas on Type Problem

日神型與酒神型

The Apollonian and the Dionysian

人類性格中的類型問題

The Type Problem in Human Character

精神病理學中的類型問題

The Type Problem in Psychopathology

現代哲學中的類型問題

The Type Problem in Modern Philosophy

傳記文學中的類型問題

The Type Problem in Biography

心理類型的基本描述

General Description of the Types

定義

Definitions

結語

Epilogue

附錄：心理類型四論（1913、1925、1931、1936）

第七卷：《分析心理學二論》（Two Essays on Analytical Psychology》[4]（1953; 1966二版）

論無意識的心理學

On the Psychology of the Unconscious（1917/1926/1943）

自我與無意識之間的關係

The Relations between the Ego and the Unconscious（1928）

附錄：心理學的新道路（New Paths in Psychology，1912）；無意識的結構（The Structure of the Unconscious，1916；1966新版另有更動）

第八卷：《心靈的結構與動力》（The Structure and Dynamics of the Psyche）（1960；1969二版）

論心靈能量

On Psychic Energy（1928）

超越功能

The Transcendent Function（[1916] 1957）

回顧情結理論

A Review of the Complex Theory（1934）

體質與遺傳在心理學中的意義

The Significance of Constitution and Heredity in Psychology（1929）

決定人類行為的心理要素

Psychological Factors Determining Human Behavior（1937）

本能與無意識

Instinct and the Unconscious（1919）

心靈的結構

The Structure of the Psyche（1927/1931）

論心靈的性質

On the Nature of the Psyche（1947/1954）

夢心理學概覽

General Aspects of Dream Psychology（1916/1948）

4 R.F.C. Hull 對 H.G. Baynes 譯本的修訂版。

論夢的性質
On the Nature of Dreams（1945/1948）
神靈信仰的心理學基礎
The Psychological Foundation of Belief in Spirits
（1920/1948）
精神與生命
Spirit and Life（1926）
分析心理學的基本假設
Basic Postulates of Analytical Psychology（1931）
分析式的心理學和**世界觀**
Analytic Psychology and *Weltanschauung*（1928/1931）
現實與超現實
The Real and the Surreal（1933）
人生的各個階段
The Stages of Life（1930-31）
靈魂與死亡
The Soul and Death（1934）
共時性：一個非因果性的聯繫定律
Synchronicity: An Acausal Connecting Principle
（1952）

附錄：論共時性（On Synchronicity，1951）

第九卷 第一部：《原型與集體無意識》（The Archetypes and the Collective Unconscious）
（1959；1968二版）
集體無意識的原型
Archetypes of the Collective Unconscious
（1934/1954）
集體無意識的概念
The Concept of the Collective Unconscious（1936）
關於原型，特別涉及阿尼瑪概念
Concerning the Archetypes, with Special Reference to the Anima Concept（1936/1954）
母親原型的心理層面
Psychological Aspects of the Mother Archetype
（1938/1954）
關於重生
Concerning Rebirth（1940/1950）

兒童原型的心理學
The Psychology of the Child Archetype（1940）
處女神珂蕊的心理學面向
The Psychological Aspects of the Kore（1941）
童話中的神靈現象學
The Phenomenology of the Spirit in Fairytales（1945/1948）
論搗蛋鬼人物的心理學
On the Psychology of the Trickster-Figure（1954）
意識、無意識與個體化
Conscious, Unconscious, and Individuation（1939）
個體化歷程研究
A Study in the Process of Individuation（1934/1950）
關於曼陀羅象徵
Concerning Mandala Symbolism（1950）
附錄：曼陀羅（Mandalas，1955）

第九卷 第二部：《伊庸：自性的現象學研究》
（Aion: Researches into the Phenomenology of the Self）（[1951] 1959，1968二版）

自我
The Ego
陰影
The Shadow
聖耦：阿尼瑪和阿尼姆斯
The Syzygy: Anima and Animus
自性
The Self
基督：自性的象徵
Christ, A Symbol of the Self
雙魚的象徵
The Sign of the Fishes
諾查丹瑪斯預言
The Prophecies of Nostradamus
魚的歷史意義
The Historical Significance of the Fish
魚之象徵的矛盾性質
The Ambivalence of the Fish Symbol
煉金術中的魚
The Fish in Alchemy

煉金術對魚的詮釋

The Alchemical Interpretation of the Fish

基督教煉金術象徵的心理學背景

Background to the Psychology of Christian Alchemical Symbolism

諾斯替派的自性象徵

Gnostic Symbols of the Self

自性的結構與動力

The Structure and Dynamics of the Self

結語

Conclusion

第十卷：《變遷中的文明》（Civilization in Transition）（1964：1970二版）

無意識的作用

The Role of the Unconscious（1918）

人心與大地

Mind and Earth（1927/1931）

古代人

Archaic Man（1931）

現代人的精神問題

The Spiritual Problem of Modern Man（1928/1931）

一名學生的戀愛問題

The Love Problem of a Student（1928）

歐洲的女性

Woman in Europe（1927）

心理學之於現代人的意義

The Meaning of Psychology for Modern Man（1933/1934）

當今心理治療的狀況

The State of Psychotherapy Today（1934）

〈當代事件雜論〉之序跋

Preface and Epilogue to "Essays on Contemporary Events"（1946）

沃坦

Wotan（1936）

浩劫過後

After the Catastrophe（1945）

與陰影交戰

The Fight with the Shadow（1946）

未發現的自性：如今與未來
The Undiscovered Self (Present and Future)（1957）
飛碟：一則現代神話
Flying Saucers: a Modern Myth（1958）
關於良知的心理學觀點
A Psychological View of Conscience（1958）
分析心理學中的善與惡
Good and Evil in Analytical Psychology（1959）
東尼·沃爾夫〈榮格心理學研究〉之引言
Introduction to Toni Wolff's "Studies in Jungian Psychology"（1959）
歐洲範圍內的瑞士路線
The Swiss Line in the European Spectrum（1928）
評論凱澤林〈令美國自由〉及〈世界革命〉
Reviews of Keyserling's "America Set Free"(1930) and "La Révolution Mondiale"(1934)
美國心理學的複雜性
The Complications of American Psychology（1930）
印度的如夢世界
The Dreamlike World of India（1939）
印度能教給我們什麼
What India can teach us（1939）
附錄：文獻（1933-38）

第十一卷：《心理學與宗教：西方與東方》

(Psychology and Religion: West and East)（1958；1969二版）

西方宗教

心理學與宗教（泰瑞講堂）
Psychology and Religion (the Terry Lectures)（1938/1940）
三位一體教義的心理學考究
A Psychological Approach to the Dogma of the Trinity（1942/1948）
彌撒中的體變象徵
Transformation Symbolism in the Mass（1942/1954）
懷特〈上帝與無意識〉之前言
Foreword to White's "God and the Unconscious"（1952）
韋伯洛斯基〈路西法與普羅米修斯〉之前言
Foreword to Werblowsky's "Lucifer and Prometheus"（1952）

印度聖人：齊默《邁向真我之路》之引言

The Holy Men of India: Introduction to Zimmer' s "Der Weg zum Selbst"（1944）

《易經》之前言

Foreword to the "I-Ching"（1950）

第十二卷：《心理學與煉金術》（Psychology and Alchemy）（[1944] 1953，1968二版）

英文版緒論

Prefatory Note to the English Edition（[1951?] 1967增補）

煉金術的宗教與心理學問題引論

Introduction to the Religious and Psychological Problems of Alchemy

與煉金術相關的個體夢象徵

Individual Dream Symbolism in Relation to the Alchemy（1936）

煉金術中的宗教觀念

Religious Ideas in Alchemy（1937）

聖徒克勞斯

Brother Klaus（1933）

心理治療者或神職人員

Psychotherapists or the Clergy（1932）

答約伯

Answer to Job（1952）

東方宗教

對《西藏大解脫經》的心理學闡釋

Psychological Commentary on "The Tibetan Book of the Dead"（1939/1954）

對《西藏度亡經》的心理學闡釋

Psychological Commentary on "The Tibetan Book of the Great Liberation"（1935/1953）

瑜伽與西方

Yoga and the West（1936）

鈴木大拙《禪學入門》之前言

Foreword to Suzuki's "Introduction to Zen Buddhism"（1939）

東洋冥想心理學

The Psychology of Eastern Meditation（1943）

結語

Epilogue

第十三卷：《煉金術研究》（Alchemy Studies）（1968）

《太乙金華宗旨》評述

Commentary on "The secret of the golden flower"（1929）

佐西默斯的異象

The Vision of Zosimos（1938/1954）

作為一種精神現象的帕拉西爾蘇斯

Paracelsus as a Spiritual Phenomenon（1942）

神靈墨丘利

The Spirit Mercurius（1943/1948）

哲理之樹

The Philosophical Tree（1945/1954）

第十四卷：《神祕合體：考究煉金術中心靈對立面的分離與聚合》（Mysterium Coniunctionis: an Inquiry into the Separation and Synthesis of Psychic Opposites in Alchemy）（[1955-56] 1963，1970 二版）

合體的組成部分

The Components of the Coniunctio

自相矛盾體

The Paradoxa

對立面的化身

The Personification of the Opposites

王與后

Rex and Regina

亞當與夏娃

Adam and Eve

結合

The Conjunction

結語

Epilogue

第十五卷：《人、藝術與文學中的精神》（The Spirit in Man, Art, and Literature）（1966）

帕拉西爾蘇斯

Paracelsus（1929）

帕拉西爾蘇斯醫師

Paracelsus the Physician（1941）

佛洛伊德與其歷史背景

Sigmund Freud in His Historical Setting（1932）

紀念佛洛伊德

In Memory of Sigmund Freud（1939）

紀念衛禮賢

Richard Wilhelm: in Memoriam（1930）

論分析心理學與詩歌的關係

On the Relation of Analytical Psychology to Poetry（1922）

心理學與文學

Psychology and Literature（1930/1950）

尤利西斯：一齣獨角戲

Ulysses: A Monologue（1932）

畢卡索

Picasso（1932）

第十六卷：《心理治療之實踐》（The Practice of Psychotherapy）（1954；1966二版）

第一部：心理治療的一般問題

實用心理治療的原則

Principles of Practical Psychotherapy（1935）

何謂心理治療？

What is Psychotherapy?（1935）

現代心理治療的一些層面

Some Aspects of Modern Psychotherapy（1930）

心理治療的目標

The Aims of Psychotherapy（1931）

現代心理治療的問題

Problems of Modern Psychotherapy（1929）

心理治療與一種人生哲學

Psychotherapy and a Philosophy of Life（1943）

醫學與心理治療

Medicine and Psychotherapy（1945）

今日的心理治療

Psychotherapy Today（1945）

心理治療的基本問題

Fundamental Questions of Psychotherapy（1951）

第二部：心理治療的特殊問題

宣洩的治療性價值

The Therapeutic Value of Abreaction（1921/1928）

析夢實務

The Practical Use of Dream-Analysis（1934）

移情心理學

The Psychology of the Transference（1946）

附錄：實用心理治療的現實性（The Realities of Practical Psychotherapy）（[1937] 1966 增補）

第十七卷：《人格的發展》（The Development of Personality）（1954）

一個孩子的心靈衝突

Psychic Conflicts In A Child（1910/1946）

威克斯〈童年的心理分析〉之引言

Introduction to Wickes's "Analyse der Kinderseele"（1927/1931）

兒童的發展與教育

Child Development and Education（1928）

分析心理學與教育三講

Analytical Psychology and Education: Three Lectures（1926/1946）

天才兒童

The Gifted Child（1943）

無意識之於個體教育的重要意義

The Significance of the Unconscious in Individual Education（1928）

人格的發展

The Development of Personality（1934）

婚姻作為一種心理關係

Marriage as a Psychological Relationship（1925）

第十八卷：《雜文集：象徵的生活》[5]（The Symbolic Life）（1954）

第十九卷：《榮格全集參考書目》（Complete Bibliography of C.G. Jung's Writings）（1976、1992二版）

第二十卷：

全集索引（General Index of the Collected Works）（1979）

佐芬吉亞演講集（The Zofingia Lectures）（1983）[6]

無意識心理學（Psychology of the Unconscious）（[1912] 1992）[7]

---

5 雜文集。由 R.F.C. Hull 等人合譯。

6 全集的補充卷A（Supplementary Volume A）。William McGuire 編，Jan van Heurck 譯，Marie-Louise von Franz 導讀。

7 全集的補充卷B，為力比多的轉化與象徵之研究，以及思想史演變的歷史考證。Beatrice M. Hinkle 譯，William McGuire 導讀。

譯名中英對照表

序言	中譯	原文
1	基督紀元	Christian aeon
2	物極必反／極後反償	enantiodromia
3	安索羅波斯	Anthropos
4	人子	the Son of Man
5	基督再臨	the Second Coming
6	大月	Platonic month
7	自性	self
8	聖蓓圖	St. Perpetua
第一章	中譯	原文
1	無意識	unconscious
2	自我	ego
3	經驗人格	empirical personality
4	知覺	perception
5	心靈	psyche
6	心靈的	psychic
7	意識人格	conscious personality
8	萊布尼茲	Leibniz
9	康德	Kant
10	謝林	Schelling
11	叔本華	Schpenhauer
12	卡勒斯	Carus
13	馮哈特曼	von Hartman
14	基質	substrate
第二章	中譯	原文
1	個人無意識	personal unconscious
2	集體無意識	collective unconscious
3	原型	archetype
4	陰影	shadow
5	阿尼瑪	anima
6	阿尼姆斯	animus
7	象徵	symbol
8	母題	motif

第三章	中譯	原文
1	聖耦	syzygy
2	瑪雅	Maya
3	魔法咒圈	charmed circle
4	聖婚	hieros gamos
5	狄米特	Demeter
6	波西鳳	Persephone
7	母親意象	mother-imago
8	施皮特勒	Spitteler
9	邏格式	Logos
10	愛若思	Eros
11	引路神	psychopomp
12	整合	integration
13	恩培多克勒	Empedoclean
14	蒙紗者謬論	enkekalymmenos
15	積極想像	active imagination
16	赫密士	Hermes
17	阿弗羅黛提	Aphrodite
18	海倫	Helen
19	塞勒涅	Selene
20	黑卡蒂	Hecate
21	四元體	quaternity
22	智慧老人	the Wise Old Man
23	地府之母	the Chthonic Mother
24	姑舅表婚	cross-cousin marriage
25	結婚組	marriage classes
26	上帝意象	God-image
27	亞歷山大的革利免	Clement of Alexandria
＊4	歐布里德	Eubulides
第四章	中譯	原文
1	全體	wholeness
2	心靈相對時空連續體	psychically relative space-time continuum
3	普通法	Common Law
4	狄奧提瑪	Diotima

50	約拿單	Jonathan
51	約哈南	Jochanan
52	以利沙	Elisha
53	以實瑪利	Ishmael
54	約伯	Job
55	雅各・波墨	Jokob Böhme
56	納塞內派	Nassenes
57	巴西里德	Basilides
58	耶穌的受難與復活	the Passion
59	乙太	ether
60	奎斯博	Gilles Quispel
61	大宇宙之子	filius macrocosmi
62	世界靈魂	world-soul / anima mundi
63	聖祕性	numinostiy
*4	俄克喜林庫斯	Oxyrhnchus
*23	瓦倫廷	Valentinus
*23	普羅若麻	Pleroma
*47	哈奈克	Harnack

第六章	中譯	原文
1	俄內安	Oannes
2	得爾希多－阿塔嘉蒂絲	Derceto-Atargatis
3	亞伯西斯墓誌銘	Abercius inscription
4	色雷斯騎士	Thracian riders
5	重生	regeneration
6	弗里德里希・穆恩特	Freidrich Muenter
7	唐・以撒・阿布拉瓦內爾	Don Isaac Abarbanel
8	木土大會合	great conjunction
9	摩西	Moses
10	亞伯拉罕・本・海耶	Abraham ben Hiyya
11	所羅門・本・蓋比魯勒	Solomon ben Gabirol
12	龕	chiun
13	薩杜恩／土星	Saturn
14	示巴人	Sabaeans
15	阿爾布馬薩	Albumasar
16	亞它伯	Ialdabaoth
17	克理索	Celsus
18	米迦勒	Michael
19	阿佩萊斯	Apelles
20	雅威／耶和華	Yahweh
21	布西・勒克列克	Bouché-Leclercq
22	帕拉丁山	Palatine
23	普魯塔克	Plutarch
24	狄奧多羅斯	Diodorus
25	約瑟夫斯	Josephus
26	塔西佗	Tacitus
27	撒巴歐斯／萬軍	Sabaoth
28	賽特	Set
29	阿佩普	Apep
30	格哈特	Gerhardt
31	大賢者荷魯斯	Heru-ur
32	拉美西斯二世	Rameses II
33	阿蒙	Amon
34	蘇塔克	Sutech
35	大衛	David
36	拉什	Rashi / Solomon ben Isaac
37	比蒙	Bethemoth
38	利維坦	Leviathan
39	麗妲	Leda
40	普魯克斯	Pollux
41	卡斯托爾	Castor
42	阿波羅	Apollo
43	戴奧尼索斯	Dionysus
44	皮耶爾・戴伊	Pierre d'Ailly

譯名中英對照表

5	代蒙／神明	daemon
6	情感基調	feeling-tone
7	理性功能	rational function
8	情感量值	feeling value
9	對立物的接合	coniunctio oppositorum
10	聖童	the divine child
11	阿特曼	atman
12	空名	flatus vocis
13	思覺失調症	schizophrenia
14	伽利略	Galileo
15	比較神話學	comparative mythology
16	理型	eidos
*8	哲人之子	filius Philosophorum
*8	雌雄同體	hermaphrodite
*11	內爾肯	Nelken
*11	史瑞伯	Schreber
第五章	中譯	原文
1	原初之人	Primordial Man
2	亞當	Adam
3	四聯像	Tetramorph
4	第一亞當	the First Adam
5	第二亞當	the Second Adam
6	特士良	Tertullain
7	俄利根	Origen
8	奧古斯丁	Augustine
9	理性靈魂	anima rationalis
10	聖保羅	St. Paul
11	天上之人	homo coelestis
12	道	the Word
13	個體化歷程	individuation process
14	哲人石	lapis philosophorum
15	善的缺乏	privatio boni
16	魔鬼	devil
17	諾斯替派	Gnostics
18	道成肉身	Incarnation
19	撒但耶爾	Satanaël
20	文藝復興	Renaissance
21	伊便尼派	Ebionites
22	猶奇特派	Euchites
23	上帝至善	Summum Bonum
24	愛任紐	Irenaeus
25	他提安	Titian
26	聖大巴西略	Basil the Great
27	丟尼修	Dionysius the Areopagite
28	安提阿的提阿菲羅	Theophilus of Anitoch
29	乞題謬誤	petitio principii
30	波斯特拉的提多	Titus of Bostra
31	金口若望	John Chrysostom
32	托馬斯·阿奎納	Thomas Aquinas
33	巴德薩尼	Bardesanes
34	馬利諾斯	Marinus
35	墮落的索菲亞	Sophia Prounikos
36	高教會派	High Church
37	伊皮法紐	Epiphanius
38	彌迦	Michaias
39	薩麥爾	Sammaël
40	阿爾亢	archon
41	波革米勒派	Bogomils
42	純潔派	Cathars
43	生命之樹	Sephiroth
44	韋伯洛斯基	Raphael Judah Zwi Werblowsky
45	巴蘭	Balaam
46	巴勒	Balak
47	猶太經註	midrash
48	亞伯拉罕	Abraham
49	所多瑪城	Sodom

5	勒托	Leto
6	培冬	Python
7	幼發拉底河	Euphrates
8	伊希斯	Isis
9	伊克西斯／魚／基督魚	Ichthys
10	亞力山卓的克瑞翁	Korion in Alexandria
11	主顯節	Epiphany
12	珂蕊	Kore
13	彌賽亞	Messiah
14	埃茲拉	Ibn Ezra
15	布塞特	Bousset
16	圖密善	Domitian
17	愚昧造物者	demiruge
18	蛇夫座	Ophiuchus
19	嫩	Nun
20	大母神	the Great Mother
21	耶利米亞	Jeremias
22	北落獅門	Fomalhaut
23	伊絲塔	Ishtar
24	阿斯塔蒂	Astarte
25	以瑪忤斯	Emmaus
26	聖伯多祿·達彌盎	St. Peter Damian
27	佩克托里奧墓誌銘	Pectorios inscription
28	毗濕奴	Vishnu
29	吠陀	Vedas
30	薩珊王朝	Sassanids
31	希拉	Hera
32	辛奈西斯	Synesius

第九章	中譯	原文
1	梅耶·本·以撒	Meir ben Isaac
2	踰越節	Passover
3	亞達月／魚月	the month of Adar
4	拉斯珊拉	Ras Shamra
5	烏加列文獻	Ugarit texts
6	維洛依德	Virolleaud
7	妖堤厭	Ltn
8	巴力	Baal
9	拉哈伯	Rahab
10	堤雅瑪特	Tiamat
11	馬爾杜克	Marduk
12	狂風	Imhullu
13	屈蒙	Cumont
14	呂基亞	Lycia
15	魚神奧弗斯	Orphos / Diophos
16	大袞	Dagon
17	阿多尼斯	Adonis
18	塔妮特	Tanit
19	埃亞	Ea
20	妮娜	Nina
21	色弗尼	Syene
22	象島	Elephantine
23	俄克喜林庫斯	Oxyrhynchus
24	卡諾卜罈	Canopic jar
25	尼羅河象鼻魚	oxyrhynchus
26	鲃魚	barbel
27	佩皮一世	Pepi I
28	烏納斯	Unas
29	拉神	Ra
30	冥界	Tuat
31	布奇	Budge
32	天極	the Pole
33	卡茲維尼	Qazvini
34	煉獄	purgatory
35	安努天界	Anu-heaven
36	尼普爾	Nippur
37	曼底安派	Mandaens
38	羅馬的革利免	Clement of Rome
39	聖伯納德	St. Bernald of Clairvaux

45	卡丹	Cardan
46	托缽修會	mendicant orders
47	聖本篤	St. Benedict
48	波哥聖多尼奧的傑瑞德	Gerard of Borgo San Donnino
49	依諾增爵三世	Pope Innocent III
50	亞馬利克派	Almaricus
51	貝納的亞馬利克	Amalric of Bene
52	聖靈運動	Holy Ghost movement
53	卡西諾山	Monte Cassino
54	孔科李奇派	Concorricci
55	帕塔里亞運動支持者	Patarenes
56	瓦勒度派	Waldenses
57	里昂的窮人	Poor Men of Lyons
58	貝居安會	Beguins and Beghards
59	自由之靈兄弟會	Bretheren o fthe Free Spirit
60	神賜食糧	Brod durch Gott
61	哈恩	Hahn
62	內在之人	inner man
63	共時性	synchronicity
64	達摩克利斯之劍	sword of Damocles
65	聖母升天	Assumptio Mariae
66	麥格努斯	Albertus Magnus
67	培根	Roger Bacon
68	艾克哈特大師	Meister Eckhart
69	房角石	lapis angularis / corner stone
70	聖安博	St. Ambrose
71	永恆之水	aqua permanens
72	昆哈特	Khunrath
73	馬特爾努斯	Firmicus Maternus
74	魚池	piscina
75	安德烈	Andrew
76	得人的漁夫	fisher of men
77	東方三博士	The Magi from the East
78	愛筵	Agape
79	巴拉巴	Barabbas
80	小密特羅波利斯教堂	Little Metropolis
81	阿特拉斯擎天像	Farnese Atlas
82	丹達臘	Denderah
83	哈托爾	Hathor
84	大洪水	Deluge
*10	耶胡達	Jehuda
*26	克羅諾斯	Kronos
*26	普利曼	Poleman
*64	聖甲蟲	Scarab
*75	艾斯勒	Eisler
第七章	**中譯**	**原文**
1	諾查丹瑪斯	Nostradamus
2	亨利二世	Henry II
3	提豐	Typhon
4	聖歐千流	St. Eucherius
5	拉巴努斯・莫魯斯	Rabanus Maurus
6	葛瑞紐斯	Garnerius
7	阿奎羅／北風	Aquilo
8	以西結	Ezekiel
9	大額我略	Gregory the Great
10	反基督者	Entkrist
11	尼祿	Nero
第八章	**中譯**	**原文**
1	赫密士—克里奧弗羅斯	Hermes Kriophoros
2	奧菲斯	Orpheus
3	阿提斯	Attis
4	萊岑許坦	Reitzenstein

64	阿歷克塞一世	Alexius Comnenus
65	巴西琉斯	Basilius
66	混沌	chaos
67	黑化	nigredo
68	煉金工作	
69	白化	albedo
70	光明普照	illumination
71	利馬特	Limmat
72	對立結合體	complexio oppositorum
＊20	瑪麗亞定理	axiom of Maria
＊27	畢士大池	Bethesda
＊35	欲力	libido
＊38	帕拉西爾蘇斯	Paracelsus
＊38	生之靈氣	Archeus
＊76	德謨克利特	Democritus
＊92	麥基洗德	Melchisedek
＊103	彌陀淨土	Amitābha Land
十一章	中譯	原文
1	多姆·帕內提	Dom Pernety
2	哲學墨丘利	mercure philophique
3	智者的水銀	le mercure des Sages
4	苦土	magnesia
5	潘多爾福斯	Pandolfus
6	赫密士之銅	Aes Hermetis
7	爐甘石	calaminary
8	靈石	lapis animalis / animate stone
9	克律希波斯·凡尼耶努	Chrysippus Fanianus
10	米利都的泰利斯	Thales of Miletus
11	杜恩	Dorn
12	磁鐵礦	lodestone
13	安德利亞·哈爾恰托	Andrea Alciati
14	蓋布瑞爾·法洛皮斯	Gabriel Fallopius
15	瀉劑	purgatives
16	利巴菲烏斯	Libavius
17	活礦灰	calx viva
18	教義之水	aqua doctrinae
19	萊彼斯	Rebis
20	克萊松	John Colleson
21	普勒提	Pernety
22	溶媒	menstruum
23	賢者沉澱物	magistery of the Sages
24	發酵劑	ferment
25	神魂	heavenly vigour
26	煉金工序	generatio Mercurii
27	奧林帕斯	Olympus
28	依納爵·羅耀拉	Ignatius Loyola
29	莫里安努斯·諾曼努斯	Morienus Romanus
30	智性	Nous
31	統覺	apperception
32	工具性象徵	instrumental symbol
33	智性病態	intellectual perversion
34	萬物復興	apocatastasis
35	超越的	transcendent
36	統合體	unity
＊2	鹵砂	sal ammoniac
＊27	第五元素	Quinta Essentia
十二章	中譯	原文
1	煉金術之母	Mater Alchimia
2	殉道者猶斯定	Justin Martyr
3	克卜勒	Kepler
4	教條	dogma
5	摩蹉	Matsya
6	俱利摩	Kurma
7	筏摩那	Vamana
8	米諾斯時代	Minoan age
9	宣講	kerygmatics
10	大馬士革	Damascus
11	解離	dissociation

譯名中英對照表

第十章	中譯	原文
1	奧祕物質	arcane substance
2	塔比特·依本·古拉	Thabit ibn Qurrah
3	寓指／寓義解經法	Allegoriae
4	原初物質	prima materia
5	長生不死藥	elixir vitae
6	吾人之金	aurum nostrum
7	嬰孩	infans
8	少年	puer
9	雌雄同體人	Hermaphroditus
10	缽水母	scyphomedusa
11	刺胞動物門	Cnidaria
12	線形動物門	Nematophora
13	普林尼	Pliny
14	皮奇奈魯斯	Picinellus
15	五旬節神蹟	Pentecostal miracle
16	欣嫩谷	Gehenna
17	芳藤	Phyton
18	亞伯拉罕·以利薩爾	Abraham Eleazar
19	維吉尼爾	Blaise de Vigenère
20	費拉勒特斯	Philalethes
21	生鐵	chalybs
22	朝聖之旅	peregrinatio
23	水螅水母	hydromedusa
24	天宮圖	horoscope
25	尼基狄烏斯	Nigidius
26	費古盧思	Figulus
27	相位	aspect
28	普里西利安	Priscillian
29	七姐妹星團	Pleiades
30	霍格蘭德	Theobald de Hoghelande
31	穆恩杜斯	Mundus
32	盧蘭	Martin Ruland
33	格拉休斯	Johannes Grasseus
34	德根哈杜	Degenhardus
35	米利烏斯	Mylius
36	喬治·里普利爵士	Sir George Ripley
37	聖愛弗冷	Ephrem the Syrian
38	鮣魚	*Echeneis remora*
39	泰奧弗拉斯托斯	Theophrastus
40	生命之水	Aqua Vitae
41	處女土	virgin soil
42	智者磁石	magnet of the Wise
43	知見	theoria
44	貝爾納多·特維薩諾斯	Bernardus Trevisanus
45	巴門尼德	Parmenides
46	煉金燒瓶	Hermetic vessel
47	一與全	One and All
48	阿茲特克人	Aztecs
49	卡利古拉	Caligula
50	五列槳座戰船	quinquereme
51	斯杜拉	Stura
52	安騰	Entium
53	馬克·安東尼	Mark Antony
54	奧古斯都	Augustus
55	卡爾卡頌	Carcassonne
56	伯努瓦	Benoist
57	阿爾比派	Albigeois
58	奧索布	Osob
59	約翰·德魯喬	John de Lugio
60	盧佩西薩	Johannes de Rupescissa
61	卡爾·梅耶爾	Karl Meyer
62	保羅教派	Paulicians
63	尤西米奧斯·齊加貝諾斯	Euthymios Zigabenos

60	上界	Above
61	下界	Below
62	雅各	Jacob
63	美索不達米亞	Mesopotamia
64	普羅透斯	Proteus
65	波賽頓	Poseidon
66	厄琉西斯祕儀	Eleusinian mysteries
67	莫尼穆斯	Monoïmos
68	無量之點	the jot of the iota
69	普羅提諾	Plotinus
70	微光／火花	火花
71	撒特流斯派	Saturninus
72	赫拉克利特	Heraclitus
73	西門・馬格斯	Simon Magus
74	米歇爾・邁爾	Michael Maier
75	智慧女神薩琵恩莎	Sapientia
*1	萊因	Rhine
*1	心靈相對性	psychic relativity
*62	搗蛋鬼	trickster
*80	普拉亞帕提／創生之主	Praja-pati
*88	忘川	Lēthē
*147	瑣羅亞斯德	Zoroaster

十四章	中譯	原文
1	梵	brahman
2	萊茵河	Rhine
3	提契諾河	Ticino
4	隆河	Rhone
5	茵河	Inn
6	摩西四元體	the Moses Quaternio
7	安索羅波斯四元體	the Anthropos Quaternio
8	陰影四元體	the Shadow Quaternio
9	赫蒙庫魯茲／人造人	homunculus
10	梅菲斯托費勒斯	Mephistopheles
11	發拉河	Phrat
12	美露辛	Melusina
13	約翰・波達奇	John Pordage
14	樂園四元體	the Paradise Quaternio
15	圓極	rotundum
16	方形化	squaring
17	女先知馬利亞	Maria the Prophetesss
18	斯多噶學派	Stoics
19	基路伯／智天使	cherub
20	組織圖式	organizing schema
21	姊妹交換婚	sister exchange marriage
22	內婚制傾向	endogamous tendency
23	親屬欲力	kinship libido
24	金胎	hiranyagarbha
25	迦約馬特	Gayomary
26	伏爾坎	Vulcan
27	燃素理論	phlogistion theory
28	施塔爾	Stahl
29	四元分化	tetrameria
30	退行	regression
31	符應性	correspondence
32	昇華	sublimation
33	結晶化	crystallization
34	合成	synthesis
35	溶解	dissoulution
36	回春	rejuvenation
37	碳氮循環	carbon-nitrogen cycle
38	降神術	necromantic art
39	亞薩納修斯・基爾歇	Athanasius Kircher
40	奧林匹歐多羅斯	Olympiodorus
41	循環蒸餾	circular distillation
*77	查拉圖斯特拉	Zarathustra
*77	神智學	Theosophy
*77	伊馬	Yima

譯名中英對照表

12	排中律	tertium non datur
13	佐西默斯	Zosimos
14	主	Kyrios
15	環繞而行	circumambulating
16	內住的基督	the Christ within
＊4	維克特・懷特神父	Father Victor White

十三章	中譯	原文
1	彼類茲派	Perates
2	石腦油	naphtha
3	同質同體	homoousion
4	阿伽索代蒙	Agathodaimon
5	獸化象徵	theriomorphic symbol
6	塞特派	Sethians
7	分解	divisio
8	分離	separatio
9	磁性藥劑	magnetic agent
10	奧菲特派	Ophites
11	埃皮達魯斯	Epidaurus
12	阿斯克勒庇俄斯之蛇	Aesculapian snake
13	元點／一元體	monad
14	銜尾蛇	uroboros
15	奧圖帕托	Autopator
16	奧勒	Oehler
17	科納里烏斯	Cornarius
18	芮福卡・沙夫	Riwkah Schärf
19	芭碧蘿	Barbelo
20	擴大法	amplification
21	伊索達尤斯	Esaldaios
22	始源之人	the Archanthropos
23	修多・巴庫尼	Theodor Bar-Kuni
24	自然界	Physis
25	赫布賽德慶典	Heb-Sed Festival
26	科林・坎貝爾	Colin Campbell
27	史威登堡	Swendenborg
28	弗里吉亞人／弗呂家人	Phrygians
29	科律巴斯	Korybas
30	潘恩	Pan
31	巴克斯	Bacchus
32	納斯	Naas
33	比遜河	Pison
34	基訓河	Gihon
35	底格里斯河	Tigris
36	馬德堡的梅西蒂德	Mechthild of Magdeburg
37	舒	Shu
38	泰芙努特	Tefnut
39	人祖	the archman
40	阿達馬斯	Adamas
41	歌德	Goethe
42	乞靈術	nekyia
43	歐開諾斯	Oceanus
44	荷馬	Homer
45	米利暗	Mariam
46	流珥／葉忒羅	Jothor
47	西坡拉	Sephora
48	書拉密女	Shulamite
49	克里斯帝安・羅森克魯茲	Christian Rosenkreutz
50	摩爾	Moorish
51	古實人	Enthiopians
52	迦拿	Cana
53	薩莫色雷斯島	Samothrace
54	科律班提斯	corybants
55	庫瑞特斯	Curetes
56	卡比里	Cabiri
57	達克堤利	Dactyls
58	木彌亞	Mumia
59	麥達昶	Metatron

伊雍──自性的現象學研究

出　　版／楓書坊文化出版社
地　　址／新北市板橋區信義路163巷3號10樓
郵政劃撥／19907596　楓書坊文化出版社
網　　址／www.maplebook.com.tw
電　　話／02-2957-6096
傳　　真／02-2957-6435
作　　者／卡爾・古斯塔夫・榮格
審　　定／鐘穎
譯　　者／周俊豪
企劃編輯／陳依萱
封面繪圖／楊善淳
封面設計／許晉維
校　　對／周季瑩
港澳經銷／泛華發行代理有限公司
定　　價／700元
初版日期／2022年7月

國家圖書館出版品預行編目資料

伊雍：自性的現象學研究 / 卡爾・古斯塔夫・榮格作；周俊豪翻譯. -- 初版. -- 新北市：楓書坊文化出版社, 2022.07　面；　公分

譯自：Aion : researches into the phenomenology of the self

ISBN 978-986-377-787-8（平裝）

1. 心理學　2. 宗教　3. 象徵主義

170.181　　111006730